감정
평가사 2차

감정평가 및 보상법규

한권으로 끝내기

끝까지 책임진다! 시대에듀!
QR코드를 통해 도서 출간 이후 발견된 오류나 개정법령, 변경된 시험 정보, 최신기출문제, 도서 업데이트 자료 등이 있는지 확인해 보세요!
시대에듀 합격 스마트 앱을 통해서도 알려 드리고 있으니 구글 플레이나 앱 스토어에서 다운받아 사용하세요.
또한, 파본 도서인 경우에는 구입하신 곳에서 교환해 드립니다.

편집진행 심정은 | **표지디자인** 박종우 | **본문디자인** 손설이·임창규

2026 Certified Appraiser

2026 시대에듀 감정평가사 2차
감정평가 및 보상법규 한권으로 끝내기

Always **with you**

사람의 인연은 길에서 우연하게 만나거나 함께 살아가는 것만을 의미하지는 않습니다.
책을 펴내는 출판사와 그 책을 읽는 독자의 만남도 소중한 인연입니다.
시대에듀는 항상 독자의 마음을 헤아리기 위해 노력하고 있습니다.
늘 독자와 함께하겠습니다.

저 자 **구갑성**

- ▶ 숭실대학교 법학대학원 석사 졸업
- ▶ 現) 국토교통부 실무강의(감정평가법규)
  경인매일 논설위원
  해커스(행정사실무법, 중소기 업법령)
  하우패스(민사소송법, 행정쟁송법)
  윌비스(감정평가법규)
  토마토 tv 강사
  부천프라임에듀 / 일산해커스 / 에듀나인 / 강의바다 /
  공인단기(공시법)
  남양주행정고시학원(민법, 공시법)
  구미금자탑행정고시학원(민법, 공시법)
- ▶ 前) 서울기독대학교 / 경원대 /
  안양대 사회교육원 / 한국교육개발원 /
  청주고시학원 / 백구고시학원 /
  잠실고시학원 / 김포고시학원 /
  강남박문각 / 강남서광박문각 /
  미아리국가고시학원 강사 역임

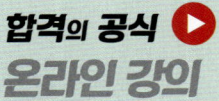
합격의 공식 ▶ **온라인 강의**

보다 깊이 있는 학습을 원하는 수험생들을 위한
시대에듀의 동영상 강의가 준비되어 있습니다.
www.sdedu.co.kr ➡ 회원가입(로그인) ➡ 강의 살펴보기

PREFACE 머리말

감정평가란 부동산, 동산을 포함하여 토지, 건물, 기계기구, 항공기, 선박, 유가증권, 영업권과 같은 유·무형의 재산에 대한 경제적 가치를 판정하여 그 결과를 가액으로 표시하는 행위를 뜻합니다. 이러한 평가를 하기 위해서는 변해가는 경제상황 및 이에 기반한 다양한 이론과 법령을 알아야 하며, 그 분량이 매우 많습니다.

감정평가사 2차 시험에서 큰 비중을 차지하는 논술형 문제의 대비를 위해서는 작문에 대한 기본적인 이해가 선행되어야 합니다. 본 도서는 감정평가 및 보상법규를 어떻게 하면 단 한권으로 끝낼 수 있을지에 대한 깊은 고민이 담겨있는 도서입니다. 본서의 특징은 다음과 같습니다.

도서의 특징

❶ 필수이론과 관련법령, 그리고 기출문제를 한권으로 수록하여 방대한 학습분량을 최적화하였습니다.

❷ 부록으로 감정평가 및 보상법규 관련법령을 수록하여 학습의 편의성을 높였습니다.

❸ 최근 기출문제를 분석하여 출제된 이론에 해당 회차를 표기함으로써, 논점의 출제빈도와 중요도를 파악할 수 있도록 하였습니다.

❹ 제1회부터 제36회까지 역대 감정평가사 2차 감정평가 및 보상법규 기출문제를 수록하여 출제 경향과 빈출 논점을 파악하여 학습 방향 설정에 도움이 될 수 있도록 하였습니다.

❺ 제31회부터 제36회까지 최근 기출문제의 예시답안을 수록하여 2차 답안 작성에 참고할 수 있도록 하였습니다.

본서로 학습하는 수험생 여러분의 합격을 기원합니다.

편저자 드림

저자의 말

REVIEW

다음은 논술형 문제를 작성하기 위한 몇 가지 기본적인 팁입니다. 답안 작성 시 참고 자료로 활용해 보시길 바랍니다.

1. 답안을 작성할 때에는 항상 채점자를 염두에 두어야 합니다.
혼자만의 생각으로 글이 논리적으로 완성되었을 거라고 판단했는데, 다른 사람들이 읽었을 때 무슨 내용인지 알 수 없거나 근거를 대지 않는 오류를 범하는 경우가 발생할 수 있습니다. 따라서 작성한 답안 내용이 아무리 훌륭하다고 생각이 들더라도 실제로는 글의 전개상 빼도 되는 부분 또는 보충해야 되는 부분이 있을 수 있기 때문에, 반드시 답안을 작성한 후에는 퇴고와 교정 작업을 실시하도록 합니다.

2. 개요 작성이 먼저입니다.
답안을 작성할 경우 개요를 먼저 작성하도록 합니다. 국가고시 중 주관식 시험에서는 출제자가 원하는 답안 내용이 반드시 있을 수밖에 없습니다. 따라서 그 의도를 파악하고 글을 작성하려면 체계적이고 논리적인 형태가 되어야 합니다. 그런데 개요를 작성하지 않고 머릿속으로만 떠올리며 답안을 작성한다면, 처음 생각과는 많이 동떨어진 주제와 맞지 않는 내용으로 흘러갈 수 있습니다. 따라서 개요를 작성하는 습관을 길러야 합니다. 개요를 작성할 경우 자신이 의도한 내용을 명확하게 전달할 수 있으며, 주제에서 벗어나는 것을 막아 줍니다. 또한 단락마다 필요한 요지를 잊지 않게 도와주며, 필요 이상으로 내용이 늘어나는 것을 조절해 주기도 합니다.

3. 핵심사항을 요약하는 능력을 배양합니다.
각 과목에서 중요사항의 요점을 간추려 정리하는 것이 2차 시험 대비의 포인트라 할 수 있습니다. 따라서 눈으로만 보지 말고 배운 내용 가운데 중요한 사항들을 정리하여 종이에 적어 가는 연습을 부단히 하여야 합니다.

4. 주제의 일관성을 유지하여야 합니다.
일관성이란 문장이나 내용이 서로 긴밀하게 구성되어 있다는 것을 말합니다. 문장이 일관성을 벗어났다는 것은 문제가 의도한 정답을 확실하게 정하지 못하고 막연하게 작성한 것이며, 주제와는 무관한 내용을 과감하게 버리지 못한 것이라 할 수 있습니다. 이렇게 작성된 문장의 경우 정확한 논점이 흐려져 점수를 받기가 쉽지 않습니다. 따라서 일관성 있는 문장을 작성하기 위해서는 주제를 명확하게 잡고 기술할 수 있도록 답안의 구상을 미리 마치고 개요를 완성한 다음 답안을 작성하는 체계적인 습관을 기르도록 합니다.

5. 설명하라는 지문일 경우 답안을 객관적으로 설명하도록 합니다.
예컨대 주관식 문제로 "감정평가 및 보상법규 시험에 대해 설명하시오."라는 문제가 출제된다면 어떤 방식으로 답안을 작성하는 것이 좋을까요? 반드시 명확한 모범답안이 있을 수는 없지만 감정평가사 시험이라는 대상에 대해 명확하게 설명하여야 합니다. 설명이란 어떤 일이나 대상의 내용을 상대방이 잘 알 수 있도록 밝혀 말하는 것으로, 자신이 알고 있는 배경지식을 글로 쓴 것을 말합니다. 설명은 정보를 전달하는 가장 기본적인 문장의 기술 방식으로, 주어진 대상을 이해하기 쉽도록 주관적인 감정을 배제하고 사실을 기반으로 객관적인 답안을 작성하여야 합니다. 따라서 예문의 경우 「감정평가 및 보상법규」에 명기된 감정평가 및 보상법규 시험 내용을 근거로 개요를 작성하고 설명하여야 합니다.

"감정평가 및 보상법규를 준비하는 수험생들을 위한 충실한 기본서"

6. 제시된 문제를 정확하게 분석합니다.
제시된 문제의 의도를 잘못 분석하게 되면 논술의 방향이 달라지고 출제자의 의도와는 달리 글이 엉뚱한 방향으로 흐르기 쉽습니다. 이때 아무리 글을 잘 쓰는 기술이 있다 하더라도 출제자가 요구한 논제를 비껴 나간다면 높은 점수를 얻기 어려울 것입니다. 명확한 출제 의도를 파악하기 위해서는 무엇보다도 과목에 대한 충분한 학습이 필요하며, 전략적으로 각 과목의 목차를 기준으로 학습을 하는 것이 요구됩니다.

7. 모호한 문장의 사용을 피합니다.
문장은 의사를 전달하는 기본단위로 답안을 작성할 때에는 문법적으로 올바른 형식이 요구됩니다. 정확하지 않은 문장은 오해를 불러일으키고, 신뢰성을 떨어뜨리게 됩니다. 모호한 문장의 대표적인 것으로 잘못된 주술 관계가 있는데 이것은 문장이 길어질 경우 흔히 발생하는 오류입니다. 즉, 주어와 서술어의 관계가 논리적으로 맞지 않게 되는 상태로 이를 방지하기 위해서는 간략하고 핵심적인 문장을 사용하도록 합니다.

8. 맞춤법에 맞는 문장을 쓰도록 노력합니다.
맞춤법에 맞지 않는 단어의 사용은 감점 요인이 될 수 있습니다. 예컨대 흔히 실수하는 것 중 하나로 '몇일'과 '며칠'이 있습니다. 한글맞춤법에 따르면 '며칠'이 표준어로 되어 있지만 대다수의 사람들은 '몇일'로 사용하고 있습니다. 일상생활에서 어휘의 잘못된 사용은 큰 문제가 되지 않지만, 시험에서는 감점요인이 될 수 있으므로 미리 맞춤법에 대한 내용을 숙지하고 있어야 합니다. 맞춤법에 관한 사항은 '국립국어원(korean.go.kr)' 홈페이지에 자세하게 설명되어 있습니다.

9. 스터디 그룹을 효율적으로 활용합니다.
스터디 그룹에의 참여는 자신이 가장 취약한 부분을 보완하는 역할을 합니다. 스터디 그룹 멤버들이 만든 문제를 주고받으며 각자가 작성한 답안을 구성원들과 돌려보고 첨삭하고 평가를 해 준다면 실력은 빠르게 향상될 수 있습니다. 그리고 답안에 대해 토론을 하면서 각자가 가진 다양한 생각을 서로 나눠 가지는 것도 좋은 방법이 될 것입니다.

10. 마지막으로 정리하는 습관을 들입니다.
퇴고(推敲)를 하는 경우 단순한 띄어쓰기나 맞춤법, 오탈자 수정의 형식적인 측면도 중요하지만, 더 중요한 것은 내용이 올바르게 작성되었는가 하는 것입니다. 따라서 부적절한 내용은 삭제하거나 수정하고, 내용이 미흡하다고 생각될 경우에는 다른 내용을 덧붙여서 보다 완결된 글이 되도록 마무리합니다.

고통스러운 기간을 거쳐 한 단계 성장을 이뤄낸다면 앞으로의 삶에 있어서도 큰 자산이 될 것입니다. 이 도서가 그 한걸음을 내딛는 데 길잡이가 되길 소망합니다. 여러분의 건승을 빕니다!

2025년 10월
편저자 **구갑성**

이 책의 구성과 특징

STRUCTURES

핵심 키워드

절별 목차를 핵심 키워드로 정리하여 수험생들이 중요 개념의 흐름과 학습 방향을 명확히 파악할 수 있도록 하였습니다.

기출회차 표시 & 알아보기

감정평가사 2차 시험에 기출된 이론에 해당 회차를 표기하여 중요도를 한눈에 파악하고, 수험생들이 우선순위를 정해 집중적으로 대비할 수 있도록 구성하였습니다.

또한, 알아보기 를 통해 본문과 관련된 참고 내용을 확인할 수 있습니다.

유료 동영상 강의 교재

본 도서를 교재로 사용하는 시대에듀 유료 동영상 강의가 진행되고 있습니다. 충분히 독학할 수 있도록 기획·제작되었으나, 내용 이해가 어려운 수험생들은 유료 동영상 강의를 이용해 주시기 바랍니다.

역대 기출문제 수록

제1회부터 제36회까지의 기출문제를 모두 수록하여 출제 경향을 종합적으로 파악하고, 다양한 문제 경험을 통해 실전 적응력을 높일 수 있도록 하였습니다. 또한, 전 회차 기출문제를 체계적으로 분석한 출제 영역별 분석표를 통해 기출 유형을 한눈에 파악하고, 학습의 중요도를 효과적으로 확인할 수 있도록 하였습니다.

최근 기출문제 예시답안

최근 기출문제(제31회~제36회)에는 저자의 예시답안을 수록하여 수험생들이 답안 작성의 구조를 익히고, 채점 기준을 파악하며, 자기 점검을 통한 실력 향상을 도모할 수 있도록 하였습니다.

관련 법령 & 주관식 답안지 첨부

감정평가 및 보상법규와 관련된 법령을 함께 수록하여 문제 풀이 과정에서 즉시 조문을 참조할 수 있도록 함으로써 학습 효율과 편의성을 높였습니다. 또한, 실제 시험과 동일한 형식의 국가전문자격시험 표준 논술형 답안지 견본을 첨부하여, 수험생들이 답안 작성에 필요한 분량 조절과 시간 관리 능력을 사전에 훈련할 수 있도록 하였습니다.

INFORMATION
감정평가사 자격시험 안내

❖ 2025년 제36회 시험공고 기준

⭐ 시험일정 (2026년)

감정평가사 시험은 1차와 2차 각각 연 1회 실시됩니다. 1차 시험은 그 해의 상반기(4월)에 실시하고, 2차 시험은 그 해의 하반기(7월)에 실시합니다. 매해 시험일정이 상이하므로 상세한 시험일정은 한국산업인력공단 홈페이지(www.q-net.or.kr)를 통하여 확인하시기 바랍니다.

⭐ 응시자격 및 결격사유

❶ 응시자격 : 제한 없음

※ 단, 최종 합격자 발표일(2025.10.22.) 기준, 감정평가 및 감정평가사에 관한 법률 제12조의 결격사유에 해당하는 사람 또는 같은 법 제16조 제1항에 따른 처분을 받은 날부터 5년이 지나지 아니한 사람은 시험에 응시할 수 없음

❷ 결격사유 : 감정평가 및 감정평가사에 관한 법률 제12조의 다음 각 호 중 어느 하나에 해당하는 사람

1. 파산선고를 받은 사람으로서 복권되지 아니한 사람
2. 금고 이상의 실형을 선고받고 그 집행이 종료(집행이 종료된 것으로 보는 경우를 포함한다)되거나 그 집행이 면제된 날부터 3년이 지나지 아니한 사람
3. 금고 이상의 형의 집행유예를 받고 그 유예기간이 만료된 날부터 1년이 지나지 아니한 사람
4. 금고 이상의 형의 선고유예를 받고 그 선고유예기간 중에 있는 사람
5. 제13조에 따라 감정평가사 자격이 취소된 후 3년이 지나지 아니한 사람
   ※ 단, 제39조 제1항 제11호 및 제12호에 따라 자격이 취소된 후 5년이 지나지 아니한 사람은 제외한다.
6. 제39조 제1항 제11호 및 제12호에 따라 자격이 취소된 후 5년이 지나지 아니한 사람

⭐ 시험과목

구 분	시험과목	시험방법
1차 시험	❶ 「민법」 중 총칙, 물권에 관한 규정 ❷ 경제학원론 ❸ 부동산학원론 ❹ 감정평가관계법규 … 「국토의 계획 및 이용에 관한 법률」, 「건축법」, 「공간정보의 구축 및 관리 등에 관한 법률」 중 지적에 관한 규정, 「국유재산법」, 「도시 및 주거환경정비법」, 「부동산등기법」, 「감정평가 및 감정평가사에 관한 법률」, 「부동산 가격공시에 관한 법률」 및 「동산·채권 등의 담보에 관한 법률」 ❺ 회계학 ❻ 영어(영어시험성적 제출로 대체)	객관식 5지 택일형
2차 시험	❶ 감정평가실무 ❷ 감정평가이론 ❸ 감정평가 및 보상법규 … 「감정평가 및 감정평가사에 관한 법률」, 「공익사업을 위한 토지 등의 취득 및 보상에 관한 법률」, 「부동산 가격공시에 관한 법률」	주관식 논술형 (기입형 병행가능)

※ 시험과 관련하여 법률·회계처리기준 등을 적용하여 정답을 구하여야 하는 문제는 시험시행일 현재 시행 중인 법률·회계처리기준 등을 적용하여 그 정답을 구하여야 함
※ 회계학 과목의 경우 한국채택국제회계기준(K-IFRS)만 적용하여 출제
※ 기활용된 문제, 기출문제 등도 변형·활용되어 출제될 수 있음

⭐ 공인어학성적 기준점수

시험명	TOEFL		TOEIC	TEPS	G-TELP	FLEX	TOSEL	IELTS
	PBT	IBT						
일반 응시자	530	71	700	340	65 (level-2)	625	640 (Advanced)	4.5 (Overall Band Score)
청각 장애인	352	—	350	204	43 (level-2)	375	145 (Advanced)	—

※ 청각장애인(장애의 정도가 심한 청각장애인을 말한다)의 경우 듣기부분을 제외한 나머지 부분의 합계점수를 말함. 청각장애인의 기준 점수를 적용받으려는 수험자는 원서접수 마감일까지 장애의 정도가 심한 청각장애인으로 유효하게 등록되어 있어야 하며, 원서접수 마감일부터 4일 이내에 장애인등록증의 사본을 원서접수 기관에 제출하여야 함

⭐ 합격자 결정

구 분	내 용
1차 시험	영어 과목을 제외한 나머지 시험과목에서 과목당 100점을 만점으로 하여 모든 과목 40점 이상이고, 전 과목 평균 60점 이상인 사람
2차 시험	❶ 과목당 100점을 만점으로 하여 모든 과목 40점 이상, 전 과목 평균 60점 이상을 득점한 사람 ❷ 최소합격인원에 미달하는 경우 최소합격인원의 범위에서 모든 과목 40점 이상을 득점한 사람 중에서 전 과목 평균점수가 높은 순으로 합격자를 결정

※ 동점자로 인하여 최소합격인원을 초과하는 경우에는 동점자 모두를 합격자로 결정. 이 경우 동점자의 점수는 소수점 이하 둘째자리까지만 계산하며, 반올림은 하지 아니함

⭐ 감정평가사 시험 통계자료

구 분		2021년(32회)	2022년(33회)	2023년(34회)	2024년(35회)	2025년(36회)
1차 시험	대 상	4,019명	4,513명	6,484명	6,746명	7,969명
	응 시	3,176명	3,642명	5,515명	5,755명	6,702명
	응시율	79%	80.7%	85.06%	85.31%	84.1%
	합 격	1,171명	877명	1,773명	1,340명	1,914명
	합격률	36.9%	24.08%	32.15%	23.28%	28.55%
2차 시험	대 상	1,905명	2,227명	2,655명	2,950명	3,118명
	응 시	1,531명	1,803명	2,377명	2,667명	2,851명
	응시율	80.36%	80.96%	89.53%	90.4%	91.43%
	합 격	203명	202명	204명	195명	190명
	합격률	13.26%	11.20%	8.58%	7.31%	6.66%

CONTENTS 이 책의 차례

제1편 감정평가 및 감정평가사에 관한 법률

CHAPTER 01 감정평가사 — 2
제1절 감정평가사의 자격등록
제2절 등록갱신제도

CHAPTER 02 감정평가법인등 — 6
제1절 감정평가법인등 일반
제2절 감정평가법인등의 손해배상책임

CHAPTER 03 감정평가관리·징계위원회 — 17
제1절 감정평가관리·징계위원회의 도입배경 및 의의
제2절 징계절차 및 징계의 종류 등

CHAPTER 04 과징금(변형된 과징금) — 20
제1절 의의 및 제도적 취지
제2절 법적 성질
제3절 절차 및 내용
제4절 권리구제
제5절 결 어

제2편 공익사업을 위한 토지 등의 취득 등

CHAPTER 01 총 칙 — 24
제1절 공용수용과 공공성 등
제2절 공용수용의 당사자
제3절 공용수용의 목적물

CHAPTER 02 공익사업의 준비 — 36
제1절 공익사업의 준비

CHAPTER 03 사업인정 전 협의취득 — 39
제1절 사업인정 전 협의취득

CHAPTER 04 공용수용의 절차 — 41
제1절 사업인정
제2절 토지·물건조서의 작성
제3절 사업인정고시 후 협의취득
제4절 재 결
제5절 재결 불복

CHAPTER 05 공용수용의 효과 — 64
제1절 보상금의 지급 또는 공탁
제2절 토지·물건의 인도 등 거부 시 실효성 확보수단
제3절 위험부담의 이전
제4절 담보물권자의 물상대위
제5절 환매권

CHAPTER 06 공용수용의 약식절차 — 77
제1절 개 설
제2절 천재·지변 시의 토지의 사용(토지보상법 제38조)
제3절 시급한 토지사용에 대한 허가(토지보상법 제39조)
제4절 약식절차의 비교

제3편 공익사업을 위한 토지 등의 보상 (손실보상)

CHAPTER 01 우리나라 헌법 제23조 ... 82
제1절 재산권의 존속보장과 가치보장
제2절 헌법 제23조 제3항의 불가분조항 여부
제3절 수용적 침해와 수용유사침해

CHAPTER 02 행정상 손실보상 ... 86
제1절 손실보상의 개관
제2절 손실보상의 요건
제3절 손실보상의 기준
제4절 손실보상의 원칙
제5절 손실보상의 내용

CHAPTER 03 손실보상 각론 ... 115
제1절 토지보상
제2절 건축물 보상
제3절 영업손실보상
제4절 농업손실보상

제4편 부동산 가격공시에 관한 법률

CHAPTER 01 표준지공시지가 ... 136
제1절 표준지공시지가
제2절 표준지공시지가에 대한 불복

CHAPTER 02 개별공시지가 ... 142
제1절 개별공시지가 일반
제2절 개별공시지가에 대한 불복
제3절 토지가격비준표
제4절 개별공시지가 검증제도
제5절 개별공시지가 정정제도

CHAPTER 03 주택가격공시제도 ... 154
제1절 표준주택가격(부동산공시법 제16조)
제2절 개별주택가격의 공시(부동산공시법 제17조)
제3절 공동주택가격의 공시(부동산공시법 제18조)

CHAPTER 04 비주거용 부동산가격의 공시 ... 159
제1절 비주거용 표준부동산가격(부동산공시법 제20조)
제2절 비주거용 개별부동산가격(부동산공시법 제21조)
제3절 비주거용 집합부동산가격(부동산공시법 제22조)

CHAPTER 05 부동산가격공시위원회 ... 162
제1절 의 의
제2절 부동산가격공시위원회의 성격
제3절 중앙부동산가격공시위원회(부동산공시법 제24조)
제4절 시·군·구 부동산가격공시위원회(부동산공시법 제25조)

CHAPTER 06 공시지가 관련 논점 ... 165
제1절 공시지가와 시가와의 관계
제2절 공시지가제도의 문제점과 개선방안
제3절 부동산공시법상 타인토지출입

CONTENTS
이 책의 차례

부록 1
감정평가 및 보상법규 관련법령

01 감정평가 및 감정평가사에 관한 법률 　　　　　　172
02 공익사업을 위한 토지 등의 취득 및 보상에 관한 법률 　　192
03 부동산 가격공시에 관한 법률 　　　　　　223

부록 2
기출문제 및 출제영역분석표

01 감정평가 및 보상법규 기출문제 　　　　　　238
02 출제영역분석표 　　　　　　293
03 주관식 답안 작성 참고 자료 　　　　　　297
04 6개년 기출문제 예시답안 　　　　　　298

제1편
감정평가 및 감정평가사에 관한 법률

CHAPTER 01　감정평가사
CHAPTER 02　감정평가법인등
CHAPTER 03　감정평가관리·징계위원회
CHAPTER 04　과징금(변형된 과징금)

CHAPTER 01 감정평가사

제1절 감정평가사의 자격등록

> **핵심 키워드**
>
> Ⅰ. 의의 및 취지
>
> Ⅱ. 법적 성질
> 1. 의격등록신청의 법적 성질
> 2. 자격등록의 법적 성질 – 공증, 기속행위성
>
> Ⅲ. 요건 및 절차
> 1. 요 건
>   (1) 결격사유에 해당하지 않을 것(감정평가법 제12조)
>   (2) 등록취소 후 3년 미경과자는 등록취소 후 3년이 경과하여야 한다.
>   (3) 업무정지기간 중인 자는 자격등록을 거부하여야 한다.
> 2. 절 차
>
> Ⅳ. 등록의 효과
>
> Ⅴ. 등록거부에 대한 권리구제 – 거부가 처분이 되기 위한 요건 검토
>
> Ⅵ. 자격등록제도의 개선점

Ⅰ 의의 및 취지

감정평가사의 자격등록이란 감정평가사 자격이 있는 사람이 감정평가의 업무를 하려는 경우 국토교통부장관에게 등록신청을 하고, 국토교통부장관은 자격요건 등 등록요건 구비사실을 유효한 것으로 받아들이는 것을 말한다. 이는 감정평가사의 효율적 관리 및 신뢰성 제고에 그 취지가 인정된다.

Ⅱ 법적 성질

1. 자격등록신청의 법적 성질

감정평가사 자격이 있는 자가 행정청인 국토교통부장관에게 한 감정평가업의 영위를 위한 등록신청은 사인의 공법행위에 해당한다.

2. 자격등록의 법적 성질 – 공증, 기속행위성

자격등록행위에 대해 국토교통부장관은 자격등록 요건사항을 검토하여 공적 증거력을 부여하는 것이므로 공증으로 보는 견해와 인감등록 시 인감만 가지고 행정기관에 등록만 하는 공증과 달리 감정평가사 자격등록은 일정한 결격사유 등이 있는 경우에는 거부할 수 있는바, 완화된 허가로 보는 견해 등이 있다. 생각건대 국토교통부장관의 자격등록행위는 감정평가사가 자격을 갖춘 자라는 사실에 대한 공적 증거력을 부여하는 공증에 해당한다고 본다. 또한 감정평가법 문언형식으로 볼 때 기속행위에 해당한다.

Ⅲ 요건 및 절차

1. 요 건

(1) 결격사유에 해당하지 않을 것
   ① 삭제 〈2021.7.20.〉
   ② 파산선고를 받은 사람으로서 복권되지 아니한 사람
   ③ 금고 이상의 실형을 선고받고 그 집행이 종료(집행이 종료된 것으로 보는 경우를 포함한다)되거나 그 집행이 면제된 날부터 3년이 지나지 아니한 사람
   ④ 금고 이상의 형의 집행유예를 받고 그 유예기간이 만료된 날부터 1년이 지나지 아니한 사람
   ⑤ 금고 이상의 형의 선고유예를 받고 그 선고유예기간 중에 있는 사람
   ⑥ 제13조에 따라 감정평가사 자격이 취소된 후 3년이 지나지 아니한 사람. 다만, 제7호에 해당하는 사람은 제외한다.
   ⑦ 제39조 제1항 제11호 및 제12호에 따라 자격이 취소된 후 5년이 지나지 아니한 사람

(2) 등록취소 후 3년 미경과자는 등록취소 후 3년이 경과하여야 한다.

(3) 업무정지기간 중인 자는 자격등록을 거부하여야 한다.

2. 절 차

등록신청서를 작성하여 등록신청을 하고, 결격사유가 없으면 등록증을 교부하여야 한다.

Ⅳ 등록의 효과

적법한 등록의 효과는 행정청이 유효한 것으로 받아들임에 따라 감정평가업무를 수행할 수 있는 업자의 지위를 향유할 수 있다는 것이다. 위법한 등록의 효과에 대해선 하자의 정도에 따라 등록의 효과가 상이하다. 무효인 경우 처음부터 등록의 효과가 없으나, 취소사유인 경우 취소 전까지는 공정력에 의해 등록의 효과가 발생한다.

V 등록거부에 대한 권리구제 - 거부가 처분이 되기 위한 요건 검토

등록거부는 감정평가사에게 침익적인 처분으로서 행정절차법상 사전통지 및 의견제출 등을 거치고(의견대립 있음), 일정한 등록거부사유에 대한 이유제시를 하여야 한다. 등록거부 등을 한 경우에는 관보 등에 공고하고, 정보통신망 등을 이용하여 일반인에게 알려야 한다. 국토교통부장관의 등록거부는 처분에 해당하므로, 행정심판 및 행정소송을 제기하여 등록거부행위의 위법성을 다툴 수 있을 것이다. 또한 위법한 등록거부로 인해 손해가 발생한 경우 국가배상을 청구할 수 있을 것이다.

VI 자격등록제도의 개선점

국토교통부장관이 아닌 협회의 전문가집단에 의한 등록의 적격성 통제가 바람직하고, 등록심사제도를 도입하여 개별적·구체적 상황마다 등록여부를 결정하는 합리성을 제고하여야 할 것이다.

제2절 등록갱신제도

> **핵심 키워드**
>
> Ⅰ. 의의 및 취지
>
> Ⅱ. 법적 성질
>
> Ⅲ. 요건 및 절차
>
> Ⅳ. 효과 및 권리구제

Ⅰ 의의 및 취지

등록갱신제도란 등록에 기한이 설정된 경우, 종전 등록의 법적 효과를 유지시키는 행정청의 행위를 말한다. 감정평가법은 5년마다 등록을 갱신하도록 규정하고 있다. 이는 감정평가업무를 수행할 수 있는 적정성을 주기적으로 확인하여 감정평가제도의 신뢰성을 제고함에 그 취지가 있다.

Ⅱ 법적 성질

등록갱신하는 경우에는 감정평가업을 지속적으로 할 수 있는 요건을 갖추었는지를 판단하여야만 하는 것으로, 자연적 자유를 회복하여 감정평가업을 하게 하는 완화된 허가의 성질을 지닌 것이라는 견해와 공적 증거력을 부여하는 공증으로 보는 견해 등이 있다. 자격등록과 마찬가지로 공증으로 봄이 타당하며, 문언의 형식상 기속행위에 해당한다.

Ⅲ 요건 및 절차

등록일로부터 5년이 경과하기 60일 전까지 갱신신청을 할 것과, 상기 제17조의 등록요건을 갖출 것을 요건으로 한다. 상기요건을 갖춘 경우, 국토교통부장관은 갱신하여 갱신등록증을 교부하여야 한다.

Ⅳ 효과 및 권리구제

종전 등록효과가 유지되어 계속하여 감정평가업무를 수행할 수 있는 법적 지위를 향유할 수 있으며, 갱신등록도 처분성이 인정되므로 행정쟁송을 통한 구제가 가능할 것이다.

CHAPTER 02 감정평가법인등

제1절 감정평가법인등 일반

핵심 키워드

Ⅰ. 사무소개설신고
1. 의의(감정평가법 제21조)
2. 신고의 요건
   (1) 사무소개설신고의 요건
   (2) 소속평가사 변경신고의 요건
3. 신고의 법적 성질
   (1) 자기완결적 신고와 수리를 요하는 신고
   (2) 정보제공적 신고와 금지해제적 신고
4. 신고수리거부의 처분성
   (1) 문제점
   (2) 학 설
   (3) 판 례
   (4) 검 토

Ⅱ. 감정평가법인의 설립 등
1. 의의(감정평가법 제29조)
2 법적 성질
3. 요건 및 절차
   (1) 요 건
   (2) 절 차
4. 권리구제
   (1) 인가에 하자가 있는 경우 권리구제
   (2) 기본행위에 하자가 있는 경우 권리구제
   (3) 기본행위의 하자를 이유로 인가를 다툴 협의의 소익이 있는지 여부

Ⅲ. 감정평가법인등의 법적 지위
1. 개 요
2. 권 리

3. 의 무
4. 책 임
   (1) 민사상 책임(감정평가법 제28조)
   (2) 행정상 책임
   (3) 형사상 책임
   (4) 몰수 및 추징(감정평가법 제50조의2)

Ⅳ. 행정벌
1. 의 의
2. 행정형벌
   (1) 의 의
   (2) 행정형벌의 사유
   (3) 벌칙적용에 있어서의 공무원 의제
   (4) 양벌규정(감정평가법 제51조)
3. 행정질서벌
   (1) 의 의
   (2) 과태료 부과
   (3) 절 차
4. 감정평가법상 벌금, 과징금, 과태료의 비교
   (1) 의 의
   (2) 법적 성질
   (3) 부과권자, 부과절차 및 적용법규
   (4) 불 복
5. 벌금과 과징금의 중복부과 타당성 여부
   (1) 개 설
   (2) 관련 판례 검토
   (3) 검 토
6. 결 어

I. 사무소개설신고 기출 34회

1. 의의 (감정평가법 제21조)
신고는 사인이 일정한 법률효과의 발생을 위해서 일정사실을 행정청에게 알리는 것을 말한다. 사무소 개설신고란 감정평가업을 영위하기 위한 사무소 개설요건을 갖추었음을 알리는 행위를 말한다.

2. 신고의 요건

(1) 사무소개설신고의 요건
사무소 보유 증명서류 등 필수서류를 첨부해야 할 것, 감정평가법 제21조에서 정한 각 규정에 해당하지 아니할 것, 법인의 인가취소 후 1년 미경과, 업무정지 미경과 시 법인의 사원 또는 이사였던 자가 아닐 것, 업무정지기간이 경과되지 않은 자일 것을 그 요건으로 한다.

(2) 소속평가사 변경신고의 요건
감정평가사사무소의 개설신고를 한 감정평가사는 신고한 사항에 변경이 있는 때에는 변경한 날부터 14일 이내에 국토교통부장관에게 신고사항변경신고서를 제출하여야 한다. 신고사항변경신고서에는 변경사항을 증명하는 서류 1부를 첨부해야 한다.

3. 신고의 법적 성질

(1) 자기완결적 신고와 수리를 요하는 신고
① 의 의
자기완결적 신고는 일정사항을 통지하고 그러한 통지사항이 행정청에 도달함으로써 효력이 발생하는 신고이며, 그러한 통지사항을 행정청이 수리함으로써 효력이 발생하는 신고를 수리를 요하는 신고라 한다.

② 구별실익
양자의 구별실익은 자기완결적 신고의 수리행위는 국민의 권리·의무에 영향을 주는 행정행위가 아니므로 처분성이 인정되지 않음에 있다.

③ 구별기준
㉠ 학 설
신고요건이 형식적 요건 이외에 실질적 요건도 포함하는 경우에는 수리를 요하는 신고로 보는 견해와, 형식적 요건 외에도 실질적 요건을 요하는지로 구분하는 견해가 있다.

㉡ 판 례
판례는 관계법이 적법요건을 두고 있지 않은 경우에는 자기완결적 신고로 보고, 관계법이 실질적 적법요건을 규정한 경우에는 행정청은 그 수리를 거부할 수 있는 것으로 보아 수리를 요하는 신고로 보고 있다.

㉢ 검 토
법문언상 수리규정이나 적법요건을 규정하는 경우에는 행위요건적 신고로 봄이 타당하고, 불분명한 경우에는 국민에게 유리한 자기완결적 신고로 봄이 타당하다.

(2) 정보제공적 신고와 금지해제적 신고
    ① 의 의
    정보제공적 신고는 행정의 대상이 되는 사실에 관한 정보를 제공하는 기능을 갖는 신고를 말하며, 금지해제적 신고는 정보제공기능뿐만 아니라 건축활동 등 사적활동을 규제하는 기능을 갖는 신고를 말한다.
    ② 구별실익
    정보제공적 신고는 신고 없이 행위를 하여도 행위 자체는 위법하지 않으므로 행정질서벌인 과태료의 대상이 된다. 반면에 금지해제적 신고는 신고 없이 한 행위는 법상 금지된 행위가 되며 행정형벌이나 시정조치의 대상이 된다.
    ③ 사무소개설신고의 경우
    감정평가법에서는 등록과 신고를 구분하고 있으며 동법 시행령 제20조에서는 사무실 보유 증명서류 등의 형식적 요건을 규정하고 있지만 결격사유를 심사할 수 있도록 하는바, 수리를 요하는 신고로 봄이 타당하다. 또한 이러한 신고의무는 감정평가업무를 수행하기 위한 요건을 갖추었음을 알리는 정보제공행위로 볼 수 있어 정보제공적 신고로 볼 수 있다.
    ④ 소속평가사 변경신고의 경우
    감정평가법에서는 신고사항에 변경이 있는 경우 신고사항변경신고서 및 변경사항을 증명하는 서류를 제출하도록 형식적으로 규정하고 있는바 자기완결적 신고로 봄이 타당하다. 또한 감정평가법에서는 소속평가사가 아닌 자로 하여금 제10조 각 호의 업무를 하게 하여서는 안 된다는 금지규정을 두고 있으며, 위반 시 행정형벌을 부과하도록 하고 있어 금지해제적 신고로 봄이 타당하다.

4. 신고수리거부의 처분성
(1) 문제점
감정평가사무소 개설신고와 소속평가사 변경신고의 수리거부가 거부처분이 되기 위해서는 공권력 행사의 거부와 법규상·조리상 신청권 등이 인정되어야 한다. 다른 요건은 문제되지 않으나, 사무소 개설신고와 소속평가사 변경신고의 거부가 신청인의 법적 지위의 변동을 초래하는 행위인지 문제된다.

(2) 학 설
자기완결적 신고는 사실행위로서 그 거부처분성이 부인되고 수리를 요하는 신고라면 신청인의 법적 지위의 변동을 초래할 수 있으므로 거부처분이 될 수 있다는 견해(신고의 법적 성질에 따라 구분하는 견해)와 신고의 법적 성질 여하에 관계없이 수리가 반려될 경우 신고인이 불이익을 받을 위험 등 법적 지위가 불안정하게 될 수 있는지로 판단하는 견해(개별검토설)가 있다.

(3) 판 례
종래 대법원은 건축법상 신고에 대해 사실행위로 보았으나(신고의 법적 성질에 따라 구분하는 견해) 최근 대법원 전원합의체 판결에서 건축신고가 반려될 경우 해당 건축물의 건축을 개시하면 시정명령, 이행강제금, 벌금의 대상이 되거나 해당 건축물을 사용하여 행할 행위의 허가가 거부될 우려가 있어 불안정한 지위에 놓이는 점, 장차 있을지도 모르는 위험에서 미리 벗어날 수 있도록 길을 열어주고, 위법한 건축물의 양산과 그 철거를 둘러싼 분쟁을 조기에 근본적으로 해결할 수 있다는 점 등을 이유로 건축신고 반려행위는 항고소송의 대상이라 판시하였다.

(4) 검 토

판례의 태도와 같이 법적 분쟁을 조기에 해결하는 것이 법치주의에 부합한다고 보이므로 사무소개설신고 수리거부와 소속평가사 변경신고 수리거부의 처분성을 인정함이 타당하다고 생각된다.

Ⅱ 감정평가법인의 설립 등 기출 36회

1. 의의(감정평가법 제29조)

인가는 타인의 법률적 행위를 보충하여 그 법적 효력을 완성시키는 행정행위를 말한다. 국토교통부장관이 감정평가법인의 설립행위를 보충하여 사인 간의 법인설립행위의 효력을 완성시켜주는 행위이다.

2. 법적 성질

법인설립인가는 행정청이 감정평가법인의 법률행위를 보충하여 효력을 완성시켜주는 행정행위로서 강학상 인가에 해당한다. 인가는 새로운 권리설정행위가 아니고 공익판단의 규정이 없다는 점을 고려할 때 인가요건을 구비했다면 인가를 거부할 수 없는 기속행위로 봄이 타당하다.

3. 요건 및 절차

(1) 요 건

법인의 사원 또는 이사가 평가사일 것, 주·분사무소는 최소인원을 충족할 것, 정관내용이 법령에 적합할 것, 인가 후 설립등기를 할 것을 요건으로 한다.

(2) 절 차

서면으로 국토교통부장관에게 신청서를 제출한 뒤, 심사 후 인가처분을 받는다. 설립인가를 받은자는 설립일로부터 1개월 이내에 설립등기를 하여야 한다.

4. 권리구제

(1) 인가에 하자가 있는 경우 권리구제

기본행위가 적법 유효하고 보충행위인 인가행위 자체에만 하자가 있다면 그 인가처분의 무효나 취소를 주장할 수 있다. 인가처분이 무효이거나 취소된 경우에 그 기본행위는 무인가행위가 된다.

(2) 기본행위에 하자가 있는 경우 권리구제

설립행위가 하자를 이유로 성립되지 않거나 취소되면 인가도 무효가 되어 인가의 효력이 발생하지 않는다.

(3) 기본행위의 하자를 이유로 인가를 다툴 협의의 소익이 있는지 여부

인가의 보충성에 비추어 볼 때 기본행위에 하자가 있는 경우 인가에 대한 항고소송은 본안판결을 받을 법적 이익이 없다는 것이 다수의 견해이다. 판례도 기본행위에 하자가 있으면 기본행위의 하자를 다투어야 하며, 그것을 이유로 인가처분의 취소 또는 무효확인을 소구할 법률상 이익이 없다고 판시한 바 있다.

> **➕ 알아보기** 재개발정비조합설립인가
>
> 종전에는 인가로 보아 민사소송으로 다투었으나, 최근 대법원 판례는 특허로 보아 행정소송으로 다투도록 함

Ⅲ 감정평가법인등의 법적 지위 기출 31회·33회

1. 개요
감정평가법인등이란 타인의 의뢰에 의하여 일정한 보수를 받고 토지 등의 감정평가를 업으로 행하는 자로서 신고를 한 감정평가사와 인가를 받은 감정평가법인을 말한다. 감정평가법인등이 평가하는 적정가격은 국가 토지 정책의 근간이 되는 공시지가의 조사·평가 및 지가공시제도의 효율적인 운영주체로서 업무수행상 높은 윤리성·공공성이 요구되는바, 각종 권리 및 의무를 감정평가법에서 규정하고 있고, 이에 위반할 경우 민사상·행정상·형사상 책임을 지게 된다.

2. 권리
감정평가권, 감정평가업권, 타인토지출입권, 명칭사용권, 보수청구권, 청문권, 쟁송제기권 등의 권리를 지닌다.

3. 의무 기출 32회
적정가격 평가의무, 성실의무, 감정평가서 교부 및 보존의무, 국토교통부장관의 지도·감독에 따를 의무 등이 있다.

4. 책임

(1) 민사상 책임(감정평가법 제28조)
감정평가법은 성실한 평가를 유도하고, 불법행위로 인한 평가의뢰인 및 선의의 제3자를 보호하기 위하여 감정평가법인등에게 손해배상책임을 인정하고 있다.

(2) 행정상 책임
감정평가법인등이 각종 의무규정을 위반하였을 경우의 제재수단으로서 인가취소, 업무정지, 자격등록취소, 견책, 과징금, 과태료 등이 부과될 수 있다.

(3) 형사상 책임
이는 형법이 적용되는 책임으로서 행정형벌로 감정평가법 제48조, 제49조와 제50조에 규정을 두고 있다. 또한 감정평가법인등이 공적평가업무를 수행하는 경우에는 공무원으로 의제하여 알선수뢰죄 등 가중처벌을 받도록 규정하고 있다.

(4) 몰수 및 추징(감정평가법 제50조의2)
업무와 관련된 대가를 받거나 감정평가 수주의 대가로 금품 또는 재산상의 이익을 제공하거나 제공하기로 약속한 자와 감정평가사의 자격증·등록증 또는 감정평가법인의 인가증을 다른 사람에게 양도 또는 대여한 자와 이를 양수 또는 대여받은 자에 대하여 이러한 죄를 지은 자가 받은 금품이나 그 밖의 이익은 몰수한다. 이를 몰수할 수 없을 때에는 그 가액을 추징한다.

Ⅳ 행정벌

1. 의의
행정벌이란 행정법상의 의무위반행위에 대하여 제재로서 가하는 처벌을 말한다. 행정벌에는 행정형벌과 행정질서벌이 있다. 행정벌은 과거의 의무위반에 대한 제재를 직접적인 목적으로 하지만 간접적으로는 의무자에게 심리적 압박을 가함으로써 행정법상의 의무이행을 확보하는 것을 목적으로 한다.

2. 행정형벌

(1) 의의
행정형벌이란 행정상 중한 의무를 위반한 경우 주어지는 벌로서 징역형 또는 벌금형이 있다. 이는 행정목적을 달성하기 위해 행정법규가 의무를 정해놓고 이를 위반한 경우의 제재수단이다.

(2) 행정형벌의 사유
감정평가법 제49조에 '3년 이하의 징역 또는 3,000만원 이하의 벌금', 제50조에 '1년 이하의 징역 또는 1,000만원 이하의 벌금'을 규정하고 있다.

(3) 벌칙적용에 있어서의 공무원 의제
공적 업무(공공용지 매수, 토지수용, 사용보상, 국공유지취득처분 등)를 행하는 감정평가사는 공무원으로 본다.

(4) 양벌규정 (감정평가법 제51조)
법인의 대표자나 법인 또는 개인의 대리인, 사용인, 그 밖의 종업원이 그 법인 또는 개인의 업무에 관하여 감정평가법 제49조 또는 제50조의 위반행위를 하면 그 행위자를 벌하는 외에 그 법인 또는 개인에게도 해당 조문의 벌금형을 부과한다. 다만, 법인 또는 개인이 그 위반행위를 방지하기 위하여 해당 업무에 상당한 주의와 감독을 게을리하지 아니한 경우에는 그러하지 아니하다.

3. 행정질서벌

(1) 의의
경미한 의무를 위반하는 경우에 주어지는 벌로서 과태료처분이다. 형법총칙이 적용되지 않는다는 점에서 행정형벌과 구별되며 행정상 책임에 해당된다.

(2) 과태료 부과
500만원 이하의 과태료 (감정평가법 제52조)

(3) 절차 기출 30회
① 과태료 부과처분(행정처분이지만 처분취소소송 불가) : 국토교통부장관은 위반행위, 금액, 이의제기방법 등을 명시한 통지서를 처분대상자에게 송부하여 부과·징수한다.
② 과태료처분에 대한 불복 : 처분이 있음을 안 날로부터 60일 이내에 국토교통부장관에게 이의를 제기할 수 있다. 이의신청기간 내에 이의를 제기하지 않고 납부를 하지 아니한 때에는 국세체납처분에 의해 이를 징수한다. 다만, 과태료처분의 경우 비송사건 약식절차에 의해 별도의 불복절차가 존재하기 때문에 행정소송은 불가능하다. 질서위반행위규제법으로 일반법이 제정되어 이를 적용되면 된다.

4. 감정평가법상 벌금, 과징금, 과태료의 비교 기출 32회·36회

(1) 의의
① 벌금은 행정목적을 직접적으로 침해하는 행위에 대하여 과해지는 행정형벌의 일종이다. 형법총칙이 적용되며 감정평가법 제49조 내지 제50조에 규정을 두고 있다.
② 과징금은 감정평가법 제41조에 의거 행정법규의 위반으로 경제상의 이익을 얻게 되는 경우에 해당 위반으로 인한 경제적 이익을 박탈하기 위하여 그 이익규모에 따라 행정기관이 과하는 행정상 제재금을 말한다.
③ 과태료는 행정목적을 간접적으로 침해하는 행위에 대하여 과해지는 행정질서벌에 해당하며, 감정평가법 제52조에서 500만원 이하의 과태료 부과규정을 두고 있다.

(2) 법적 성질
① 벌금은 행정의 실효성 확보수단으로서 행정벌 중 행정형벌에 해당한다.
② 과징금은 새로운 수단의 행정의 실효성 확보수단으로 행정상 제재금으로서, 과징금의 부과는 급부하명에 해당한다.
③ 과태료는 행정의 실효성 확보수단으로서 행정질서벌에 해당하며, 행정청이 행하는 과태료 부과행위는 행정처분이 된다.

(3) 부과권자, 부과절차 및 적용법규 기출 30회
① 벌금은 국토교통부장관의 고발에 따라 수사기관의 수사를 통해 혐의가 인정되면 검사의 기소에 의해 형사재판에 회부되어 형이 확정된다. 감정평가법에서는 벌금형에 대해 특별히 형법총칙의 배제를 규정하고 있지 아니하므로 형법총칙이 적용된다.
② 과징금은 국토교통부장관(행정청)이 업무정지에 갈음하는 과징금 부과처분을 하게 되며, 부과, 이의신청 및 징수 등은 감정평가법 제41조, 제42조, 제43조, 제44조의 규정에 따른다.
③ 과태료는 1차적으로는 국토교통부장관이 부과하고 이에 대한 불복으로서 과태료 재판을 거치는 경우에서 2차적으로 법원이 부과하게 된다. 구체적인 부과절차 및 징수 등은 질서위반행위규제법(과태료 일반법)에 따른다.

(4) 불복 기출 32회
① 벌금형에 대해서는 상소를 할 수 있다.
② 과징금 부과처분에 대하여는 감정평가법 제42조에 따라 이의신청을 할 수 있으며, 이의신청에 따른 결과에 이의가 있는 자는 감정평가법 제42조 제3항에 따라 행정심판을 제기할 수 있다. 또한 과징금 부과처분이 항고소송의 대상인 처분이 되므로 항고소송으로 다툴 수 있다.
③ 과태료는 질서위반행위규제법이 적용된다. 불복방법으로는 이의신청과 과태료 재판을 규정하고 있다.

5. 벌금과 과징금의 중복부과 타당성 여부

(1) 개 설
감정평가법상 벌금과 과징금은 모두 국민의 권리·의무에 직접 영향을 미치는 행정처분에 해당하는 것으로, 동일 사안에 대하여는 벌금과 과징금을 중복부과하는 경우 그 타당성 여부가 문제된다.

(2) 관련 판례 검토
헌법재판소는 '과징금은 그 취지와 기능, 부과의 주체와 절차 등을 종합할 때 부당내부거래 억제라는 행정목적을 실현하기 위하여 그 위반행위에 대하여 제재를 가하는 행정상 제재금으로서의 기본적 성격에 부당이득환수적 요소도 부과되어 있는 것이라 할 것이고, 이를 두고 헌법 제13조 제1항에서 금지하는 국가형벌권 행사로서의 처벌에 해당한다고 할 수 없으므로, 공정거래법에서 형사처벌과 아울러 과징금의 병과를 예정하고 있더라도 이중처벌금지의 원칙에 위반된다고 볼 수 없다.'라고 하여 과징금과 벌금의 병과는 이중처벌금지의 원칙에 반하지 않는다고 보았다.

(3) 검 토
과징금은 행정상 제재금으로서 범죄에 대한 국가의 형벌권 행사로서의 과벌이 아니므로 행정법규 위반에 대하여 벌금 이외에 과징금을 부과하는 것은 이중처벌금지의 원칙에 반하지 않는다. 그러나 양자는 실질적으로 이중적인 금전부담으로, 동일 사안에 대해 벌금과 과징금을 함께 부과하는 것은 이중처벌의 성질이 있다 할 것이므로 벌금과 과징금을 택일적으로 부과하도록 관계법령을 정비할 필요성이 있다고 판단된다.

6. 결 어
감정평가법상 벌금, 과징금, 과태료는 행정의 실효성 확보수단으로 규정되어 있는 것이고, 그 법적 성질은 벌금, 과징금, 과태료 모두 행정행위의 상대방인 국민의 권리·의무에 직접적으로 영향을 미치는 행정처분에 해당한다. 한편 동일 사안에 있어 벌금과 과징금의 중복부과는 이론상 이중처벌금지의 원칙에 반하지 아니하여 타당하다고 할 것이나, 양자는 실질적으로 동일한 금전부담으로 벌금과 과징금을 택일적으로 부과하도록 관계법령을 정비할 필요성이 있다고 할 것이다.

제2절 감정평가법인등의 손해배상책임 [기출 35회]

> **핵심 키워드**
>
> I. 손해배상책임의 의의 및 취지(감정평가법 제28조)
>
> II. 감정평가 법률관계의 법적 성질
> 1. 공법관계인지 사법관계인지
> 2. 도급계약인지 위임계약인지
>
> III. 감정평가법 제28조와 민법 제750조의 관계
> 1. 문제점
> 2. 견해의 대립
> 3. 판 례
> 4. 검 토
>
> IV. 손해배상책임의 성립요건
> 1. 감정평가법인등이 한 감정평가행위일 것
> 2. 고의 또는 과실이 있을 것 – 과실책임주의
> 3. 부당한 감정평가를 하였을 것
>   (1) 감정평가 당시의 적정가격과 현저한 차이가 있게 감정평가한 경우
>   (2) 감정평가서류에 허위를 기재할 경우
> 4. 감정평가의뢰인 또는 선의의 제3자에게 손해가 발생하였을 것
> 5. 상당한 인과관계가 있을 것
> 6. 위법성 요건이 필요한지 여부
>
> V. 손해배상책임의 내용
> 1. 손해배상책임의 범위
> 2. 임대차조사 내용
> 3. 손해배상책임의 보장

I 손해배상책임의 의의 및 취지(감정평가법 제28조)

감정평가법인등이 감정평가를 하면서 고의 또는 과실로 감정평가 당시의 적정가격과 현저한 차이가 있게 감정평가를 하거나 감정평가 서류에 거짓을 기록함으로써 감정평가 의뢰인이나 선의의 제3자에게 손해를 발생하게 하였을 때에는 감정평가법인등은 그 손해를 배상할 책임이 있다. 이는 의뢰인 및 제3자의 보호를 도모하고 토지 등의 적정가격을 올바르게 평가하여 국토의 효율적인 이용과 국민경제의 발전을 도모하기 위함에 그 취지가 있다.

II 감정평가 법률관계의 법적 성질

1. 공법관계인지 사법관계인지

감정평가의 의뢰는 상호 대등한 관계에서 행해지는 것이므로 사법관계의 성질을 갖는다고 볼 수 있다. 다만 감정평가의 사회성, 공공성에 비추어 공적 성질도 내포하고 있다고 볼 수 있다.

2. 도급계약인지 위임계약인지

감정평가는 일의 완성을 목적으로 수수료를 지급하고 약정하는 것으로서 도급계약이라고 보는 견해와 일정한 사무처리를 위한 노무의 제공을 목적으로 하는 위임계약이라고 보는 견해가 있다. 업무수행 시 독립성이 인정되고, 업무중단 시 수행한 부분에 대한 보수청구가 인정되므로 위임계약으로 봄이 타당하다.

Ⅲ 감정평가법 제28조와 민법 제750조의 관계

1. 문제점
상기와 같이 감정평가의 법적 성질은 사법상 특수한 위임계약에 해당하기 때문에 감정평가법 제28조 제1항의 규정이 없어도 감정평가법인등은 의뢰인 및 제3자에게 손해배상책임을 진다. 이 경우 해당 규정을 둔 이유가 무엇인지에 대하여 논란이 있으며, 이를 민법상 특칙으로 보는지에 대해 견해가 대립하고 있다.

2. 견해의 대립
(ⅰ) 특칙이라는 견해(면책설)는 감정평가의 경우 적정가격의 산정이 어렵고, 평가수수료에 비해 막중한 책임을 부여한다는 점 등을 근거로 감정평가법 제28조를 감정평가업자를 보호하기 위한 특칙으로 보는 견해이다. 반면, (ⅱ) 특칙이 아니라는 견해(보험관계설)는 감정평가법 제28조 제1항은 동조 제2항의 보험이나 공제사업과 관련하여 처리되는 감정평가법인등의 손해배상책임의 범위를 한정하는 것으로 민법의 특칙이 아니라고 보는 견해이다.

3. 판 례
감정평가의 부실감정으로 인해 손해를 입게 된 감정평가의뢰인이나 선의의 제3자는 지가공시법상 법률상의 손해배상책임과 민법상의 불법행위로 인한 손해배상책임을 함께 물을 수 있다고 판시하여 특칙이 아니라고 보았다.

4. 검 토
적정가격의 산정이 어려움에도 손해배상책임을 널리 인정하여서는 감정평가제도가 위태로울 수 있고, 특칙이 아니라는 견해에 따를 경우 감정평가법 제28조 제1항의 규정은 무의미한 규정이 된다는 점 등을 고려할 때, 논리적으로 특칙으로 보는 견해가 타당하다.

Ⅳ 손해배상책임의 성립요건 기출 31회

1. 감정평가법인등이 한 감정평가행위일 것
감정평가로 발생한 손해에 해당하여야 하고, 가치판단작용이 아닌 단순한 사실조사 잘못으로 인한 손해에 대하여는 적용되지 않는다. 그러나 판례는 임대차관계에 대한 사실조사에 잘못이 있는 경우 감정평가법인등의 손해배생책임을 인정한 바 있다.

2. 고의 또는 과실이 있을 것 – 과실책임주의
고의란 부당한 감정평가임을 안 것이며, 과실이란 통상의 주의의무를 위반한 것을 말한다. 판례는 부동산 공시법과 감정평가에 관한 규칙상 기준을 무시하고 자의적인 방법에 의하여 토지를 감정평가한 것은 고의·중과실에 의한 부당한 감정평가로 볼 수 있다고 하였다.

3. 부당한 감정평가를 하였을 것
   (1) 감정평가 당시의 적정가격과 현저한 차이가 있게 감정평가한 경우
      현저한 차이의 판단기준에 대해 판례는 보상액 결정의 1.3배가 현저한 차이에 대한 유일한 판단기준이 될 수 없다고 하면서, 부당감정에 이르게 된 감정평가법인등의 귀책사유를 고려하여 사회통념에 따라 탄력적으로 판단하여야 한다고 하였다. 또한 현저한 차이는 고의에 의한 경우와 과실에 의한 경우에 다르게 보아야 한다고 판시하였다.
   (2) 감정평가서류에 허위를 기재할 경우
      감정평가사서상의 기재사항에 대하여 물건의 내용, 산출근거, 평가가액의 허위의 기재로서 가격에 변화를 일으키는 요인을 고의·과실로 허위기재하는 것을 말한다.

4. 감정평가의뢰인 또는 선의의 제3자에게 손해가 발생하였을 것
   선의의 제3자란 감정내용이 허위 또는 감정평가 당시의 적정가격과 현저한 차이가 있음을 인식하지 못한 것뿐만 아니라, 감정평가서에 대해 타인이 사용할 수 없음이 명시되어 있을 경우 이러한 사용사실까지 인식하지 못한 제3자를 의미한다. 손해란 일반적으로 법익(주로 재산권)에 관하여 받은 불이익을 말한다.

5. 상당한 인과관계가 있을 것
   적정가격과 현저한 차이가 있게 한 감정평가와 손해의 발생 사이에는 인과관계가 있어야 한다.

6. 위법성 요건이 필요한지 여부
   감정평가법 제28조는 민법에 대한 특칙으로 보는 것이 타당하므로 위법성 요건은 불필요하다고 보며 이는 부당감정개념에 포함된 것으로 봄이 합당하다.

Ⅴ 손해배상책임의 내용

1. 손해배상책임의 범위
   손해배상책임의 범위는 부당한 평가가 없었다면 있어야 할 법익상태와 부당한 평가가 발생한 현재의 법익상태 간의 차이를 말한다. 판례는 부당한 감정가격에 의한 담보가치와 정당한 감정가격에 의한 담보가치의 차액을 한도로 정당한 감정가격에 근거하여 산출된 담보가치를 초과한 부분이 손해액이 된다고 판시한 바 있다. 또한 감정평가의뢰인이 부당한 감정평가 성립에 원인을 제공하였거나, 용인을 한 경우에는 이를 참작하여 배상액을 정하여야 한다(과실상계의 원칙).

2. 임대차조사 내용
   판례는 고의 또는 과실로 임대차 관계에 관한 사실을 기재해 손해를 발생하게 한 경우 손해배상책임이 있다고 보았다.

3. 손해배상책임의 보장
   감정평가법인등은 보증보험에 가입하거나 협회가 운영하는 공제사업에 가입해야 하는 등 필요한 조치를 하여야 한다.

CHAPTER 03 감정평가관리 · 징계위원회

기출 27회 · 34회

제1절 감정평가관리 · 징계위원회의 도입배경 및 의의

> **핵심 키워드**
>
> Ⅰ. 감정평가관리·징계위원회의 성격
>
> Ⅱ. 감정평가관리·징계위원회의 내용
> 1. 설치 및 구성
> 2. 위원의 임기 및 제척, 기피

감정평가관리 · 징계위원회는 기존에 감정평가협회에서 운영하였으나, 형식적 운영으로 실효성에 문제가 제기되었다. 감정평가사에 대한 징계의 공정성을 확보하고, 엄격한 절차에 따라 징계처분을 하여 공신력을 제고하기 위해 징계위원회제도가 도입되었다. 감정평가관리 · 징계위원회는 감정평가사의 징계를 의결하기 위해 국토교통부에 설치하는 의결기관이다.

Ⅰ 감정평가관리·징계위원회의 성격

감정평가관리 · 징계위원회는 감정평가사를 징계하도록 하기 위해서 반드시 설치해야 하는 필수기관이다. 또한 징계권자는 국토교통부장관이지만 징계내용에 관한 의결은 감정평가관리 · 징계위원회에 맡겨져 있어, 감정평가관리 · 징계위원회는 의결권을 갖는 의결기관이다.

Ⅱ 감정평가관리·징계위원회의 내용

1. 설치 및 구성

감정평가관리 · 징계위원회는 국토교통부에 설치하고, 위원장 1명 및 부위원장 1명을 포함한 13명 이내로 구성하고, 위원장은 국토교통부장관이 위촉하거나 지명한다.

2. 위원의 임기 및 제척, 기피

위원의 임기는 2년으로 하되, 1차례에 한하여 연임할 수 있다. 당사자와 친족, 동일법인 및 사무소 소속 평가사는 제척되고 불공정한 의결을 할 염려가 있는 자는 기피될 수 있다.

제2절 징계절차 및 징계의 종류 등 [기출 29회]

> **핵심 키워드**
>
> I. 징계의 절차
> 1. 징계의결의 요구
> 2. 의견진술
> 3. 징계의결
>
> II. 징계의결의 하자
> 1. 의결에 반하는 처분
> 2. 의결을 거치지 않은 처분
>
> III. 조사위원회의 필요성과 징계위원회 소위원회 구성(신설)

I 징계의 절차

1. 징계의결의 요구
국토교통부장관은 감정평가사에게 징계사유가 있다고 인정되면 그 증명서류를 갖추어 징계위원회에 징계의결을 요구한다. 이때 징계의결의 요구는 위반사유가 발생한 날부터 5년이 지난 때에는 할 수 없다.

2. 의견진술
당사자는 징계위원회에 출석하여 구술 또는 서면으로 자기에게 유리한 사실을 진술하거나 필요한 증거를 제출할 수 있다.

3. 징계의결
징계위원회는 징계의결의 요구를 받은 날부터 60일 이내에 징계에 관한 의결을 하여야 한다. 다만, 부득이한 사유가 있는 때에는 징계위원회의 의결로 30일에 한하여 그 기간을 연장할 수 있다.

II 징계의결의 하자 [기출 30회]

1. 의결에 반하는 처분
징계위원회는 의결기관이므로 징계위원회의 의결은 국토교통부장관을 구속하게 된다. 따라서 징계위원회의 의결에 반하는 처분은 무효가 된다.

2. 의결을 거치지 않은 처분
국토교통부장관은 징계위원회의 의결에 구속되기 때문에 징계위원회의 의결을 거치지 않고 처분을 한 경우 권한 없는 징계처분이 되어 무효가 될 수 있다.

Ⅲ 조사위원회의 필요성과 징계위원회 소위원회 구성(신설)

징계위원회제도는 대외적으로 공정성 확보에 기여한다. 징계위원회가 사실관계의 명확한 파악과 공정하며 객관적인 징계를 하기 위해서는 별도의 조사위원회를 신설하여 개별적이고 구체적인 사실관계를 확정할 필요가 있다. 따라서 조사위원회를 설치하여 내부적인 감사를 진행하는 것이 보다 공정성과 신뢰성을 확보하는데 도움이 될 것이다. 최근에 감정평가법 시행령 제40조의2 소위원회 규정이 신설되어 징계를 함에 있어서 징계의결 요구 내용을 검토하기 위하여 소위원회를 구성할 수 있도록 함으로써 징계의 공정성과 객관성 확보에 만전을 기하고자 하는 입법개정은 매우 고무적이라고 할 것이다.

> **➕ 알아보기** 감정평가사 징계위원회 소위원회 신설 규정
>
> **감정평가 및 감정평가사에 관한 법률 시행령 제40조의2(소위원회)**
> ① 제34조 제1항에 따른 징계의결 요구 내용을 검토하기 위해 감정평가관리·징계위원회에 소위원회를 둘 수 있다.
> ② 소위원회의 설치·운영에 필요한 사항은 감정평가관리·징계위원회의 의결을 거쳐 위원회의 위원장이 정한다.

CHAPTER 04 과징금(변형된 과징금)

제1절 의의 및 제도적 취지

과징금이란 행정법규의 위반으로 경제적 이익을 얻게 되는 경우 해당 위반으로 인한 경제적 이익을 박탈하기 위하여 그 이익액에 따라 행정기관이 과하는 행정상 제재금을 말한다. 감정평가법인등에게 부과되는 과징금은 국토교통부장관이 업무정지처분을 하여야 하는 경우로서 그 업무정지처분이 공적업무의 정상적인 수행에 지장을 초래하는 등 공익을 해칠 우려가 있는 경우에 업무정지처분에 갈음하여 과징금을 부과할 수 있도록 한 것이므로 변형된 과징금에 해당한다.

제2절 법적 성질

과징금의 부과행위는 과징금 납무의무를 명하는 행위이므로 급부하명에 해당한다. 또한 감정평가법 제41조에서는 '과징금을 부과할 수 있다.'라고 규정하고 있으므로 법문언의 규정형식상 재량행위에 해당한다.

제3절 절차 및 내용

> **핵심 키워드**
>
> Ⅰ. 과징금의 부과
>
> Ⅱ. 과징금의 부과기준
>
> Ⅲ. 과징금의 통지, 납부의무 및 승계

Ⅰ 과징금의 부과

국토교통부장관은 업무정지처분이 표준지 및 표준주택의 조사 등 업무의 정상적인 수행에 지장을 초래하는 등 공익을 해칠 우려가 있는 경우에는 업무정지처분에 갈음하여 5천만원(법인의 경우는 5억원) 이하의 과징금을 부과할 수 있다.

Ⅱ 과징금의 부과기준

과징금은 위반행위의 내용과 정도, 위반행위의 기간과 위반횟수, 위반행위로 취득한 이익의 규모를 고려하여 부과하여야 하며, 과징금의 금액은 위반행위의 내용과 정도 등을 참작하여 그 금액의 1/2 범위 안에서 이를 가중 또는 감경할 수 있도록 하고 있다. 다만, 가중하는 경우에도 과징금의 총액은 과징금의 최고액을 초과할 수 없다.

Ⅲ 과징금의 통지, 납부의무 및 승계

통지일로부터 60일 이내에 납부해야 하며 가산금 징수에 관하여는 국세체납처분에 의해 징수할 수 있다. 국토교통부장관은 감정평가법인이 합병을 하는 경우 존속하거나 신설된 법인이 행한 행위로 보아 과징금을 부과·징수할 수 있다.

제4절 권리구제

> **핵심 키워드**
> I. 이의신청
> II. 행정심판
> III. 행정소송

I 이의신청

이의가 있는 자는 처분을 통보받은 날부터 30일 이내에 사유를 갖추어 국토교통부장관에게 이의를 신청할 수 있으며, 국토교통부장관은 이의신청에 대하여 30일 이내에 결정을 해야 한다. 부득이한 경우 30일 연장이 가능하다. 과징금의 이의신청의 경우에는 강학상 이의신청으로 볼 수 있다.

II 행정심판

국토교통부장관의 이의신청에 대한 결정에 이의가 있는 자는 행정심판을 청구할 수 있다.

III 행정소송

과징금 부과행위는 처분에 해당하므로 항고소송의 대상이 된다. 과징금 부과처분은 재량행위이므로 비례원칙 등의 행정법의 일반원칙에 위반하는 경우에는 위법하게 된다.

제5절 결어

과징금은 객관적 기준에 의해 판단하며, 객관적 기준은 입법적으로 제정해야 한다.

제2편

공익사업을 위한 토지 등의 취득 등

2026 시대에듀 감정평가사 2차 감정평가 및 보상법규

CHAPTER 01	총 칙
CHAPTER 02	공익사업의 준비
CHAPTER 03	사업인정 전 협의취득
CHAPTER 04	공용수용의 절차
CHAPTER 05	공용수용의 효과
CHAPTER 06	공용수용의 약식절차

CHAPTER 01 총 칙

제1절 공용수용과 공공성 등

> **핵심 키워드**
>
> Ⅰ. 공용수용과 공공성
> 1. 공용수용
>   (1) 의 의
>   (2) 요 건
> 2. 공공성
>   (1) 의 의
>   (2) 공공성의 판단
>   (3) 공공성의 확대화 추세
> 3. 공용수용과 공공성
>   (1) 공용수용과 공공성의 관계
>   (2) 공공성 확보방법
> 4. 결 어
>
> Ⅱ. 공공적 사용수용(사적 공용수용)
> 1. 의 의
> 2. 필요성
> 3. 형태(유형)
> 4. 공공적 사용수용과 공공성
>   (1) 사용수용의 요건
>   (2) 대상사업과 공공성
> 5. 계속적 공익실현의 보장수단
>   (1) 보장책의 필요성 및 법적 근거
>   (2) 보장수단
> 6. 부대사업과 사용수용
>   (1) 문제의 제기
>   (2) 인정 여부

Ⅰ 공용수용과 공공성

1. 공용수용

(1) 의 의

공용수용이란 손실보상을 전제로 공공필요를 위하여 타인의 재산권을 법률의 힘에 의하여 강제적으로 취득하는 것을 말한다.

(2) 요 건

사업내용의 공공성, 법률에 근거한 수용권의 발동과 법률에 의한 수용절차의 규제, 수용으로 인한 재산상 손실에 대한 정당한 보상을 요건으로 한다.

2. 공공성

(1) 의 의
재산권에 대한 공권적 침해는 "공공필요"에 의해서만 행해질 수 있는바, 공공필요(공공성)는 공용침해의 실질적 허용요건이자 본질적 제약요소이다. 따라서 공공성은 대표적인 불확정 개념으로, 시대적 상황과 국가정책의 목표에 따라 가변적이기 때문에 명확한 개념의 정의가 어려우며, 정치·사회·경제적 여건 등과 국가의 목적에 의하여 그 내용이 결정될 수밖에 없다(공용수용의 본질적인 제약요건).

(2) 공공성의 판단
공공성 개념의 추상성은 명확한 공공성의 판단근거를 요구하며, 이는 헌법 제37조 제2항의 비례의 원칙의 단계적 심사를 통해 구체화된다.

(3) 공공성의 확대화 추세
현대 복리행정의 이념, 사회국가의 요청에 의하여 과거에 공공성이 인정되지 아니한 부분에 대하여도 공공성을 넓게 인정하는 경향이 있다.

3. 공용수용과 공공성

(1) 공용수용과 공공성의 관계
공용수용 요건으로서 공공성은 공용수용의 실질적 요건이자 공용수용의 본질적인 제약요건이다.

(2) 공공성 확보방법

① 입법에 의한 공공성 확보
　토지보상법은 제한적 열거주의를 채택하여 제4조에 공공필요가 있는 사업을 수용적격사업으로 규정하여 열거하고 있다.

② 사업인정에 의한 공공성 확보
　사업인정은 토지를 수용 또는 사용하기 위한 전제 절차이고, 이에 대한 결정을 하기 위해서는 해당 사업이 공공성을 지니고 있는지 판단하여야 한다. 그러나 공공성은 추상적 개념에 불과하여 법률로 정할 수 없기 때문에 행정청으로 하여금 개별·구체적으로 이를 판단하기 위하여 사업인정 제도를 두고 있다. 공공성은 사업인정 시에 비례의 원칙을 적용하여 판단한다.

③ 계속적인 공공성의 보장
　토지보상법 제23조와 제24조에서는 사업인정 실효를 규정하여 공익사업의 계속성을 보장하며, 제91조에서는 환매권을 통해 공익사업의 계속성을 담보하고 있다. 이외에도 다양한 개별법에서 계속적인 공공성 보장을 위한 규정을 두고 있다.

4. 결 어
공용수용은 헌법상 재산권 보장의 예외적 조치로서 공공성이 인정되는 경우에만 인정될 수 있다. 반면, 공공성 개념은 현대 복리국가 이념 추구에 따라 확대되고 있는바, 이는 개인의 재산권에 대한 침해의 개념성을 확대한다. 따라서 엄격한 공공성의 판단이 공용수용에 있어 선행되어야 할 것이다.

Ⅱ 공공적 사용수용(사적 공용수용)

1. 의의
공공적 사용수용이란 특정한 공익사업을 위하여 사적 주체가 타인의 특정한 재산권을 법률의 힘에 의해 강제적으로 취득하는 것이다. 또한 판례는 사용수용을 인정하고 있다.

2. 필요성
공익상의 필요, 공익사업의 증대, 민간의 도입, 공행정의 민간화 등에서 그 필요성을 찾을 수 있다. 다만, 영리추구를 주목적으로 하는 사기업이 사업시행자인 경우에는 공공성의 엄격한 판단이 요구되며, 공공복리를 계속적으로 실현하기 위한 제도적 장치가 필요하다.

3. 형태(유형)
우리나라에서는 확립된 판례나 학설이 없다. 독일의 경우, 생존배려형 사기업과 경제적 사기업으로 구별하여 사용수용의 가능성을 판단한다. 생존배려형 사기업의 경우에는 원칙적으로 그들을 위한 공용침해가 허용되고, 경제적 사기업의 경우에는 이윤추구가 주목적이며, 지역발전이나 고용증대 등의 공적 이익은 부수적인 효과로 보기 때문에 예외적으로 엄격한 요건 하에서만 허용된다고 본다.

4. 공공적 사용수용과 공공성

(1) 사용수용의 요건
공공필요, 재산권에 대한 공권력, 법률의 근거, 정당한 보상으로서 공용수용의 요건과 동일하나 사용수용에서는 사기업의 사익추구로 인하여 공공성이 특히 중요하다. 이윤추구가 목적인 사기업은 사업의 계속성이 보장되지 않고 중간에 어떠한 이유로 사업이 중단될 가능성이 존재하기 때문이다.

(2) 대상사업과 공공성
사인이 행하는 대상사업에 대하여 공공성은 토지보상법 제4조 규정에 의한 수용적격사업이나, 국토교통부장관이 사업인정 시 반영되며, 기타 개별법에서 사업인정이 의제되는 실시계획승인 등에 의해 공공성을 판단한다. 이때 기준으로서의 공공성은 광의의 비례원칙에 의해 제 이익형량이 선행되어야 한다. 또한 사기업이라는 특성상 일정기간 이상 계속 수행될 것이 요구된다.

5. 계속적 공익실현의 보장수단

(1) 보장책의 필요성 및 법적 근거
경제적 사기업은 이윤추구가 목적인바 언제든지 사업을 중도에 포기할 가능성이 있으므로 보장책이 필요하게 된다. 공익사업의 계속성을 담보하기 위한 법적·제도적 장치에 대한 요청은 헌법 제23조 제3항에 근거하고 있다. 보장책에 대한 요구가 헌법규정으로부터 직접 도출되는 것이므로 법률적 근거를 요하지 않는다는 견해가 있으나, 우리 헌법은 "법률로써 하되"라고 규정하고 있으므로 보장책 없는 공용침해 법률은 위헌·위법하다 할 것이다.

(2) 보장수단

① **환매권**(토지보상법 제91조)**과 사업인정 실효**(토지보상법 제23조)

환매권은 토지보상법에서 공익사업의 계속성을 담보하기 위한 수단으로 규정되어 있는 것으로서 가장 일반적인 것이다. 그러나 환매권 행사 시 공행정주체의 개입 없이 환매권자에 의해서만 행사된다는 점에서 공익사업의 계속성 보장책으로는 미흡하다는 지적이 있다. 또한 토지보상법에서는 사업인정의 실효제도를 규정하여 수용법 관계의 조속한 확정을 바라는 피수용자를 보호하고 간접적으로 공익사업의 계속성을 보장한다.

② **입법 통제 및 사법 통제**

입법적 통제로 민간투자법에서는 사업시행자에 대한 감독·명령과 처분, 위반 시 벌칙 등을 규정하고 있으나, 민간자본유치 촉진에 역점을 둔 까닭에 공익사업의 계속성 담보에 대해 미흡하다는 지적이 있다. 사법적 통제수단으로는 공익사업의 계속성 보장책이 헌법 제23조 제3항의 공공필요의 요건을 충족하지 못한 경우에는 위헌·위법한 침해라 하여 행정쟁송의 제기, 헌법소원 등의 제기 등이 가능하다.

6. 부대사업과 사용수용

(1) 문제의 제기

민간투자법 제21조에서는 사업시행자의 투자비 보전 및 정상적인 운영을 도모하기 위해 부대사업을 해당 민간투자사업과 연계하여 시행할 수 있다고 규정하였다. 이는 사회기반시설의 설치사업 자체의 채산성을 보전하게 한다는 일종의 수익성 보장을 위한 장치인바, 공공성과 관련하여 인정 여부가 문제된다.

(2) 인정 여부

실시계획고시에 부대사업까지 포함시킨 것은 원활한 사업추진을 도모하기 위한 것으로 이해해야지, 부대사업은 사적 이윤 동기에 의한 행위에 불과한바, 실시계획고시에 의해 사업인정이 의제된다고 하더라도 부대사업을 위한 수용까지 허용된다고 보는 것은 우리 국민의 정서에 비추어 타당하지 않다고 판단된다. 이러한 문제는 관련규정의 불명확성에 기인한 것으로 수용이 가능한 사업과 그렇지 못한 사업을 구별할 수 있도록 법률에서 관계규정을 명확하게 할 필요가 있다고 생각된다.

제2절 공용수용의 당사자

> **핵심 키워드**
>
> Ⅰ. 의의
>
> Ⅱ. 수용권자
> 1. 수용권의 주체에 관한 학설
>   (1) 문제점
>   (2) 학설
>   (3) 판례
>   (4) 문제점의 검토
> 2. 수용권자의 법적 지위 – 권리와 의무
>   (1) 권리
>   (2) 의무
>   (3) 권리·의무의 승계
>
> Ⅲ. 피수용자
> 1. 범위
>   (1) 토지소유자
>   (2) 관계인
>   (3) 피수용자의 제한
> 2. 법적 지위
>   (1) 권리
>   (2) 의무
>   (3) 권리·의무의 승계

Ⅰ 의의

당사자란 공익사업을 위해 토지 등을 취득하는 사업시행자와 토지 등을 양도하는 토지소유자 및 관계인을 의미한다. 토지수용의 당사자는 수용권의 주체인 수용자와 수용목적물인 재산권의 주체인 피수용자가 된다.

Ⅱ 수용권자

1. 수용권의 주체에 관한 학설

(1) 문제점

수용권자는 공익사업의 주체로서 사업시행자는 공익사업을 수행하는 자를 말한다. 수용권의 주체가 국가 이외의 공공단체 및 사인인 경우 수용권의 주체가 누구인가에 관한 견해가 대립한다.

(2) 학설

① 국가수용권설

공용수용의 본질을 국가에 의한 재산권의 박탈이라고 보는 견해로, 수용권은 국가만이 가질 수 있으며, 사업주체는 수용청구권을 갖는다고 보는 견해를 말한다.

② 사업시행자수용권설

공용수용의 본질을 공익사업을 위한 재산권의 강제적 취득이라고 보는 견해로 수용권을 공용수용의 효과를 향유할 수 있는 능력이라고 보며, 사업시행자를 수용권의 주체로 보는 견해를 말한다.

③ 국가위탁권설

수용권은 국가에 귀속되는 국가적 공권인데, 국가는 사업인정을 통해 국가적 공권인 수용권을 사업시행자에게 위탁한 것으로 보는 견해를 말한다.

(3) 판 례
대법원은 사업인정을 일정한 절차를 거칠 것을 조건으로 수용권을 설정해주는 설권적 행정처분이라 판시하여 사업시행자수용권설의 입장이다.

(4) 문제점의 검토
국가가 수용의 효과를 야기한다고 하더라도 수용권은 수용의 효과를 향유할 수 있는 능력이라고 볼 수 있으므로 사업시행자수용권설이 타당하다.

2. 수용권자의 법적 지위 – 권리와 의무

(1) 권 리
타인토지출입권(토지보상법 제9조), 수용권(토지보상법 제19조), 사업인정신청권(토지보상법 제20조), 토지 및 물건 조사권(토지보상법 제27조), 협의성립확인신청권(토지보상법 제29조), 재결신청권(토지보상법 제28조), 행정쟁송권(토지보상법 제83조 내지 제85조), 토지소유권의 원시취득권(토지보상법 제45조), 대행청구권(토지보상법 제44조), 대집행신청권(토지보상법 제89조) 등이 있다.

(2) 의 무
손실보상의무(토지보상법 제61조), 피수용자의 재결신청에 응할 의무(토지보상법 제30조), 수용목적물이 멸실된 경우의 위험부담(토지보상법 제46조), 수용의 법적절차 준수의무 등이 있다.

(3) 권리·의무의 승계
수용절차의 지연 및 중단을 방지하고 공익사업의 원활한 수행 및 피수용자의 권리보호를 위하여 수용권자의 권리와 의무는 사업을 승계한 자에게 이전된다(토지보상법 제5조).

Ⅲ 피수용자

1. 범 위

(1) 토지소유자
토지소유자란 공익사업에 필요한 토지의 소유자를 말한다.

(2) 관계인
관계인이란 사업시행자가 취득 또는 사용할 토지에 관하여 지상권 등 토지에 관한 소유권 외의 권리를 가진 자 또는 그 토지에 있는 물건에 관하여 소유권 그 밖의 권리를 가진 자를 말한다.

(3) 피수용자의 제한
사업인정고시 이후 권리를 취득한 자는 기존의 권리를 승계한 자를 제외하고는 관계인에 포함되지 아니한다. 사업인정은 피수용자의 범위를 결정하는 시간적 제한의 기준이 된다.

2. 법적 지위

(1) 권리
의견제출권(토지보상법 제15조), 사업인정 및 재결 시 문서열람권 및 의견진술권(토지보상법 제21조, 제31조), 재결신청청구권(토지보상법 제30조), 잔여지 등의 매수 또는 수용청구권(토지보상법 제74조), 보상청구권(토지보상법 제79조), 손실보상청구권(토지보상법 제23조, 제24조), 환매권(토지보상법 제91조), 행정쟁송 제기권(토지보상법 제83조 내지 제85조) 등이 있다.

(2) 의무
사업시행자의 토지출입에 따른 인용의무(토지보상법 제11조), 토지 등의 보전의무(토지보상법 제25조), 수용목적물의 인도 또는 이전의무(토지보상법 제43조) 등이 있다.

(3) 권리·의무의 승계
사업시행자의 권리·의무는 그 사업을 승계한 자에게 이전하며, 이 법에 의하여 행한 절차 그 밖의 행위는 사업시행자·토지소유자 및 관계인의 승계인에게도 그 효력이 미친다.

제3절 공용수용의 목적물

> **핵심 키워드**

Ⅰ. 공용수용의 목적물
1. 의의
2. 종류 및 확정
   (1) 종류
   (2) 확정
3. 목적물의 제한
   (1) 일반적 제한
   (2) 토지의 세목고시에 따른 제한
   (3) 수용목적물의 성질에 따른 제한

Ⅱ. 공물의 수용가능성
1. 문제점
2. 학설
   (1) 긍정설
   (2) 부정설
3. 판례
4. 문제점의 검토

Ⅲ. 확장수용
1. 의의
2. 확장수용의 법적 성질
   (1) 문제점
   (2) 학설
   (3) 판례
   (4) 문제점의 검토
3. 완전수용(토지보상법 제72조)
   (1) 의의와 근거
   (2) 내용
4. 잔여지수용(토지보상법 제74조)
   (1) 의의
   (2) 법적 성질
   (3) 요건 및 근거
   (4) 절차
   (5) 효과
5. 이전수용(토지보상법 제75조)
   (1) 의의 및 요건
   (2) 법적 성질
6. 확장수용과 권리구제
   (1) 이의신청(토지보상법 제83조 제1항)
   (2) 확장수용에 대한 행정소송의 형태 - 보상금증감청구소송의 가능성

I 공용수용의 목적물

1. 의 의
공용수용의 목적물이란 수용의 객체로서 토지, 물건의 소유권 그 밖에 권리를 말한다. 이는 피수용자의 권리보호를 위해 확장되기도 하며, 수용제도의 본질, 목적물의 성질상 제한되기도 한다.

2. 종류 및 확정

(1) 종 류
토지보상법 제3조에서는 (ⅰ) 토지 및 이에 관한 소유권 외의 권리, (ⅱ) 토지와 함께 필요로 하는 입목, 건물, 그 밖에 토지에 정착된 물건 및 이에 관한 소유권 외의 권리, (ⅲ) 광업권, 어업권, 양식업권 또는 용수권, (ⅳ) 토지에 속한 흙, 돌, 모래, 자갈을 규정하고 있다.

(2) 확 정
목적물은 공익사업을 위한 제절차 중 사업인정의 세목고시에 의하여 수용목적물의 범위가 확정된다. 따라서 수용목적물의 범위에 대한 다툼은 사업인정의 다툼으로 이어지게 된다.

3. 목적물의 제한

(1) 일반적 제한
공용수용의 목적물은 재산권 보호 측면에서 필요최소한도 내에서 이루어져야 하며, 비대체적이어야 한다. 이때 필요최소한도는 비례의 원칙을 통해 판단된다(수용제도 본질상의 제한).

(2) 토지의 세목고시에 따른 제한
수용목적물은 사업인정의 고시 중 토지세목에 포함된 물건에 한한다. 따라서 토지세목고시에 포함되지 않는 물건은 확장수용의 경우를 제외하고는 수용목적물이 되지 못한다.

(3) 수용목적물의 성질에 따른 제한
목적물의 성질상 치외법권 토지, 국·공유지, 사업시행자 소유토지, 공익사업에 이용되고 있는 토지 등은 성질상 수용의 목적물이 되지 못한다.

II 공물의 수용가능성

1. 문제점
공물이란 국가·지방자치단체 등의 행정주체에 의하여 직접적으로 행정목적에 공용된 개개의 유체물을 말한다. 토지보상법 제19조 제2항은 특별한 필요가 있는 경우에 수용할 수 있다고 보는데 용도폐지 여부와 특별한 필요의 해석 논의가 필요하다.

2. 학설

(1) 긍정설
공물을 사용하고 있는 기존 사업의 공익성보다 해당 공물을 수용하고자 하는 사업의 공익성이 큰 경우에 해당 공물에 대한 수용이 가능해지며, '공익사업에 수용되거나 사용되고 있는 토지 등'에는 공물도 포함된다고 본다. 따라서 용도폐지의 선행행위가 없이도 수용이 가능하다고 보는 견해이다.

(2) 부정설
공물을 수용에 의하여 다른 행정목적에 제공하는 것은 해당 공물의 본래의 목적에 배치되므로, 공물 그 자체를 직접 공용수용의 목적으로 할 수 없고 공용폐지가 선행되어야 한다고 보는 견해이다.

3. 판례
헌법재판소는 공물의 수용가능성을 인정한 것으로 보이고, 대법원 판례에서도 광평대군 묘역과 관련된 판례에서 공물의 수용가능성을 인정하고 있다.

4. 문제점의 검토
공물의 수용가능성을 일률적으로 부정하는 것은 토지보상법 제19조 제2항의 해석상 타당하지 않으므로, 특별한 필요가 있는 경우 공물도 수용이 가능할 것이고, 이에 대한 판단에는 공익 간 이익형량에 대한 비례원칙이 적용될 것이다.

III 확장수용 기출 32회

1. 의의
확장수용이란 특정한 공익사업을 위하여 필요한 범위를 넘어서는 재산권의 수용을 말한다. 수용은 최소 필요한도 내에서 진행하는 것이 원칙이나, 피수용자의 권리보호 및 사업의 원활한 시행을 위하여 확장수용의 취지가 인정된다. 토지보상법상 규정된 확장수용에는 완전수용(토지보상법 제72조), 잔여지수용(토지보상법 제74조), 이전수용(토지보상법 제75조) 등이 있다.

2. 확장수용의 법적 성질

(1) 문제점
확장수용이 일반적으로 피수용자의 청구에 의해 이루어진다는 점에서 그 법적 성질에 대하여 견해가 나뉘며, 적용법규 및 쟁송형태 등이 달라지는 데 실익이 있다.

(2) 학설
① 사법상 매매설
확장수용은 피수용자의 청구에 의하여 사업시행자가 피수용자의 재산권을 취득하는 것이므로, 사업시행자의 재산취득은 피수용자와의 합의에 의하여 이루어지는 사법상의 매매행위라고 한다.

② 공용수용설
확장수용이 공용수용에 있어서 하나의 특수한 예이기는 하나, 그 본질에 있어서는 일반의 공용수용과 다를 바 없다는 점에서 공용수용이라 한다.

③ 공법상 특별행위설
확장수용은 일반적으로 피수용자의 청구에 의하여 이루어지고 해당 공익사업의 필요한도를 넘는다는 점에서 수용이 아니라 일종의 특별한 공법행위라고 본다.

(3) 판례
잔여지수용청구권이 그 요건을 구비한 때에는 토지수용위원회의 특별한 조치를 기다릴 것 없이 청구에 의하여 수용의 효과가 발생하므로 이는 형성권의 성질을 갖는다고 판시한 바 공용수용설의 입장이다.

(4) 문제점의 검토
확장수용은 피수용자의 청구를 요건으로 하는 사업시행자의 일방적인 권리취득행위로 볼 수 있기에 그 본질은 다른 일반적인 수용과 다를 바 없으므로 공용수용으로 보는 것이 타당하다.

3. 완전수용(토지보상법 제72조)

(1) 의의와 근거
완전수용이란 토지소유자가 받게 되는 토지이용의 현저한 장해 내지 제한에 따른 수용보상을 가능하게 하기 위해 마련된 제도이다. 따라서 완전수용은 '사용에 갈음하는 수용'이라고 하며, 토지보상법 제72조에 근거를 두고 있다.

(2) 내용
'(ⅰ) 토지의 사용기간이 3년 이상인 경우, (ⅱ) 토지의 사용으로 인하여 토지의 형질이 변경되는 경우, (ⅲ) 사용하고자 하는 토지에 그 토지소유자의 건축물이 있는 때'를 요건으로 한다. 완전수용의 청구권은 토지소유자만이 가지며, 사업시행자나 관계인은 갖지 못한다. 이 경우 관계인은 사업시행자 또는 토지수용위원회에 그 권리의 존속을 청구할 수 있다.

4. 잔여지수용(토지보상법 제74조)

(1) 의 의
잔여지수용이란 동일한 소유자에게 속하는 일단의 토지의 일부가 취득됨으로 인하여 잔여지를 종래의 목적에 사용하는 것이 현저히 곤란한 경우 토지소유자의 청구에 의해 일단의 토지의 전부를 매수하거나 수용하는 것을 말한다. 이는 손실보상정책의 일환으로 부여된 것으로서 피수용자의 권리보호에 그 취지가 인정된다.

(2) 법적 성질
확장수용의 성질을 공용수용으로 보면 공권으로 봄이 타당하며, 판례는 요건충족 시에 토지수용위원회의 특별한 조치를 기다릴 것 없이 청구에 의하여 수용의 효과가 발생하므로 형성권적 성질을 가진다고 판시하였다.

(3) 요건 및 근거
① 토지보상법 제74조
  ㉠ 잔여지를 종래의 목적으로 사용하는 것이 현저히 곤란한 경우
  ㉡ 사업의 공시완료일 이전까지(가격감소는 완료 후 1년까지) 청구할 수 있다.

② 토지보상법 시행령 제39조
  ㉠ 대지로서 면적이 너무 작거나 부정형 등의 사유로 건축물을 건축할 수 없거나 건축물의 건축이 현저히 곤란한 경우
  ㉡ 농지로서 농기계의 진입과 회전이 곤란할 정도로 폭이 좁고 길게 남거나 부정형 등의 사유로 인하여 영농이 현저히 곤란한 경우
  ㉢ 공익사업의 시행으로 인하여 교통이 두절되어 사용 또는 경작이 불가능하게 된 경우
  ㉣ ㉠부터 ㉢까지에서 규정한 사항과 유사한 정도로 잔여지를 종래의 목적대로 사용하는 것이 현저히 곤란하다고 인정되는 경우

(4) 절 차
협의취득은 사업시행자에게 잔여지를 매수하여 줄 것을 청구할 수 있으며, 수용취득은 사업시행자에게 매수를 청구하거나, 매수에 관한 협의가 성립되지 아니한 경우 토지수용위원회에 수용을 청구한다.

(5) 효 과
① 잔여지의 원시취득
  사업시행자는 수용목적물을 원시취득하며, 목적물에 존재하던 모든 권리는 소멸한다.

② 관계인의 권리보호
  매수 또는 수용청구가 있는 잔여지 및 잔여지에 있는 물건에 관하여 권리를 가진 자는 사업시행자나 관할 토지수용위원회에 그 권리의 존속을 청구할 수 있다(토지보상법 제74조 제2항).

③ 사업인정의 의제
  사업인정고시가 된 후 사업시행자가 잔여지를 매수하는 경우 그 잔여지에 대하여는 사업인정(토지보상법 제20조) 및 사업인정고시(토지보상법 제22조)가 된 것으로 본다(토지보상법 제74조 제3항).

④ 손실보상
  잔여지 및 잔여지에 있는 물건에 대한 구체적인 보상액 산정 및 평가방법 등에 대하여는 토지보상법 규정을 준용한다(토지보상법 제74조 제4항).

5. 이전수용(토지보상법 제75조) 기출 33회

(1) 의의 및 요건
건축물 등은 이전비 보상이 원칙이나, 이전수용이란 예외적으로 '(ⅰ) 건축물 등을 이전하기 어렵거나 그 이전으로 인하여 건축물 등을 종래의 목적대로 사용할 수 없게 된 경우, (ⅱ) 이전비가 그 물건의 가격을 넘는 경우, (ⅲ) 사업시행자가 공익사업에 직접 사용할 목적으로 취득하는 경우' 등에 해당할 때 이전에 갈음하여 수용하는 것을 말하며, 토지보상법 제75조에 근거를 두고 있다.

(2) 법적 성질
수용효과가 발생하므로 공용수용의 성질을 가지며, 공권이면서 형성권이다.

6. 확장수용과 권리구제 기출 31회

(1) 이의신청(토지보상법 제83조 제1항)
확장수용의 재결이나 확장수용의 거부에 이의가 있는 자는 이의재결서 정본을 받은 날부터 30일 이내에 이의신청을 할 수 있다. 행정소송법 제18조 및 토지보상법 제83조의 규정상 이의신청은 임의적 절차로, 이의신청을 거치지 않고 바로 행정소송의 제기가 가능하다.

(2) 확장수용에 대한 행정소송의 형태 – 보상금증감청구소송의 가능성

① 문제점

확장수용의 결정은 토지수용위원회의 재결에 의해 결정되므로 재결에 대한 일반적인 불복수단이 적용될 것이다. 이 경우 토지보상법 제85조 제2항의 보상금증감청구소송의 심리범위에 손실보상의 범위가 포함되는지에 따라 실효적인 쟁송형태가 달라지게 된다.

② 학설

㉠ 취소소송설 : 보상금증감청구소송은 보상금의 다과만을 대상으로 하며, 확장수용은 범위문제로 재결에 대해 다투어야 하므로 항고소송만 가능하다고 본다.

㉡ 보상금증감청구소송설 : 손실보상의 범위와 보상금액은 밀접한 관련성을 가지고 있고, 보상금증감청구소송의 인정취지가 보상금에 관한 다툼을 신속히 종결하려는 것이므로 이런 취지를 고려하여 보상금증감청구소송을 제기할 수 있다고 보는 견해이다.

㉢ 손실보상청구소송설 : 확장수용청구권은 형성권이므로 청구권의 행사에 의해 수용의 효과가 발생하여 손실보상청구권이 존재한다는 점을 논거로 일반 당사자소송을 제기하여야 한다는 견해이다.

③ 판례

수용효과가 생기는 형성권의 성질을 지니므로, 토지소유자의 수용청구를 받아들이지 아니한 토지수용위원회의 재결에 대하여 토지소유자가 불복하여 제기하는 소송은 토지보상법 제85조 제2항에 규정되어 있는 '보상금의 증감에 관한 소송'에 해당하고, 피고는 토지수용위원회가 아니라 사업시행자로 하여야 한다.

④ 사안의 검토

분쟁의 일회적 해결이라는 보상금증감청구소송의 취지와, 보상의 범위에 따라 보상금액이 달라지는 사정 등을 고려하여 보상금증감청구소송설이 타당하다.

CHAPTER 02 공익사업의 준비

제1절 공익사업의 준비

핵심 키워드

Ⅰ. 공익사업의 준비
1. 의의 및 취지
2. 법적 성질

Ⅱ. 타인토지에의 출입(토지보상법 제9조)
1. 의의 및 근거
2. 법적 성질
3. 절차(허가 – 통지 – 출입)
4. 효 과

Ⅲ. 장해물의 제거 등(토지보상법 제12조)
1. 의의 및 근거
2. 법적 성질
3. 절 차
4. 효 과

Ⅳ. 권리구제
1. 피수용자(토지소유자) 입장
   (1) 사전적 권리구제
   (2) 사후적 권리구제
2. 사업시행자 입장
   (1) 허가신청을 거부한 경우
   (2) 허가신청에 대해 부작위한 경우

Ⅰ 공익사업의 준비

1. 의의 및 취지

공익사업의 준비란 사업시행자가 공익사업의 시행을 위해 행하는 준비행위로서, 타인이 점유하는 토지에 출입하여 측량·조사를 하거나 장해물을 제거하는 등의 일련의 행위를 말한다. 공익사업의 원활한 준비와 사업목적에 적합한지 여부를 판단하도록 배려하는 데 그 취지가 인정된다.

2. 법적 성질

타인토지에 출입 및 장해물 제거의 법적 성질에 대해 '(ⅰ) 이는 자연적 자유를 회복시켜 준다는 점에서 허가로 보는 견해, (ⅱ) 억제적 금지의 해제인 예외적 승인으로 보는 견해, (ⅲ) 사용권을 형성하므로 특허라고 보는 견해'가 있다. 생각건대, 사업시행자에게 해당 토지를 일시적으로 사용할 수 있는 권리가 부여된다는 점에서 특허의 성질을 갖는다고 보며, 이처럼 학문상 허가가 아닌 새로운 권리의 설정 측면이 특허의 성질을 갖는다고 보면 출입허가는 재량행위로 평가된다.

II 타인토지에의 출입(토지보상법 제9조)

1. 의의 및 근거
토지보상법 제9조 이하에서는 공익사업의 시행을 위한 준비절차로서 타인의 토지에 출입하여 측량·조사를 행하거나 장해물의 제거 등의 행위를 할 수 있도록 규정하고 있다.

2. 법적 성질
타인토지출입은 공용제한 중 사용제한이며 일시적 사용으로 볼 수 있다. 또한 이는 사실행위로서 행정조사이며, 권력적 사실행위에 해당한다.

3. 절차(허가 – 통지 – 출입)
사업시행자가 특별자치도, 시장·군수·구청장의 허가를 받아야 하며, 출입 5일 전까지 그 일시 및 장소를 시·군·구청장에게 통지해야 한다. 일출 전이나 일몰 후에는 점유자의 승낙 없이 출입할 수 없으며, 출입하고자 하는 때에는 증표 등을 휴대하여야 한다.

4. 효과
(i) 사업시행자에게는 타인토지출입권, 사용기간 만료 시 반환 및 원상회복의무 등이 발생하며, (ii) 토지소유자에게는 손실보상청구권, 인용의무 등이 발생한다.

III 장해물의 제거 등(토지보상법 제12조)

1. 의의 및 근거
측량·조사 시 장해물 제거 등을 해야 할 부득이한 사유가 있는 경우 소유자 및 점유자의 동의를 얻어야 하고, 동의를 얻지 못한 때에는 허가를 받아 장해물 제거를 할 수 있다는 것으로 토지보상법 제12조에 근거를 두고 있다.

2. 법적 성질
장해물 제거 등의 행위는 공용제한 중 부담제한으로서 사업제한에 해당된다.

3. 절차
장해물의 제거 등을 하고자 하는 경우에는 소유자 및 점유자의 동의를 얻거나 시장 등의 허가를 받아야 하며, 이 경우 소유자 및 점유자의 의견을 들어야 한다. 소유자 및 점유자에게 3일 전 통지하고 신분을 표시하는 증표나 허가증을 휴대·제기하여야 한다.

4. 효과
장해물의 제거 등은 사실행위로서 법적인 효과가 발생하지는 않으나, 이를 수인하여야 할 의무가 발생한다. 또한 장해물 제거로 인해 발생한 손실에 대한 손실보상청구권, 사용기간 만료 시 반환 및 원상회복의무, 기타 행정쟁송권이 발생한다.

Ⅳ 권리구제

1. 피수용자(토지소유자) 입장

(1) 사전적 권리구제
출입허가 시 통지, 장해물 제거 시 의견청취 등의 제도가 있으며, 예방적 금지소송과 가처분이 사전적 권리구제의 방법으로 논의될 수 있으나, 판례에서는 이를 인정하지 않고 있다.

(2) 사후적 권리구제
① 행정쟁송
　타인토지출입, 장해물 제거 행위는 권력적 사실행위로서 처분성이 인정되므로 행정쟁송으로 다툴 수 있다.

② 국가배상과 결과제거청구
　위법한 행정조사로 인하여 신체 또는 재산상의 손해를 입은 경우 국가배상법에 따른 손해배상 청구가 가능하며, 위법한 상태가 지속되는 경우 결과제거청구권을 행사할 수 있다.

③ 손실보상
　사업시행자는 적법한 행정조사로 인해 발생한 손실을 보상하여야 하고, 손실을 입은 자는 손실이 있는 것을 안 날부터 1년, 발생한 날부터 3년 이내에 청구하여야 한다.

④ 손실보상의 재결에 대한 불복
　손실보상청구권을 공법적 원인에 의한 공권으로 보고, 보상금결정 재결의 처분성을 인정하면 수용재결에 대한 불복방법과 같이 이의신청을 거친 후 보상금증감청구소송을 제기하여 불복할 수 있다.

2. 사업시행자 입장

(1) 허가신청을 거부한 경우
출입허가 신청에 대한 거부는 처분성이 인정되는바, 거부처분에 대한 권리구제수단으로서 의무이행심판, 거부처분취소소송, 의무이행소송, 집행정지, 가처분 등의 논의가 가능하다.

(2) 허가신청에 대해 부작위한 경우
부작위에 대해서는 의무이행심판, 부작위위법확인소송, 의무이행소송, 가처분 등의 논의가 가능하다.

CHAPTER 03 사업인정 전 협의취득

제1절 사업인정 전 협의취득

> **핵심 키워드**
>
> Ⅰ. 의의 및 취지(토지보상법 제16조)
>
> Ⅱ. 법적 성질
> 1. 문제점(논의 실익)
> 2. 학설
>   (1) 공법상 계약설
>   (2) 사법상 계약설
> 3. 판례
> 4. 검토
>
> Ⅲ. 절차
>
> Ⅳ. 협의의 효과

Ⅰ 의의 및 취지(토지보상법 제16조)

협의란 공익사업에 필요한 토지 등을 공용수용절차에 의하지 아니하고, 사업시행자와 피수용자 간 임의적 합의에 의하여 수용목적물의 권리를 취득하는 것을 말한다. 이는 협의절차를 통해 최소침해의 원칙을 구현하고 토지소유자 및 관계인에게 해당 공익사업의 취지를 이해시켜 신속하게 사업을 수행하고자 함에 그 취지가 있다.

Ⅱ 법적 성질

1. 문제점(논의 실익)
사업인정 전 협의의 법적 성질에 따라 분쟁 시 쟁송형태와 적용법규가 달라짐에 구별 실익이 있다.

2. 학 설

(1) 공법상 계약설
협의 불성립 시 차후에 수용 등의 강제절차가 예정되어 있고, 그 공익적 성격으로 인하여 수용에 의한 취득과 동일한 효과가 발생하므로 공법상 계약으로 보는 견해이다.

(2) 사법상 계약설
사업인정 전 협의는 당사자 간의 협의에 의하므로, 사법상 매매와 다를 바 없다는 견해이다.

3. 판 례
대법원은 협의취득은 공공기관이 사경제주체로서 행하는 사법상 계약의 실질을 가지는 것으로 사법상 계약으로 본다.

4. 검 토
협의취득은 대등한 지위에서 사경제주체로서 토지 등을 매매하는 행위와 다를 바 없다고 보이는바, 사법상 계약으로 보는 것이 타당하다고 본다.

Ⅲ 절차

① 토지·물건조서 작성과 함께 소유자와 관계인의 서명날인을 받는다.
② 보상계획을 공고, 열람하고 이의가 있는 경우 서면으로 이의제기를 한다.
③ 사업시행자는 보상에 관하여 30일 이상의 협의기간을 두고 협의 및 계약체결의 절차를 거친다.

Ⅳ 협의의 효과

사업시행자는 토지소유자 및 관계인에게 보상금을 지급하고 공익사업에 필요한 토지 등을 취득하게 된다. 이 경우 취득은 '승계취득'으로서 등기를 요하게 된다.

CHAPTER 04 공용수용의 절차

제1절 사업인정 기출 36회

> **핵심 키워드**
>
> Ⅰ. 사업인정
> 1. 의의 및 취지
> 2. 법적 성질
>   (1) 처분성
>   (2) 재량행위
>   (3) 제3자효 행정행위
> 3. 사업인정의 요건
> 4. 사업인정의 절차
> 5. 사업인정의 효력
> 6. 사업인정의 효력소멸
>   (1) 재결신청기간의 경과로 인한 실효(토지보상법 제23조)
>   (2) 사업의 폐지·변경으로 인한 실효(토지보상법 제24조)
> 7. 권리구제
>   (1) 피수용자의 권리구제
>   (2) 사업시행자의 경우
>   (3) 제3자의 권리구제
> 8. 사업인정 관련문제(사업인정과 재결의 관계)
>   (1) 사업인정의 구속력
>   (2) 하자승계
>   (3) 검 토
>
> Ⅱ. 사업인정의제제도
> 1. 문제점
> 2. 사업인정의제제도의 의의
> 3. 사업인정의제제도의 법적 문제점
>   (1) 공공성 판단의 문제
>   (2) 이해관계인 등의 절차참여 배제
>   (3) 토지세목고시절차의 부재
>   (4) 재결신청기간 규정(토지보상법 제23조)의 배제로 인한 문제
>   (5) 기 타
> 4. 개정 법령에 대한 검토
>   (1) 개정 토지보상법 규정 검토
>   (2) 개정 토지보상법의 의의
> 5. 개선방안
>   (1) 단기적 개선방안
>   (2) 장기적 개선방안
> 6. 결 어

Ⅰ 사업인정 기출 34회

1. 의의 및 취지

사업인정이란 공용수용의 제1단계 절차로서 공익사업을 토지 등을 수용 또는 사용할 사업으로 결정하는 것을 말한다. 사업인정은 절차를 법정화함으로써 피수용자의 권리를 보호하고, 수용행정의 적정화를 기하는 사전적 권리구제수단으로 그 취지가 인정된다.

2. 법적 성질

(1) 처분성
국토교통부장관이 토지보상법 제20조에 따라서 사업인정을 함으로써 수용권이 설정되므로, 이는 국민의 권리에 영향을 미치는 처분이다. 판례는 일정한 절차를 거칠 것을 조건으로 수용권을 설정하는 형성행위라고 판시한 바 있다.

(2) 재량행위
토지보상법 제20조에서는 "사업인정을 받아야 한다."라고 규정하고 있어 법문언의 표현이 불명확하나, 국토교통부장관이 사업인정 시에 이해관계인의 의견청취를 거치고 사업과 관련된 제이익과의 형량을 거치는바 재량행위이다. 판례는 "사업의 공익성 여부를 모든 사항을 참작하여 구체적으로 판단해야 하므로 행정청의 재량에 속한다."라고 판시한 바 있다.

(3) 제3자효 행정행위
사업시행자에게는 수익적 효과를, 제3자인 피수용자에게는 침익적 효과를 동시에 발생시키는바, 제3자효 행정행위이다.

3. 사업인정의 요건

> ① 토지보상법 제4조 공익사업에 해당할 것
> ② 사업을 시행할 공익성이 있을 것(비례의 원칙을 통한 공익성의 판단)
> ③ 사업시행자의 공익사업 수행능력과 의사가 있을 것

> **➕ 알아보기** 사업인정의 요건 관련판례 - 의사나 능력 없으면 수용권 남용(2009두1051)
>
> 공익성을 상실하거나 사업인정에 관련된 자들의 이익이 현저히 비례의 원칙에 어긋나게 된 경우 또는 사업시행자가 해당 공익사업을 수행할 의사나 능력을 상실하였음에도 여전히 그 사업인정에 기하여 수용권을 행사하는 것은 공익목적에 반하는 수용권의 남용에 해당하여 허용되지 않는다.

4. 사업인정의 절차
(ⅰ) 사업시행자가 국토교통부장관에게 사업인정을 신청하면, (ⅱ) 국토교통부장관은 관계기관 및 시·도지사와 협의를 하고, (ⅲ) 이해관계인의 의견을 청취해야 한다. (ⅳ) 사업인정을 하는 경우 사업시행자, 토지소유자 및 관계인에게 통지하고 관보에 고시하여야 한다.

5. 사업인정의 효력
(ⅰ) 사업인정은 그 고시가 있는 날로부터 즉시 효력이 발생하며, (ⅱ) 사업시행자에게는 수용권의 설정, 토지물건조사권(토지보상법 제27조), 협의성립확인신청권(토지보상법 제29조), 재결신청(토지보상법 제28조) 등의 효력이 발생하고, (ⅲ) 토지소유자에게는 수용목적물의 범위확정, 피수용자의 범위확정, 토지 등 보전의무(토지보상법 제25조), 재결신청청구권(토지보상법 제30조) 등의 효력이 발생한다.

6. 사업인정의 효력소멸

(1) 재결신청기간의 경과로 인한 실효(토지보상법 제23조)

사업시행자가 사업인정의 고시가 있는 날부터 1년 이내에 재결신청을 하지 아니한 때에는 사업인정 고시가 있은 날부터 1년이 되는 날의 다음 날에 사업인정은 그 효력을 상실한다. 이는 토지수용절차의 불안정 상태를 장기간 방치하지 않기 위함이다.

(2) 사업의 폐지·변경으로 인한 실효(토지보상법 제24조)

사업인정고시가 있은 후 사업의 폐지 또는 변경 등으로 인하여 토지 등을 수용 또는 사용할 필요가 없게 된 경우에, 시·도지사는 이를 고시하여야 하며, 고시된 내용에 따라 사업인정의 전부 또는 일부는 효력을 상실한다. 이는 계속적 공익실현을 담보하기 위한 것이다.

7. 권리구제 기출 30회

(1) 피수용자의 권리구제

① 사전적 권리구제수단

사전적 권리구제제도로서 토지보상법 제21조에 의견청취절차 규정이 있으며, 재산권의 침해를 받는 국민은 예방적 금지소송과 가처분을 권리구제수단으로 취할 수 있으나, 판례는 이를 인정하고 있지 않다.

② 사후적 권리구제수단

사업인정이 위법한 경우에는 행정쟁송 및 국가배상청구가 가능하다. 적법한 사업인정으로 인해 손실이 발생한 경우에는 토지보상법상 규정이 없어, 요건을 충족하는 경우 보상규정 흠결의 문제로 다루어질 것이다. 다만, 토지보상법 제23조, 제24조에서 사업인정의 실효 등으로 인한 손실보상을 규정하고 있다.

(2) 사업시행자의 경우

① 거부한 경우

사업인정신청 후 거부 시 의무이행심판, 거부처분취소소송 등을 제기할 수 있으며, 의무이행소송 인정 여부에 대해서는 판례는 부정설의 입장이다. 가구제에 대해서는 거부처분과 관련하여 집행정지 가능성이 문제되며, 이를 위해 가처분을 준용할 수 있는지 문제되나 판례는 부정설의 입장이다. 위법한 사업인정의 거부로 손해 발생 시 국가배상청구가 가능하다.

② 부작위한 경우

사업인정의 부작위 시 의무이행심판, 부작위위법확인소송 등을 제기할 수 있으며, 의무이행소송 인정 여부에 대해서는 판례는 부정설의 입장이다. 가구제에 대해서는 현행 행정소송법에서는 집행정지 가능성이 문제되며, 이를 위해 가처분을 준용할 수 있는지 문제되나, 판례는 부정설의 입장이다. 부작위로 인한 손해를 입은 자는 국가배상법에 따라 국가배상청구가 가능할 것이다.

(3) 제3자의 권리구제

사업인정에 대한 직접 상대방은 사업시행자라 할 수 있고, 사업인정에 대한 제3자란 토지수용자와 관계인, 간접 손실을 받을 자, 사업시행지구 밖의 인근 주민이 될 수 있다. 이는 원고적격과 관련하여 문제된다.

8. 사업인정 관련문제(사업인정과 재결의 관계)

(1) 사업인정의 구속력
토지수용위원회는 행정쟁송에 의하여 사업인정이 취소되지 않는 한 그 기능상 사업인정 자체를 무의미하게 하는, 즉 사업의 시행이 불가능하게 되는 것과 같은 재결을 행할 수는 없다.

(2) 하자승계
사업인정에 하자가 있지만 재결이 진행된 경우, 재결에 대한 불복쟁송에서 사업인정의 하자를 주장할 수 있는지의 하자승계가 문제될 수 있다. 판례는 (ⅰ) 사업인정의 목적은 목적물의 공익성 판단이고, (ⅱ) 재결은 수용범위의 확인이라고 보고, 양자는 별개의 독립된 법률효과로 하자승계를 부정한다.

(3) 검 토
공익의 목적을 위해 현실적 문제에서 판례는 하자승계를 부정했지만 국민의 권리보호 측면에서 하자승계를 긍정하는 것이 일면 타당하다고 생각된다.

Ⅱ 사업인정의제제도

1. 문제점
현행「택지개발촉진법」,「주택법」,「국토의 계획 및 이용에 관한 법률」,「도로법」등 개별법에서는 사업인정을 의제하는 특례규정을 두고 있다. 사업인정의제제도는 형식적으로는 개개의 공익사업의 특성을 반영하여 사업인정의 예외를 인정하는 것이지만 실질적 법치주의에 반하는 문제점이 있다(관련 문제가 출제될 시 사업인정의 의의, 법적 성질을 함께 쓰는 것이 좋음).

2. 사업인정의제제도의 의의
사업인정의제란 개별 법률들이 개별적으로 정하고 있는 일정한 절차가 있을 경우 이를 토지보상법의 사업인정이 있는 것으로 보도록 하는 것을 말한다.

3. 사업인정의제제도의 법적 문제점 기출 36회

(1) 공공성 판단의 문제
사업인정은 토지를 수용 또는 사용하기 위한 전제절차이고, 공공성을 개별·구체적으로 판단하는 절차이다. 그러나 개별법상 사업인정의제는 이러한 공공성 판단이 미흡하다는 문제가 있다.

(2) 이해관계인 등의 절차참여 배제
토지보상법 제21조에 의하여 사업인정 시 이해관계인의 의견을 청취하도록 규정하고 있으나, 개별법상 사업인정을 의제하는 실시계획인가 등에서는 이해관계인의 의견을 듣는 절차를 두고 있지 아니한 경우가 있어 문제된다. 최근 토지보상법 제21조 제2항과 제3항이 신설되어 일부 보완된 상태이다.

(3) 토지세목고시절차의 부재

사업인정을 의제하는 개별법에서는 토지세목고시 등을 생략하여 절차를 간소화하여, 토지소유자는 자신의 토지가 공익사업에 편입되는지조차도 알지 못하여 사업인정절차에 참여할 수 없고, 또한 사업인정에 대하여 행정쟁송을 제기할 기회마저 잃게 되는 문제가 야기되고 있다.

(4) 재결신청기간 규정(토지보상법 제23조)의 배제로 인한 문제

토지보상법상의 사업인정 효력기간인 1년은 사문화되었고 사업시행자는 개별법의 규정에 의거 사업시행기간 내에는 언제나 재결신청을 할 수 있다. 이에 따라 사업인정 후 재결신청이 지연되어 피수용자는 형질변경금지 등 재산권 행사에 많은 불이익을 받게 된다.

(5) 기 타

사업인정의제는 사업신청 권한이 없는 시·도지사 또는 다른 행정청이 승인하거나 승인권자가 직접 시행하는 사업에 대해서까지 사업인정을 받은 것으로 보도록 규정하여 수용권 주체의 정당성에 의문이 있을 수 있으며, 재결청을 대부분 중앙토지수용위원회로 하고 있기에 지역에 따른 수용절차의 번잡이나 비용의 증가를 피하기 어려운 문제점 등이 있을 수 있다.

4. 개정 법령에 대한 검토

(1) 개정 토지보상법 규정 검토

최근 토지보상법 제4조 제8호의 개정과 제4조의2 별표규정을 신설하고, 제21조 제2항 및 제3항을 신설하여 개별 법률에서 토지보상법상 사업인정으로 의제되는 경우에도 중앙토지수용위원회 및 사업인정에 이해관계가 있는 자의 의견을 듣도록 개정되었다.

(2) 개정 토지보상법의 의의

개정 법률을 통해 (ⅰ) 무분별한 공익사업의 확대제한, (ⅱ) 사업인정의제절차의 개선, (ⅲ) 공익성 순위 결정의 개선을 도모하였다.

5. 개선방안

(1) 단기적 개선방안

사업의 홍보 등을 통해 사업의 계획과정에 지역주민의 참여가 적극적으로 이루어져 사전적 권리구제가 이루어질 수 있도록 하여야 할 것이다.

(2) 장기적 개선방안

사업인정의제제도는 공익사업주체의 편의만을 도모하는 편법적인 제도로 토지보상법상의 사업인정제도가 주요 공익사업에 있어서는 전혀 그 기능을 하지 못하게 되는 문제가 발생하므로 개별법상 의제조항을 삭제하고 토지보상법에 의한 제절차 및 내용에 의하여 사업인정을 할 수 있도록 입법적으로 개선하여야 한다. 최근 토지보상법 제21조 제2항에서는 별표에 규정된 법률에 따라 사업인정이 의제되는 경우 의견청취규정을 두고 있으나 전체 법률로 확대되어야 할 것이다.

6. 결 어

공용수용절차에 있어서 사업인정은 피수용자의 이해관계를 충분히 반영함으로써 절차적 정당성을 확보함과 아울러 국민들과 공익사업의 타당성을 공유하는 중요한 과정이기도 하다. 비록 강제적인 절차로 진행할 수밖에 없는 불가피한 조치이지만, 공·사익 형량의 과정은 반드시 행해져야 하고, 사업인정의 제제도는 원칙적으로 이를 봉쇄하는 조치로서 매우 엄격하게 이루어져야 할 것이다. 공익사업과 관련 총괄청을 두어 사전 타당성 검토와 사후 재평가의 과정을 거치는 피드백 과정을 통해 투명하고 공정한 공익사업이 실행되어야 할 것이다. 토지보상법 제21조 개정 법률에서는 별표의 법률에 따라 사업인정 의제 시 의견청취규정을 두었으나 이를 강제하는 실효규정이 없어 그 한계가 있다.

제2절 토지·물건조서의 작성

> **핵심 키워드**
>
> 1. 의의 및 취지
> 2. 법적 성질
> 3. 조서작성의 절차
> 4. 토지·물건조서의 효력
>   (1) 진실의 추정력(토지보상법 제27조 제3항)
>   (2) 하자 있는 조서의 효력
> 5. 권리구제
>   (1) 사전적 권리구제 – 이의부기
>   (2) 행정쟁송
>   (3) 손실보상

1. 의의 및 취지

토지·물건조서란 공익사업을 위하여 수용 또는 사용을 필요로 하는 토지와 그 토지상에 있는 물건의 내용을 사업시행자가 작성하는 문서를 말한다. 토지·물건조서의 작성은 공용수용의 제2단계 절차로서, 수용 또는 사용할 토지 및 물건의 내용을 확정하는 절차이다. 이는 분쟁의 사전예방, 절차진행의 원활화 등에 그 취지가 있다.

2. 법적 성질

타인토지출입조사행위는 권력적 사실행위이며, 행정조사이자 일시적 사용제한에 해당한다. 토지·물건조서 작성행위는 비권력적 사실행위이다.

3. 조사작성의 절차

사업시행자는 토지 및 물건조서를 작성하여 서명 또는 날인을 하고 토지소유자 및 관계인의 서명 또는 날인을 받아야 한다. 토지소유자 및 관계인이 서명을 하지 아니하거나 할 수 없는 경우에 사업시행자는 해당 조서에 그 사유를 기재하여야 한다.

4. 토지·물건조서의 효력

(1) 진실의 추정력(토지보상법 제27조 제3항)

진실의 추정력이란 별도의 입증 없이도 일을 진실한 것으로 추정하는 것으로, 토지·물건조서는 피수용자가 이의를 제기한 경우를 제외하고는 그 조서의 내용에 관해 증거력을 다투지 못한다. 단, 기재사항이 진실에 반함을 입증하는 경우에는 예외로 한다.

(2) 하자 있는 조서의 효력

① 내용상 하자 있는 조서의 효력

내용상 하자는 물적 상태, 권리관계에 대한 오기, 틀린 계산 등의 사실과 다른 기재가 있는 것 등을 의미하며, 이러한 내용상 하자는 진실의 추정력으로 조서의 기재가 진실에 반하는 것을 입증하기 전에는 그 효력을 부인할 수 없다. 단, 반증에 의해 번복이 가능하며 이 경우 입증책임은 토지소유자나 관계인에게 있다.

② 절차상 하자 있는 조서의 효력

절차상 하자는 서명·날인의 누락이나 누락사유의 기재의 누락 등의 하자로서, 절차상 하자 있는 조서는 진실의 추정력이 인정되지 아니한다. 따라서 이의제기 없이도 이의를 제기할 수 있다. 단, 피수용자의 추인이 있는 경우에는 적법하다.

③ 하자 있는 조서가 재결에 미치는 효력

조서작성의 하자를 이유로 재결단계에서 이를 다툴 수 있는지 여부가 문제된다. 판례는 조서작성의 절차상 하자는 기재에 대한 증명력에 관하여 추정력이 인정되지 않는다는 것일 뿐, 수용재결 또는 이의재결의 효력에 영향을 미치지 않는다고 판시하였다. 생각건대 조서가 토지수용위원회의 심리상 중요하기는 하나 유일한 증거방법이 아니고, 조서의 기재 내용에 토지수용위원회의 사실인정을 구속하는 법률상의 힘이 부여되는 것이 아니기 때문에 재결에 영향이 없는 것으로 봄이 타당하다.

5. 권리구제

(1) 사전적 권리구제 – 이의부기

조서작성 시 토지소유자 등과 사업시행자의 의견이 일치하지 아니하는 경우에는 피수용자는 이의를 부기하고 서명·날인할 수 있으며, 이에 이의부기된 내용은 수용재결에 의하여 판단하게 된다.

(2) 행정쟁송

조서작성행위는 비권력적 사실행위이므로 행정쟁송으로 다툴 수 없다. 조서작성을 위한 타인토지 출입 측량·조사행위는 권력적 행정조사로서 권력적 사실행위이므로 처분성이 인정되어 항고쟁송으로 다툴 수 있으나, 짧은 시간 안에 완성되는 것이므로 협의의 소익이 없어 각하될 가능성이 높다. 다만, 장기간을 요하는 측량·조사행위는 협의의 소익이 인정될 수 있고, 집행정지 신청이 필요하다.

(3) 손실보상

사업시행자는 타인이 점유하는 토지에 출입하여 측량·조사함으로써 발생하는 손실을 보상하여야 한다(토지보상법 제27조 제4항). 손실보상에 관하여는 손실보상의 청구(토지보상법 제9조 제5항), 협의결정(토지보상법 제9조 제6항), 재결신청(토지보상법 제9조 제7항) 규정을 준용한다(토지보상법 제27조 제5항).

제3절 사업인정고시 후 협의취득

> **핵심 키워드**

I. 사업인정고시 후 협의취득
1. 의의 및 취지(토지보상법 제26조)
2. 필수절차인지 여부
3. 법적 성질
   (1) 문제점
   (2) 학설
   (3) 판례
   (4) 검토
4. 협의의 방법과 절차
   (1) 협의방법
   (2) 협의의 당사자
   (3) 협의의 절차
   (4) 협의기간
   (5) 협의의 내용(범위)
5. 협의의 효과
   (1) 협의성립의 효과
   (2) 협의불성립의 효과
6. 협의에 대한 다툼
7. 관련문제
   (1) 위험부담의 이전
   (2) 사업시행자가 보상금을 지급하지 않은 경우 – 재결실효 규정의 준용 여부
   (3) 인도·이전의무를 이행하지 아니하는 경우 – 대행·대집행 규정의 준용여부

II. 협의성립확인
1. 의의 및 취지(토지보상법 제29조)
2. 법적 성질
3. 협의성립확인의 요건 및 절차
   (1) 협의성립확인의 신청요건
   (2) 일반적 절차(토지보상법 제29조 제2항)
   (3) 공증에 의한 절차(토지보상법 제29조 제3항)
   (4) 협의성립확인 시 진정한 소유자의 동의 요함(2016두51719 판결)
4. 협의성립확인의 효력
   (1) 수용재결로 간주(토지보상법 제29조 제4항)
   (2) 협의에 대한 차단효 발생
   (3) 확인의 실효 여부
5. 권리구제
6. 문제점 및 개선방안
7. 최근 대법원 판례

III. 사업인정 전·후 협의 비교
1. 공통점
2. 차이점
3. 양자의 관계
4. 협의와 협의성립확인의 관계

I 사업인정고시 후 협의취득

1. 의의 및 취지(토지보상법 제26조)

사업인정 후 협의란 사업인정의 고시가 있은 후에 사업시행자가 수용목적물을 취득하거나 소멸시키기 위하여 피수용자와 합의하는 것으로 공용수용의 제3단계 절차이다. 이는 협의절차를 통해 최소침해의 원칙을 구현하고, 토지소유자 및 관계인에게 해당 공익사업의 취지를 이해시켜 신속하게 사업을 수행하고자 함에 그 취지가 있다.

2. 필수절차인지 여부

토지보상법은 "사업시행자는 토지 등에 대한 보상에 관하여 토지소유자 및 관계인과 성실하게 협의하여야 한다(토지보상법 제26조 제1항, 제16조)."고 규정하면서, "사업인정 이전에 협의절차를 거쳤으나 협의가 성립되지 아니한 경우로서, 토지 및 물건조서의 내용에 변동이 없는 때에는 협의절차를 생략할 수 있다(토지보상법 제26조 제2항)."고 규정하고 있어, 원칙상 필수적 절차이지만 일정한 조건 하에서 생략이 가능하다.

3. 법적 성질

(1) 문제점
사업인정 후 협의와 관련하여 분쟁이 발생한 경우 적용법규 및 소송형태와 관련하여 법적 성질이 문제된다.

(2) 학 설
① 사법상 계약설

협의는 대등한 지위에서 토지 등에 관한 권리를 취득하기 위하여 행하는 임의적 합의이고, 수용권 행사가 아닌 사법상의 매매계약과 성질상 동일한 것으로 보는 견해이다.

② 공법상 계약설

협의는 사업시행자가 국가적 공권의 주체로서 수용권을 실행하는 방법의 하나이며, 협의가 성립되지 않으면 재결에 의하게 된다는 점에서 수용계약이라고 할 수 있는 공법상 계약이라고 보는 견해이다.

(3) 판 례
대법원은 수용권의 주체에 관하여 사업시행자수용권설의 입장에 있지만 사업인정 이후의 협의 그 자체는 사법상 법률행위에 불과하다고 판시하여 사법상 계약설의 입장이다.

(4) 검 토
협의는 수용권의 주체인 사업시행자가 사실상의 공권력의 담당자로서 우월적인 지위에서 공익을 실현하는 공용수용절차의 하나이므로 공법상 계약으로 볼 수 있다. 따라서 사업인정 이후의 협의에 대하여는 공법이 적용되며, 그에 대한 분쟁은 공법상 당사자소송으로 하는 것이 타당하다.

4. 협의의 방법과 절차

(1) 협의방법
사업시행자는 토지 등에 대한 보상에 관하여 토지소유자 및 관계인과 성실하게 협의하여야 한다(토지보상법 제16조). 성실한 협의란 사업의 목적·계획 등을 성의 있고 진실하게 설명하여 이해할 수 있도록 하는 것을 말한다.

(2) 협의의 당사자
협의는 토지소유자 및 관계인 등 피수용자 전원을 대상으로 하되, 개별적으로 하여야 한다. 또한 협의는 진정한 권리자와 하여야 한다.

(3) 협의의 절차
협의를 하려는 경우에는 보상협의요청서에 (ⅰ) 협의기간·협의장소 및 협의방법, (ⅱ) 보상의 시기·방법·절차 및 금액, (ⅲ) 계약체결에 필요한 구비서류를 적어 통지하여야 한다. 다만, 토지소유자 및 관계인을 알 수 없거나 그 주소·거소 또는 그 밖에 통지할 장소를 알 수 없을 때에는 공고로써 갈음할 수 있다(토지보상법 시행령 제8조 제1항).

(4) 협의기간
협의기간은 특별한 사유가 없으면 30일 이상으로 하여야 한다(토지보상법 시행령 제8조 제3항). 협의의 최대기간에 대하여 수용절차상 재결 전까지를 시한으로 하므로, 협의의 최대기간 역시 사업인정고시일로부터 1년 이내에 하여야 한다.

(5) 협의의 내용(범위)

협의의 범위는 토지조서 및 물건조서의 작성범위 내여야 한다. 일정한 절차에 따라 작성된 토지조서 및 물건조서는 진실성의 추정을 받는 효력이 있으므로 그 범위를 넘어서는 원칙적으로 협의할 수 없다. 따라서 협의는 (ⅰ) 수용 또는 사용할 토지의 구역 및 사용방법, (ⅱ) 손실보상, (ⅲ) 수용 또는 사용의 개시일과 기간, (ⅳ) 그 밖에 이 법 및 다른 법률에서 규정한 사항 등에 대하여 행하여야 한다 (토지보상법 제50조).

5. 협의의 효과

(1) 협의성립의 효과

협의가 성립하면 공용수용의 절차는 종결되고, 수용의 효과가 발생한다. 즉, 사업시행자는 수용 또는 사용의 개시일까지 보상금을 지급 또는 공탁하고, 피수용자는 그 시기까지 해당 토지·물건을 인도하거나 이전함으로써, 사업시행자는 목적물에 대한 권리를 취득하고 피수용자는 그 권리를 상실한다. 이때, 사업시행자가 토지·물건을 취득하는 형태가 원시취득인지 승계취득인지 문제되나, 협의는 계약이므로 그것이 공법상 계약이라 하더라도 승계취득으로 봄이 타당하다. 따라서 협의취득의 경우에는 종전의 소유자의 권리 위에 존재하던 부담·제한은 모두 사업시행자에게 그대로 승계된다.

(2) 협의불성립의 효과

협의가 불성립한 경우 사업시행자는 토지수용위원회에 재결신청을 할 수 있는 권리가 인정되고, 이에 상응하여 피수용자에게는 재결신청의 청구권이 인정된다.

6. 협의에 대한 다툼

협의성립 후 협의성립 확인 전에 계약체결상의 하자로서 착오를 이유로 협의의 법률관계의 효력을 부인할 수 있다 할 것이다. 공법상 계약설에 의하면 공법상 당사자소송을 제기하여야 하고, 사법상 계약설에 의하면 민사소송을 제기하여 다툴 수 있다. 공법상 계약설에 따르는 경우에는 개별법상 명문규정이 없는 경우 계약에 관한 사법의 규정이 적용될 것이나, 공공적 특성 때문에 공법원리에 의하여 제한을 받는다.

7. 관련문제

(1) 위험부담의 이전

① 문제점(토지보상법 제46조)

민법에 의하면 계약당사자 모두 귀책사유 없이 목적물이 멸실된 경우 채무자가 위험부담을 지게 된다. 그러나 토지보상법 제46조는 재결 후에 사업시행자가 위험부담을 지도록 규정하고 있다. 따라서 협의성립확인 후 목적물이 멸실된 경우에도 적용될 수 있는지 문제된다.

② 귀책사유가 없는 경우 민사 판례로 인정되는 위험부담

토지보상법 제46조상의 위험부담의 이전 규정의 취지는 피수용자의 권익보장을 위하여 인정된 제도로 협의성립 후 귀책사유 없이 목적물이 멸실된 경우에도 적용되는 것이 타당하다고 생각된다. 판례도 토지를 매수하고 지상입목에 대하여 적절한 보상을 하기로 특약하였다면 보상금이 지급되기 전에 그 입목이 멸실된 경우에도 보상을 하여야 한다고 판시한 바 있다.

(2) 사업시행자가 보상금을 지급하지 않은 경우 – 재결실효 규정의 준용 여부

① 문제점

협의가 성립하여 계약을 체결하였으나, 사업시행자가 계약의 내용에 따라서 손실보상의무를 이행하지 아니하는 경우 피수용자의 보호가 문제된다. 이에 대하여 토지보상법 제42조(재결실효) 규정을 준용하자는 견해와 준용할 수 없다는 견해가 있다.

② 재결실효의 규정이 준용되는지 여부

현행 토지보상법상 협의의 실효에 관한 명문의 규정이 없으므로 재결의 실효 규정을 적용할 수 없다고 본다. 따라서 피수용자는 사업시행자가 손실보상의무를 이행하지 아니하는 경우에는 계약의 불이행에 대한 손해배상의 청구, 이행강제, 계약해제 등을 주장할 수 있다고 본다. 협의는 공법상 계약으로 보는 것이 타당하므로 공법상 당사자소송에 의하면 될 것이다. 다만, 판례에 의하면 민사소송으로 해결한다.

(3) 인도·이전의무를 이행하지 아니하는 경우 – 대행·대집행 규정의 준용여부

협의는 공법상계약이므로 사업시행자는 공법상 당사자소송에 의하여 피수용자의 의무이행을 강제할 수 있다. 다만 판례는 협의를 사법상 법률행위로 보고 있다. 민사소송법을 통해서 집행력 있는 확정판결을 받고 이를 기초로 강제집행을 할 수 있다고 본다. 다만 토지보상법은 피수용자의 의무불이행이 있는 경우 대행규정과 대집행규정을 규정하고 있다. 따라서 협의성립 후 피수용자의 의무불이행이 있는 경우 적용될 수 있는지에 대해 다툼이 있다.

II 협의성립확인 기출 30회

1. 의의 및 취지(토지보상법 제29조)

협의성립확인이란 협의가 성립한 경우 사업시행자가 수용재결의 신청기간 이내에 피수용자의 동의를 얻어 관할 토지수용위원회에 협의성립확인을 받음으로써 재결로 간주하는 제도를 말한다. 이는 계약불이행에 따른 위험을 방지하고 원활한 공익사업의 진행을 도모함에 그 취지가 인정된다.

2. 법적 성질

(ⅰ) 법률관계의 존부 또는 정부를 판단하는 행위로 협의성립확인을 강학상 확인으로 보는 견해와, (ⅱ) 의문 또는 다툼이 없는 특정한 사실 또는 법률관계의 존부를 공적 권위로서 이를 증명하는 행위인 공증으로 보는 견해가 있다. 생각건대, 협의성립확인을 재결로 간주(토지보상법 제29조 제4항)하는 점에 비추어 볼 때 확인으로 보는 것이 타당하다.

3. 협의성립확인의 요건 및 절차

(1) 협의성립확인의 신청요건

당사자 사이에 협의가 성립한 후에 수용재결의 신청기간 내에 토지소유자 및 관계인의 동의를 얻어 관할 토지수용위원회에 협의성립확인을 신청하여야 한다(토지보상법 제29조 제1항).

(2) 일반적 절차(토지보상법 제29조 제2항)

사업시행자는 피수용자의 동의를 얻어 관할 토지수용위원회에 신청함으로써 협의성립확인을 한다.

(3) 공증에 의한 절차(토지보상법 제29조 제3항)

공증인의 공증을 받아 관할 토지수용위원회에 확인을 신청하고 이것을 수리함으로써 협의성립이 확인된 것으로 본다.

(4) 협의성립확인 시 진정한 소유자의 동의 요함(2016두51719)

① 협의성립의 확인신청에 필요한 동의의 주체인 토지소유자는 협의 대상이 되는 '토지의 진정한 소유자'를 의미하는지 여부(적극)

② 사업시행자가 진정한 토지소유자의 동의를 받지 못한 채 등기부상 소유명의자의 동의만을 얻은 후 관련 사항에 대한 공증을 받아 위 제29조 제3항에 따라 협의성립의 확인을 신청하였으나 토지수용위원회가 신청을 수리한 경우, 수리행위가 위법한지 여부(원칙적 적극)

③ 이와 같은 동의에 흠결이 있는 경우 진정한 토지소유자 확정에서 사업시행자의 과실 유무를 불문하고 수리행위가 위법한지 여부(적극) 및 이때 진정한 토지소유자가 수리행위의 위법함을 이유로 항고소송을 취소를 구할 수 있는지 여부(적극)

④ 공익사업을 위한 토지 등의 취득 및 보상에 관한 법률(이하 '토지보상법'이라 한다) 제29조에서 정한 협의성립 확인제도는 수용과 손실보상을 신속하게 실현시키기 위하여 도입되었다. 토지보상법 제29조는 이를 위한 전제조건으로 협의성립의 확인을 신청하기 위해서는 협의취득 내지 보상협의가 성립한 데에서 더 나아가 확인신청에 대하여도 토지소유자 등이 동의할 것을 추가적 요건으로 정하고 있다. 특히 토지보상법 제29조 제3항은, 공증을 받아 협의성립의 확인을 신청하는 경우에 공증에 의하여 협의 당사자의 자발적 합의를 전제로 한 협의의 진정 성립이 객관적으로 인정되었다고 보아, 토지보상법상 재결절차에 따르는 공고 및 열람, 토지소유자 등의 의견진술 등의 절차 없이 관할 토지수용위원회의 수리만으로 협의성립이 확인된 것으로 간주함으로써, 사업시행자의 원활한 공익사업 수행, 토지수용위원회의 업무 간소화, 토지소유자 등의 간편하고 신속한 이익실현을 도모하고 있다.

⑤ 토지보상법상 수용은 일정한 요건 하에 그 소유권을 사업시행자에게 귀속시키는 행정처분으로서 이로 인한 효과는 소유자가 누구인지와 무관하게 사업시행자가 그 소유권을 취득하게 하는 원시취득이다. 반면, 토지보상법상 '협의취득'의 성격은 사법상 매매계약이므로 그 이행으로 인한 사업시행자의 소유권 취득도 승계취득이다. 그런데 토지보상법 제29조 제3항에 따른 신청이 수리됨으로써 협의성립의 확인이 있었던 것으로 간주되면, 토지보상법 제29조 제4항에 따라 그에 관한 재결이 있었던 것으로 재차 의제되고, 그에 따라 사업시행자는 사법상 매매의 효력만을 갖는 협의취득과는 달리 확인대상 토지를 수용재결의 경우와 동일하게 원시취득하는 효과를 누리게 된다.

⑥ 간이한 절차만을 거치는 협의성립의 확인에, 원시취득의 강력한 효력을 부여함과 동시에 사법상 매매계약과 달리 협의 당사자들이 사후적으로 그 성립과 내용을 다툴 수 없게 한 법적 정당성의 원천은 사업시행자와 토지소유자 등이 진정한 합의를 하였다는 데에 있다. 여기에 공증에 의한 협의성립 확인제도의 체계와 입법취지, 그 요건 및 효과까지 보태어 보면, 토지보상법 제29조 제3항에 따른 협의성립의 확인신청에 필요한 동의의 주체인 토지소유자는 협의 대상이 되는 '토지의 진정한 소유자'를 의미한다. 따라서 사업시행자가 진정한 토지소유자의 동의를 받지 못한 채 단순히 등기부상 소유명의자의 동의만을 얻은 후 관련 사항에 대한 공증을 받아 토지보상법 제29조 제3항에 따라 협의성립의 확인을 신청하였음에도 토지수용위원회가 신청을 수리하였다면, 수리행위는 다른 특별한 사정이 없는 한 토지보상법이 정한 소유자의 동의요건을 갖추지 못한 것으로서 위법하다. 진정한 토지소유자의 동의가 없었던 이상, 진정한 토지소유자를 확정하는 데 사업시행자의 과실이 있었는지 여부와 무관하게 그 동의의 흠결은 위 수리행위의 위법사유가 된다. 이에 따라 진정한 토지소유자는 수리행위가 위법함을 주장하여 항고소송으로 취소를 구할 수 있다(협의성립확인신청수리처분취소).

4. 협의성립확인의 효력

(1) 수용재결로 간주(토지보상법 제29조 제4항)
협의성립확인은 이 법에 따른 재결로 보며, 재결의 효과와 같은 동일한 효과가 발생한다. 따라서 이때의 목적물에 대한 권리의 취득은 원시취득이 된다.

(2) 협의에 대한 차단효 발생
사업시행자, 토지소유자 및 관계인은 협의의 성립이나 내용에 대하여 다툴 수 없는 확정력이 발생한다.

(3) 확인의 실효 여부
협의성립확인은 재결로 간주되므로, 협의에서 정한 보상의 시기까지 보상을 하지 않으면 재결실효 규정이 적용되어 확인의 효력은 상실된다 볼 것이다. 이때 협의의 효력도 상실되는지 논란이 있으나, 협의는 계약이므로 계약불이행의 문제가 발생되고, 곧바로 협의의 효력이 상실된다고 볼 수는 없다.

5. 권리구제

협의성립확인이 있게 되면 재결로 간주되므로, 재결에 대한 불복과 동일한 절차에 의해 토지보상법 제83조, 제85조에 따라 이의신청 및 행정소송을 제기할 수 있다. 협의자체에 대한 불복 시에는 협의성립 자체나 그 내용은 협의성립확인의 차단효 때문에 다툴 수 없으므로, 행정쟁송을 제기하여 해당 확인의 효력을 소멸시킨 후에 협의 자체에 대하여 다툴 수 있다.

6. 문제점 및 개성방안

피수용자는 재결의 효과가 발생하는 사실을 명확히 인식하지 못하고 동의할 수 있다. 또한 공증에 의할 경우 의견제출 기회도 부여받지 못하므로 협의성립확인이 있다는 사실을 알 수 없는 경우가 있다. 이런 문제점을 해결하기 위해 협의성립확인과정상 피수용자의 절차참여 방안이 모색되어야 하고, 동의요구 시 확인의 효과를 고지하는 사전고지제도를 도입할 필요성이 인정된다.

7. 최근 대법원 판례

협의성립확인 시 진정한 소유자의 동의요건을 갖추지 못한 협의성립확인은 위법하다고 판시하였다(2016 두51719).

Ⅲ 사업인정 전·후 협의 비교

1. 공통점

구 분	사업인정 전 협의	사업인정 후 협의
취 지	사업시행자와 토지소유자 및 관계인 간의 임의적 합의를 전제로 한다는 점에서 최소침해의 원칙을 구현'하고 원활한 공익사업의 시행을 도모하기 위한 취지	
계약의 형태	양자 모두 공공성이 인정되고, 공공용지의 취득을 위한 것으로 쌍방적 행위인 계약의 형태	
협의의 내용	목적물의 범위, 목적물의 취득시기, 손실보상의 구체적 내용	
취득의 효과	모두 계약에 의한 승계취득	

2. 차이점

구 분	차이점	
법적 성질	학설·판례 모두 사법상 계약설	• 학설 : 공법상 계약설 • 판례 : 사법상 계약설
적용법규	사법이 전면적으로 적용	토지보상법을 기본으로 하여 없는 사항에 대해서 사법의 일반법리적 규정 적용, 이외에 사법 규정도 유추적용
협의성립 확인제도	협의성립확인제도 없음	사업인정 후 협의제도에만 인정
협의불성립 시 효과	사업인정을 신청	재결을 신청 및 재결신청청구권
권리구제	민사소송	공법상 당사자소송 (단, 판례는 민사소송)

3. 양자의 관계

구 분	양자의 관계
절차상 선후관계	• 사업인정고시 전·후에 따른 선후관계 • 다만, 사업인정 전 협의에서 결정된 사항이 사업인정 후 협의에 대한 구속력은 없다.
절차생략규정	• 사업인정 전 협의를 거쳤으나 협의불성립 시 조서내용에 변경이 없는 때에는 사업인정 후 협의 절차 생략가능 • 단, 상대방이 협의를 요구할 때에는 협의 필요

4. 협의와 협의성립확인의 관계

구 분	협의와 협의성립확인의 관계
법적 성질	판례의 태도에 따르면 협의는 사법상 계약이며 협의성립은 토지보상법 제29조 제4항에 의거 재결로 간주되어 공법적 관계로 처분성 인정
취득효과	• 협의에 의한 취득은 계약에 의한 승계취득 • 협의성립확인을 받으면 재결로 간주되어 원시취득이 됨
성립효과	• 협의가 성립되면 협의 내용에 따른 계약의 효과 • 협의성립확인이 되면 재결과 동일한 효과로 손실보상, 환매권, 인도·이전의무, 대행·대집행 청구권, 위험부담의 이전 등의 효과가 발생
권리구제	• 판례에 의하면 사업인정 전·후 협의는 사법상 계약으로 보는바 민사소송 제기 • 협의성립확인은 재결로 간주되어 협의성립 내용에 대해 직접 다툴 수 없고 재결에 대한 불복으로 토지보상법 제83조 이의신청 및 동법 제85조 행정소송 제기

제4절 재 결 기출 32회

> **핵심 키워드**
>
> I. 재결신청청구권
> 1. 의의 및 취지
> 2. 성립요건
>   (1) 당사자 및 청구형식
>   (2) 청구기간
> 3. 재결신청청구의 효과
> 4. 권리구제
>   (1) 사업시행자가 재결신청을 거부하거나 부작위하는 경우
>   (2) 지연가산금에 대한 다툼
> 5. 재결실효 및 재결신청의 실효와 사업인정의 효력
> 6. 문제점
>
> II. 재 결
> 1. 의의 및 취지
> 2. 법적 성질
>   (1) 형성적 행정행위
>   (2) 기속행위 및 재량행위
>   (3) 제3자효 행정행위
>   (4) 준사법적 행위 여부
> 3. 재결의 요건과 절차
> 4. 재결의 효력
>   (1) 행정처분의 일반적 효력
>   (2) 토지보상법상의 효과(구속력의 구체적 내용)
> 5. 재결의 실효(토지보상법 제42조)
>   (1) 의의 및 취지
>   (2) 재결의 실효사유
>   (3) 권리구제
>   (4) 관련문제 – 재결의 실효와 재결신청효력, 사업인정의 효력(84누158)
> 6. 재결 불복

I 재결신청청구권

1. 의의 및 취지

재결신청청구권은 사업인정 후 협의가 성립되지 않은 경우 피수용자가 사업시행자에게 서면으로 재결신청을 조속히 할 것을 청구하는 권리이다. 이는 피수용자에게는 재결신청권을 부여하지 않았으므로 수용법률관계의 조속한 안정과 재결신청 지연으로 인한 피수용자의 불이익을 배제하기 위한 것으로서 사업시행자와의 형평의 원리에 입각한 제도이다

2. 성립요건

(1) 당사자 및 청구형식

청구자는 토지소유자 및 관계인이며, 피청구자는 사업시행자와 대행자이다. 청구형식은 서면에 의하여만 하며, 판례는 신청서 일부누락도 청구의사가 명백하다면 효력이 있다고 본다.

(2) 청구기간

① 원 칙

토지소유자 등은 사업시행자에게 협의기간 만료일부터 재결신청기간 만료일(사업인정고시일부터 1년 내)까지 재결을 신청할 것을 청구할 수 있다.

② 예외
(ⅰ) 협의 불성립 또는 불능 시, (ⅱ) 사업인정 후 상당기간이 지나도록 사업시행자의 협의통지가 없는 경우, (ⅲ) 협의기간 내에도 협의 의사가 전혀 없는 경우(협의 불성립이 명백한 경우) 재결신청이 가능하다고 본다. 단, 협의기간이 종료되는 시점부터 60일을 기산한다. 이에 대해 토지보상법 제30조 제2항은 청구가 있는 날부터 60일 이내에 재결을 신청해야 한다고 규정하고 있으므로 기간종료 후부터 기산하는 것은 타당하지 않다는 비판이 있다.

3. 재결신청청구의 효과

재결신청을 받은 사업시행자는 청구가 있는 날부터 60일 이내에 관할 토지수용위원회에 재결을 신청하여야 한다. 또한 사업시행자가 피수용자로부터 재결신청의 청구를 받은 날로부터 60일을 경과하여 재결을 신청한 때에는 그 경과한 기간에 대하여 재결보상금에 가산하여 지연가산금을 지급하여야 한다.

4. 권리구제

(1) 사업시행자가 재결신청을 거부하거나 부작위하는 경우

① 항고쟁송 가능 여부
㉠ 토지소유자는 재결을 직접 신청할 수 없고 민사소송 이행불가, 거부, 부작위, 일반적인 경우 직접법률관계의 변동이 없기 때문에 행정쟁송을 할 수 없다고 종전에는 보았으나, 최근 판례는 재결청구에 대해 거부처분취소소송으로 다툴 수 있다고 판시하였다.
㉡ 재결신청청구거부에 대하여 거부처분취소소송으로 다툼이 가능하다는 판례(2018두57865) : 공익사업을 위한 토지 등의 취득 및 보상에 관한 법률 제28조, 제30조에 따르면, 편입토지보상, 지장물 보상, 영업·농업보상에 관해서는 사업시행자만이 재결을 신청할 수 있고 토지소유자와 관계인은 사업시행자에게 재결신청을 청구하도록 규정하고 있으므로, 토지소유자나 관계인의 재결신청청구에도 사업시행자가 재결신청을 하지 않을 때 토지소유자나 관계인은 사업시행자를 상대로 거부처분취소소송 또는 부작위법확인소송의 방법으로 다투어야 한다.

② 민사소송 또는 공법상 당사자소송의 가능성
판례는 가산금제도로 사업시행자의 재결신청의무를 강제하고 있으며, 사업인정의 실효규정에 따른 손실보상 규정을 이유로 민사소송 등에 의한 방법으로 그 이행을 청구할 수 없다고 판시하였다. 이러한 판례의 태도에 비추어 공법상 당사자소송을 인정하기 어렵다.

(2) 지연가산금에 대한 다툼

지연가산금은 손실보상과는 다른 "법정지연손해배상금"의 성격을 갖지만, 판례는 지연가산금은 수용보상금과 함께 수용재결로 정하도록 규정하고 있으므로 이에 대한 불복은 수용보상금의 증액에 관한 소에 의하여야 한다.

5. 재결실효 및 재결신청의 실효와 사업인정의 효력

재결의 효력이 상실되면 재결신청 역시 그 효력을 상실하게 되고 사업인정의 고시가 있은 날로부터 1년 이내에 재결신청을 하지 않는 것이 되었다면 사업인정도 효력을 상실하게 된다

6. 문제점

사업시행자가 재결신청청구를 받고도 재결을 신청하지 않을 경우, 단지 경과된 기간에 한하여 가산금 규정만을 부과하고 있다는 점에서 이는 토지수용에 따른 문제를 조속히 해결하고자 하는 토지소유자의 권리보호에 미흡한 제도라 할 것이다. 따라서 재결신청청구권의 효력을 사업시행자에 대한 요구권에 한정하지 아니하고 직접 토지수용위원회에 재결신청이 이루어지는 효력을 부여하는 정도로 강화할 필요가 있다.

II 재결

1. 의의 및 취지

재결이란 사업인정의 고시 후 협의 불성립 또는 불능의 경우 사업시행자의 신청에 의해 관할 토지수용위원회가 행하는 공용수용의 종국적 절차이다. 수용재결은 수용의 최종단계에서 공익과 사익의 조화를 도모하여 수용목적을 달성함에 제도적 의미가 인정된다.

2. 법적 성질

(1) 형성적 행정행위

재결의 본질이 수용권의 내용을 확정하고 그 실행의 완성에 있으므로 형성적인 행정처분으로 보는 것이 타당하다. 대법원도 '일정한 법률효과의 발생을 목적으로 하는 점에서 일반의 행정처분과 다를 바 없다.'라고 판시한 바 있다.

(2) 기속행위 및 재량행위

수용목적의 필요성은 사업인정단계에서 판단하므로 토지수용위원회는 재결신청의 요건을 갖춘 경우 재결을 해야 하는 기속성이 인정된다고 본다. 다만, 손실보상금에 관하여는 토지수용위원회가 증액재결을 할 수 있다는 점에서 재량행위성을 갖는다.

(3) 제3자효 행정행위

수용재결은 사업시행자에게는 재산권 취득의 수익적 효과를, 피수용자에게는 재산권 박탈의 침익적 효과를 부여하므로, 제3자효 행정행위이다.

(4) 준사법적 행위 여부

양 당사자의 이해관계를 독립적인 행정기관에서 판단, 조정하는 행위인 점에서 준사법적 작용의 성질을 갖는다는 견해가 통설이다.

3. 재결의 요건과 절차

협의가 불성립할 것을 요건으로 하고, (ⅰ) 사업시행자는 토지수용위원회에 재결을 신청, (ⅱ) 토지수용위원회의 재결결정을 절차로 한다.

4. 재결의 효력

(1) 행정처분의 일반적 효력
재결은 행정행위로서 행정행위의 구속력, 공정력, 확정력, 강제력 등이 발생한다. 특히 준사법적행위로서 재결청의 직권에 의한 취소 또는 변경이 제한되는 불가변력이 발생한다.

(2) 토지보상법상의 효과(구속력의 구체적 내용)
사전보상 실현 및 사업의 원활한 시행을 위해 수용재결시와 수용개시일로 효력발생시기를 달리하고 있다. (ⅰ) '수용재결시'에는 손실보상청구권, 담보물권자의 물상대위권, 인도·이전의무, 위험부담 이전의 효과가 생기고, (ⅱ) '수용개시일'에는 사업시행자에게는 목적물의 원시취득 및 대행·대집행권, 토지소유자에게는 환매권 등의 효과가 발생한다.

5. 재결의 실효(토지보상법 제42조)

(1) 의의 및 취지
재결의 실효란 유효하게 성립한 재결에 대해 객관적 사실의 발생에 의해 그 효력이 당연히 상실되는 것을 말한다. 이는 수용의 개시일까지 보상금을 지급·공탁하지 않는 경우 실효를 규정하고 있으며 사전보상원칙을 이행하기 위함에 그 취지가 있다.

(2) 재결의 실효사유
사업시행자가 수용·사용의 개시일까지 관할 토지수용위원회가 재결한 보상금을 지급·공탁하지 않는 경우 재결의 효력이 상실된다. 재결 이후 수용·사용의 개시일 이전에 사업인정이 취소 또는 변경되면, 그 고시 결과에 따라 재결의 효력은 상실된다. 다만, 보상금의 지급 또는 공탁이 있은 후에는 이미 수용의 효과가 발생하는 것이므로 재결의 효력에는 영향이 없다.

(3) 권리구제
사업시행자는 재결이 실효됨으로 인해 토지소유자 또는 관계인이 입은 손실을 보상하여야 한다. 손실의 보상은 손실이 있는 것을 안 날부터 1년, 발생한 날부터 3년 이내에 청구하여야 하며, 보상액은 사업시행자와 손실을 입은 자가 협의하여 결정하되, 협의 불성립 시 관할 토지수용위원회에 재결을 신청할 수 있다. 실효 여부에 대하여 다툼이 있는 경우에는 실효확인소송을 제기할 수 있다.

(4) 관련문제 – 재결의 실효와 재결신청효력, 사업인정의 효력(84누158)
재결의 효력이 상실되면 재결신청 또한 그 효력이 상실되는 것이므로 고시가 있는 날부터 1년 이내 재결신청을 하지 않은 것으로 되었다면 사업인정도 역시 효력을 상실하여 결국 수용절차 일체가 백지상태로 환원된다고 판시한 바 있다.

6. 재결 불복
토지보상법은 공익사업의 원활한 수행과 피수용자의 권리구제의 신속을 도모하기 위해 제83조 내지 제85조에서 이의신청과 행정소송에 관한 명시적인 규정을 두어 일반법인 행정쟁송법에 대한 특례를 규정하고 있다. 따라서 토지보상법에 규정이 없는 사항에 대해서는 행정심판법 제3조 제1항 및 행정소송법 제8조 제1항에 의거 일반법인 행정심판법 및 행정소송법이 적용된다.

제5절 재결 불복

> **핵심 키워드**
>
> Ⅰ. 이의신청(토지보상법 제83조) – 특별법상 행정심판
> 1. 의의 및 성격
> 2. 청구요건
> 3. 이의신청의 효과
> 4. 이의재결의 효력
>
> Ⅱ. 취소소송(토지보상법 제85조 제1항)
> 1. 의의 및 유형
> 2. 제기요건 및 효과
> 3. 심리 및 판결
> 4. 판결의 효력
>
> Ⅲ. 보상금증감청구소송(토지보상법 제85조 제2항)
> 1. 의의 및 취지
> 2. 소송의 성질
>   (1) 형식적 당사자소송
>   (2) 확인·급부소송
> 3. 소송의 제기요건
>   (1) 소송의 당사자
>   (2) 소송의 대상
>   (3) 제소기간 및 재판관할
> 4. 심리 및 판결
>   (1) 심리의 범위
>   (2) 법원의 판결(판결의 효력)
> 5. 관련문제 – 청구의 병합
>
> Ⅳ. 사업인정과 수용재결의 불복방법상 차이
> 1. 사업인정과 수용재결의 구분
> 2. 사업인정과 수용재결의 공통점

Ⅰ 이의신청(토지보상법 제83조) – 특별법상 행정심판 _{기출 34회}

1. 의의 및 성격
관할 토지수용위원회의 위법, 부당한 재결에 불복이 있는 토지소유자 및 사업시행자가 중앙토지수용위원회에 이의를 신청하는 것을 말한다. 수용재결과 보상재결 중 어느 한 부분에만 대하여 불복이 있는 경우에도 이의신청의 대상이 되며, 특별법상 행정심판에 해당하고 임의주의 성격을 갖는다.

2. 청구요건
수용재결, 보상재결에 이의가 있는 경우 재결서 정본을 받은 날부터 30일 이내에 처분청을 경유하여 중앙토지수용위원회에 이의를 신청할 수 있다. 사업시행자가 수용재결에 불복하는 경우 자기가 산정한 보상금을 지급하고 그 금액과 토지수용위원회가 재결한 보상금의 차액을 공탁해야 한다. 이 경우 보상금을 받을 자는 이의신청재결의 종결 시까지 이를 수령할 수 없다.

3. 이의신청의 효과
중앙토지수용위원회는 이의신청에 대하여 심리·재결하여야 한다. 또한 동법 제88조에 따라 이의신청은 사업의 진행 및 토지의 수용 또는 사용을 정지시키지 아니한다.

4. 이의재결의 효력

① 중앙토지수용위원회는 이의신청을 받은 경우 재결이 위법 또는 부당하다고 인정하는 때에는 그 재결의 전부 또는 일부를 취소하거나 보상액을 변경할 수 있다.
② 보상금 증액 시 재결서의 정본을 받은 날부터 30일 이내에 사업시행자는 보상금을 받을 자에게 증액된 보상금을 지급하여야 한다.
③ 쟁송기간 도과 등으로 이의재결이 확정된 경우에는 확정판결이 있는 것으로 재결서 정본은 집행력 있는 판결의 정본과 동일한 효력을 갖는 것으로 본다.

II 취소소송(토지보상법 제85조 제1항) 기출 28회·34회·36회

1. 의의 및 유형

재결에 대한 취소소송이란 관할 토지수용위원회의 위법한 재결 또는 중앙토지수용위원회의 위법한 이의 재결의 취소나 변경을 구하는 소송을 말한다. 재결에 불복하는 사업시행자, 토지소유자 및 관계인은 재결 취소소송, 무효 또는 실효를 주장하는 경우에는 무효등확인소송을 제기할 수 있다.

2. 제기요건 및 효과

(구)토지수용법에서는 소송의 대상과 관련하여 재결주의를 규정한 것인지에 대해 논란이 있었으나, 개정 토지보상법 제85조 제1항은 "제34조의 규정에 의한 재결에 대하여 불복이 있는 때에는 재결서를 받은 날부터 90일, 이의신청을 거친 때에는 이의재결서 정본을 받은 날부터 60일 이내에 각각 행정소송을 제기할 수 있다."고 규정하여 원처분주의를 명시하고 있다. 따라서 1차 수용재결의 관할 토지수용위원회를 피고로 원처분을 대상으로 하여 소를 제기할 수 있으며, 행정소송의 제기는 사업의 진행 및 수용, 사용의 효과를 정지시키지 않는다.

3. 심리 및 판결

심리의 내용은 요건심리와 본안심리로 구분되며, 심리의 방식은 행정소송법의 심리규정이 그대로 적용된다. 판결은 각하, 기각, 인용, 사정판결이 가능하며, 위법성의 판단시점 및 판결의 효력은 행정소송법이 그대로 적용된다.

4. 판결의 효력

(1) 인용판결이 있게 되면 소송당사자와 관할 토지수용위원회는 판결의 내용에 따라 구속되며 사업 시행자가 행정소송을 제기하였으나 그 소송이 각하, 기각 또는 취소된 경우에는 법정이율을 적용 하여 산정한 금액을 보상금에 가산하여 지급해야 한다. 토지보상법에서는 무효등확인소송을 규정 하고 있지 않으나, 판례에서는 이를 인정하고 있다.

(2) 원처분주의 관련 판례(2008두1504)

공익사업을 위한 토지 등의 취득 및 보상에 관한 법률 제85조 제1항 전문의 문언내용과 같은 법 제83조, 제85조가 중앙토지수용위원회에 대한 이의신청을 임의적 절차로 규정하고 있는 점, 행정소송법 제19조 단서가 행정심판에 대한 재결은 재결자체에 고유한 위법이 있음을 이유로 하는 경우에 한하여 취소소송의 대상으로 삼을 수 있도록 규정하고 있는 점 등을 종합하여 보면, 수용재결에 불복하여 취소소송을 제기하는 때에는 이의신청을 거친 경우에도 수용재결을 한 중앙토지수용위원회 또는 지방토지수용위원회를 피고로 하여 수용재결의 취소를 구하여야 하고, 다만 이의신청에 대한 재결 자체에 고유한 위법이 있음을 이유로 하는 경우에는 그 이의재결을 한 중앙토지수용위원회를 피고로 하여 이의재결의 취소를 구할 수 있다고 보아야 한다(수용재결취소 등).

Ⅲ 보상금증감청구소송(토지보상법 제85조 제2항) 기출 28회

1. 의의 및 취지

보상금증감청구소송은 보상금 증감의 다툼에 대하여 직접적인 이해당사자인 사업시행자와 토지소유자 및 관계인이 소송의 제기를 통해 직접 다툴 수 있도록 하는 당사자소송이다. 이는 재결 자체의 취소 없이 보상금과 관련된 분쟁을 일회적으로 해결하여 신속한 권리구제를 도모함에 그 취지가 있다.

2. 소송의 성질

(1) 형식적 당사자소송

형식적 당사자소송이란 처분 등을 원인으로 하는 법률관계에 관한 소송으로 실질적으로 처분 등의 효력을 다투면서 법률관계의 일방 당사자를 피고로 하여 제기하는 소송을 말한다. 현행 토지보상법 제85조에서는 형식적 당사자소송임을 규정하고 있다.

(2) 확인·급부소송

① 학 설
  ㉠ 법원이 재결을 취소하고 보상금을 결정하여 형성소송이라고 하는 견해
  ㉡ 법원이 정당보상액을 확인하고 금전지급을 명하거나 과부과된 부분을 돌려줄 것을 명하는 확인·급부소송이라는 견해가 대립한다.

② 판 례
판례는 이의재결에서 정한 보상금액이 증액, 변경될 것을 전제로 하여 보상금의 지급을 구하는 확인·급부소송으로 판시하였다.

③ 검 토
형성소송설은 권력분립에 반할 수 있으며, 보상액 확인 및 부족액의 급부를 구하고, 일회적 권리구제를 도모하기 위해 확인·급부소송으로 보는 것이 타당하다.

3. 소송의 제기요건

(1) 소송의 당사자

손실보상금에 관한 법률관계의 당사자인 피수용자와 사업시행자에게 당사자적격이 인정된다.

(2) 소송의 대상
　① 문제점
　　보상금증감청구소송은 보상금의 증감에 관한 것만을 대상으로 한다. 그러나 이의재결로 형성된 보상금에 불복하여 소송을 제기하는 경우 소송의 대상을 무엇으로 하여야 하는지가 문제된다.
　② 학 설
　　(ⅰ) 취소소송과 마찬가지로 원처분주의를 취하여 수용재결에서 정한 보상금을 소송의 대상으로 보는 견해와, (ⅱ) 보상금에 관한 법률관계가 주된 다툼의 대상이 되고, 원처분주의와 재결주의 논의는 불필요한 것으로 보는 견해가 대립한다.
　③ 판 례
　　판례는 잔여지수용청구에 대한 토지수용위원회의 결정에 대한 불복방법에 관해 재결의 취소 및 보상금 증액을 구하는 행정소송을 제기해야 하는 것으로 보고 있으나, 현행법에서는 상기 판례가 타당하다고 할 수 없다. 현재 실무상 수용재결의 취소도 보상금증감청구소송의 주된 대상은 보상금의 증감으로 보고 있는 것으로 보인다.
　④ 검 토
　　생각건대 보상금증감청구소송은 취소소송과 달리 그 소송대상을 원처분주의 또는 재결주의로 해석할 것이 아니라, 관할 토지수용위원회 또는 중앙토지수용위원회가 행한 재결로 형성된 법률관계인 보상금 증감에 관한 것으로 보는 것이 타당하다고 본다.

(3) 제소기간 및 재판관할
　당사자소송은 원칙적으로 제소기간의 제한이 없으나, 토지보상법 제85조 제1항의 취소소송의 제소기간을 보상금증감청구소송에 적용하고 있다. 즉, 재결서를 받은 날부터 90일 이내에, 이의신청을 거친 때에는 이의신청에 대한 재결서를 받은 날부터 60일 이내에 관할법원에 제기할 수 있다.

4. 심리 및 판결

(1) 심리의 범위
　손실보상금의 증감, 손실보상의 방법(금전보상, 채권보상 등), 보상항목의 인정(잔여지보상 등의 손실보상의 인정 여부), 이전 곤란한 물건의 수용보상, 보상면적 등을 심리한다. 보상액의 항목 상호간 유용에 대해 대법원은 행정소송의 대상이 된 물건 중 일부 항목에 관한 보상액이 과소하고 다른 항목의 보상액은 과다한 경우에는 그 항목 상호 간의 유용을 허용하여 과다부분과 과소부분을 합산하여 보상금액을 결정해야 한다고 판시한 바 있다.

(2) 법원의 판결(판결의 효력)
　법원이 직접 보상금을 결정함으로써 소송당사자는 판결의 결과에 따라 이행하여야 하며, 중앙토지수용위원회는 별도의 처분을 할 필요가 없다.

5. 관련문제 – 청구의 병합

수용재결취소소송과 보상금증감청구소송의 병합 여부에 대하여 구법과 달리 현행 민사소송법 제70조에서 주관적·예비적 병합을 인정하고 있으므로 수용재결에 대한 취소소송을 주관적으로 보상금증감청구소송을 예비적으로 병합할 수 있다.

Ⅳ 사업인정과 수용재결의 불복방법상 차이

1. 사업인정과 수용재결의 구분

구 분		사업인정	수용재결
적용법률의 차이		• 사업인정에 대해서는 토지보상법상 명문의 불복규정을 두고 있지 않다. • 사업인정의 불복에는 행정심판법 및 행정소송법이 적용된다.	• 토지보상법은 재결에 대해서만 불복규정을 두고 있다(토지보상법 제84조, 제85조). • 따라서 특별법 우선원칙에 따라 재결은 행정심판법 및 행정소송법에 우선하여 토지보상법의 규정이 적용된다.
불복사유의 차이		사업인정은 실체적·절차적 하자를 불복사유로 삼되, 사업인정에 대한 재량권의 일탈·남용 여부가 사유로 인정된다.	수용재결은 실체적·절차적 하자 이외에 보상금의 증감을 불복사유로 할 수 있다(보증소 가능).
행정심판의 차이	처분형 경유주의	행정심판법의 일반원리에 의하는바 임의주의를 취한다.	처분청 경유주의를 취한다.
	심판청구 기간	안 날로부터 90일, 있은 날로부터 180일 이내에 청구하여야 한다.	재결서 정본을 받은 날부터 30일 이내에 청구하여야 한다.
	심판기관의 차이	중앙행정심판위원회가 심리·의결한다.	중앙토지수용위원회가 심리·의결한다.
	이의재결의 효력		토지보상법 제86조에 의거 이의재결이 확정되는 경우 소송법적 확정력이 부여된다(집행력 있는 판결의 정본과 동일한 효력).
	소송의 대상	행정심판임의주의, 원처분주의를 취한다.	이의신청은 임의주의, 토지보상법상 원처분주의를 취한다.
	제소기간의 차이	행정소송법에 의해 안 날로부터 90일, 있은 날로부터 1년 이내 제소가 가능하다.	재결서 정본을 받은 날부터 90일 이내, 이의신청을 거친 경우 60일 이내에 제소하도록 규정되어 있다.
	손실보상의 차이	실효 등과 같이 그로 인해 발생하는 손실에 한해 손실보상청구권이 인정된다.	수용재결은 손실보상을 직접 결정하는 절차로 그 자체가 손실보상을 인정해주는 구제수단이다.
	사전적 권리구제	협의, 의견청취의 절차를 거친다.	공고, 공문서의 열람, 의견진술 등의 절차를 거치며, 행정절차법 시행령 제2조 제7호에 의해 적용이 제외된다.

2. 사업인정과 수용재결의 공통점

구 분	사업인정	수용재결
항고쟁송이 가능	둘 다 처분에 해당하여 항고쟁송을 통한 불복이 가능하다.	
항고쟁송의 제기효과	쟁송제기 시 중앙토지수용위원회, 중앙행정심판위원회는 심리·재결의무, 집행부정지의 효과가 발생한다.	
실효 시 손실보상	사업인정 및 재결의 실효로 손실발생 시 손실보상이 요구된다.	
사전적 권리구제로서 참여절차	사업인정 시에는 의견청취절차가, 재결 시에는 공고, 문서열람, 의견진술절차 등의 절차가 요구된다.	

CHAPTER 05 공용수용의 효과

제1절 보상금의 지급 또는 공탁

> **핵심 키워드**
>
> 1. 의의 및 취지(토지보상법 제40조)
> 2. 법적 성질
>   (1) 보상금 지급의무를 면하기 위한 경우(토지보상법 제40조 제2항 제1호·제2호)
>   (2) 재결로 결정된 보상금에 사업시행자가 불복하는 경우(토지보상법 제40조 제2항 제3호)
>   (3) 압류 또는 가압류에 의하여 보상금의 지급이 금지된 경우(토지보상법 제40조 제2항 제4호)
>   (4) 검토
> 3. 공탁의 요건
>   (1) 내용상 요건(토지보상법 제40조 제2항)
>   (2) 형식상 요건
> 4. 공탁의 효과
>   (1) 정당한 공탁의 효과
>   (2) 미공탁의 효과
>   (3) 하자 있는 공탁
> 5. 공탁금 수령의 효과
>   (1) 정당한 공탁금 수령의 효과
>   (2) 하자 있는 공탁금 수령의 효과
> 6. 공탁제도의 문제점 및 개선방안

1. 의의 및 취지(토지보상법 제40조)

보상금의 공탁이란 사업시행자가 보상금을 관할 공탁소에 공탁함으로써 보상금 지급에 갈음하게 하는 것을 말한다. 이는 재결실효 방지, 사전보상원칙의 실현 및 담보물권자의 권익보호 도모에 그 취지가 인정된다.

2. 법적 성질

(1) 보상금 지급의무를 면하기 위한 경우(토지보상법 제40조 제2항 제1호·제2호)

판례는 공탁은 보상금 지급의무에 갈음되어 재결실효를 방지할 목적이 있으므로 변제공탁과 다를 바 없다고 판시하였다. 생각건대 사업시행자가 토지수용위원회가 재결한 보상금을 공탁하는 경우에는 그로써 보상금 지급에 갈음하게 되는바, 변제공탁으로 봄이 타당하다.

(2) 재결로 결정된 보상금에 사업시행자가 불복하는 경우(토지보상법 제40조 제2항 제3호)

사업시행자가 불복이 있는 경우라 하더라도 재결에서 정한 보상금 전액이 지급 또는 공탁되어 보상금 지급에 갈음하고 이로써 재결이 실효되는 것을 방지하기 위한 것이므로 변제공탁으로 봄이 타당하다.

(3) 압류 또는 가압류에 의하여 보상금의 지급이 금지된 경우(토지보상법 제40조 제2항 제4호)

이에 대하여 변제공탁으로 보는 판례와 집행공탁으로 보는 판례가 모두 존재한다. 생각건대 압류 또는 가압류에 의하여 보상금의 지급이 금지된 경우 공탁을 함으로써 채무가 변제되는 것으로 볼 수 있으므로 변제공탁으로 봄이 타당하다.

(4) 검 토

토지보상법 제40조에 의한 공탁은 동조 제2항에 따른 일정한 경우 사업시행자의 보상금의 지급 의무를 이행하기 위함과 재결의 실효방지 등을 위한 것으로서, 민법상 변제공탁과 다를 바 없다고 판단된다.

3. 공탁의 요건

(1) 내용상 요건(토지보상법 제40조 제2항)

① 보상금을 받을 자가 그 수령을 거부하거나 보상금을 수령할 수 없을 때
② 사업시행자의 과실 없이 보상금을 받을 자를 알 수 없을 때
③ 관할 토지수용위원회가 재결한 보상금에 대하여 사업시행자가 불복할 때
④ 압류 또는 가압류에 의하여 보상금의 지급이 금지되었을 때

(2) 형식상 요건

① 재결 당시 수용목적물의 소유자 또는 관계인이 수령권자가 된다.
② 토지보상법은 토지소재지의 공탁소에 보상금을 공탁할 수 있도록 하고 있다.
③ 공탁은 현금보상의 원칙상 현금으로 하여야 하나, 사업시행자가 국가인 경우에는 채권으로 공탁이 가능하다.

4. 공탁의 효과

(1) 정당한 공탁의 효과

보상금의 지급의무를 이행한 것으로 보아 수용 또는 사용개시일에 목적물을 원시취득한다.

(2) 미공탁의 효과

수용의 개시일까지 보상금을 공탁하지 아니하면 재결의 효력은 상실된다. 단, 이의재결에 의한 증액된 보상금은 공탁하지 않아도 이의재결은 실효되지 않는다.

(3) 하자 있는 공탁

'(ⅰ) 요건 미충족, (ⅱ) 일부공탁, (ⅲ) 조건부 공탁'의 경우 공탁의 효과가 발생하지 않는다. 따라서 수용·사용의 개시일까지 공탁의 하자가 치유되지 않으면 재결은 실효되고 손실보상의무를 부담하게 된다.

5. 공탁금 수령의 효과

(1) 정당한 공탁금 수령의 효과
아무런 이의유보 없이 공탁금을 수령한다면 수용법률관계의 종결효과를 가져온다고 볼 수 있다. 그러나 이의유보를 남긴 경우 수용·사용개시일이 도과하더라도 수용법률관계는 종결되지 않는다고 본다.

(2) 하자 있는 공탁금 수령의 효과
① 이의유보 후 수령한 경우 하자치유는 인정되지 않는다. 판례는 묵시적 표현(구두)으로도 이의유보가 가능하다고 본다.
② 이의유보 없이 수령한 경우에는 하자치유가 인정되어 보상금 수령거부의사를 철회한 것으로 본다.
③ 쟁송제기를 이의유보로 볼 수 있는가에 대하여 판례는 수령 당시 단순히 소송이나 이의신청을 하고 있다는 사실만으로 묵시적 공탁의 수령에 관한 이의를 유보한 것과 같이 볼 수 없다고 하나, 최근 대법원은 단순한 사실이 아닌 경우 소송 중 사실을 종합적으로 판단하여 묵시적 유보로 본 바 있다.

6. 공탁제도의 문제점 및 개선방안
공탁제도는 사전보상제도를 구현하고 재결의 실효를 방지하여 원활한 사업시행을 가능하게 하지만 토지보상법상 공탁에 대한 세부규정이 미흡하므로 쉽게 공탁제도를 이해할 수 있는 해설서 등을 발간하여 피수용자나 사업시행자의 불이익을 최소화시킬 필요가 있다.

제2절 토지·물건의 인도 등 거부 시 실효성 확보수단

> **핵심 키워드**
>
> Ⅰ. 인도·이전의무(토지보상법 제43조)
>
> Ⅱ. 대행(토지보상법 제44조)
> 1. 의의 및 취지
> 2. 법적 성질
> 3. 요건 및 절차
> 4. 대행청구대상의 범위
>
> Ⅲ. 대집행(토지보상법 제89조)
> 1. 의의 및 취지
> 2. 요건
>   (1) 토지보상법상 요건(토지보상법 제89조)
>   (2) 행정대집행법상 요건(행정대집행법 제2조)
>   (3) 의무이행자 보호(토지보상법 제89조 제3항) - 용산참사
> 3. 인도·이전의무가 대집행의 대상인지 여부
>   (1) 문제점
>   (2) 학설
>   (3) 판례
>   (4) 검토
> 4. 비대체적 작위의무의 불이행 관련 대책

Ⅰ 인도·이전의무(토지보상법 제43조)

토지소유자 및 관계인과 기타 수용·사용할 목적물에 대해 권리를 가진 자는 수용 또는 사용의 개시일까지 해당 토지나 물건을 사업시행자에게 인도하거나 이전하여야 한다.

Ⅱ 대행(토지보상법 제44조)

1. 의의 및 취지

토지나 물건을 인도하거나 이전하여야 할 자가 고의나 과실 없이 그 의무를 수행할 수 없을 때 또는 사업시행자가 과실 없이 토지나 건물을 인도하거나 이전하여야 할 의무가 있는 자를 알 수 없을 때 사업시행자의 청구에 의하여 특별자치도지사, 시장·군수 또는 구청장이 대행하는 것으로 사업의 원활한 시행을 위해 인정된다.

2. 법적 성질

토지보상법 규정상 행정대집행의 일종으로 봄이 타당하고, 직접강제를 인정한 것으로 볼 수는 없다.

3. 요건 및 절차

인도·이전의무자가 고의, 과실 없이 의무를 이행할 수 없거나 사업시행자가 과실 없이 의무자를 알 수 없을 때 사업시행자의 청구에 의하여 대행한다.

4. 대행청구대상의 범위

수용목적물이 아니더라도 사업추진에 방해가 되는 것이면 대행청구의 대상이 된다고 본다.

Ⅲ 대집행(토지보상법 제89조)

1. 의의 및 취지

공법상 대체적 작위의무의 불이행 시 행정청이 그 의무를 스스로 행하거나 제3자로 하여금 행하게 하고 의무자로부터 비용을 징수하는 것으로 토지보상법 제89조에서 규정하고 있다. 이는 공익사업의 원활한 수행을 위한 제도적 취지가 인정된다.

2. 요건

(1) 토지보상법상 요건(토지보상법 제89조)

(ⅰ) 이 법 또는 이 법에 의한 처분으로 인한 의무를 이행하여야 할 자가 의무를 이행하지 않거나, (ⅱ) 기간 내 의무를 완료하기 어려운 경우, (ⅲ) 의무자로 하여금 그 의무를 이행하게 하는 것이 현저히 공익을 해한다고 인정되는 사유가 있는 경우 사업시행자가 시·도지사나 시장·군수 또는 구청장에게 대집행을 신청할 수 있다고 규정하고 있다.

(2) 행정대집행법상 요건(행정대집행법 제2조)
(i) 공법상 대체적 작위의무의 불이행이 있을 것, (ii) 다른 수단으로 이행의 확보가 곤란할 것, (iii) 불이행을 방치함이 심히 공익을 해할 것의 요건을 모두 충족해야 한다.

(3) 의무이행자 보호(토지보상법 제89조 제3항) - 용산참사
국가나 지방자치단체는 의무를 이행해야 할 자의 보호를 위하여 노력해야 한다. 이는 공익사업 현장에서 인권침해 방지를 위한 노력을 강구하고자 하는 입법적 취지가 있다.

3. 인도·이전의무가 대집행의 대상인지 여부

(1) 문제점
인도·이전의무는 비대체적 작위의무인데 토지보상법 제89조에서는 의무로 규정하고 있는바 행정대집행법의 특례규정으로 보아 대집행을 실행할 수 있는지가 문제된다. 즉, 인도를 신체의 점유로써 거부하는 경우 이를 실력으로 배제할 수 있는지가 문제된다.

(2) 학 설
(i) 토지보상법 제89조는 수용자 본인이 인도한 것과 같은 법적 효과 발생을 목적으로 하므로 대집행을 긍정하는 견해와, (ii) 제89조의 의무도 대체적 작위의무에 한정된다고 보아 부정하는 견해가 있다.

(3) 판 례
① 도시공원시설인 매점점유자의 점유배제는 대체적 작위의무에 해당하지 아니하므로 대집행의 대상이 아니라고 판시하였다.
② 토지보상법 제89조의 '인도'에는 명도도 포함되는 것으로 보아야 하고, 이러한 명도의무는 그것을 강제적으로 실현하면서 직접적인 실력행사가 필요한 것이지 대체적 작위의무라고 볼 수 없으므로 특별한 사정이 없는 한 행정대집행법에 의한 대집행의 대상이 될 수 있는 것은 아니라고 판시하였다.
③ 철거의무 약정을 하였다 하더라도 그 명도의무는 사법상의 매매 내지 사법상 계약의 성질을 갖는 것이므로 대집행의 대상이 아니라고 판시한 바 있다.

(4) 검 토
대집행은 국민의 권익침해의 개연성이 높으므로 토지보상법 제89조의 의무를 법치행정의 원리상 명확한 근거 없이 비대체적 작위의무로까지 확대해석할 수 없다고 할 것이다.

4. 비대체적 작위의무의 불이행 관련 대책
독일은 실력행사를 규정하고, 일본은 공무집행방해죄 등을 적용하고 있으며 우리나라는 실무상 인도불응 시 소유권이전등기 및 명도소송을 활용하고 있다. 공익사업의 홍보 및 피수용자와 관계개선을 통하여 자발적 인도를 도모하는 것이 중요하고 입법적으로 직접강제 및 실효성 확보수단의 법적 근거를 마련해야 할 것이다.

제3절 위험부담의 이전

> **핵심 키워드**
>
> 1. 의의 및 취지(토지보상법 제46조)
> 2. 요 건
>   (1) 위험부담의 이전기간
>   (2) 피수용자의 귀책사유가 없을 것
>   (3) 위험부담의 범위
> 3. 효 과

1. 의의 및 취지(토지보상법 제46조)

토지수용위원회의 재결이 있은 후 수용할 토지나 물건이 토지소유자 또는 관계인의 고의나 과실 없이 멸실 또는 훼손된 경우 그로 인한 손실을 사업시행자의 부담으로 하는 제도로서 이는 민법 제537조의 채무자위험부담주의의 예외로서 피수용자의 권익보호에 그 취지가 인정된다.

2. 요 건

(1) 위험부담의 이전기간

위험부담이전은 재결에 의한 것이며, 사업시행자는 수용의 개시일에 소유권을 원시취득하므로 위험부담이 이전되는 기간은 수용재결이 있은 후부터 수용의 개시일까지이다.

(2) 피수용자의 귀책사유가 없을 것

목적물의 멸실에 피수용자의 귀책사유가 있는 경우에는 피수용자가 그 위험부담을 지게 되며, 피수용자의 귀책사유가 없는 경우에 한하여 목적물의 멸실에 따른 위험부담을 면하게 된다.

(3) 위험부담의 범위

위험부담은 목적물의 멸실·훼손 등에 한하고 목적물의 가격하락의 경우에는 적용되지 않는다.

3. 효 과

수용목적물의 멸실·훼손에 대한 손실은 사업시행자가 부담하게 되며 보상금의 감액이나 면제를 주장할 수 없다. 판례는 지상입목에 대한 보상협약 후 목적물이 홍수로 멸실되었다고 하더라도 보상하기로 한 자는 이행불능을 이유로 보상약정을 해제할 수 없다고 판시하였다.

제4절 담보물권자의 물상대위

> **핵심 키워드**
> 1. 물상대위의 의의
> 2. 토지보상법 제47조
> 3. 물상대위의 요건
> 4. 담보권자의 권리구제

1. 물상대위의 의의

물상대위란 약정담보물권에 있어서 그 목적물이 멸실·훼손 또는 공용징수로 인하여 보상금청구권 등으로 변하는 경우 그 청구권 등에 담보물권의 효력이 미치는 것을 말한다.

2. 토지보상법 제47조

토지보상법 제47조는 "담보물권의 목적물이 수용·사용된 경우 그 담보물권은 채무자가 받을 보상금에 대하여 행사할 수 있다. 다만 그 지급 전에 압류하여야 한다."라고 규정하고 있다. 이는 공법상 보상청구권에 대한 대위권 행사를 확인적으로 인정하고, 사업인정고시일 이후 설정된 담보물권자의 지위를 보장하기 위해 규정의 취지가 인정된다.

3. 물상대위의 요건

지급 전 압류를 토지보상법 제47조에서 규정하고 있으며, 판례는 압류를 반드시 본인이 할 필요가 없고 제3자가 해도 된다고 판시하고 있다. 이는 특정성이 유지·보전되는 한도 안에서 우선변제권을 인정하고자 함에 그 취지가 있다.

4. 담보권자의 권리구제

관계인인 담보물권자는 수용절차상 사전적 권리구제가 가능하다. 다만, 수용재결에 대한 불복은 곤란한 바, 토지보상법 제83조 이의신청 및 제85조 보상금증감청구소송은 가능하다고 할 것이다. 관계인이 아닌 담보물권자는 토지보상법 제83조의 이의신청 규정상 '이의 있는 자'에 해당하여 이의신청이 가능하다. 그러나 보상금증감청구소송은 관련규정상 곤란하지만 행정소송법 제16조(제3자의 소송참가) 규정에 의거하여 소송의 참가가 가능할 것이다.

제5절 환매권 기출 35회

> **핵심 키워드**

I. 환매권 일반
1. 의의 및 취지
2. 인정 근거
   (1) 이론적 근거
   (2) 법적 근거
3. 법적 성질
   (1) 형성권
   (2) 공권인지 여부

II. 환매권의 행사요건
1. 환매권의 행사
2. 당사자 및 목적물
3. 환매권의 행사요건
   (1) 사업의 폐지, 변경 그 밖의 사유로 필요 없게 된 때(토지보상법 제91조 제1항)
   (2) 취득한 토지의 전부를 사업에 이용하지 아니한 때(토지보상법 제91조 제2항)
   (3) 제1항 및 제2항 행사요건의 관계
4. 환매금액
5. 환매권의 행사절차
   (1) 사업시행자의 통지 또는 공고(토지보상법 제92조)
   (2) 환매권의 행사

III. 환매권 행사의 효과와 소멸
1. 환매권 행사의 효력
   (1) 환매권 행사의 효력발생시점
   (2) 환매권의 효력 – 대항력
2. 환매권 행사의 효과
3. 환매권의 소멸

IV. 환매권 행사의 제한(공익사업변환 특칙, 토지보상법 제91조 제6항)
1. 의의 및 취지
2. 요 건
   (1) 사업시행자 요건
   (2) 대상사업요건
   (3) 사업시행자의 토지소유요건
3. 공익사업변환의 효과
4. 공익사업변환의 위헌성
   (1) 문제점
   (2) 학 설
   (3) 검 토
5. 관련문제 – 사업인정 전 협의취득으로 인한 환매권에 공익사업변환 특칙의 적용 여부

V. 권리구제
1. 환매권 행사에 대한 권리구제
2. 환매금액에 대한 다툼

I 환매권 일반

1. 의의 및 취지

환매권이란 수용의 목적물인 토지가 공익사업의 폐지, 변경 그 밖의 사유로 인해 필요 없게 되거나, 수용 후 오랫동안 그 공익사업에 현실적으로 이용되지 아니할 경우, 수용 당시의 토지소유자 또는 그 포괄승계인이 보상금에 상당하는 금액을 지급하고 수용의 목적물을 다시 취득할 수 있는 권리를 말한다. 이는 재산권 존속보장 및 토지소유자의 소유권에 대한 감정존중을 도모함과 공평의 원칙에 그 취지가 인정된다.

2. 인정 근거

(1) 이론적 근거
피수용자의 감정존중(다수설) 및 공평의 원칙(판례)에서 찾는 견해와 재산권의 존속보장 및 정책적 배려에서 찾는 견해가 있다.

(2) 법적 근거
헌법상 재산권 보장이념을 구체화하여 토지보상법 제91조와 제92조에서 환매권에 관한 사항을 규정하였다. 환매권은 헌법의 재산권에 포함된 권리이지만, 개별법의 명문 규정이 없는 때에도 헌법을 직접적인 근거로 하여 환매권 행사가 가능한지가 문제된다. 판례는 실정법의 근거가 있어야만 환매권을 행사할 수 있다는 취지의 판결을 한 바 있다.

3. 법적 성질

(1) 형성권
형성권이란 요건충족 시 형성적 효력이 발생하는 권리를 말하며 청구권과 달리 상대방이 동시이행항변권을 주장하지 못하는 권리이다. 환매권은 제척기간 내에 이를 일단 행사하면 형성적 효력으로 매매의 효력이 생기는 것으로 보고 있다.

(2) 공권인지 여부

① 문제점

환매권이 형성권인 점에 대해 학설과 판례가 일치하나 공권과 사권에 대한 견해가 나뉜다. 논의 실익은 환매권에 대한 다툼이 있는 경우 적용법규와 쟁송형태에 있다.

② 학 설
  ㉠ 공권설 : 환매권은 공법적 원인에 의해 상실된 권리를 회복하는 제도이므로 공권력 주체에 대해 사인이 가지는 공법상 권리라고 보는 견해이다.
  ㉡ 사권설 : 환매권은 피수용자가 자기의 이익을 위하여 일방적으로 행사함으로써 환매의 효과가 발생하는 형성권으로 사업시행자의 동의를 요하지 않고, 이 권리는 공용수용의 효과로 발생하기는 하나 사업시행자에 의해 해제처분을 요하지 않는 직접 매매의 효과를 발생하는 것으로 사법상 권리로 보는 견해이다.

③ 판 례

헌법재판소는 공익사업용지에 대한 환매권의 법적 성질을 사법상의 권리로 보고, 사업시행자의 환매권 행사를 거부하는 의사표시는 공권력의 행사가 아니라고 결정한 바 있다.

④ 검 토

환매권은 공권에 의한 침해로 발생한 권리인바 공권으로 보는 견해가 일면타당하나, 환매권은 자기이익을 위한 일방적 권리이므로 판례의 태도에 따라 사권으로 보는 것이 타당할 것이다.

Ⅱ 환매권의 행사요건

1. 환매권의 행사

환매권은 수용의 효과로서 수용의 개시일에 법률상 당연히 성립·취득하는 것이므로 토지보상법상 요건은 이미 취득·성립된 환매권을 현실적으로 행사하기 위한 행사요건으로 검토가 필요하다.

2. 당사자 및 목적물

환매권자는 토지소유자 또는 그 포괄승계인이고, 상대방은 사업시행자 또는 현재의 소유자이다. 환매목적물은 토지소유권에 한한다. 단, 잔여지의 경우 접속된 부분이 필요 없게 된 경우가 아니면 환매는 불가하다.

3. 환매권의 행사요건

(1) 사업의 폐지, 변경 그 밖의 사유로 필요 없게 된 때(토지보상법 제91조 제1항)

토지의 협의취득일 또는 수용개시일부터 10년 이내에 해당 사업의 폐지, 변경 또는 그 밖의 사유로 취득한 토지의 전부 또는 일부가 필요 없게 된 경우, 그 토지의 전부 또는 일부가 필요 없게 된 때부터 1년 또는 그 취득일부터 10년 이내에 그 토지에 대하여 받은 보상금에 상당하는 금액을 사업시행자에게 지급하고 그 토지를 환매할 수 있다.

(2) 취득한 토지의 전부를 사업에 이용하지 아니한 때(토지보상법 제91조 제2항)

취득일부터 5년 이내에 취득한 토지의 전부를 해당 사업에 이용하지 아니하였을 때에는 취득일부터 6년 이내에 환매권을 행사하여야 한다. 여기서 토지의 전부란 사용·수용한 토지 전체를 말한다.

(3) 제1항 및 제2항 행사요건의 관계

제1항과 제2항은 요건을 서로 달리하고 있으므로 한 쪽의 요건에 해당되어도 다른 쪽의 요건을 주장할 수 있고, 국민의 권익보호를 위해 둘 중 긴 쪽의 요건을 적용할 수 있다고 봄이 타당하다.

4. 환매금액

환매금액은 원칙상 사업시행자가 지급한 보상금에 상당한 금액이며, 가격변동이 현저한 경우 양 당사자는 법원에 그 금액의 증감을 청구할 수 있다(보상금증감청구소송이 아니라 민사소송이다).

5. 환매권의 행사절차

(1) 사업시행자의 통지 또는 공고(토지보상법 제92조)

사업시행자는 환매할 토지가 생겼을 때 지체 없이 환매권자에게 통지하거나 환매권자를 알 수 없는 경우 이를 공고하여야 한다.

(2) 환매권의 행사

환매권자는 환매금액을 지급하고 환매의사를 표시함으로써 환매권을 행사하게 된다. 환매권은 형성권으로 환매권자가 환매금액을 지급하고 일방적으로 환매의사를 표시함으로써 사업시행자의 동의와 관계없이 환매의 효과가 발생한다.

III 환매권 행사의 효과와 소멸

1. 환매권 행사의 효력

(1) 환매권 행사의 효력발생시점

환매권자는 환매금액을 지급한 후 환매의사를 표시함으로써 환매를 한다.

(2) 환매권의 효력 – 대항력

토지의 협의취득 등기 또는 수용등기가 되어 있으면 제3자가 환매목적물을 취득하더라도 환매권자의 지위가 제3자의 지위보다 우선하여 환매권자는 제3자에 대하여 환매권 행사가 가능하다.

2. 환매권 행사의 효과

환매권을 행한 경우 '물권적 효력설'의 입장에서는 소유권 이전의 효과가 발생한다고 본다. 반면, '채권적 효력설'의 입장에서는 소유권이전등기청구 또는 소유권이전등기말소청구권이 발생하는 효과가 있다고 본다. 판례는 환매권의 행사에 대해 이는 채권적 효과로서 소유권이전등기청구권이 발생한다고 보며 10년을 시효로 소멸한다고 한다.

3. 환매권의 소멸

(1) 환매통지나 공고가 있는 경우 통지를 받은 날, 공고를 한 날부터 6개월이 경과하면 환매권은 소멸한다.

(2) 환매통지나 공고가 없는 경우 토지보상법 제91조 제1항의 경우 필요 없게 된 때로부터 1년, 취득일로부터 10년이 경과하여야 하며 두 조건을 모두 충족해야 환매권이 소멸한다. 토지보상법 제91조 제2항의 경우 취득일로부터 6년이 경과하면 환매권은 소멸한다.

IV 환매권 행사의 제한(공익사업변환 특칙, 토지보상법 제91조 제6항)

1. 의의 및 취지

공익사업의 변환이란 공익사업이 다른 공익사업으로 변경된 경우, 별도의 절차 없이 해당 토지를 변경된 다른 공익사업에 이용하도록 하는 제도를 말하며, 이는 환매와 재취득이라는 무용한 절차의 반복을 방지하기 위한 제도이다.

2. 요 건

(1) 사업시행자 요건

① 원 칙

사업인정을 받은 사업시행자가 국가·지방자치단체 또는 공공기관이어야 한다.

② 사업시행자의 변경이 있는 경우에도 공익사업변환 특칙이 적용되는지 여부

㉠ 학설 : 공익사업변환은 공익성이 더 큰 공익사업으로 변경된 경우에 적용되는 규정으로 사업시행자의 변경까지 제한하는 것은 아니라는 긍정설과, 환매권 행사제한규정은 환매권의 인정에 대한 예외적 규정이므로 좁게 해석되어야 하기에 부정하는 견해가 대립한다.

ⓒ 판례 : 대법원은 공익사업변환 특칙이 국가, 지방자치단체 또는 공공기관 등 사업시행자가 동일한 입장에서만 허용되는 것은 아니라고 하여 긍정하였다.
　　ⓒ 검토 : 환매권제도는 공공필요의 소멸이라는 수용본질의 한계상 인정되는 것이므로 이러한 취지에 반하는 예외적 규정은 좁게 해석함이 국민의 권리구제에 유리하다. 또한 현실적으로 행정청의 용도담합에 의해 환매권이 형해화되는 결과를 초래할 우려가 있으므로 사업시행자 변경 시에 공익사업변환은 인정되지 않는 것으로 봄이 타당하다.

(2) 대상사업요건
변경 전 공익사업은 사업인정을 받아야 하고, 변경 후 공익사업은 토지보상법 제4조 제1호부터 제5호까지에 규정된 공익사업이어야 한다. 새로운 공익사업은 사업인정을 받거나 받은 것으로 의제되어야 한다.

(3) 사업시행자의 토지소유요건
공익사업을 위해 협의취득하거나 수용한 토지가 변경된 사업의 사업시행자가 아닌 제3자에게 처분된 경우에는 공익사업변환을 인정할 수 없다고 판시하여 사업시행자는 대상토지를 계속 소유하고 있어야 한다.

3. 공익사업변환의 효과
변환이 인정되면 환매권 행사가 제한되고 환매권의 행사기간은 관보에 공익사업의 변경을 고시한 날부터 기산한다. 판례는 새로 변경된 사업을 기준으로 다시 행사요건을 갖추지 못하는 한 환매권을 행사할 수 없고, 요건을 갖춘 경우에 행사기간은 사업의 변경을 관보에 고시한 날부터 기산한다고 판시하였다.

4. 공익사업변환의 위헌성

(1) 문제점
토지보상법 제91조 제6항은 공익사업변환에 해당하는 경우 환매권 행사를 제한하고 있다. 헌법은 재산권의 존속보장과 본질적 내용의 침해금지를 규정하고 있는바, 공익사업변환이 비례의 원칙 등에 위반되는지가 문제된다.

(2) 학설
① 합헌설(헌법재판소 다수견해)은 공익사업변환제도는 공익사업의 신속한 수행이라는 목적의 정당성 및 대상사업의 범위를 제한하여 수단으로서 적정성이 인정된다고 본다. 또한 피해최소성의 원칙, 법익균형의 원칙에도 부합하여 헌법상 비례원칙에 위배되지 않는다고 본다.
② 위헌설은 계속적 변환을 인정 시 실질적으로 환매권 취득기회를 상실시켜 기본권 제한과 과잉금지의 원칙에 위배된다고 본다.

(3) 검토
공익사업의 변환은 환매권자의 참여가 배제된 상태에서 이루어지므로 최소침해, 법익균형에 문제가 있다고 볼 수 있다. 따라서 공익사업의 변환특칙은 위헌적 소지가 많은 규정이라는 비판을 피할 수 없다.

5. 관련문제 – 사업인정 전 협의취득으로 인한 환매권에 공익사업변환 특칙의 적용 여부

대법원은 구법 하에서 사업인정 전 협의취득으로 인한 환매권에 공익사업변환 특칙이 적용된다고 보았다. 생각건대 토지보상법 제91조 제6항은 사업인정을 받을 것을 규정하고 있는바, 사업인정을 받아서 취득한 후 공익사업이 변경된 경우만을 상정하여 규정하고 있으므로 사업인정 전 협의취득으로 인한 환매권 행사제한에 적용될 여지는 없다고 판단된다.

V 권리구제

1. 환매권 행사에 대한 권리구제

환매권 행사요건의 성립여부에 대한 다툼은 공권설의 입장에서는 공법상 당사자소송에 의할 것이며, 사권설의 입장에서는 민사소송(사업시행자 : 소유권확인의소, 환매권자 : 소유권이전등기이행의소)에 의하여 될 것이나, 실무상으로는 민사소송에 의한다.

2. 환매금액에 대한 다툼

환매금액에 대한 다툼은 사업시행자 및 환매권자가 협의하되, 협의가 불성립할 경우 법원에 환매금액의 증감을 청구할 수 있다(보상금증감청구소송이 아니라, 민사소송에 의해 다툰다).

> **➕ 알아보기** 환매권 관련 판례
>
> **환매권 미통지로 인한 환매권 행사기간 도과 시 손해배상책임**
> 원소유자를 보호할 필요성 및 공평의 원칙 등 환매권을 규정한 입법이유에 비추어 환매권의 통지는 환매권 행사의 실효성을 보장하기 위한 것이라 할 것이므로 환매권 통지의 규정은 사업시행자의 법적인 의무를 정한 것이라고 보아야 한다. 그러므로 환매권 통지의무 위반으로 불법행위로 인한 손해배상책임이 발생한다.
>
> **제3자에게 매매 등이 된 경우 환매권의 대항력**(토지보상법 제91조 제5항, 2015다238964)
> 수용의 목적물이 제3자에게 이전되더라도 협의취득, 수용의 등기가 되어 있으면 환매권자의 지위가 그대로 유지되어 환매권자는 환매권을 행사할 수 있다. 즉 환매권이 발생한 때부터 제척기간의 도과로 소멸할 때까지 언제라도 환매권을 행사하고 이로써 제3자에게 대항할 수 있다.
>
> **환매권 상실 손해배상금액**(2015다238964)
> = 환매권 상실 당시의 감정평가금액 – (환매권 상실 당시 감정평가금액 – 지급보상금 × 지가상승률)
>
> **환매권 제한, 공익사업변경 관련**(토지보상법 제91조 제6항, 2010다30782)
> ① 초등학교, 중학교 학교부지 간 교환사건
> ② 종전 사업뿐만 아니라 새로운 사업도 사업인정을 받아야 환매권 행사가 제한된다.
> ③ 토지보상법 제91조 제6항에 정한 공익사업의 변환은 같은 법 제20조에 규정에 의한 사업인정을 받은 공익사업으로 변경된 경우에 한하여 환매권의 행사를 제한하는 것이므로 사업인정이나 사업인정의제를 받은 것으로 볼 수 있는 경우에만 공익사업의 변환에 의한 환매권의 제한을 인정할 수 있다.
> ④ 제3자에게 처분된 경우 공익사업의 변환을 인정할 여지도 없다.
>
> **공익사업의 변환 시 반드시 사업시행자가 공공기관이어야 하는지 여부**(2014다2013691)
> 변경된 공익사업이 토지보상법 제4조 제1호 내지 제5호에 정한 공익사업에 해당하면 인정되는 것이지 변경된 공익사업의 시행자가 국가, 지방자치단체, 공공기관일 필요까지는 없다.

CHAPTER 06 공용수용의 약식절차

제1절 개설

공익상 특별한 사유가 발생한 때, 사용의 경우에 한하여 보통절차의 일부를 생략하는 약식절차를 토지보상법 제38조와 제39조에서 규정하고 있다. 이는 현실적 필요성에 의해 인정되는 것으로 엄격한 절차를 요한다.

제2절 천재·지변 시의 토지의 사용(토지보상법 제38조)

> **핵심 키워드**
>
> Ⅰ. 의의 및 근거
> Ⅱ. 요건
> Ⅲ. 절차
> Ⅳ. 효과
>
> Ⅴ. 권리구제
> 　1. 허가에 대한 항고쟁송
> 　2. 손실보상

Ⅰ 의의 및 근거

천재·지변 그 밖의 사변으로 인하여 공공의 안전을 유지하기 위한 공익사업을 긴급히 시행할 필요가 있는 경우 시장 등의 허가를 받아 타인의 토지를 즉시 사용할 수 있는 것으로, 토지보상법 제38조에 근거한다.

Ⅱ 요건

(ⅰ) 천재·지변 등으로 인하여, (ⅱ) 공공의 안전을 유지하기 위한 공익사업을 긴급히 시행할 필요가 있을 것, (ⅲ) 시장 등의 허가(통지 포함)가 있을 것, (ⅳ) 사용기간은 6개월 이내일 것 등을 요건으로 한다.

Ⅲ 절차

사업시행자는 허가를 받아 즉시 사용할 수 있고, 사업시행자가 국가 또는 특별시·광역시 또는 도일 때에는 통지하고 사용할 수 있다. 허가를 하거나 통지를 받은 경우 또는 직접 타인의 토지를 사용하려는 때에는 즉시 토지소유자 및 점유자에게 통지하여야 한다.

Ⅳ 효과

사업시행자는 목적물에 대한 사용권을 취득하며, 사용기간 만료 시 반환 및 원상회복의무, 대행·대집행 신청권을 가지며, 토지소유자는 목적물의 인도·이전의무, 손실보상청구권을 갖는다.

Ⅴ 권리구제

1. 허가에 대한 항고쟁송

시장 등의 허가는 항고쟁송의 대상이 되는 처분에 해당하므로, 당사자는 시장 등의 위법한 허가거부처분이나 허가처분에 대하여 항고쟁송으로 다툴 수 있다.

2. 손실보상

사업시행자는 타인의 토지를 사용함으로써 발생하는 손실을 협의에 의하여 보상액을 산정하여 보상하여야 하며, 협의 불성립 시에는 토지수용위원회에 재결을 신청할 수 있다.

제3절 시급한 토지사용에 대한 허가(토지보상법 제39조)

> **핵심 키워드**
>
> Ⅰ. 의의 및 근거
> Ⅱ. 요건
> Ⅲ. 절차
> Ⅳ. 효과
>
> Ⅴ. 권리구제
> 1. 허가에 대한 항고쟁송
> 2. 손실보상

Ⅰ 의의 및 근거

재결신청이 있는 경우 그 재결을 기다려서는 재해를 방지하기 곤란하거나 그 밖에 공공의 이익에 현저한 지장을 줄 우려가 있다고 인정하는 때에는 사업시행자의 신청과 토지수용위원회의 허가에 의해 타인의 토지를 사용하는 제도로, 토지보상법 제39조에 근거한다.

Ⅱ 요건

(ⅰ) 허가권자는 관할 토지수용위원회이며, (ⅱ) 재결의 신청이 있을 것, (ⅲ) 재결을 기다려서는 재해를 방지하기 곤란하거나 그 밖에 공공의 이익에 현저한 지장을 줄 우려가 있다고 인정될 것, (ⅳ) 사업시행자의 담보제공이 있을 것(사업시행자가 국가 등인 경우 예외), (ⅴ) 사용기간은 6개월 이내일 것을 요한다.

Ⅲ 절차

사업시행자가 신청하여 관할 토지수용위원회의 허가를 받아야 한다. 토지수용위원회가 허가를 한 경우에는 토지소유자 및 점유자에게 즉시 통지하여야 한다.

Ⅳ 효과

(ⅰ) 사업시행자는 목적물에 대한 사용권을 취득하고, 사용기간 만료 시 반환 및 원상회복의무, 대행·대집행신청권을 가지며, (ⅱ) 토지소유자는 목적물의 인도·이전의무, 손실보상청구권을 갖는다.

Ⅴ 권리구제

1. 허가에 대한 항고쟁송

시장 등의 허가는 항고쟁송의 대상이 되는 처분에 해당하므로, 당사자는 시장 등의 위법한 허가거부처분이나 허가처분에 대하여 항고쟁송으로 다툴 수 있다.

2. 손실보상

사업시행자는 토지수용위원회의 재결이 있기 전에 토지소유자 또는 관계인의 청구가 있는 때에는 자기가 산정한 보상금을 토지소유자 또는 관계인에게 지급하여야 하며, 토지소유자 또는 관계인은 사업시행자가 토지수용위원회의 재결에 의한 보상금의 지급시기까지 이를 지급하지 아니하는 때에는 제공된 담보의 전부 또는 일부를 취득한다.

제4절 약식절차의 비교

> **핵심 키워드**
>
> Ⅰ. 공통점
>
> Ⅱ. 차이점

Ⅰ 공통점

구 분	천재·지변 시의 토지의 사용	시급한 토지 사용에 대한 허가
제도적 취지	• 보통절차를 거칠 여유가 없기 때문에 보통절차 중 일부를 생략 • 정식절차에 비해 침해의 정도가 더욱 크므로 피침해자의 권리보호장치가 법정됨	
요 건	• 공용사용의 경우에만 허용 • 공공의 안전을 유지하기 위한 공익사어을 긴급히 시행할 필요가 있을 것	
사용기간	토지소유자의 재산권 보상취지로 6개월을 초과하지 못함	
보상의 특징	토지보상법 제62조의 사전보상원칙의 예외로서 사후보상이 이루어짐	

Ⅱ 차이점

구 분	천재·지변 시의 토지의 사용	시급한 토지 사용에 대한 허가
내용 및 절차	시·군·구청장의 허가 또는 통지를 받은 후 토지소유자에게 통지	재결신청 → 사업시행자의 담보제공 → 토지수용위원회의 허가 → 토지소유자 통지
보상방법	토지보상법 제9조 제5항 내지 제7항	토지보상법 제41조
권리구제	• 협의에 의하여 보상액을 산정하되, 협의 불성립 시에는 토지수용위원회에 재결을 신청 • 위법사용 시 손해배상 청구	• 손실보상의 명문규정 없음 • 토지보상법 제41조에 의하여 담보물로 보전

제3편

공익사업을 위한 토지 등의 보상 (손실보상)

CHAPTER 01 　우리나라 헌법 제23조
CHAPTER 02 　행정상 손실보상
CHAPTER 03 　손실보상 각론

CHAPTER 01 우리나라 헌법 제23조

제1절 재산권의 존속보장과 가치보장

> **핵심 키워드**
>
> Ⅰ. 존속보장
>
> Ⅱ. 가치보장

Ⅰ 존속보장

개인의 재산권에 대한 소유권을 박탈당하지 않고 그대로 유지시킴으로써(재산권의 사용·수익·처분을 향유) 보장해 주는 것이다. 헌법 제23조 제1항·제2항에서는 재산권을 보장(존속보장)하고 있다.

Ⅱ 가치보장

공용침해를 허용할 경우 재산권의 존속보장은 깨진다 하여도 그 가치만이라도 보장해 주는 것이다. 헌법 제23조 제3항에서는 공용침해 시 손실보상의무를 규정하여 재산권의 가치를 보장하고 있다.

제2절 헌법 제23조 제3항의 불가분조항 여부

> **핵심 키워드**
>
> Ⅰ. 불가분조항 의의
>
> Ⅱ. 우리 헌법상 인정 여부에 대한 논의
> 1. 학 설
> 2. 검 토

Ⅰ 불가분조항 의의

불가분조항이란 공권력 행사의 허용 여부에 관한 규정과, 이에 대한 손실보상의 기준, 방법, 범위에 관한 규정은 모두 하나의 법률로 규정되어야 하며 서로 불가분의 관계를 형성하고 있어야 한다는 것이다.

Ⅱ 우리 헌법상 인정 여부에 대한 논의

1. 학 설

긍정설은 손실보상의 기준과 범위의 내용 등은 본질적 사항에 해당하는 것으로 반드시 입법자가 스스로 규율하는 데 그 의의가 있다는 견해이다. 부정설은 우리 헌법과 독일기본법상의 표현이 다르고, 우리 헌법규정이 수용 등에 대한 보상은 법률에 의해 배제할 수 있는 취지라 하여 부정한다는 견해이다.

2. 검 토

헌법 제23조 제3항은 불가분조항으로 이해되기는 하지만 독일과 한국이 헌법체계가 다르고 손실보상의 구조가 다르기 때문에 그 차이를 인식하여야 한다. 다만, 보상규정을 두지 아니하거나 불충분한 보상규정을 두는 수용법률은 헌법위반이 될 수 있다.

제3절 수용적 침해와 수용유사침해

> **핵심 키워드**
>
> I. 서
>
> II. 수용적 침해
> 1. 수용적 침해의 의의
> 2. 수용적 침해의 요건
> 3. 우리나라에서 수용적 침해의 인정 여부
>   (1) 견해대립
>   (2) 검토
>
> III. 수용유사침해
> 1. 수용유사침해의 의의
> 2. 수용유사침해의 요건
> 3. 국가배상과의 구별
> 4. 수용유사침해의 인정 여부
>
> IV. 결어 – 수용적 침해와 수용유사침해의 구별

I 서

손해전보에 대한 가장 전형적인 형태로는 행정상 손실보상과 손해배상을 들 수 있다. 이 제도들에 의한 권리구제방법이나 절차 등은 헌법적 근거와 토지보상법 등 개별법률로 어느 정도 정비되어 있다고 할 수 있다. 그러나 현실에서는 행정작용으로 인해 개인이 입게 되는 각종 피해에 대한 권리구제수단이 충분하지 못하다는 문제가 존재한다. 다음에서는 손실보상의 사각지대로 비의도적 침해인 수용적 침해와 결과적 위법상태인 수용유사침해에 대해 검토하기로 한다.

II 수용적 침해

1. 수용적 침해의 의의

수용적 침해란 적법한 행정작용의 비의도적인 부수적 결과로서 타인의 재산권에 가해진 침해를 말한다.

2. 수용적 침해의 요건

(i) 공익사업으로 인한 재산권 침해의 발생, (ii) 적법한 행정작용의 부수적 결과로 인한 침해, (iii) 침해의 적법성, (iv) 특별한 희생의 발생을 들 수 있다. 다만, 피해자가 입는 재산권의 침해가 사회적 제약인가 특별한 희생인가 하는 것은 구체적인 상황에 따라 달라질 수 있으므로 특별한 희생에 대한 해석이 중요하다고 할 수 있다.

3. 우리나라에서 수용적 침해의 인정 여부

(1) 견해대립

(i) 긍정설은 헌법 제23조 제3항을 유추적용하여 인정하려는 견해이며, (ii) 부정설은 수용적 침해를 인정하지 않고 헌법 제23조 제3항을 확대·적용하여 이를 직접적인 근거로 보아 손실보상청구를 행해야 한다고 보는 견해, 입법적으로 해결해야 할 문제로 보는 견해 등으로 구분된다.

(2) 검토

헌법 제23조 제3항에 따르면 공익사업 시행으로 인해 발생하는 손실에 대해서는 완전보상이 이루어져야 하나, 공익사업 시행으로 인한 비의도적인 부수적 결과로 인한 재산권 침해는 법의 사각지대에 놓여 있다. 그러나 해당 공익사업 시행에 따른 비의도적인 부수적 결과로 발생한 침해라고 하더라도 해당 공익사업의 시행이 없었더라면 발생하지 않았을 침해라고 판단되는 경우에는 합당한 보상이 주어져야 한다고 판단된다. 따라서 이러한 법의 사각지대를 메울 수 있는 입법적 해결이 시급하다.

Ⅲ 수용유사침해

1. 수용유사침해의 의의

행정기관의 위법한 침해로 피해가 발생하였으나, 그 침해에 대한 보상규정이 없는 경우를 말한다.

2. 수용유사침해의 요건

(ⅰ) 공권력의 행사가 존재하며, (ⅱ) 공용침해로 인한 재산권 침해가 발생하고, (ⅲ) 특별한 희생이 존재하여야 하며, (ⅳ) 침해에 대한 보상규정이 결여(침해의 위법성)되어야 한다.

3. 국가배상과의 구별

수용유사침해에서 말하는 위법은 침해에 대한 보상규정이 결여되었다는 의미로, 국가배상법상의 위법과는 구별되는 개념이다. 수용유사침해는 공공필요를 위해 생긴 희생에 대한 보상인 데 반해, 국가배상은 공무원이 그 직무를 집행함에 있어 고의 또는 과실로 법령에 위반하여 타인에게 가한 손해에 대한 배상이라는 점에서 구별된다.

4. 수용유사침해의 인정 여부

공무원에 의한 문화방송주식 강제증여사건에서 서울고등법원은 수용유사적 침해를 인정하였으나, 대법원은 이를 증여계약으로 인정하여 손실보상청구권을 부인한 바 있다.

Ⅳ 결어 - 수용적 침해와 수용유사침해의 구별

수용적 침해는 예측할 수 없는 특별한 희생인 데 반해, 수용유사침해는 예측가능한 특별한 희생이라는 점에서 구별되며, 침해행위의 적법성 여하에 그 차이가 존재한다. 비의도적인 부수적 결과로 발생한 침해인 수용적 침해와 행정기관의 위법한 침해로 피해가 발생하였으나 그 침해에 대한 보상규정이 없는 경우에 피해를 입은 수용유사침해는 헌법상 완전보상 실현을 위해 적절한 입법적 조치가 요구된다고 할 것이다.

CHAPTER 02 행정상 손실보상

제1절 손실보상의 개관

> **핵심 키워드**
>
> Ⅰ. 손실보상의 의의
>
> Ⅱ. 손실보상의 근거
> 1. 이론적 근거
> 2. 헌법적 근거
> 3. 개별법
>
> Ⅲ. 손실보상의 법적 성질
> 1. 학설
> 2. 판례
> 3. 검토

➕ 알아보기 손실보상 총론

구 분	내 용
의 의	공공필요 - 적법한 공권력 행사, 특별한 재산권 침해
근 거	• 법적 근거 - 헌법 제23조 제3항, 토지보상법 • 이론적 근거 - 특별한 희생
성 질	공권(검토), 사권(판례)
요 건	공공필요, 재산권의 침해, 적법한 침해, 특별한 희생, 보상(규정)
기 준	시가보상, 개발이익 배제, 공시지가기준, 생활보상
원 칙	사업시행자 보상, 사전보상, 현금보상, 개인별 보상, 일괄보상, 사업시행 이익과의 상계금지, 보상액의 가격시점 등(토지보상법 제61조 내지 제67조)
내 용	재산권 + 권리 + 생활보상 + 부대적 손실
절 차	협의재결, 보상금증감청구소송
주 체	사업자
산 정	평가사, 산술평균

Ⅰ 손실보상의 의의

손실보상이란 공공필요에 의한 적법한 공권력의 행사로 가하여진 개인의 특별한 희생에 대하여 사유재산권 보장과 공평부담의 견지에서 행정주체가 행하는 조절적 재산전보를 말한다.

Ⅱ 손실보상의 근거

1. 이론적 근거
기득권설, 은혜설, 특별한 희생설, 생존설, 보장설 등의 견해가 있으며, 특별한 희생을 보상한다는 것이 일반적 견해이다

2. 헌법적 근거
헌법 제23조 제3항에서는 '공공필요에 의한 재산권의 수용, 사용 또는 제한 및 그에 대한 보상은 법률로써 하되, 정당한 보상을 지급하여야 한다.'라고 규정하고 있다.

3. 개별법
공익사업을 위한 토지 등의 취득 및 보상에 관한 법률과 그 외 개별법에 산재되어 있다.

Ⅲ 손실보상의 법적 성질

1. 학 설
(ⅰ) 공권설은 손실보상청구권 행사의 소송은 공권력 행사인 공용침해를 원인으로 하므로 공권으로 보아야 한다는 견해이며, (ⅱ) 사권설은 손실보상청구권은 기본적으로 금전청구권이므로 사법상 권리라고 보는 견해이다.

2. 판 례

① 종전 판례는 사권으로 보았으나 최근 하천법상 손실보상청구권과 관련하여 행정상 당사자소송의 대상이 된다고 본 바 있다.
② 세입자의 주거이전비는 공법상 권리이고 행정소송에서 다투어야 한다고 판시한 바 있다.
③ '토지보상법상 농업손실보상청구권은 공익사업의 시행 등 적법한 공권력의 행사에 의한 재산상 특별한 희생에 대하여 전체적인 공평 부담의 견지에서 공익사업의 주체가 그 손해를 보상하여 주는 손실보상의 일종으로 공법상 권리임이 분명하므로 그에 관한 쟁송은 행정소송절차에 의하여야 할 것'이라고 판시한 바 있다.
④ 토지보상법 시행규칙 제57조에 따른 사업폐지 등에 대한 보상청구권은 공익사업의 시행 등 적법한 공권력의 행사에 의한 재산상 특별한 희생에 대하여 전체적인 공평부담의 견지에서 공익사업의 주체가 손해를 보상하여 주는 손실보상의 일종으로 공법상 권리임이 분명하므로 그에 관한 쟁송은 민사소송이 아닌 행정소송절차에 의하여야 한다고 판시한 바 있다.

3. 검 토
손실보상은 공법상 원인을 이유로 이루어지고, 개정안에서는 손실보상에 관한 소송을 당사자소송으로 하도록 규정하고 있는 점을 비추어 공권으로 봄이 타당하다.

제2절 손실보상의 요건

> **핵심 키워드**
>
> I. 공공필요
>
> II. 재산권에 대한 공권적 침해
>
> III. 침해의 적법성 - 법률의 근거
>
> IV. 특별한 희생
> 1. 의의 및 사회적 제약과 구별실익
> 2. 학설
> 3. 판례
> 4. 검토
>
> V. 보상규정의 존재
> 1. 문제점 - 헌법 제23조 제3항의 효력논의
> 2. 학설
>   (1) 방침규정설
>   (2) 직접효력설
>   (3) 위헌무효설
>   (4) 유추적용설
>   (5) 보상입법부작위위헌설
> 3. 판례
> 4. 검토

토지보상법에서는 어떠한 경우에 손실보상청구권이 성립하는지에 대한 요건에 관하여 일반적인 내용을 담고 있지 않다. 따라서 헌법 제23조 제3항에 대한 해석을 통해 손실보상의 요건을 도출한다. 헌법 제23조 제3항은 재산권 제한의 허용요건을 규정한 것이지만, 동시에 손실보상요건의 원칙적인 규정이다. 공용침해로 인한 손실에 대한 보상청구권이 성립하기 위해서는, 공공필요를 위한 적법한 공행정작용에 의하여 개인의 재산권을 침해하여 특별한 희생이 발생하고, 보상규정이 존재하여야 한다.

I 공공필요

공공필요는 공용침해의 실질적 허용요건이자 본질적 제약요소로, 공동체 구성원 전체의 이익인 공익의 필요를 말하며, 수용을 정당화하는 공공필요의 판단은 비례의 원칙에 의해 행해진다. 즉, 수용으로 인하여 달성되는 공익과 침해되는 이익을 비교형량하여 침해되는 이익이 지나치게 크지 않는 한 수용은 정당한 것이 된다.

II 재산권에 대한 공권적 침해

재산적 가치가 있는 공·사법적 권리에 대한 침해를 말하며, 공권력 주체에 의해 지향되거나 최소한 침해의 직접적 원인이 되어야 한다.

III 침해의 적법성 - 법률의 근거

법적 근거를 갖는 적법한 침해이어야 한다. 토지보상법 제4조에서는 토지를 수용 또는 사용할 수 있는 사업을 열거하고 있으며 기타 개별법률에 수용 또는 사용의 근거가 규정되어 있다.

Ⅳ 특별한 희생

1. 의의 및 사회적 제약과 구별실익
특별한 희생이란 타인과 비교하여 불균형하게 과하여진 권익의 박탈, 즉 사회적 제약을 넘어서는 손실을 의미한다. 재산권 행사의 공공복리 적합의무로서 사회적 제약은 보상의 대상이 되지 아니하는 데 구별의 실익이 있다.

2. 학 설
(ⅰ) 형식설은 침해행위의 인적 범위를 특정할 수 있는지 여부를 기준으로 형식적으로 판단하는 견해이며, (ⅱ) 실질설은 침해행위의 성질과 정도를 기준으로 판단하는 견해이다. (ⅲ) 또한, 양자를 절충한 절충설도 있다.

3. 판 례
대법원은 개발제한구역지정은 공공복리에 적합한 합리적인 제한이라고 판시한 바 있으며, 헌법재판소는 종래목적으로 사용할 수 없거나, 실질적으로 토지의 사용, 수익이 제한된 경우에는 특별한 희생에 해당하는 것으로 본다고 판시한 바 있다.

4. 검 토
형식설과 실질설은 일면 타당하므로 양자의 기준을 상호 보완적으로 적용하여 판단하여야 할 것이며, 아울러 재산권 제한의 목적, 태양, 정도, 사회적 수용성, 평등원칙 등을 종합적으로 고려하여 구체적·개별적으로 결정하는 절충적인 입장이 타당하다.

Ⅴ 보상규정의 존재

1. 문제점 – 헌법 제23조 제3항의 효력논의
헌법 제23조 제3항은 손실보상은 법률로써 하도록 규정하고 있어, 개별법에 보상규정이 있어야 한다. 공공필요에 의한 재산권의 수용, 사용, 제한을 규정하는 법률이 그에 관한 보상규정을 두고 있는 경우에는 그에 근거하여 보상청구하면 되나, 공용제한의 경우처럼 법률에 보상규정을 두고 있지 않은 경우 손실보상청구를 할 수 있는지가 헌법 제23조 제3항의 해석과 관련해 문제된다.

2. 학 설

(1) 방침규정설
헌법규정은 입법에 대한 방침규정일 뿐이므로, 입법자가 보상규정을 두지 않았으면 손실보상을 청구할 수 없다고 보는 견해이다.

(2) 직접효력설
헌법 제23조 제3항을 직접 근거로 손실보상청구가 가능하다고 보는 견해이다.

(3) 위헌무효설

헌법 제23조 제3항은 불가분조항이므로 보상규정이 없으면 이에 반하는 위법한 수용인바, 손해배상을 청구해야 한다는 견해이다.

(4) 유추적용설

헌법 제23조 제1항 및 헌법 제11조에 근거하고, 헌법 제23조 제3항 및 관계규정을 적용하여 손실보상을 청구할 수 있다는 견해이다.

(5) 보상입법부작위위헌설

손실보상을 규정하지 않은 입법부작위는 위헌으로 입법부작위에 대한 헌법소원을 통해 해결해야 한다는 견해이다.

3. 판례

대법원은 시대적 상황에 따라 직접효력설, 유추적용설 등 태도를 달리하고, 헌법재판소는 보상입법의무의 부과를 통해 보상규정이 없는 경우의 문제를 해결한다.

4. 검토

헌법 제23조 제3항이 완전보상의 원칙으로 해석되는 정당보상을 규정하고 있고, 국민의 권리구제의 실효성을 위해 직접효력설이 타당하다고 판단된다. 따라서 개발제한구역지정 등과 같은 공용제한의 경우 헌법 제23조 제3항에 직접 근거하여 손실보상이 가능하다고 판단된다.

제3절 손실보상의 기준

> **핵심 키워드**
>
> Ⅰ. 헌법상 기준
> 1. 문제점
> 2. 학설
> 3. 판례
> 4. 검토
>
> Ⅱ. 토지보상법상 기준
> 1. 시가보상(토지보상법 제67조 제1항)
>   (1) 의의 및 취지
>   (2) 시가보상의 정당성
> 2. 개발이익 배제(토지보상법 제67조 제2항)
>   (1) 의의 및 취지
>   (2) 개발이익 배제의 필요성 – 잠재적 손실, 형평의 원리, 주관적 가치
>   (3) 개발이익의 범위
>   (4) 현행 토지보상법상의 개발이익배제제도
>   (5) 개발이익 배제의 위헌성 – 정당성
>   (6) 개발이익 배제의 문제점과 개선안
> 3. 공시지가기준보상(토지보상법 제70조 제1항)
>   (1) 의의 및 취지
>   (2) 공시지가기준보상의 정당성
>   (3) 그 밖의 요인보정(기타 요인보정, 정당보상 실현을 위한 논의)의 정당성
> 4. 생활보상의 지향

I. 헌법상 기준

1. 문제점
헌법 제23조 제3항에서는 손실보상의 기준을 '정당한 보상'이라고 규정하고 있으나, 이는 추상적인바 해석이 문제된다.

2. 학 설
(ⅰ) 완전보상설은 피침해 재산의 객관적 가치와 부대적 손실까지 보상해야 한다는 견해이며, (ⅱ) 상당보상설은 사회통념상 합당한 보상이면 되고, 합리적 사유가 있으면 하회하여 평가할 수 있다는 견해이다. (ⅲ) 절충설은 완전보상을 요하는 경우와 상당보상을 요하는 경우로 나누어 평가하는 견해이다.

3. 판 례
대법원은 보상의 시기·방법 등에 어떠한 제한도 없는 완전한 보상을 의미한다고 판시하고, 헌법재판소도 정당한 보상이란 원칙적으로 피수용자의 객관적 가치를 완전하게 보상하여야 한다고 판시한 바 있다.

4. 검 토
피수용자의 객관적 가치를 완전하게 보상함은 물론 대물적 보상만으로는 보상되지 않는 부분에 대한 생활보상을 지향함이 타당하다.

II. 토지보상법상 기준

1. 시가보상(토지보상법 제67조 제1항)

(1) 의의 및 취지
시가보상이란 협의성립 당시의 가격 및 재결 당시의 가격을 기준으로 보상하는 것을 말한다. 이는 개발이익 배제, 보상액의 공평화, 수용절차의 지연방지 등에 그 취지가 있다.

(2) 시가보상의 정당성
① 판 례
토지 등을 수용함으로 인하여 그 소유자에게 보상하여야 할 손실액은 수용재결 당시의 가격을 기준으로 하여 산정하여야 할 것이고 이와 달리 이의 재결일을 그 평가기준일로 하여 보상액을 산정해야 한다는 상고 이유는 받아들일 수 없다고 판시하였다(2007두13845).

② 검 토
시가보상의 취지가 개발이익 배제, 재산권 상실 당시의 완전보상 구현의 목적, 보상액의 적정성, 객관성 도모에 있으므로 협의 당시 또는 재결 당시를 기준으로 보상액을 산정함이 합당하다.

2. 개발이익 배제(토지보상법 제67조 제2항)

(1) 의의 및 취지
개발이익이란 공익사업의 계획 또는 시행이 공고 또는 고시되거나 공익사업의 시행에 따른 절차 등으로 인해 토지소유자의 노력에 관계없이 지가가 상승되어 현저하게 받은 이익으로서, 정상지가 상승분을 초과하여 증가된 부분을 의미한다. 토지보상법 제67조 제2항에서는 개발이익을 배제하여 보상액을 산정하도록 규정하고 있다.

(2) 개발이익 배제의 필요성 – 잠재적 손실, 형평의 원리, 주관적 가치
개발이익은 잠재적 손실로서 보상대상이 아니고, 토지소유자의 노력과 관계없이 발생한 것으로 사회에 귀속되도록 하는 것이 형평의 원리에 부합한다. 또한 개발이익은 공익사업에 의해 발생하므로 수용 당시의 객관적 가치가 아니며, 주관적 가치로서 손실보상에서 배제된다.

(3) 개발이익의 범위
개발이익의 범위에 대해 사회적으로 증가된 이익의 전부인지, 해당 사업으로 인해서 증분된 부분인지가 문제된다. 판례는 해당 사업과 관계없는 다른 사업의 시행으로 인한 개발이익은 이를 배제하지 않는 가격으로 평가해야 한다고 판시한 바 있다.

(4) 현행 토지보상법상의 개발이익배제제도
적용공시지가 적용, 해당 사업과 무관한 지역의 지가변동률 등의 적용, 그 밖의 요인보정을 통한 배제방법이 있다.

(5) 개발이익 배제의 위헌성 – 정당성
판례에서는 개발이익은 궁극적으로 국민 모두에게 귀속되어야 할 성질의 것이므로 이는 완전보상의 범위에 포함되는 피수용자의 객관적 가치 내지 피수용자의 손실이라고는 볼 수 없다고 판시하였다. 따라서 이를 배제한다고 하여 완전보상의 원칙에 어긋나는 것은 아니라고 판단된다.

(6) 개발이익 배제의 문제점과 개선안
인근 토지소유자와의 형평성 문제에서 토지초과이득세법이 폐지되고 인근 토지소유자들은 개발이익을 향유하는 것이 형평성에 반한다는 비판이 제기된다. 토지초과이득세법이 위헌이라서 폐지된 것이 아니라 경제사정의 악화를 극복하기 위한 정책적 이유로 폐지되었다는 점을 고려할 때, 공익사업주변지역의 개발이익을 환수하기 위해서는 재도입을 검토할 필요가 있다. 최근 대토보상의 도입은 소유자와의 형평성을 완화할 수 있는 발판을 마련하였다는 점에서 긍정적으로 평가할 수 있을 것이다.

3. 공시지가기준보상(토지보상법 제70조 제1항)

(1) 의의 및 취지
협의나 재결에 의하여 취득하는 토지에 대해서는 공시지가를 기준으로 하여 보상하되, 그 공시기준일부터 가격시점까지의 관계법령에 따른 그 토지의 이용계획, 해당 공익사업으로 인한 지가의 영향을 받지 아니하는 지역의 지가변동률, 생산자물가상승률, 그 밖에 그 토지의 위치·형상·환경·이용상황 등을 고려하여 평가한 적정가격으로 보상하여야 한다. 이는 개발이익 배제에 그 취지가 인정된다.

(2) 공시지가기준보상의 정당성

① 문제점

공시지가를 기준으로 하여 보상금을 산정하는 것이 보상방법의 제한인지와 공시지가가 시가에 못 미치는 경우 그러한 공시지가를 기준으로 산정한 보상금액이 정당보상인지가 문제된다.

② 학 설

(ⅰ) 공시지가를 기준으로 보상액을 산정하는 것은 보상액 산정방법의 제한이며, 시가에 미치지 못하므로 정당한 보상이 아니라는 견해와, (ⅱ) 공시지가기준은 개발이익을 배제하는 데에 목적이 있는 것이고, 개발이익은 정당보상에 포함되지 않는 것인바, 정당보상이라는 견해가 대립한다.

③ 판 례

> ㉠ 대법원은 공시지가기준은 개발이익을 배제함을 목적으로 하고 공시지가는 인근 토지의 거래 가격 등 제요소를 종합적으로 고려하여 산정되며, 대상지역의 공고일 당시 객관적 가치를 평가하기 위한 적정성이 인정되므로 정당보상에 위배되지 않는다고 판시한 바 있다.
> ㉡ 헌법재판소는 공시지가가 적정가격을 반영하지 못하고 있다면, 그것은 제도운영상의 문제이므로 정당보상과 괴리하는 것이 아니라고 판시한 바 있다.

④ 검 토

공시지가는 인근 토지의 가격 등 제요소를 종합적으로 고려한 객관적 가치이고, 개발이익은 주관적 가치이므로 이를 배제하기 위한 공시지가기준보상은 정당보상에 합치된다.

(3) 그 밖의 요인보정(기타 요인보정, 정당보상 실현을 위한 논의)의 정당성

① 문제점

그 밖의 요인이란 토지보상법 제70조의 해석상 토지의 위치·형상·환경·이용상황 등 개별적 요인을 제외한 요인으로서, 해당 토지의 가치에 영향을 미치는 사항을 의미한다. 토지보상법상 기타사항을 참작할 수 있다는 규정이 없어 보상액 산정 시 이를 고려할 수 있는지 여부가 문제된다.

② 학 설

(ⅰ) 현 토지보상법에서는 기타사항 참작규정이 없다는 점을 들고, 공시지가는 적정가격이고 자의성 배제를 위해 기타요인의 참작을 부정하는 견해와, (ⅱ) 공시지가는 일반적으로 시가에 미달하므로 정당보상이 이루어지기 위해서는 기타사항의 참작이 필요하며, 위치·형상 등의 비교항목은 예시 규정에 불과하다는 점에서 긍정하는 견해가 대립한다.

③ 판 례

판례는 인근 유사토지의 정상거래사례가 있고 그 거래를 참작하는 것으로써 적정한 보상평가에 영향을 미칠 수 있다는 것이 입증된 경우에는 이를 참작할 수 있다고 판시한 바 있다. 또한 인근 유사토지의 정상거래사례 외에도 보상선례, 호가, 자연적인 지가상승률 등에 대해 적정한 평가에 영향을 미칠 수 있는 것임이 인정된 때에 한하여 참작할 수 있다고 판시하였다.

④ 검 토

공시지가기준보상이 시가에 미달한다는 점과 완전보상의 실현 및 권리구제를 위해 긍정설이 타당할 것이다.

4. 생활보상의 지향

종래의 대물적 보상제도는 재산권의 가치보장 또는 보상보장을 중시하는 것이었으나, 존속보장에 대한 중요성이 커지고 있다. 따라서 손실보상은 대물적 보상에 의한 재산상태의 확보만으로는 부족하며, 적어도 수용이 없었던 것과 같은 생활재건의 확보를 내용으로 하는 재산권의 존속보장으로서의 생활보상이 되어야 한다.

제4절 손실보상의 원칙

> **핵심 키워드**
>
> 1. 사업시행자 보상의 원칙(토지보상법 제61조)
> 2. 사전보상의 원칙(토지보상법 제62조)
>   (1) 의 의
>   (2) 사전보상의 원칙을 보장하기 위한 제도(토지보상법 제42조)
> 3. 현금보상의 원칙(토지보상법 제63조 제1항)
>   (1) 의의 및 취지
>   (2) 채권보상
>   (3) 대토보상
> 4. 개인별 보상의 원칙(토지보상법 제64조)
> 5. 일괄보상의 원칙(토지보상법 제65조)
> 6. 사업시행이익과의 상계금지(토지보상법 제66조)
> 7. 시가보상의 원칙(토지보상법 제67조 제1항)
> 8. 개발이익 배제의 원칙(토지보상법 제67조 제2항)
> 9. 복수평가의 원칙(토지보상법 제68조 제1항)

1. 사업시행자 보상의 원칙(토지보상법 제61조)

공익사업에 필요한 토지 등의 취득 또는 사용으로 인하여 토지소유자나 관계인이 입은 손실은 사업시행자가 보상하여야 한다.

2. 사전보상의 원칙(토지보상법 제62조)

(1) 의 의

사업시행자는 해당 공익사업을 위한 공사에 착수하기 이전에 토지소유자와 관계인에게 보상액 전액을 지급하여야 한다. 다만, 천재지변 시 토지 사용과 시급한 토지의 사용의 경우 또는 토지소유자 및 관계인의 승낙이 있는 경우에는 그러하지 아니한다.

(2) 사전보상의 원칙을 보장하기 위한 제도(토지보상법 제42조)

현행법은 사업시행자가 수용 또는 사용의 개시일까지 관할 토지수용위원회가 재결한 보상금을 지급하도록 하고, 수용 또는 사용의 개시일까지 재결한 보상금을 지급 또는 공탁하지 않았을 경우 재결의 효력이 상실되도록 함으로써 사전보상의 원칙을 보장하고 있다.

3. 현금보상의 원칙(토지보상법 제63조 제1항)

(1) 의의 및 취지
손실보상은 다른 법률에 특별한 규정이 있는 경우를 제외하고는 현금으로 지급하여야 한다는 것으로, 이는 자유로운 유통보장과 객관적인 가치 변동이 적어 완전한 보상의 실현이 가능함에 그 취지가 인정된다.

(2) 채권보상

① 채권보상의 의의 및 취지

채권보상은 현금보상의 예외로서 채권으로 하는 손실보상으로, 이는 과도한 투기자금의 공급 방지와 사업시행자의 유동성 확보에 그 취지가 인정된다.

② 채권보상의 요건

㉠ 임의적 채권보상(토지보상법 제63조 제7항)

사업시행자가 국가, 지방자치단체, 공공기관 및 공공단체가 되어야 하며 토지소유자 또는 관계인이 원하는 경우, 부재부동산 소유자의 토지 중 보상금이 일정 금액을 초과하는 경우 그 초과금액에 대하여 사업시행자가 발생하는 채권으로 보상할 수 있다.

㉡ 의무적 채권보상(토지보상법 제63조 제8항)

토지투기가 우려되는 지역에서 택지개발사업, 산업단지개발사업 등의 공익사업을 시행하는 자 중 대통령령으로 정하는 공공기관 및 공공단체는 부재부동산 소유자의 토지에 대한 보상금 중 1억원을 초과하는 금액에 대하여 채권으로 지급하여야 한다.

③ 채권보상의 헌법적 평가

㉠ 문제점 : 채권보상이 보상방법을 제한하고 부재부동산 소유자에게 채권보상을 강제함이 헌법상 평등원칙에 위배될 수 있다는 문제가 제기되고 있다.

㉡ 학설 : (ⅰ) 채권보상은 사실상 사후보상이고, 보상방법의 제한으로 정당보상에 위배되며, 부재부동산 소유자의 경우 채권보상이 강제적이어서 평등원칙에 반하므로 위헌이라는 견해와, (ⅱ) 통상적인 수익만 보장되면 사후보상이라도 정당보상으로 볼 수 있으며, 부재부동산 소유자는 통상의 소유자와 달리 거주의 목적이 없으므로 차별에 합리적인 이유가 있어서 합헌이라는 견해가 대립한다.

㉢ 검토 : 국가의 재정확보나 국고증진목적 등 공익만을 위하여 채권보상하는 것은 허용할 수 없으나, 투기의 방지와 원활한 사업을 위해서는 채권보상이 가능함이 타당할 것이다.

(3) 대토보상

① 의의 및 취지

현금보상원칙의 예외로서 공익사업으로 조성된 토지로 보상하는 것을 말한다. 이는 개발이익 일정 부분을 공유하고, 인근 부동산 가격의 상승을 억제함에 그 취지가 인정된다.

② 대토보상의 요건

대지분할 제한면적 이상의 토지를 사업시행자에게 양도한 토지소유자가 원하는 경우로서 토지이용계획 및 사업계획을 고려하여 토지를 보상하는 것이 가능한 경우이다. 대상자 경합 시에는 부재부동산 소유자가 아닌 자로서 스스로 원하여 채권보상을 받는 자에게 우선하여 토지를 보상하고 그 외에는 사업시행자가 정하여 공고한다.

4. 개인별 보상의 원칙(토지보상법 제64조)

토지소유자 및 관계인에게 개인별로 보상한다. 다만, 개인별로 보상액을 산정할 수 없는 때에는 그러하지 아니한다.

5. 일괄보상의 원칙(토지보상법 제65조)

사업시행자는 동일한 사업지역에 보상시기를 달리하는 동일인 소유의 토지 등이 여러 개 있는 경우 토지소유자나 관계인이 요구할 때에는 한꺼번에 보상금을 지급하여야 한다.

6. 사업시행이익과의 상계금지(토지보상법 제66조)

사업시행자는 동일한 소유자에게 속하는 일단의 토지의 일부를 취득하거나 사용하는 경우 해당 공익사업의 시행으로 인하여 잔여지의 가격이 증가하거나 그 밖의 이익이 발생하는 경우에도 그 이익을 취득 또는 사용으로 인한 손실과 상계할 수 없다. 잔여지의 개발이익은 별도의 방법으로 환수할 성질의 것이다.

7. 시가보상의 원칙(토지보상법 제67조 제1항)

보상액의 산정은 협의에 의한 경우에는 협의성립 당시의 가격을, 재결에 의한 경우에는 수용 또는 사용의 재결 당시의 가격을 기준으로 한다.

8. 개발이익 배제의 원칙(토지보상법 제67조 제2항)

보상액을 산정할 경우에 해당 공익사업으로 인하여 토지 등의 가격이 변동되었을 때에는 이를 고려하지 아니한다. 즉, 토지소유자의 노력과 상관없는 정상지가의 초과 상승분은 배제한다.

9. 복수평가의 원칙(토지보상법 제68조 제1항)

사업시행자는 토지 등에 대한 보상액을 산정하려는 경우에는 감정평가법인등 3인(감정평가법인등을 추천하지 아니하는 경우에는 2인)을 선정하여 토지 등의 평가를 의뢰하여야 한다. 다만, 사업시행자가 국토교통부령으로 정하는 기준에 따라 직접 보상액을 산정할 수 있을 때에는 그러하지 아니하다.

제5절 손실보상의 내용

> **핵심 키워드**

I. 손실보상의 내용과 종류

II. 재산권 보상
1. 재산권 보상의 의의
2. 피침해자산의 객관적 가치보상
   (1) 토 지
   (2) 토지 이외의 재산권 보상
3. 부대적 손실의 보상
   (1) 의 의
   (2) 실비변상적 보상
   (3) 일실손실보상

III. 생활보상
1. 의의 및 취지
2. 생활보상의 근거
   (1) 이론적 근거
   (2) 헌법적 근거
   (3) 개별법적 근거
3. 생활보상의 성격 및 특색
4. 생활보상의 내용
   (1) 주거의 총체가치의 보상
   (2) 생활재건조치
   (3) 소수잔존자보상
5. 생활보상의 한계
6. 결 어

IV. 이주대책
1. 의 의
2. 근 거
   (1) 이론적 근거
   (2) 헌법상 근거
   (3) 개별법상 근거
3. 요건 및 절차
   (1) 수립요건
   (2) 절 차
   (3) 대상자 요건(토지보상법 시행령 제40조 제3항)
   (4) 이주대책대상자의 법적 지위
4. 이주대책의 내용
   (1) 주거용
   (2) 공장용

V. 주거이전비
1. 의의 및 취지(토지보상법 시행규칙 제54조)
2. 법적 성질
   (1) 강행규정 여부(2011두3685)
   (2) 공·사권 여부(2007다8129)
3. 요 건
   (1) 소유자에 대한 주거이전비 보상 요건(토지보상법 시행규칙 제54조 제1항)
   (2) 세입자에 대한 주거이전비 보상 요건(토지보상법 시행규칙 제54조 제2항)
   (3) 주거이전비 산정방법(토지보상법 시행규칙 제54조 제4항)
4. 권리구제(2007다8129)
   (1) 재결 이전
   (2) 재결 이후
5. 주거이전비 관련판례

VI. 공익사업시행지구 밖의 간접보상(간접보상)
1. 간접손실보상의 개관
   (1) 의 의
   (2) 종류(유형)
   (3) 간접손실보상의 법적 성질
   (4) 간접손실보상의 성격
2. 간접손실보상의 근거
   (1) 이론적 근거
   (2) 헌법적 근거
   (3) 법률적 근거
3. 간접손실보상의 요건
   (1) 간접손실이 발생할 것
   (2) 재산권에 대한 특별한 희생의 발생
   (3) 보상규정의 존재
4. 토지보상법 시행규칙상의 간접손실보상의 내용(종류)
   (1) 공익사업시행지구 밖의 대지 등에 대한 보상(토지보상법 시행규칙 제59조)
   (2) 공익사업시행지구 밖의 건축물에 대한 보상(토지보상법 시행규칙 제60조)
   (3) 소수잔존자에 대한 보상(토지보상법 시행규칙 제61조)
   (4) 공익사업시행지구 밖의 공작물 등에 대한 보상(토지보상법 시행규칙 제62조)
   (5) 공익사업시행지구 밖의 어업의 피해에 대한 보상(토지보상법 시행규칙 제63조)
   (6) 공익사업시행지구 밖의 영업손실에 대한 보상(토지보상법 시행규칙 제64조)
   (7) 공익사업시행지구 밖의 농업의 손실에 대한 보상(토지보상법 시행규칙 제65조)
5. 간접손실보상에 대한 권리구제
   (1) 보상규정이 있는 경우
   (2) 간접손실보상에 대해 명시적인 보상규정이 없는 경우(흠결)
   (3) 보상규정이 결여된 경우의 간접손실보상의 근거
6. 간접손실보상의 한계
   (1) 간접손실보상의 개념 내지 유형
   (2) 간접손실보상의 대상 내지 기준
   (3) 간접손실보상의 시기
   (4) 손실보상 및 손해배상 기준설정의 어려움

VII. 간접침해보상
1. 간접침해보상의 의의 및 유형
2. 손실보상 가능성
   (1) 보상규정의 존재 여부
   (2) 간접침해를 손실보상의 대상인 간접손실로 볼 수 있는지 여부
3. 간접침해에 대한 권리구제
   (1) 손해배상의 청구가능성
   (2) 민사상 방해배제의 청구
   (3) 시민고충처리위원회에 민원제기
   (4) 환경분쟁조정위원회에 조정신청

I 손실보상의 내용과 종류

복지국가의 요청에 따라 공공성 개념이 확대되고 대규모 공익사업이 시행됨에 따라 침해되는 재산권이 다양해지고 새로운 유형의 손실이 발생하게 되었다. 이에 따라 헌법상 정당보상의 범주에는 재산권 보상, 생활보상, 간접손실보상 등이 포함된다.

II 재산권 보상

1. 재산권 보상의 의의

재산권 보상이란 피침해자산의 손실에 대한 객관적인 가치의 보상과 공용침해로 필연적으로 발생된 부대적 손실에 대한 보상을 의미한다.

2. 피침해자산의 객관적 가치보상

(1) 토 지

토지의 취득 또는 사용으로 인한 토지의 재산권적 가치에 대한 보상을 의미한다. 토지보상법 제70조, 제71조에서 구체적 보상액 산정기준을 말하고 있다.

(2) 토지 이외의 재산권 보상

지상물건 보상으로 토지상의 건물, 공작물, 입목에 대한 보상(토지보상법 제75조 제1항)과 농작물에 대한 보상(토지보상법 제75조 제2항), 권리에 대한 보상(토지보상법 제76조), 잔여지에 대한 가치하락보상(토지보상법 제73조), 잔여건축물에 대한 가치하락보상(토지보상법 제75조의2)이 있다.

3. 부대적 손실의 보상

(1) 의 의

부대적 손실이란 수용, 사용의 직접적인 목적물은 아니나 공익사업의 시행을 위하여 목적물을 취득함으로써 피수용자에게 미치는 필연적 손실을 의미한다. 이는 실비변상적 보상과 일실손실보상으로 구분할 수 있다.

(2) 실비변상적 보상

재산권의 상실·이전 등에 따라 비용의 지출을 요하는 경우에 그 비용을 보상하는 것을 말한다. 토지보상법상의 건축물 등의 이전비 보상(토지보상법 제75조 제1항), 분묘의 이장비 보상(토지보상법 제75조 제4항), 잔여지 공사비 보상(토지보상법 제73조) 등이 그 예이다.

(3) 일실손실보상

재산권 수용에 부대하여 사업을 폐지, 휴업하게 되는 경우 발생하는 기대 이익의 상실에 대한 보상을 의미하는 것으로 영업손실보상(토지보상법 제77조 제1항), 농업손실보상(토지보상법 제77조 제2항) 등이 그 예이다.

III 생활보상 기출 33회

1. 의의 및 취지
생활보상이란 사업의 시행으로 생활의 근거를 상실하게 되는 피수용자의 생활재건을 위한 보상을 말한다. 이는 생활의 근거를 상실한 자가 인간다운 생활을 할 수 있도록 마련한 제도이다.

2. 생활보상의 근거

(1) 이론적 근거
재산권 보장과 법의 목적인 정의·공평의 원칙 및 생존권 보장 등을 종합적으로 고려하여 그 이론적 근거를 파악하는 것이 타당하다.

(2) 헌법적 근거

① 문제점

생활보상의 헌법적 근거에 대하여 다양한 견해가 있으며, 이들의 논의실익은 생활보상을 헌법상의 정당한 보상의 범위에 포함시킬 것인가의 여부에 있다.

② 학설

(ⅰ) 헌법 제23조 제3항을 근거로 보는 정당보상설, (ⅱ) 헌법 제34조에 근거하는 생존권설, (ⅲ) 헌법 제23조와 제34조 동시에 근거하는 것으로 보는 통일설이 있다.

③ 판례

대법원은 이주대책을 생활보상의 일환으로 보면서도 국가의 적극적이고 정책적인 배려에 의하여 마련된 제도라고 하며, 세입자에 대한 주거이전비와 이사비를 사회보장적인 차원에서 지급하는 금원의 성격을 갖는다고 하여 헌법 제34조설(생존권설)에 입각하고 있다.

④ 검토

정당보상은 대물보상뿐만 아니라 생활보상까지 포함하는 것으로 확대되고 있는 점에 비추어 통일설이 타당하다.

(3) 개별법적 근거
생활보상에 관한 일반적·직접적 규정은 없으며, 토지보상법 제78조(이주대책의 수립) 및 산업기지 개발촉진법 등에서 단편적으로 규정하고 있다.

3. 생활보상의 성격 및 특색
생활보상은 존속보장적 측면과 원상회복적 성격을 갖는다. 또한 생활보상은 대물보상에 비해 확장성을 갖고, 객관적 성격이 강하며, 최종단계의 보상성을 갖는다.

4. 생활보상의 내용

(1) 주거의 총체가치의 보상
주거의 총체가치를 보상하기 위한 방법으로 비준가격 특례, 주거용 건물의 최저보상액, 재편입가산금, 주거이전비 등이 있다.

(2) 생활재건조치

생활재건조치에는 구체적으로 이주대책의 수립·실시, 대체지 알선, 공영주택의 알선, 직업훈련, 고용 또는 알선, 보상금에 대한 조세의 감면조치 등이 있다.

(3) 소수잔존자보상

잔존자의 생활환경이 불편하게 됨으로써 이주가 불가피하게 되는 경우에 그 비용을 보상하는 것으로서 이전비, 이사비, 이농비, 실농보상, 실어보상 등이 있다.

5. 생활보상의 한계

생활보상에 대한 개별법률 간의 내용이 달라 형평성 문제가 존재한다. 세입자를 이주대책대상자에서 제외하고 있어 실질적인 경제적 약자에 대한 배려가 미흡하다는 한계가 있으며, 생활보상의 취지에 맞추어 이주자가 종전생활상태를 유지할 수 있도록 하기 위해서는 주거대책과 더불어 생활대책이 병행될 필요가 있다고 판단된다. 또한 개별법률 간의 통일적 규정의 정비가 요구된다.

6. 결 어

최근 복지국가 이념의 도입과 대물적 보상의 한계 보완과 관련하여 생활보상 및 간접보상에 대한 중요성이 증대되고 있는 실정이다. 헌법상 완전보상을 실현하기 위해 생활보상 및 간접보상에 대한 체계적 입법이 필요하다고 판단된다.

Ⅳ 이주대책

1. 의 의

이주대책이란 공익사업의 시행으로 인하여 주거용 건축물을 제공함에 따라 생활의 근거를 상실하게 되는 자에 대해 사업시행자가 대지를 조성하거나, 주택을 건설하여 공급하는 것을 말한다.

2. 근 거

(1) 이론적 근거

재산권 침해의 대물적 보상의 한계로 메워지지 않는 생활권 침해에 대한 보상이며, 생활보상의 일환으로 국가의 적극적이고 정책적인 배려에 의해 마련된 제도이다.

(2) 헌법상 근거

이주대책의 헌법상 근거로는 생활보상의 헌법적 근거를 어떻게 보느냐에 따라 헌법 제34조(생존권설), 헌법 제34조 및 제23조 제3항(통일설)이 근거가 된다. 생활보상의 헌법적 근거에 대해서는 전술한 바와 같이 통일설의 입장에서 정책적 배려로 마련된 생활보상의 일환으로 보는 것이 타당하다.

(3) 개별법상 근거

개별법상 근거로는 토지보상법 제78조와 제78조의2 등이 있으며, 그 외에도 도시철도법 등 다수의 법률이 이를 규정하고 있다.

3. 요건 및 절차

(1) 수립요건

토지보상법 시행령 제40조 제2항에서는 이주정착지를 위한 조성토지가 없는 경우, 비용이 과다한 경우를 제외하고는 이주대책 대상이 10호 이상이 된다면 이주대책을 수립하도록 하고 있다.

(2) 절 차

사업시행자는 해당 지역자치단체와 협의하여 이주대책 계획을 수립하고 이주대책대상자에게 통지한 후, 이주대책의 신청 및 대상자확인결정을 통하여 분양절차를 마무리하게 된다.

(3) 대상자 요건(토지보상법 시행령 제40조 제3항)

① 주거용

(i) 무허가건축물 등 소유자(89.1.23 이전 무허가건축물 소유자는 이주대책대상자에 포함), (ii) 고시 등이 있은 날부터 계약체결일 또는 수용재결일까지 계속하여 거주하고 있지 않은 건축물의 소유자, (iii) 타인소유건축물에 거주하고 있는 세입자는 이주대책대상자에서 제외된다.

② 공장용

사업시행자는 대통령령으로 정하는 공익사업의 시행으로 인하여 공장부지가 협의 양도되거나 수용됨에 따라 더 이상 해당 지역에서 공장을 가동할 수 없게 된 자가 희망하는 경우 인근 산업단지에의 입주 등 이주대책에 관한 계획을 수립하여야 한다.

(4) 이주대책대상자의 법적 지위

① 법상 이주대책대상자의 이주대책계획수립청구권

토지보상법 시행령 제40조 제3항은 법상 예외가 인정되고 있는 경우를 제외하고는 사업시행자에게 이주대책을 실시할 의무를 부여하고 있다고 보아야 하고 최근 전원합의체 판결에서는 이주대책의 수립·실시의무를 강행규정으로 보고 있다. 법상의 이주대책대상자가 이주대책계획의 수립을 청구하였음에도 불구하고 사업시행자가 이주대책을 수립하지 않은 경우에는 의무이행심판 또는 부작위위법확인소송을 제기할 수 있고, 이주대책을 거부한 경우에는 의무이행심판 또는 거부처분취소소송을 제기할 수 있다고 보아야 한다.

② 법상 이주대책대상자가 아닌 자

사업시행자는 법상 이주대책대상자가 아닌 자도 임의로 이주대책대상자에 포함시킬 수 있다. 이주대책의 수립에 의해 이주대책대상자에 포함된 세입자 등은 영구임대주택 입주권 등 이주대책을 청구할 권리를 가지며 이를 거부한 것은 거부처분이 된다.

4. 이주대책의 내용

(1) 주거용

① 이주대책 내용 결정의 재량권

이주대책의 내용에 사업시행자의 재량이 인정된다고 봄이 다수견해이며, 판례도 '사업시행자는 특별공급주택의 수량, 특별공급대상자의 선정 등에 있어 재량을 가진다.'라고 판시한 바 있다(2004두7481). 2008두12601 판례에서는 사업시행자는 이주대책기준을 정하여 이주대책을 수립·실시하여야 할 자를 선정하여, 그들에게 공급할 택지 또는 주택의 내용이나 수량을 정할 수 있고, 이를 정하는 데 재량을 가지므로, 이를 위해 사업시행자가 설정한 기준은 그것이 객관적으로 합리적이 아니라거나 타당하지 않다고 볼 만한 다른 특별한 사정이 없는 한 존중되어야 한다고 판시하였다. 이처럼 대법원은 일관되게 사업시행자가 이주대책의 내용 결정에 재량을 갖는다는 입장을 취하고 있다.

② 이주대책의 수립 등(토지보상법 제78조 제1항 및 제4항)

사업시행자는 공익사업의 시행으로 인하여 주거용 건축물을 제공함에 따라 생활의 근거를 상실하게 되는 자를 위하여 대통령령으로 정하는 바에 따라 이주대책을 수립·실시하거나 이주정착금을 지급하여야 한다(제1항). 이 경우 이주정착지에 대한 도로, 급수시설, 배수시설, 그 밖의 공공시설 등 통상적인 수준의 생활기본시설이 포함되어야 하며, 이에 필요한 비용은 사업시행자가 부담한다. 다만, 행정청이 아닌 사업시행자가 이주대책을 수립·실시하는 경우에 지방자치단체는 비용의 일부를 보조할 수 있다(제4항).

③ 특별공급(토지보상법 시행령 제40조 제2항 단서)

사업시행자가 택지개발촉진법 또는 주택법 등 관계법령에 따라 이주대책대상자에게 택지 또는 주택을 공급한 경우(사업시행자의 알선에 의하여 공급한 경우를 포함한다)에는 이주대책을 수립·실시한 것으로 본다.

④ 이주정착금의 지급(토지보상법 시행령 제41조)

사업시행자는 이주대책을 수립·실시하지 아니하는 경우 및 이주대책대상자가 이주정착지가 아닌 다른 지역으로 이주하려는 경우에는 이주정착금을 지급하여야 한다. 이주정착금은 보상대상인 주거용 건축물에 대한 평가액의 30퍼센트에 해당하는 금액으로 하되 그 금액이 1천 2백만원 미만인 경우에는 1천 2백만원으로 하고, 2천 4백만원을 초과하는 경우에는 2천 4백만원으로 한다(토지보상법 시행규칙 제53조 제2항).

(2) 공장용

해당 공익사업지구 인근에 기개발된 산업단지에의 우선분양 알선, 해당 공익사업지역 인근 지역에 해당 사업자가 공장이주대책을 위한 별도의 산업단지를 조성하는 경우 그 산업단지의 조성 및 입주계획, 해당 공익사업지역 안에 조성되는 공공용지의 우선 분양 등의 요건이 포함되어 있다.

Ⅴ 주거이전비

1. 의의 및 취지(토지보상법 시행규칙 제54조)
주거이전비란 공익사업에 주거용 건축물이 편입되어 주거이전이 불가피한 경우 주거이전에 필요한 비용을 산정하여 보상하는 것을 말한다. 이는 헌법 제34조와 국가의 정책적 배려에 그 취지가 인정된다.

2. 법적 성질

(1) 강행규정 여부(2011두3685) 기출 29회
토지보상법 시행규칙 제54조 제2항은 당사자 합의 또는 사업시행자에 의하여 적용을 배제할 수 없는 강행규정이라고 보아야 한다고 판시하여 강행규정으로 보고 있다.

(2) 공·사권 여부(2007다8129)
주거이전비의 법적 성질에 관하여 공권인지, 사권인지 견해가 대립한다. 판례의 입장에 따라 주거이전비 보상은 공법상 침해에 기인하여 발생한 권리로 공법으로 보는 것이 타당하다.

3. 요 건

(1) 소유자에 대한 주거이전비 보상요건(토지보상법 시행규칙 제54조 제1항)
공익사업시행지구에 편입되는 주거용 건축물의 소유자에 대하여는 해당 건축물에 대한 보상을 하는 때에 가구원수에 따라 2개월분의 주거이전비를 보상하여야 한다. 다만, 건축물의 소유자가 해당 건축물 또는 공익사업 시행지구 내 타인의 건축물에 실제 거주하고 있지 아니하거나 해당 건축물이 무허가건축물 등인 경우에는 그러하지 아니하다.

(2) 세입자에 대한 주거이전비 보상요건(토지보상법 시행규칙 제54조 제2항)
공익사업의 시행으로 인하여 이주하게 되는 주거용 건축물의 세입자(토지보상법 제78조 제1항에 따른 이주대책대상자인 세입자는 제외한다)로서 사업인정고시일 등 당시 또는 공익사업을 위한 관계법령에 의한 고시 등이 있은 당시 해당 공익사업시행지구 안에서 3개월 이상 거주한 자에 대하여는 가구원수에 따라 4개월분의 주거이전비를 보상하여야 한다. 다만, 무허가건축물 등에 입주한 세입자로서 사업인정고시일 당시 또는 공익사업을 위한 관계법령에 의한 고시 등이 있은 당시 그 공익사업지구 안에서 1년 이상 거주한 세입자에 대하여는 본문에 따라 주거이전비를 보상하여야 한다.

(3) 주거이전비 산정방법(토지보상법 시행규칙 제54조 제4항)
주거이전비는 도시근로자가구의 가구원수별 월평균 명목 가계지출비를 기준으로 산정한다. 이 경우 가구원수가 5인인 경우에는 5인 이상 기준의 월평균 가계지출비를 적용하며, 가구원수가 6인 이상인 경우에는 5인 이상 기준의 월평균 가계지출비에 5인을 초과하는 가구원수에 1인당 평균비용을 곱한 금액을 더한 금액으로 산정한다.

4. 권리구제(2007다8129)

세입자 주거이전비 보상청구소송의 형태는 토지보상법 제78조, 토지보상법 시행규칙 제54조 조문의 요건을 충족한 경우 당연히 발생되는 것이므로 당사자소송에 의해야 할 것이다.

(1) 재결 이전
요건충족 시 주거이전비는 법상 규정대로 확정되는바 실질적 당사자소송을 통해 다툰다.

(2) 재결 이후
수용재결에서 주거이전비에 대해 판단하는바, 토지보상법 제83조, 제85조 제2항 보상금증감청구소송으로 다툴 수 있다.

5. 주거이전비 관련판례

공권 → 재결 전 실질적 당사자소송, 재결 후 보상금증감청구소송(2007다8129)
주거이전비는 해당 공익사업시행지구 안에 거주하는 세입자들의 조기이주를 장려하여 사업추진을 원활하게 하려는 정책적인 목적과 주거이전으로 인한 어려움을 겪게 될 세입자들을 대상으로 하는 사회보장적인 차원에서 지급되는 금원의 성격을 갖는다고 할 것이므로 적법하게 시행된 공익사업으로 인하여 이주하게 된 주거용 건축물 세입자의 주거이전비 보상청구권은 공법상 권리이다.

2011두3685 판례
토지보상법 시행규칙 제54조 제2항은 당사자 합의 또는 사업시행자의 재량에 의하여 적용을 배제할 수 없는 강행규정이라고 보아야 한다. 주거이전비를 포기하는 취지의 포기각서를 제출하였다 하더라도, 포기각서의 내용은 강행규정에 위배되어 무효이다.

해당 사업구역 내 조합원 소유자는 주거이전비 세입자 지위 인정 안 됨(2017두40068)
조합원은 개발이익을 누릴 수 있고, 실질적으로 사업시행자와 유사하므로 공익사업으로 생활의 근거를 상실하게 되는 자와 차이가 있다. 주택개발사업 내 주거용 건축물을 소유하는 조합원이 사업구역 내 타인의 주거용 건축물에 거주하는 세입자일 경우 법상 세입자로서의 주거이전비 4개월분의 지급대상이 아니다.

무허가건축물 등에 입주한 세입자의 주거이전비(2012두11072)
무허가건축물 등에 입주한 세입자는 기존에 주거용으로 사용되어 온 무허가건축물 등에 입주하여 일정기간 거주한 세입자를 의미하고, 공부상 주거용 용도가 아닌 건축물을 임차한 후 임의로 주거용으로 용도를 변경하여 거주한 세입자는 이에 해당한다고 할 수 없다.

Ⅵ 공익사업시행지구 밖의 간접보상(간접보상)

1. 간접손실보상의 개관

(1) 의 의
간접손실이란 공익사업의 시행으로 인하여 사업시행지 밖의 재산권자에게 필연적으로 발생하는 손실을 말하며, 사업시행지역 내의 토지소유자가 입은 부대적 손실과 구별된다. 간접손실보상은 이러한 간접손실을 보상하는 것을 말한다.

(2) 종류(유형)
(ⅰ) 지역경제, 사회적 구조가 변경되어 발생하는 사회적·경제적 손실보상인 간접손실보상과, (ⅱ) 공사 중의 소음, 진동, 용수고갈 등으로 인한 물리적·기술적 손실보상인 간접침해보상이 있다. 다음에서는 사회적·경제적 손실보상인 간접손실보상을 중심으로 논의하도록 한다.

(3) 간접손실보상의 법적 성질
간접손실보상의 법적 성질에 대해 손해배상설, 손실보상설, 결과책임설 등이 주장되고 있으나, 간접손실보상은 기본적으로 손실보상으로 이해되는 것이 타당하다. 다만, 예견·용인된 범위를 넘는 피해에 대해서는 손실보상이 아니라 손해배상으로 파악함이 합리적이다.

(4) 간접손실보상의 성격
사후적 보상의 성격을 갖고, 특별한 희생을 발생시킨 원인행위가 간접적이라는 점에서 손실보상과 다르므로 보상의 내용은 재산권 보상으로 볼 수 있다. 또한 침해가 있기 전의 생활상태의 회복을 위하여 인정되는 것이고 대물보상의 한계와 현대 복지국가의 요청에 따라 인정되는 것이므로 생활보상의 성격을 갖는다.

2. 간접손실보상의 근거

(1) 이론적 근거
간접손실도 공익사업이 원인이 되어 발생한 것이므로 특별한 희생에 해당하는 경우에는 사유재산의 보장과 공적부담 앞의 평등의 원칙상 보상하여야 한다. 따라서 간접손실보상도 손실보상의 개념에 포함되는 것으로 보아야 한다.

(2) 헌법적 근거
① 문제점
간접손실보상이 헌법 제23조 제3항의 손실보상에 포함되는지가 문제된다.

② 학 설
㉠ 부정설 : 이 견해는 헌법 제23조 제3항은 공용침해로 인하여 재산권자에게 직접적으로 발생한 손실만을 보상하는 것으로 규정하고 있다고 보며 간접손실보상은 규율대상으로 하지 않는다고 보는 견해이다.
㉡ 긍정설 : 간접손실도 적법한 공용침해에 의해 필연적으로 발생한 손실이므로 손실보상의 개념에 포함시키고, 헌법 제23조 제3항의 손실보상에도 포함시키는 것이 타당하다는 견해이다.

③ 판 례
판례는 간접손실을 헌법 제23조 제3항에서 규정한 손실보상의 대상이 된다고 보고 있다.

④ 검 토
간접손실도 적법한 공용침해로 인하여 예견되는 손실이고, 헌법 제23조 제3항을 손실보상의 일반적 규정으로 보는 것이 타당하므로 간접손실보상을 헌법 제23조 제3항의 손실보상에 포함시키는 것이 타당하다.

(3) 법률적 근거
헌법적 근거로 헌법 제23조 제3항과 제34조를 들 수 있으며, 토지보상법은 제79조 제2항 및 동법 시행규칙 제59조~제65조 등에서 규정하고 있다.

3. 간접손실보상의 요건

(1) 간접손실이 발생할 것
간접손실이 되기 위하여는 (ⅰ) 공익사업의 시행으로 공익사업시행지 밖의 토지소유자 등(제3자)이 입은 손실이어야 하고, (ⅱ) 그 손실이 공익사업의 시행으로 인하여 발생하리라는 것이 예견 가능해야 하고, (ⅲ) 그 손실의 범위가 구체적으로 특정될 수 있어야 한다.

(2) 재산권에 대한 특별한 희생의 발생
사회적 제약을 넘는 특별한 희생이 발생해야 한다. 특별한 희생의 발생 여부는 형식설과 실질설을 모두 고려하여 판단하여야 한다.

(3) 보상규정의 존재
토지보상법 제79조 제2항은 "공익사업이 시행되는 지역 밖에 있는 토지 등이 공익사업의 시행으로 인하여 본래의 기능을 다할 수 없게 된 경우에는 국토교통부령이 정하는 기준에 의한다."라고 규정하고 있는바 이에는 간접손실이 포함된다. 또한 이 수권규정에 의하여 동법 시행규칙 제59조~제65조는 간접손실보상을 규정하고 있다.

4. 토지보상법 시행규칙상의 간접손실보상의 내용(종류)

(1) 공익사업시행지구 밖의 대지 등에 대한 보상(토지보상법 시행규칙 제59조)
대지, 건축물, 분묘 또는 농지가 공익사업의 시행으로 인하여 교통이 두절되거나 경작이 불가능하게 된 경우, 소유자의 청구에 의해 보상한다. 도로, 도선시설의 설치로 보상에 갈음할 수 있다.

(2) 공익사업시행지구 밖의 건축물에 대한 보상(토지보상법 시행규칙 제60조)
소유농지의 대부분이 공익사업시행지구에 편입됨으로써 건축물(건축물의 대지 및 잔여농지를 포함한다. 이하 이 조에서 같다)만이 공익사업시행지구 밖에 남게 되는 경우로서 그 건축물의 매매가 불가능하고 이주가 부득이한 경우에는 그 소유자의 청구에 의하여 이를 공익사업시행지구에 편입되는 것으로 보아 보상하여야 한다.

(3) 소수잔존자에 대한 보상(토지보상법 시행규칙 제61조)
1개 마을의 주거용 건축물이 대부분 공익사업시행지구에 편입됨으로써 잔여 주거용 건축물 거주자의 생활환경이 현저히 불편하게 되어 이주가 부득이한 경우에는 해당 소유자의 청구에 의해 토지등을 보상하여야 한다.

(4) 공익사업시행지구 밖의 공작물 등에 대한 보상(토지보상법 시행규칙 제62조)
공작물 등이 공익사업의 시행으로 인하여 그 본래의 기능을 다할 수 없게 되는 경우에는 그 소유자의 청구에 의해 보상하여야 한다.

(5) 공익사업시행지구 밖의 어업의 피해에 대한 보상(토지보상법 시행규칙 제63조)
공익사업시행지구 인근에 있는 어업에 피해가 발생한 경우 사업시행자는 실제 피해액을 확인할 수 있는 때에 그 피해에 대하여 보상하여야 한다. 이 경우 실제 피해액은 감소된 어획량 및 평년수입액 등을 참작하여 평가한다.

(6) 공익사업시행지구 밖의 영업손실에 대한 보상(토지보상법 시행규칙 제64조)

영업손실의 보상대상이 되는 영업을 하고 있는 자가 배후지의 2/3 이상이 상실되어 그 장소에서 영업을 계속할 수 없는 경우, 진출입로의 단절, 그 밖의 부득이한 사유로 인하여 일정기간 동안 휴업이 불가피한 경우에는 그 영업자의 청구에 의하여 보상하여야 한다.

(7) 공익사업시행지구 밖의 농업의 손실에 대한 보상(토지보상법 시행규칙 제65조)

경작농지의 2/3 이상 면적이 편입되어 해당 지역에서 영농을 계속 할 수 없게 된 농민에 대하여는 공익사업시행지구 밖에서 그가 경작하고 있는 농지에 대해서도 영농손실액을 보상하여야 한다.

5. 간접손실보상에 대한 권리구제

토지보상법 시행규칙 제59조에서 제65조까지의 간접손실에 해당되는지 살펴보고, 보상규정이 없을 시, 간접손실보상규정 결여에 대한 논의를 이어가야 한다.

(1) 보상규정이 있는 경우

① 토지보상법상 절차

토지보상법 제80조에서는 손실보상에 대하여 사업시행자와 손실을 입은 자가 협의하되, 협의가 성립되지 않을 때는 사업시행자나 손실을 입은 자는 관할 토지수용위원회에 재결을 신청하여 보상문제를 해결하도록 하고 있다.

② 재결불복

재결의 불복방법에 대해 현행 토지보상법에 명시적인 규정은 없으나, 최근 토지보상법 제79조 제2항의 불복은 행정소송으로 하도록 하는 판례가 등장하였다. 따라서 관할 토지수용위원회의 보상재결에 대해 불복하고자 할 때에는 토지보상법 제83조 이의신청 및 제85조 제2항에서 규정하고 있는 보상금증감청구소송을 제기함이 타당하다.

(2) 간접손실보상에 대해 명시적인 보상규정이 없는 경우(흠결)

① 문제점

토지보상법 시행규칙에 규정되지 않은 간접손실에 대하여 보상이 가능한지가 문제되며, 이때 토지보상법 제79조 제4항을 일반적 근거조항으로 볼 수 있는지 여부에 대해 견해가 대립한다.

② 학 설

토지보상법 제79조 제4항에서는 공익사업의 시행으로 인하여 발생하는 손실의 보상을 규정하고 있는데 이에 대하여 동 규정을, (ⅰ) 보상이 필요하지만 법률에 규정되지 못한 경우 개괄수권조항으로 보는 견해와, (ⅱ) 기타손실에 대한 일반적 근거조항으로 보는 견해가 있다.

③ 검 토

특별한 희생이 발생하였음에도 손실보상을 해주지 않는 것은 위헌이며, 일반적 근거조항으로 보는 것이 국민의 권리구제에 유리하므로 토지보상법 제79조 제4항을 손실보상의 일반적 근거 조항으로 보는 것이 타당하다.

(3) 보상규정이 결여된 경우의 간접손실보상의 근거

① 문제점

보상규정이 없는 간접손실의 보상 여부 및 보상근거가 없는 간접손실의 보상근거에 관하여 다음과 같이 견해가 대립한다.

② 학설
- ㉠ 보상부정설 : 토지보상법 제59조~제65조에 규정되지 않은 간접손실은 보상의 대상이 되지 않는다고 보는 견해이다.
- ㉡ 유추적용설 : 헌법 제23조 제3항 및 토지보상법상 간접손실보상의 규정을 유추적용하여 손실보상을 청구할 수 있다는 견해이다.
- ㉢ 직접적용설 : 간접손실도 헌법 제23조 제3항의 손실보상의 범주이므로 헌법 제23조 제3항을 직접 근거로 손실보상을 할 수 있다는 견해이다.
- ㉣ 수용적 침해이론 : 간접손실도 비의도적 침해에 의하여 발생하였다는 점에서 수용적 침해로 보면서, 독일법상의 수용적 침해이론을 긍정하여 구제해 주어야 한다는 견해이다.
- ㉤ 손해배상설 : 간접손실에 대하여 명문의 보상규정이 없는 경우에는 손해배상을 청구해야 한다는 견해이다.

③ 판례(99다27231)

명문에 근거법령이 없는 경우라고 하더라도, (ⅰ) 간접손실이 공익사업의 시행으로 인하여 사업지 이외의 토지소유자가 입은 손실이고, (ⅱ) 그 손실의 범위를 구체적으로 특정할 수 있고, (ⅲ) 손실이 발생하리라는 것을 쉽게 예견할 수 있는 경우라면, 그 손실보상에 관하여 헌법 제23조 및 관련 규정 등을 유추적용할 수 있다고 판시한 바 있다.

④ 검토

간접손실도 헌법 제23조 제3항의 손실보상의 범주에 포함되므로 예견, 특정가능성이 인정된다면 헌법 제23조 제3항을 근거로 하여 손실보상을 청구할 수 있다고 판단된다. 이 경우 구체적인 보상액은 토지보상법 관련규정들을 적용할 수 있을 것이다.

6. 간접손실보상의 한계

(1) 간접손실보상의 개념 내지 유형

간접손실보상의 개념 내지 유형에 대하여 이론상 명확히 정리가 되지 않아 현실상 이에 대한 권리구제방법 등에서 혼란이 되고 있다.

(2) 간접손실보상의 대상 내지 기준

토지보상법 제79조 제2항 등에서는 본래의 기능을 다할 수 없는 경우로 규정하고 있으나 이에 대한 구체적 기준이 없으므로 대상 예측 확정이 어려운 문제가 있다.

(3) 간접손실보상의 시기

사업지구 내의 경우에는 사업시행 이전에 보상을 완료하도록 하고 있지만, 사업지구 밖의 경우에는 명문의 규정이 없으므로 보상시기와 관련해서 자의성이 개입될 우려가 있다.

(4) 손실보상 및 손해배상 기준설정의 어려움

공익사업으로 인한 시설설치가 완료된 경우, 운영으로 발생하는 피해에 대하여 이를 손실보상의 문제로 볼 것인지, 손해배상의 문제로 볼 것인지가 문제될 수 있다. 판례는 시설운영으로 인한 소음과 관련하여 손해배상의 문제로 본 바 있다.

Ⅶ 간접침해보상

1. 간접침해보상의 의의 및 유형

공익사업시행지구 밖의 물리적·기술적 손실에 대한 보상을 말하며, 간접침해의 유형으로는 공익사업으로 인한 소음, 진동, 먼지 등에 의한 침해와 환경오염 및 용수고갈 등으로 인한 손실, 일조권 침해 등이 있다.

2. 손실보상 가능성

(1) 보상규정의 존재 여부

현행 토지보상법 등에는 간접침해보상에 대한 명문의 규정이 없다.

(2) 간접침해를 손실보상의 대상인 간접손실로 볼 수 있는지 여부

① 문제점

간접침해를 손실보상의 대상인 간접손실로 볼 수 있는지 문제되며, 이에 따라 간접침해에 대한 권리구제방법 등이 달라질 수 있다.

② 견 해

(ⅰ) 원활한 공익사업의 시행과 효율적인 권리구제가 가능하다고 보아 간접침해 역시 손실보상의 대상이 되는 간접손실이라는 견해와, (ⅱ) 손해배상과 손실보상의 구별기준에 맞지 않으며 간접침해는 발생이 예견되지 않은 경우도 있고 예견되어도 그 손해를 미리 산정하는 것은 통상 어려움이 있어 손해배상의 영역으로 보는 견해가 있다.

③ 판 례

김포공항 소음피해사건에서는 김포공항의 설치 및 관리에 하자가 있다고 하여 국가배상책임을 인정하였고, 공사 후 공공시설물로부터 공해로 인한 손해가 통상의 수인한도를 넘는 경우 해당 공공시설이 공물이 아닌 경우에 민법상 불법행위책임을 인정했다. 또한 고속도로의 확장으로 인해 소음, 진동이 증가하여 인근 양돈업자가 입은 피해에 대하여는 귀책사유가 없어도 한국도로공사의 손해배상책임을 인정하였다.

④ 검 토

모든 간접침해가 공익사업을 위한 토지 등의 수용단계에서 예견되는 것은 아니며, 예견된다 하더라도 미리 그 손해를 산정하는 것이 통상 어려움이 있는바, 손해배상의 영역으로 봄이 타당하다.

3. 간접침해에 대한 권리구제

(1) 손해배상의 청구가능성
간접침해의 발생에 대한 예견이 어렵고, 손해산정이 어려우므로 사전보상이 어렵기 때문에 손해배상으로 해결한다.

(2) 민사상 방해배제의 청구
민법 제217조 제1항에 근거하여 방해배제청구권을 행사할 수 있으나, 간접침해를 받은 사익이 공익사업의 공익성보다 크기는 어려우므로 실제적인 구제수단이 되기는 어렵다.

(3) 시민고충처리위원회에 민원제기
간접침해에 대해 시민고충처리위원회에 민원을 접수할 수 있으나, 시민고충처리위원회의 시정권고나 의견표명 등은 직접적인 집행력이 없기 때문에 직접적인 간접침해에 대한 권리구제수단으로는 불완전하다.

(4) 환경분쟁조정위원회에 조정신청
환경분쟁조정법상 환경피해는 간접침해의 유형 중 물리적·기술적 침해에 해당하여 환경분쟁조정위원회에 조정을 신청할 수 있으며, 환경분쟁조정위원회는 침해행위와 피해결과의 인과관계가 성립하고, 그 피해가 수인한도를 넘는 경우 피해배상액을 결정하고 있다. 그러나 명확한 기준이 없어 사안에 따라 달리 적용될 여지가 있고 형평성에 논란이 있을 수 있다.

+ 알아보기 공익사업시행지구 밖의 간접손실보상에 대한 새로운 해석

2018두227 판례
공익사업을 위한 토지 등의 취득 및 보상에 관한 법률 제79조 제2항에 따른 공익사업시행지구 밖의 간접손실보상에 대한 새로운 해석과 간접손실보상 및 환경정책기본법 제44조 제1항에 따른 손해배상청구권이 동시에 성립하는 경우, 영업자가 두 청구권을 동시에 행사할 수 있는지 여부(소극)

Ⅰ. 공익사업시행지구 밖 간접손실의 보상과 환경정책기본법에 따른 손해배상청구

토지보상법상 공익사업으로 인하여 공익사업시행지구 밖의 재산권자에게 가해지는 손실은 공익사업 때문에 필연적으로 발생하는 손실로 간접손실이라고 한다. 간접손실은 공익사업의 시공 또는 완성 후의 시설이 공익사업시행지구 밖에 미치는 손실이다. 공익사업으로 인한 손실의 발생은 직접 또는 간접적으로 발생할 수 있고, 그 손실은 재산가액의 감소는 물론 생활피해, 정신적 피해 등을 포함한다고 볼 수 있다.
학계에서는 일반적으로 물리적·기술적 손실과 사회적·경제적 손실로 구분하였다. 물리적·기술적 손실보상을 간접침해보상이라고 하고, 사회적·경제적 손실보상을 간접손실보상이라고 통칭하였다. 또한 공익사업의 시행 시 발생하는 피해와 사업이 완료된 후 발생하는 피해로 구분할 수 있다. 사업시행 시 발생하는 피해는 사업과정 중의 소음·진동·먼지 등으로 인한 피해이고, 사업완료 후 발생하는 손실은 토지와 건물의 경우 지가하락, 지반변동, 주거 및 생활의 불편, 영업 등의 영위 곤란, 전파수신장애, 지하수고갈, 소음·진동 등의 피해를 말한다. 대판 2018두227 판결에서는 종전 학계의 구분과는 달리 전반적인 공익사업시행지구 밖의 보상을 간접손실보상이라고 보면서 사회적·경제적 손실은 물론 물리적·기술적 손실도 간접손실의 유형으로 분류하며 피수용자의 권익보호를 한층 강화하고 있다. 즉, 2018두227판결에서는 "공익사업시행지구 밖 영업손실보상의 요건인 '공익사업의 시행으로 인한 그 밖의 부득이한 사유로 일정기간 동안 휴업이 불가피한 경우'란 공익사업의 시행 또는 시행 당시 발생한 사유로 휴업이 불가피한 경우만을 의미하는 것이 아니라 공익사업의 시행 결과, 즉 그 공익사업의 시행으로 설치되는 시설의 형태·구조·사용 등에 기인하여 휴업이 불가피한 경우도 포함된다고 해석함이 타당하다."라고

판시함으로써 종전 학계의 구분과는 달리 공익사업시행지구 밖의 전반적인 손실을 간접손실로 보면서 재결절차를 거치지 않은 채 곧바로 사업시행자를 상대로 손실보상을 청구하는 것은 허용되지 않는다고 판시하고 있다.

토지보상법 제79조 제2항 공익사업시행지구 밖 간접손실과 환경정책기본법 제44조 제1항에 손해배상청구권이 동시에 성립하는 경우, 영업자가 두 청구권을 동시에 행사할 수는 없고, '해당 사업의 공사 완료일로부터 1년'이라는 손실보상 청구기간이 지나 손실보상청구권을 행사할 수 없는 경우에는 손해배상청구가 가능하다고 해석하고 있다.

Ⅱ. 간접손실보상의 법적 성격과 논거

1. 간접손실보상의 법적 성격

손실보상은 공익사업으로 인하여 개인에게 가해진 특별한 희생을 공평부담을 통해 조절함을 목적으로 하기 때문에, 간접손실보상도 일반적인 손실보상의 일반적 논거가 적용된다. 간접손실보상은 비록 공익사업의 비용부담을 가중시키나, 그로 인해 발생한 피해가 구제되는 것이 공평한 원칙에서 보더라도 타당하다. 간접손실보상의 법적 성질에 대해서는 손해배상설, 손실보상설, 결과책임설 등이 주장되고 있으나, 손실보상설이 타당하다고 할 것이다. 다만 학계에서는 특별히 수인한도를 넘는 경우에는 그 피해에 대하여 손실보상이 아닌 손해배상이 주어져야 한다는 주장도 있는데, 이를 이번 대법원 판례(2018두227)가 수용하여 간접손실보상뿐만 아니라 환경정책기본법에 의한 환경오염의 피해에 대한 무과실책임에 따른 손해배상도 가능하다고 판시하고 있다. 그러나 두 청구권이 동시에 성립하는 것은 아니고 하나만 주장할 수 있되, 토지보상법상 손실보상기간이 경과하면 환경정책기본법에 따른 손해배상 청구기간 내에 손해배상을 청구할 수 있다고 2018두227 판결은 새로운 해석을 내놓았다.

2. 간접손실보상의 논거

간접손실보상의 논거는 생활권보상에서 찾을 수 있다. (ⅰ) 공익사업이 시행됨으로 인하여 생활의 기반을 상실하게 될 때 종전과 같은 생활을 영위할 수 없는 것은 말할 것도 없고, 인간다운 생활을 유지할 수 없게 되는 경우도 있을 수 있다. 생활보상이 피수용자나 관계인의 인간다운 생활을 회복시켜 주기 위한 것이라면 간접손실도 마땅히 인간다운 생활을 보장하기 위해 보상되어야 하는 것이다. (ⅱ) 생활보상이 수용이 없었던 것과 같은 생활상태를 재현하는 것이라는 것을 전제하고 있다. (ⅲ) 종래와 같은 수준을 유지할 수 있을 정도의 생활안정을 위해 간접손실보상이 이루어져야 한다. (ⅳ) 생활보상은 지역 주민의 갈등을 해소하고, 사업의 원활한 시행에 협조를 구하는 수단이 될 수 있으므로, 이는 간접손실보상에도 타당한 것이므로 공익사업의 원활화를 위해 필요하다고 할 것이다.

Ⅲ. 간접손실보상에 대한 법적 근거와 불복

1. 토지보상법 제79조 제2항 및 토지보상법 제80조, 토지보상법 시행규칙 제59조~제65조

> **토지보상법 제79조(그 밖의 토지에 관한 비용보상 등)**
> ① 사업시행자는 공익사업의 시행으로 인하여 취득하거나 사용하는 토지(잔여지를 포함한다) 외의 토지에 통로·도랑·담장 등의 신설이나 그 밖의 공사가 필요할 때에는 그 비용의 전부 또는 일부를 보상하여야 한다. 다만, 그 토지에 대한 공사의 비용이 그 토지의 가격보다 큰 경우에는 사업시행자는 그 토지를 매수할 수 있다.
> ② 공익사업이 시행되는 지역 밖에 있는 토지 등이 공익사업의 시행으로 인하여 본래의 기능을 다할 수 없게 되는 경우에는 국토교통부령으로 정하는 바에 따라 그 손실을 보상하여야 한다.
>
> **토지보상법 제80조(손실보상의 협의·재결)**
> ① 제79조 제1항 및 제2항에 따른 비용 또는 손실이나 토지의 취득에 대한 보상은 사업시행자와 손실을 입은 자가 협의하여 결정한다.
> ② 제1항에 따른 협의가 성립되지 아니하였을 때에는 사업시행자나 손실을 입은 자는 대통령령으로 정하는 바에 따라 관할 토지수용위원회에 재결을 신청할 수 있다.

토지보상법 시행규칙 제59조(공익사업시행지구 밖의 대지 등에 대한 보상)

공익사업시행지구 밖의 대지(조성된 대지를 말한다)·건축물·분묘 또는 농지(계획적으로 조성된 유실수단지 및 죽림단지를 포함한다)가 공익사업의 시행으로 인하여 산지나 하천 등에 둘러싸여 교통이 두절되거나 경작이 불가능하게 된 경우에는 그 소유자의 청구에 의하여 이를 공익사업시행지구에 편입되는 것으로 보아 보상하여야 한다. 다만, 그 보상비가 도로 또는 도선시설의 설치비용을 초과하는 경우에는 도로 또는 도선시설을 설치함으로써 보상에 갈음할 수 있다.

토지보상법 시행규칙 제60조(공익사업시행지구 밖의 건축물에 대한 보상)

소유농지의 대부분이 공익사업시행지구에 편입됨으로써 건축물(건축물의 대지 및 잔여농지를 포함한다. 이하 이 조에서 같다)만이 공익사업시행지구 밖에 남게 되는 경우로서 그 건축물의 매매가 불가능하고 이주가 부득이한 경우에는 그 소유자의 청구에 의하여 이를 공익사업시행지구에 편입되는 것으로 보아 보상하여야 한다.

토지보상법 시행규칙 제61조(소수잔존자에 대한 보상)

공익사업의 시행으로 인하여 1개 마을의 주거용 건축물이 대부분 공익사업시행지구에 편입됨으로써 잔여 주거용 건축물 거주자의 생활환경이 현저히 불편하게 되어 이주가 부득이한 경우에는 당해 건축물 소유자의 청구에 의하여 그 소유자의 토지 등을 공익사업시행지구에 편입되는 것으로 보아 보상하여야 한다.

토지보상법 시행규칙 제62조(공익사업시행지구 밖의 공작물 등에 대한 보상)

공익사업시행지구 밖에 있는 공작물 등이 공익사업의 시행으로 인하여 그 본래의 기능을 다할 수 없게 되는 경우에는 그 소유자의 청구에 의하여 이를 공익사업시행지구에 편입되는 것으로 보아 보상하여야 한다.

토지보상법 시행규칙 제63조(공익사업시행지구 밖의 어업의 피해에 대한 보상)

① 공익사업의 진행으로 인하여 해당 공익사업시행지구 인근에 있는 어업에 피해가 발생한 경우 사업시행자는 실제 피해액을 확인할 수 있는 때에 그 피해에 대하여 보상하여야 한다. 이 경우 실제 피해액은 감소된 어획량 및 「수산업법 시행령」[별표 10]의 평년수익액 등을 참작하여 평가한다.
② 제1항에 따른 보상액은 「수산업법 시행령」[별표 10]에 따른 어업권·허가어업 또는 신고어업이 취소되거나 어업면허의 유효기간이 연장되지 않는 경우의 보상액을 초과하지 못한다.
③ 사업인정고시일 등 이후에 어업권의 면허를 받은 자 또는 어업의 허가를 받거나 신고를 한 자에 대하여는 제1항 및 제2항을 적용하지 아니한다.

토지보상법 시행규칙 제64조(공익사업시행지구 밖의 영업손실에 대한 보상)

① 공익사업시행지구 밖에서 제45조에 따른 영업손실의 보상대상이 되는 영업을 하고 있는 자가 공익사업의 시행으로 인하여 다음 각 호의 어느 하나에 해당하는 경우에는 그 영업자의 청구에 의하여 당해 영업을 공익사업시행지구에 편입되는 것으로 보아 보상하여야 한다.
  1. 배후지의 3분의 2 이상이 상실되어 그 장소에서 영업을 계속할 수 없는 경우
  2. 진출입로의 단절, 그 밖의 부득이한 사유로 인하여 일정한 기간 동안 휴업하는 것이 불가피한 경우
② 제1항에도 불구하고 사업시행자는 영업자가 보상을 받은 이후에 그 영업장소에서 영업이익을 보상받은 기간 이내에 동일한 영업을 하는 경우에는 실제 휴업기간에 대한 보상금을 제외한 영업손실에 대한 보상금을 환수하여야 한다.

> **토지보상법 시행규칙 제65조(공익사업시행지구 밖의 농업의 손실에 대한 보상)**
> 경작하고 있는 농지의 3분의 2 이상에 해당하는 면적이 공익사업시행지구에 편입됨으로 인하여 당해지역(영 제26조 제1항 각 호의 1의 지역을 말한다)에서 영농을 계속할 수 없게 된 농민에 대하여는 공익사업 시행지구 밖에서 그가 경작하고 있는 농지에 대하여도 제48조 제1항 내지 제3항 및 제4항 제2호의 규정에 의한 영농손실액을 보상하여야 한다.

위 토지보상법 제79조 제2항 및 동법 시행규칙 제59조에서 제65조에 공익사업 시행지구 밖 간접손실보상을 규정하고 있다. 간접손실보상의 경우에는 당사자 간 협의를 1차적으로 하고 협의가 성립되지 않으면 관할 토지수용위원회에 재결신청을 하도록 하고 있다.

2. 「토지사업을 위한 토지 등의 취득 및 보상에 관한 법률」(2007.10.17. 법률 제8665호로 개정되기 전의 것, 이하 '구 공익사업법'이라고 한다) 제79조 제2항, 「공익사업을 위한 토지 등의 취득 및 보상에 관한 법률 시행규칙」 제57조에 따른 사업폐지 등에 대한 보상청구권은 공익사업의 시행 등 적법한 공권력의 행사에 의한 재산상 특별한 희생에 대하여 전체적인 공평부담의 견지에서 공익사업의 주체가 손해를 보상하여 주는 손실보상의 일종으로 공법상 권리임이 분명하므로 그에 관한 쟁송은 민사소송이 아닌 행정소송절차에 의하여야 한다. 또한 위 규정들과 구 공익사업법 제26조, 제28조, 제30조 제34조, 제50조, 제61조, 제83조 내지 제85조의 규정 내용·체계 및 입법취지 등을 종합하여 보면, 공익사업으로 인한 사업폐지 등으로 손실을 입게 된 자는 구 공익사업법 제34조, 제50조 등에 규정된 재결절차를 거친 다음 재결에 대하여 불복이 있는 때에 비로소 구 공익사업법 제83조 내지 제85조에 따라 권리구제를 받을 수 있다고 보아야 한다(2010다23210)(손실보상금). 2010다23210 판결에서는 간접손실보상의 경우 재결절차를 거쳐 토지보상법 제83조 이의신청과 동법 제85조 행정소송으로 불복하도록 하고 있다.

3. 환경정책기본법 제44조 제1항 환경오염의 피해에 대한 무과실책임에 따른 손해배상청구도 가능(토지보상법상 간접손실보상과 양자를 동시에 행사하는 것은 불가)
토지보상법 제79조 제2항(그 밖의 토지에 관한 비용보상 등)에 따른 손실보상과 환경정책기본법 제44조 제1항(환경오염의 피해에 대한 무과실책임)에 따른 손해배상은 그 근거 규정과 요건·효과를 달리하는 것으로서, 각 요건이 충족되면 성립하는 별개의 청구권이다. 다만 손실보상청구권에는 이미 '손해전보'라는 요소가 포함되어 있어 실질적으로 같은 내용의 손해에 관하여 양자의 청구권을 동시에 행사할 수 있다고 본다면 이중배상의 문제가 발생하므로, 실질적으로 같은 내용의 손해에 관하여 양자의 청구권이 동시에 성립하더라도 영업자는 어느 하나만을 선택적으로 행사할 수 있을 뿐이고, 양자의 청구권을 동시에 행사할 수 없다고 봄이 타당하다. 또한 '해당 사업의 공사완료일로부터 1년'이라는 손실보상 청구기간(토지보상법 제79조 제5항, 제73조 제2항)이 도과하여 손실보상청구권을 더 이상 행사할 수 없는 경우에도 손해배상의 요건이 충족되는 이상 여전히 손해배상청구는 가능하다고 보아야 한다.

4. 관할 토지수용위원회에서 어떤 보상항목이 아니라고 재결하면 보상금증감소송으로 다툼
어떤 보상항목이 공익사업을 위한 토지 등의 취득 및 보상에 관한 법령상 손실보상대상에 해당함에도 관할 토지수용위원회가 사실을 오인하거나 법리를 오해함으로써 손실보상대상에 해당하지 않는다고 잘못된 내용의 재결을 한 경우, 피보상자는 관할 토지수용위원회를 상대로 그 재결에 대한 취소소송을 제기할 것이 아니라, 사업시행자를 상대로 공익사업을 위한 토지 등의 취득 및 보상에 관한 법률 제85조 제2항에 따른 보상금증감소송을 제기하여야 한다.

5. 공익사업시행지구 밖 손실발생의 예견가능성과 손실범위의 특정성에 대한 판단

공공사업시행지구 밖에 위치한 영업에 대한 간접손실에 대하여도 일정한 요건을 갖춘 경우 이를 보상하도록 규정하고 있는 점에 비추어, 공공사업의 시행으로 인하여 그러한 손실이 발생하리라는 것을 쉽게 예견할 수 있고 그 손실의 범위도 구체적으로 특정할 수 있는 경우라면 그 손실의 보상에 관하여 특례법 시행규칙의 간접보상 규정을 유추적용할 수 있는 것이다. 그런데 그 원고가 수산제조업 신고를 한 것으로 보아야 할 것임은 앞서 본 바와 같고, 그 신고서에는 제조공장의 위치·생산능력 및 원료의 확보방법을 기재하도록 하고, 주요 기기의 명칭·수량 및 능력에 관한서류를 첨부하도록 하고 있어, 그 공공사업의 시행으로 인하여 소멸되는 김 양식장의 규모와 정도를 김 가공공장의 위치, 원료의 확보방법 등과 대조하여 손실발생을 쉽게 예견할 수 있고 나아가 생산능력까지도 파악할 수 있어 손실액도 어느 정도 특정할 수 있다고 볼 것이다.

그럼에도 그 원고가 입은 영업손실의 발생을 예견하기 어렵고 손실의 범위도 쉽게 확정할 수 없다는 이유로 특례법 시행규칙의 간접보상에 관한 규정을 유추적용할 수 없어 손실보상청구권을 인정할 수 없다고 한 원심의 가정적 판단부분에도 공공사업의 시행으로 인한 간접보상에 관한 법리를 오해한 위법이 있다. 따라서 그 원고의 이 부분 상고이유의 주장은 정당하여 이를 받아들인다.

간접손실보상은 구체적으로 손실발생의 예견가능성과 손실범위의 특정성이 있어야 보상이 가능하다고 종전 대법원 판례는 판시하고 있는데, 2018두227 판결에서의 원심 고등법원 판결은 잠업사의 간접손실보상에 대하여 다음과 같이 제시하고 있는바, 시사점이 있다고 하겠다.

> 피고는 원고에게 위와 같은 손실보상금 또는 손해배상금으로
> ① 이 사건 사업으로 인한 이 사건 토지의 가치하락액 12,222,000원(원고는 당심에서 기존에 있던 손실보상 주장을 철회하고 손해배상으로만 이를 구한다),
> ② 이 사건 건물의 가액 527,088,000원,
> ③ 이 사건 입목의 이전비 3,097,000원,
> ④ 이 사건 설비의 이전비 29,000,000원,
> ⑤ 소음·진동·전자파로 인하여 영업을 하지 못한 2015.4.2.부터 2017.10.31.까지의 일실수입 295,164,207원(=2015.4.2.부터 2015.12.31.까지 일실수입 84,528,624원 + 2016.1.1.부터 2016.12.31.까지 일실수입 116,852,000원 + 2017.1.1.부터 2017.10.31.까지 일실수입 93,783,583원),
> ⑥ 위 영업을 하지 못한 기간(2015년부터 2016년까지의 기간만 구함) 동안의 감가상각비·유지관리비 40,344,747원,
> ⑦ 2015.4.2.부터 2016.11.10.까지 고정적 인건비 56,156,712원,
> ⑧ 잠종위탁관리비용 15,400,000원,
> ⑨ 정신적 손해에 대한 위자료 20,000,000원
> 합계 998,672,666원 및 이에 대한 지연손해금을 지급할 의무가 있다(2017누44)(보상금).

CHAPTER 03 손실보상 각론

제1절 토지보상

핵심 키워드

I. 토지보상 일반
1. 현황평가주의
   (1) 현황평가의 원칙
   (2) 현황평가의 예외
   (3) 현황평가 예외의 정당성
2. 일반적 이용방법에 의한 객관적 상황 기준
3. 나지상정평가
4. 공시지가기준 평가
5. 개발이익 배제

II. 공법상 제한 받는 토지의 평가
1. 의의 및 취지
2. 평가기준(토지보상법 시행규칙 제23조)
3. 평가방법
   (1) 일반적 제한
   (2) 개별적 제한(특별한 희생)
   (3) 공익사업의 시행을 직접 목적으로 용도지역 등을 변경한 경우
4. 구체적(개별적) 평가기준
   (1) 공원구역 안의 토지
   (2) 용도지역이 변경된 토지
   (3) 도시계획도로의 평가기준
   (4) 정비구역 안 토지의 평가
   (5) 개발제한구역 안 토지의 평가
5. 관련 판례의 태도
   (1) 일반적 제한의 경우
   (2) 해당 사업을 위해 용도지역이 변경된 경우

III. 무허가건축물 등의 부지의 평가
1. 의의 및 근거
2. 평가기준
   (1) 원칙 및 취지
   (2) 예외(현황평가하는 경우)
   (3) 무허가건축물 부지의 범위
3. 입증책임

IV. 불법형질변경토지
1. 의의 및 근거
2. 평가기준
   (1) 원칙 및 취지
   (2) 예외
3. 관련문제
   (1) 입증책임의 문제
   (2) 보상평가방법의 정당성 검토
   (3) 소급입법금지 원칙에 반하는지 여부
   (4) 제3자가 불법형질변경한 경우

V. 미지급용지의 평가
1. 의의 및 근거
2. 미지급용지의 판단
3. 미지급용지의 보상평가기준
   (1) 편입 당시의 이용상황기준(현황평가의 예외)
   (2) 공법상 제한 등
   (3) 개발이익의 배제
4. 관련문제
   (1) 미지급용지에 대한 시효취득 여부
   (2) 부당이득반환청구권 인정 여부
   (3) 도로부지 인도 및 손실보상청구 인정 여부

VI. 도로부지의 보상
1. 의의
2. 사도법상의 사도
3. 사실상의 사도
   (1) 의의 및 요건(토지보상법 시행규칙 제26조 제2항)
   (2) 사실상의 사도를 낮게 평가한 경우의 적법성 판단(판례의 태도)
4. 사도 외의 도로 - 정상평가
5. 감가보상의 이유
   (1) 이론적 근거 - 화체이론
   (2) 판례
6. 도로에 대한 보상평가규정의 규범성
   (1) 문제점
   (2) 학설
   (3) 검토

VII. 개간비의 보상
1. 의의 및 근거
2. 보상요건
3. 개간비의 평가방법
4. 관련문제

I 토지보상 일반

1. 현황평가주의

(1) 현황평가의 원칙
토지에 대한 보상액은 가격시점에서의 현실적인 이용상황과 일반적인 이용방법에 의한 객관적 상황을 고려하되, 일시적인 이용상황과 토지소유자나 관계인이 갖는 주관적 가치 및 특별한 용도에 사용할 것을 전제로 한 경우 등은 고려하지 아니한다(토지보상법 제70조 제2항).

(2) 현황평가의 예외

① 일시적 이용상황

해당 토지의 이용이 일시적인 경우에는 이를 고려하지 않는다. 일시적인 이용상황은 관계법령에 따른 국가 또는 지방자치단체의 계획이나 명령 등에 따라 해당 토지를 본래의 용도로 이용하는 것이 금지되거나 제한되어 그 본래의 용도와 다른 용도로 이용되고 있거나 해당 토지의 주위환경의 사정으로 보아 현재의 이용방법이 임시적인 것으로 한다.

② 무허가건축물 등의 부지

1989.1.24. 이후에 건축 또는 용도변경된 무허가건물 등의 부지에 대해서는 무허가건물 등이 건축 또는 용도변경될 당시의 이용상황을 상정하여 평가한다.

③ 불법형질변경토지

1995.1.7. 이후에 불법형질변경된 토지는 토지의 형질변경될 당시의 이용상황을 상정하여 평가한다.

④ 미지급용지(미불용지)

종전에 시행된 공익사업의 부지로서 보상금이 지급되지 아니한 토지에 대하여는 종전의 공익사업에 편입될 당시의 이용상황을 상정하여 평가한다.

⑤ 건물 등의 부지

토지에 건물 등 지장물이 있는 때에는 그 상태대로 평가하는 것이 아니라 지장물이 없는 토지의 나지상태를 상정하여 평가한다.

⑥ 공법상 제한을 받는 토지

공법상 제한을 받는 토지는 그 공법상 제한이 해당 공익사업의 시행을 직접 목적으로 하여 가하여진 경우는 제한이 없는 상태를 상정하여 평가한다.

⑦ 해당 공익사업의 시행을 직접 목적으로 하여 용도지역이 변경된 토지

해당 공익사업의 시행을 직접 목적으로 용도지역 또는 용도지구 등이 변경된 경우에는 변경 전의 용도지역 또는 용도지구 등을 기준으로 토지를 평가한다.

(3) 현황평가 예외의 정당성
정당보상으로서 현황평가가 원칙이나, 보상방법에 제한을 두므로 정당보상에 반할 수 있는지가 문제된다. 이에 대해 현황평가의 예외사항 등은 토지소유자 등의 보호, 위반행위의 합리화 조장방지 등의 취지가 인정된다.

2. 일반적 이용방법에 의한 객관적 상황기준

토지에 관한 평가는 가격시점에 있어서의 일반적인 이용방법에 의한 객관적 상황을 기준으로 평가하여야 하며, 토지소유자가 갖는 주관적 가치나 특별한 용도에 사용할 것을 전제로 한 것은 고려하지 아니한다.

3. 나지상정평가

토지에 건축물 등이 있을 때에는 그 건축물 등이 없는 토지의 나지상태를 상정하여 평가한다. 이는 공익사업에 필요한 것은 원칙적으로 토지이고, 건축물 등으로 인한 건부감가를 토지소유자에게만 부담시키는 것은 정당보상에 반하기 때문이다.

4. 공시지가기준 평가

협의 또는 재결에 의하여 사업시행자가 취득하는 토지에 대하여는 부동산 가격공시에 관한 법률에 의한 공시지가를 기준으로 하여 보상액을 산정한다(토지보상법 제70조 제1항).

5. 개발이익 배제

보상액 산정에 있어서 공시지가의 적용과 해당 공익사업으로 인한 영향이 없는 지역의 지가변동률의 적용 및 공시지가의 선택제한 등을 통하여 해당 공익사업으로 인한 개발이익을 배제하고 취득하는 토지에 대한 보상액을 산정한다.

Ⅱ 공법상 제한 받는 토지의 평가

1. 의의 및 취지

공법상 제한 받는 토지란 개별법령에 따라 토지의 각종 이용규제나 제한을 받는 토지로서, 이는 국토공간의 효율적 이용을 통해 공공복리를 증진시키는 수단으로 그 취지가 인정된다.

2. 평가기준(토지보상법 시행규칙 제23조)

공법상 제한 받는 토지에 대하여는 제한 받는 상태대로 평가하되, 공법상 제한이 해당 공익사업의 시행을 직접 목적으로 하여 가해지는 경우에는 제한이 없는 상태를 상정하여 평가한다.

3. 평가방법

(1) 일반적 제한

일반적 제한이란 제한 그 자체로 목적이 완성되고 구체적 사업의 시행이 필요하지 않은 경우로 그 제한 받는 상태대로 평가한다. 그 예로는 국토의 이용 및 계획에 관한 법률에 의한 용도지역·지구·구역의 지정·변경, 기타 관계법령에 의한 토지이용계획 제한이 있다.

(2) 개별적 제한(특별한 희생)

개별적 제한이란 그 제한이 구체적 공익사업의 시행을 필요로 하는 경우를 말하며 개별적 제한이 해당 공익사업의 시행을 직접 목적으로 가해진 경우에는 그 제한이 없는 상태를 상정하여 평가한다. 개별적 제한을 받는 수용대상 토지의 보상액을 산정함에 있어서는 그 공법상 제한이 해당 공공사업의 시행을 직접 목적으로 가하여진 경우는 물론 당초의 목적사업과는 다른 목적의 공공사업에 편입·수용되는 경우에도 그 제한을 받지 아니하는 상태로 평가해야 한다.

(3) 공익사업의 시행을 직접 목적으로 용도지역 등을 변경한 경우

해당 공익사업의 시행을 직접 목적으로 하여 용도지역·지구 등이 변경된 경우에는 변경되기 전의 용도지역·지구 등을 기준으로 평가하여야 한다. 이는 개발이익 배제를 위한 것이다.

4. 구체적(개별적) 평가기준

(1) 공원구역 안의 토지

자연공원의 경우 제한을 받는 상태를 기준으로, 도시공원의 경우 제한을 받지 아니한 상태를 기준으로 평가한다.

(2) 용도지역이 변경된 토지

용도지역이 변경된 토지는 가격시점 당시 용도지역을 기준으로 평가하며, 용도지역 변경이 해당 사업에 관련되어 있으면 변경 전 용도지역을 기준으로 평가한다.

(3) 도시계획도로의 평가기준

도시계획시설도로에 접한 토지는 계획도로를 고려한 가격으로 평가하며, 도시계획시설도로에 저촉된 토지는 저촉되지 않은 상태를 기준으로 평가하고, 함께 의뢰된 경우 면적비율에 따라 평가한다.

(4) 정비구역 안 토지의 평가

공법상 제한을 받지 않은 상태를 기준으로 평가한다.

(5) 개발제한구역 안 토지의 평가

개발제한구역 안의 토지에 대한 평가는 공법상 제한을 받는 상태를 기준으로 평가한다.

5. 관련 판례의 태도

(1) 일반적 제한의 경우

해당 공공사업의 시행 이전에 이미 해당 공공사업과 관계없이 도시계획법에 의한 고시 등으로 일반적 계획제한이 가하여진 상태인 경우, 그러한 제한을 받는 상태 그대로 평가하여야 하며, 도시계획법에 의한 개발제한구역의 지정은 위와 같은 일반적 계획제한에 해당하므로 해당 공공사업의 시행 이전에 개발제한구역 지정이 있었을 경우 그러한 제한이 있는 상태 그대로 평가함이 상당하다(93누12527).

(2) 해당 사업을 위해 용도지역이 변경된 경우

2006두11507 판례

공원조성사업의 시행을 직접 목적으로 일반주거지역에서 자연녹지지역으로 변경된 토지에 대한 수용보상액을 산정하는 경우, 그 대상토지의 용도지역을 일반주거지역으로 하여 평가하여야 한다.

98두13850 판례

해당 사업인 택지개발사업에 대한 실시계획의 승인과 더불어 그 용도지역이 주거지역으로 변경된 토지를 그 사업의 시행을 위하여 후에 수용하였다면, 그 재결을 위한 평가를 함에 있어서는 그 용도지역의 변경을 고려함이 없이 평가하여야 한다.

2012두1020 판례

공법상 제한을 받는 토지에 대한 보상을 산정할 때에 해당 공법상 제한이 구 도시계획법에 따른 용도지역·지구·구역의 지정 또는 변경과 같이 그 자체로 제한목적이 달성되는 일반적 계획제한으로서 구체적 도시계획사업과 직접 관련되지 아니한 경우에는 그러한 제한을 받는 상태 그대로 평가하여야 하지만, 도로·공원 등 특정 도시계획시설의 설치를 위한 계획결정과 같이 구체적 사업이 따르는 개별적 계획제한이거나 일반적 계획제한에 해당하는 용도지역·지구·구역의 지정 또는 변경에 따른 제한이더라도 그 용도지역·지구·구역의 지정 또는 변경이 특정 공익사업의 시행을 위한 것일 때에는 해당 공익사업의 시행을 직접 목적으로 하는 제한으로 보아 위 제한을 받지 아니하는 상태를 상정하여 평가하여야 한다.

해당 사업으로 인해 바뀌지 않은 경우의 판례(2012두7950)

용도지역 등의 지정 또는 변경을 하지 않은 것이 특정 공익사업의 시행을 위한 것일 경우 이는 해당 공익사업의 시행을 직접 목적으로 하는 제한이라고 보아 용도지역 등의 지정 또는 변경이 이루어진 상태를 산정하여 토지가격을 평가하여야 한다(객관적으로 명백한 경우에는 바뀐 용도로 가능함).
공법상의 제한을 받는 토지의 보상액을 산정함에 있어서는 그 공법상의 제한이 해당 공공사업의 시행을 직접 목적으로 하여 가하여진 경우에는 그 제한을 받지 아니하는 상태대로 평가하여야 할 것이지만, 공법상 제한이 해당 공공사업의 시행을 직접 목적으로 하여 가하여진 경우가 아니라면 그러한 제한을 받는 상태 그대로 평가하여야 하고, 그와 같은 제한이 해당 공공사업의 시행 이후에 가하여진 경우라고 하여 달리 볼 것은 아니다.

Ⅲ 무허가건축물 등의 부지의 평가

1. 의의 및 근거

무허가건축물 등의 부지란 건축법 등 관계법령에 의하여 허가를 받거나 신고를 하고 건축하여야 하는 건축물을 허가를 받지 아니하거나 신고를 하지 아니하고 건축 또는 용도변경한 건축물의 부지를 말한다. 토지보상법 시행규칙 제24조에 근거규정을 두고 있다.

2. 평가기준

(1) 원칙 및 취지

무허가건축물 부지에 대해 무허가건축물이 건축 또는 용도변경될 당시의 이용상황을 상정하여 평가하도록 한다. 이는 현황평가의 예외로 위법행위가 합법화되어 현저히 공정성을 잃은 불합리한 보상이 될 가능성을 배제하기 위함이다.

(2) 예외(현황평가하는 경우)
무허가건축물이라 하더라도 1989.1.24. 이전에 건축된 무허가건축물 부지는 적법한 건축물로 보아 현황평가한다.

(3) 무허가건축물 부지의 범위
판례는 무허가건축물 부지의 범위는 해당 건축물의 용도 및 규모 등을 감안하여 사용·수익에 필요한 범위 내 토지와 불가분적으로 사용되는 범위를 의미한다고 판시한 바 있으나, 중앙토지수용위원회 및 토지보상법 시행규칙 부칙 제5조에 따르면 1989.1.24. 이전 무허가건축물의 부지면적 산정 시에는 건폐율을 적용한 산정면적을 초과할 수 없다고 규정하고 있다. 따라서 무허가건축물의 부지와 범위는 관계법령상 인정되는 건폐율을 초과할 수 없는 것으로 판단된다.

3. 입증책임
해당 토지가 무허가건축물인지 여부와 1989.1.24. 이후에 신축되었는지 여부를 입증해야 하는지가 문제된다. 무허가건축물에 대한 명시적인 판례는 없지만 불법형질변경 관련 판례에서 현황평가의 원칙상 예외적인 보상액 산정방법의 적용을 주장하는 쪽에서 증명해야 한다고 판시한 바 있다. 생각건대 현황평가의 원칙에 따라 사업시행자가 예외사유를 입증해야 하며, 조서작성 시에도 이 원칙을 적용해야 하므로 사업시행자가 입증책임을 부담하는 것이 타당하다.

Ⅳ 불법형질변경토지

1. 의의 및 근거
불법형질변경토지란 관계법령에 의하여 허가를 받거나 신고를 하고 형질변경을 하여야 하는 토지를 허가나 신고를 받지 아니하고 형질변경한 토지로, 토지보상법 시행규칙 제24조에 규정되어 있다. 불법형질변경이란 절토, 성토, 정지 등 형질변경과 공유수면매립, 단순히 용도만 변경하는 경우도 포함하며 농지 상호간의 변경은 형질변경으로 보지 않는다.

2. 평가기준

(1) 원칙 및 취지
불법형질변경된 토지는 형질변경 당시의 이용상황을 상정하여 평가하도록 되어 있다. 이는 위법행위의 합법화를 통한 불합리한 보상을 배제하는 데 그 취지가 인정된다.

(2) 예외
1995.1.7. 당시 공익사업시행지구에 편입된 불법형질변경토지에 대해서는 현황평가한다.

3. 관련문제

(1) 입증책임의 문제
불법형질변경토지에 대한 입증책임을 누가 지는지에 대해 현황평가의 원칙에 따라 그 책임이 사업시행자에게 있다고 보는 견해와 진실의 추정력에 따라 토지소유자가 입증해야 한다는 견해가 있다. 이에 대해 판례는 예외사유를 주장하는 쪽에서 증명해야 한다고 판시하였다.

(2) 보상평가방법의 정당성 검토

1995.1.7. 이전의 불법형질변경된 토지가 공익사업시행지구에 포함된 경우 현황평가를 하며, 그 외의 토지는 언제 변경되었느냐를 묻지 않고 무조건 변경 당시를 기준으로 평가한다. 불합리한 차별로 평등의 원칙에 위반되는지 여부가 문제되지만, 불법 앞의 평등은 평등의 원칙에 포함되지 않으므로 평등의 원칙 위반이 아니다.

(3) 소급입법금지 원칙에 반하는지 여부

헌법 제13조 제2항은 모든 국민은 소급입법에 의하여 재산권을 박탈당하지 아니한다. 헌법재판소는 소급입법에 의한 재산권 박탈이 금지되는 것은 진정소급효 입법이고, 부진정소급효 입법의 경우에는 원칙적으로 허용된다고 보고 있다. 이러한 불법형질변경토지의 평가방법이 진정소급효로서 소급입법에 의한 재산권 박탈금지의 원칙에 위배되는 것인지 문제가 된다. 불법형질변경토지는 일반적으로 국민이 소급입법을 예상할 수 있어서 보호할 신뢰이익이 적고, 신뢰보호 요청에 우선하는 심히 중대한 공익상의 사유로 보아 소급입법이 예외적으로 허용되는 경우라 볼 수 있다.

(4) 제3자가 불법형질변경한 경우

제3자가 불법형질변경을 한 경우에도 적법한 허가나 승인 없이 한 경우이므로 동 규정이 그대로 적용된다. 단, 사업시행자가 불법형질변경을 시행한 경우 불법으로 되지는 않는다고 볼 수 있다.

V 미지급용지의 평가

1. 의의 및 근거

미지급용지란 종전에 시행된 공익사업의 부지로서 보상금이 지급되지 아니한 토지를 말한다. 이는 토지보상법 시행규칙 제25조에 규정되어 있으며, 피수용자의 불이익 방지에 그 취지가 인정된다.

2. 미지급용지의 판단

미지급용지는 원칙적으로 사업시행자가 객관적인 판단기준에 따라 판단한다. 대법원은 공익사업의 시행자가 적법하지 못한 상태에서 이용상황을 변경시켜 토지가격을 상승시킨 경우에는 미지급용지라고 볼 수 없다고 판시하였다(92누4833). 그러나 사업주체가 동일하고 그 시행자가 적법한 절차를 취하지 아니하여 해당 토지를 취득하지 못한 것이 아닌 경우에는 편입될 당시의 이용상황을 상정하여 평가하여야 한다고 판시하였다(98두13850).

3. 미지급용지의 보상평가기준

(1) 편입 당시의 이용상황기준(현황평가의 예외)

종전 공익사업에 편입될 당시의 이용상황을 상정하여 평가하고, 용도지역 등 공법상 제한은 가격시점을 기준으로 한다. 이는 미지급용지는 공익사업의 부지로 제한됨으로 인해 거래가 불가능하거나 상당히 감가되는 것이 보통이므로 토지소유자의 권익구제를 위해서이다.

(2) 공법상 제한 등
용도지역 등 공법상 제한은 가격시점을 기준으로 하되, 종전 공익사업의 시행에 따른 절차에 의하여 용도지역이 변경된 경우에는 변경 전 용도지역을 기준으로 한다. 가격시점은 일반보상과 같이 협의 또는 재결 당시를 기준으로 한다.

(3) 개발이익의 배제
미지급용지를 평가함에 있어서 비교표준지로 선정된 표준지공시지가에 해당 공익사업의 시행으로 인한 개발이익이 포함되어 있는 경우에는 이를 배제한 가격으로 평가한다.

4. 관련문제

(1) 미지급용지에 대한 시효취득 여부
미지급용지도 시효취득이 인정되는지 여부가 문제되며 그중에서도 자주점유인지, 타주점유인지 여부가 문제된다. 이에 대해 대법원은 종전의 판결에서 타인의 토지를 도로관리청이 점유·관리하여 20년이 지남으로써 도로관리청의 시효취득이 완성된다고 판시한 바 있으나, 최근 대법원은 악의의 무단점유가 입증되면 특단의 사정이 없는 한 자주점유의 추정력이 없다고 보아 시효취득을 부정하고 있다. 시효취득을 인정하면 토지소유자에게 지나친 불이익을 가한다 할 것이어서 판례의 태도가 타당하다고 판단된다.

(2) 부당이득반환청구권 인정 여부
국가·지방자치단체가 적법한 보상절차를 거치지 아니하고 도로부지를 점유하고 있다면, 이로 인해 사권의 행사는 제한되나 소유권은 존재하므로 점유상실에 대한 사용료 청구는 가능하다고 본다. 이때 부당이득의 산정기초가 되는 가격은 편입 당시의 현실적 이용상황에 따라 판단하고 사용료 청구는 과거 5년간만 가능하다는 것이 판례의 태도이다.

(3) 도로부지 인도 및 손실보상청구 인정 여부
도로법에서는 도로를 구성하는 부지·옹벽·기타 물건에 대하여는 사권을 행사할 수 없다고 규정하고 있어, 소유권에 기한 인도청구권의 행사는 인정되지 않는다. 또한 특별한 희생임에도 불구하고 보상규정이 없어 손실보상청구권의 제기도 예상할 수 있으나, 대법원은 예산상의 이유로 부정하고 있다.

Ⅵ 도로부지의 보상 기출 33회

1. 의의
도로란 사람 또는 차량만이 통행할 수 있도록 만들어진 길로서, 토지보상법은 사도법상의 사도, 사실상의 사도, 그 외의 도로부지로 분류하여 그 평가기준을 달리 정하고 있다.

2. 사도법상의 사도
사도법상 사도란 자기토지의 효용증진을 위하여 시장 등의 개설허가를 득한 도로이다. 보상기준은 인근 토지에 대한 평가액의 1/5 이내로 평가한다. 인근 토지라 함은 해당 도로부지가 도로로 이용되지 아니하였을 경우 예상되는 표준적인 이용상황과 유사한 토지로서 해당 토지와 위치상 가까운 토지를 말한다.

3. 사실상의 사도

(1) 의의 및 요건(토지보상법 시행규칙 제26조 제2항)

사실상의 사도라 함은 사도법에 의한 사도 외의 도로로서 (ⅰ) 자기토지의 편익을 위하여 스스로 설치한 도로, (ⅱ) 토지소유자가 그 의사에 의하여 타인의 통행을 제한할 수 없는 도로, (ⅲ) 건축허가권자가 그 위치를 지정·공고한 도로, (ⅳ) 도로개설 당시의 토지소유자가 대지 또는 공장용지 등을 조성하기 위하여 설치한 도로를 말한다. 보상기준은 인근 토지에 대한 평가액의 1/3 이내로 평가한다.

(2) 사실상의 사도를 낮게 평가한 경우의 적법성 판단(판례의 태도)

> **'도로개설 당시 자기 편익을 위해 스스로 설치한 도로'에 해당하는지에 관한 판례(2011두7007)**
>
> 일부에 도로를 설치한 결과 나머지 토지의 편익이 증진되는 등으로 전체적으로 정당보상의 원칙에 어긋나지 않는다고 볼 만한 사유가 있다고 인정되어야 하고 개설경위, 목적, 소유관계, 이용상태, 주위환경, 인접 토지의 획지면적 등에 의하여 객관적으로 판단하여야 한다고 판시하였다.
>
> **'토지소유자가 그 의사에 의하여 타인의 통행을 제한할 수 없는 도로'의 의미 및 판단기준(2011두7007)**
>
> 해당 토지가 도로로 이용된 경위, 일반의 통행에 제공된 기간, 도로가 유일한 통로인지, 주변 상황, 역할과 기능을 종합하여 표준적인 이용상태로 회복하는 것이 용이한지 여부를 가려 판단해야 한다.

4. 사도 외의 도로 – 정상평가

그 외의 도로란 사도법상 사도도 아니고 사실상의 사도도 아닌 모든 도로를 말한다고 볼 수 있다. 이는 공도와 공도가 아닌 도로로 나눌 수 있는데, 공도에는 미보상공도(미보상용지), 사실상 공도부지, 예정공도 등이 있다. 공도부지는 평가대상 토지와 유사한 이용가치를 지닌다고 인정되긴 하나 이상의 표준지의 공시지가를 기준으로 평가하고, 공도 이외의 도로부지는 일반 토지의 평가방법에 준하여 정상평가한다. 미지급용지 도로보상에 대하여는 정상보상의 관점에서 종전 편입 당시의 이용상황을 기준으로 보상한다.

5. 감가보상의 이유

(1) 이론적 근거 – 화체이론

도로의 가치가 그 도로로 인하여 보호되고 있는 토지의 효용이 증가함으로써 보호되고 있는 토지에 화체되었기 때문에 일반토지에 비해 감가보상되는 것이다.

(2) 판 례

사실상 불특정 다수인의 통행에 제공되고 있다는 사실만으로 그 모두를 인근 토지의 1/3 이내로 평가하는 것이 아니라 도로의 개설경위, 목적, 주위환경, 인접 토지의 획지면적, 소유관계, 이용상태 등의 제반사정에 비추어 인근 토지에 비하여 낮은 가격으로 보상해줘도 될 만한 객관적인 사유가 인정되는 경우에만 인근 토지의 1/3 이내에서 평가하여야 한다고 판시하여 토지보상법이 이를 반영한 것이다.

6. 도로에 대한 보상평가규정의 규범성

(1) 문제점

토지보상법 시행규칙 제26조의 '1/3 이내 평가규정'이 법규명령인지 행정규칙인지 견해의 대립이 있다.

(2) 학설

① 법규명령으로 볼 경우
토지보상법 시행규칙 제22조 규정에 대하여 실질은 행정규칙으로 보면서도 상위법령과 결합하여 대외적 구속력을 갖는다고 판시함으로써 동법 시행규칙 제26조의 '1/3 이내 평가규정'도 이와 같이 법령보충적 행정규칙으로 상위법령과 결합하여 대외적 구속력을 갖는다고 보는 견해이다.

② 행정규칙으로 볼 경우
토지보상법 시행규칙 제22조 규정을 행정조직 내부 사무처리규정으로 보는 기준으로, 이는 해당 평가의 적법 여부는 동 규정에 따른 것인지 여부에 의해서가 아니라 법령의 규정 및 취지에 따른 것인지 여부에 의해서 판단되어야 한다는 견해이다.

(3) 검토
현행 토지보상법은 사실상 사도의 범위를 구체적으로 적시하고 있다. 하지만 도로의 보상방법은 인근 토지의 가격보다 낮게 보상하는 것이므로 낮게 보상할 만한 객관적인 사유가 명확한 경우에만 감가 보상하는 것이 헌법의 정당보상에 합치한다고 본다. 따라서 해당 도로가 그 자체로서 수익성이 인정된다면 그러한 점을 감안할 수 있는 기준이 필요하다.

Ⅶ 개간비의 보상

1. 의의 및 근거
개간비란 토지의 매립, 간척 등 개간에 소요된 비용을 말한다. 이는 실비변상적 성격을 가지며 토지보상법 시행규칙 제27조에서 규정하고 있다.

2. 보상요건
국가, 지방자치단체 소유의 토지를 적법하게 개간하고, 개간 당시부터 보상 당시까지 계속 적법하게 점유하고 있을 것을 요건으로 한다(상속인정).

3. 개간비의 평가방법

> ① 가격시점 현재 개간비용으로 평가하되, 개간 전후의 가격 차이를 한도로 한다.
> ② 가격시점 현재 개간비용을 알 수 없는 경우에는 개간 후 토지가격에 일정비율을 적용하여 산정한다.
> ③ 주거·상업·공업지역은 1/10, 녹지지역은 1/5, 도시지역 외는 1/3을 적용한다.

4. 관련문제
일반적인 권리금 관행을 무시하고, 개간이 쉬울수록 개간의 가치가 높음에도 단순히 비용만 보상하는 것은 문제가 있다는 비판이 있다.

제2절 건축물 보상

> **핵심 키워드**
>
> I. 건축물 보상
> 1. 의의 및 구분
> 2. 이전갈음수용(토지보상법 제75조) – 사업시행자가 신청, 원활한 사업시행목적
>   (1) 의의 및 요건
>   (2) 법적 성질
>   (3) 구제절차
> 3. 잔여건축물의 수용(토지보상법 제75조의2)
>   (1) 의의 및 요건
>   (2) 절 차
>
> II. 무허가건축물의 보상
> 1. 의 의
> 2. 무허가건축물의 보상 여부
>   (1) 토지보상법 제25조 – 토지 등의 보전
>   (2) 판례(99두10896)
>   (3) 검 토
>
> 3. 사업인정 전 무허가건축물의 보상대상 여부
>   (1) 문제점
>   (2) 허가의 성질과 재산권
>   (3) 판례의 태도 및 검토
>
> III. 주거용 건축물의 보상특례
> 1. 개 설
> 2. 비준가격 보상(토지보상법 시행규칙 제33조 제2항)
> 3. 이주정착금
> 4. 최저보상액 600만원 보상
> 5. 재편입 시의 가산금 지급
> 6. 이사비

I 건축물 보상

1. 의의 및 구분

건축물이란 토지에 정착하는 공작물 중 지붕과 기둥 또는 벽이 있는 것을 말하며, 부대설비 또는 건축설비 등도 건축물에 포함된다. 건축물의 보상문제는 재산권으로서의 정당한 손실보상과 생활보상의 측면으로 구분할 수 있다.

2. 이전갈음수용(토지보상법 제75조) – 사업시행자가 신청, 원활한 사업시행목적

(1) 의의 및 요건

건축물 등은 이전비보상이 원칙이나, (ⅰ) 건축물 등을 이전하기 어렵거나 그 이전으로 인하여 건축물 등을 종래의 목적대로 사용할 수 없게 된 경우, (ⅱ) 건축물 등의 이전비가 그 물건의 가격을 넘는 경우, (ⅲ) 사업시행자가 공익사업에 직접 사용할 목적으로 취득하는 경우 등 이전에 갈음하여 수용하는 것을 말한다.

(2) 법적 성질

수용효과가 발생하므로 공용수용의 성질을 가지며, 공권이면서 형성권이다.

(3) 구제절차

토지수용위원회의 재결에 의하므로 불복하는 경우 토지보상법 제83조 및 제85조에 따라 이의신청 및 행정소송을 통한 구제가 가능하다.

3. 잔여건축물의 수용(토지보상법 제75조의2)

(1) 의의 및 요건
동일한 소유자에게 속하는 일단의 건축물의 일부가 협의에 의하여 매수되거나 수용됨으로 인하여 잔여건축물을 종래의 목적으로 사용하는 것이 현저히 곤란할 때 그 건축물 소유자가 사업시행자에게 잔여건축물을 매수하여 줄 것을 청구하는 것을 말한다.

(2) 절 차
협의에 의하여 매수하거나 수용된 경우에는 사업시행자에게 매수청구를 하며 사업인정 이후에는 관할 토지수용위원회에 수용을 청구할 수 있다. 이 경우 수용청구는 매수에 관한 협의가 성립되지 아니한 경우에만 하되, 그 사업의 완료일까지 하여야 한다.

Ⅱ 무허가건축물의 보상

1. 의 의
토지보상법 시행규칙 제24조에서는 건축법 등 관계법령에 의하여 허가를 받거나 신고를 하고 건축 또는 용도변경을 하여야 하는 건축물을 허가를 받지 아니하거나 신고를 하지 아니하고 건축 또는 용도변경한 건축물을 무허가건축물 등이라고 한다.

2. 무허가건축물의 보상 여부

> **토지보상법 제25조(토지 등의 보전)**
> ① 사업인정고시가 된 후에는 누구든지 고시된 토지에 대하여 사업에 지장을 줄 우려가 있는 형질의 변경이나 제3조 제2호 또는 제4호에 규정된 물건을 손괴하거나 수거하는 행위를 하지 못한다.
> ② 사업인정고시가 된 후에 고시된 토지에 건축물의 건축·대수선, 공작물(工作物)의 설치 또는 물건의 부가(附加)·증치(增置)를 하려는 자는 특별자치도지사, 시장·군수 또는 구청장의 허가를 받아야 한다. 이 경우 특별자치도지사, 시장·군수 또는 구청장은 미리 사업시행자의 의견을 들어야 한다.
> ③ 제2항을 위반하여 건축물의 건축·대수선, 공작물의 설치 또는 물건의 부가·증치를 한 토지소유자 또는 관계인은 해당 건축물·공작물 또는 물건을 원상으로 회복하여야 하며 이에 관한 손실의 보상을 청구할 수 없다.

(1) 토지보상법 제25조 – 토지 등의 보전

(2) 판 례
지장물인 건물은 그 건물이 적법한 건축허가를 받아 건축된 것인지 여부에 관계없이 토지보상법상 사업인정의 고시 이전 건축된 건물이기만 하면 손실보상의 대상이 됨이 명백하다고 판시한 바 있다.
(99두10896)

(3) 검 토
토지보상법 제25조에 의거 사업인정고시에 따라 고시일 이전 건축물에 대해서는 무허가건축물 여부에 관계없이 보상대상이 된다. 다만 주거용 보상특례 적용은 배제된다고 할 것이다.

3. 사업인정 전 무허가건축물의 보상대상 여부

(1) 문제점
무허가건축물 중 사업인정 전 무허가건축물의 보상대상 여부가 법률에 규정이 없어 해석의 문제가 발생한다. 손실보상의 요건과 관련하여 공공필요, 적법한 침해, 특별한 희생은 문제되지 않으나 재산권 충족 여부가 문제된다.

(2) 허가의 성질과 재산권
허가를 요하는 행위를 허가 없이 행한 것은 처벌의 대상이 될 수 있지만 행위 자체의 효력이 부인되는 것은 아니다. 따라서 허가 유무에 따라 재산권의 범위가 달라질 수 있다.

(3) 판례의 태도 및 검토
판례는 사업인정고시 전에 건축한 건축물은 그 건축허가 유무에 관계없이 손실보상의 대상이 된다고 판시하고 있다. 생각건대 허가는 그 성질에 비추어 행위의 적법성 여부에만 관여하고 유효성 여부와는 무관하므로 재산권 요건을 충족하여 사업인정 전 건축물에 대하여 허가 여부와 무관하게 보상의 대상이라고 판단된다.

Ⅲ 주거용 건축물의 보상특례

1. 개 설
주거용 건축물에 대한 보상특례는 주거의 총체적 가치를 보장하기 위한 것으로 이는 주거용 건축물의 객관적 가치보상으로는 메워지지 않는 생활이익 상실에 대한 보상이므로 생활보상의 성격을 갖는다.

2. 비준가격 보상(토지보상법 시행규칙 제33조 제2항)
주거용 건축물에 있어서는 거래사례비교법에 의하여 평가한 금액이 원가법에 의하여 평가한 금액보다 큰 경우에는 거래사례비교법으로 평가한다.

3. 이주정착금
사업시행자는 이주대책을 수립·실시하지 않거나, 이주대책대상자가 이주정착지가 아닌 다른 지역으로 이주하고자 하는 경우에는 이주정착금을 지급해야 한다. 이주정착금은 주거용 건축물에 대한 평가액의 30퍼센트에 해당하는 금액으로 하되, 최소 1천 2백만원에서 최대 2천 4백만원을 한도로 한다.

4. 최저보상액 600만원 보상
주거용 건축물로서 원가법과 거래사례비교법에 의해 평가한 금액이 600만원 미만인 경우 그 보상액은 600만원으로 한다. 다만 무허가건축물에 대하여는 그러하지 아니하다.

5. 재편입 시의 가산금 지급

공익사업의 시행으로 인하여 주거용 건축물에 대한 보상을 받은 자가 공익사업시행지구·밖의 지역에 매입하거나 건축하여 소유하고 있는 주거용 건축물이 그 보상일로부터 20년 이내에 다른 공익사업시행지구에 편입되는 경우 그 주거용 건축물 및 그 대지에 대하여는 해당 평가액의 30퍼센트를 가산하여 보상한다(최대 1,000만원까지). 다만, 무허가건축물 등을 매입 또는 건축한 경우와 공익사업의 사업인정 고시일, 관계법령 고시 등이 있은 날 이후 매입 또는 건축한 경우 그러하지 아니하다.

6. 이사비

사업시행지구에 편입되는 주거용 건축물의 거주자가 해당 공익사업시행지구 밖으로 이사를 하는 경우에는 이사비를 보상하여야 한다.

제3절 영업손실보상

> **핵심 키워드**
>
> Ⅰ. 의의 및 보상의 성격
>
> Ⅱ. 보상대상 영업요건(토지보상법 시행규칙 제45조)
>
> Ⅲ. 영업의 폐지에 대한 보상
> 1. 영업폐지의 요건
> 2. 보상의 기준
>
> Ⅳ. 영업휴업에 대한 보상
>
> Ⅴ. 무허가영업 등에 대한 보상(토지보상법 시행규칙 제52조)
>
> Ⅵ. 가설건축물에서 행하는 영업이 보상대상에 포함되는지 여부
> 1. 문제점
> 2. 학 설
> 3. 판 례
> 4. 검 토
>
> Ⅶ. 영업의 간접보상
>
> Ⅷ. 관련문제
> 1. 생태하천조성사업과 관련한 영업보상 판례(2013두25863)
> 2. 제주도 신발공장사건 판례(2001다7209) - 가설건축물에서 한 영업에 대하여 영업보상 부정
> 3. 건축허가 이후 건축하지 않고 있다가 사업인정 이후 건축한 경우 축사 판례(2013두19738)
> 4. 5일장사건 판례(2010두26513)
> 5. 미나리사건 판례(2011다27103)

Ⅰ 의의 및 보상의 성격 기출 36회

영업손실보상이란 공익사업의 시행으로 인하여 영업을 폐지하거나 휴업함에 따른 영업손실에 대하여 영업이익과 시설의 이전비용 등을 보상하는 것을 말한다. 이는 합리적 기대이익의 상실이라는 점에서 일실손실의 보상이며, 구체적 내용에 따라 생활보상의 성격과 간접보상의 성격도 가지고 있다.

Ⅱ 보상대상 영업요건(토지보상법 시행규칙 제45조)

영업손실의 보상이 되기 위해서는 (ⅰ) 사업인정고시일 등 전부터 적법한 장소에서 인적·물적 시설을 갖추고 계속적으로 행하고 있는 영업(다만, 무허가건축물 등에서 임차인이 영업하는 경우에는 그 임차인이 사업인정고시일 등 1년 전부터 사업자등록을 하고 행하고 있는 영업), (ⅱ) 영업을 행함에 있어서 관계법령에 의한 허가 등을 필요로 하는 경우에는 사업인정고시일 등 전에 허가 등을 받아 그 내용대로 행하고 있는 영업이어야 한다.

Ⅲ 영업의 폐지에 대한 보상

1. 영업폐지의 요건

영업의 폐지는 (ⅰ) 영업장소 또는 배후지의 특수성으로 인하여 다른 장소에 이전하여서는 해당 영업을 할 수 없는 경우, (ⅱ) 다른 장소에서는 해당 영업의 허가 등을 받을 수 없는 경우, (ⅲ) 혐오감을 주는 영업시설로서 다른 장소로 이전하는 것이 현저히 곤란하다고 시장 등이 객관적인 사실에 근거하여 인정하는 경우이어야 한다.

2. 보상의 기준

영업을 폐지하는 경우 영업손실은 2년간의 영업이익에 영업용 고정자산·원재료·제품 및 상품 등의 매각손실액을 더한 금액으로 한다. 영업이익은 최근 3년간 평균 영업이익을 기준으로 하여 평가하되, 공익사업의 시행이 고시됨으로 인하여 영업이익이 감소된 경우에는 고시 전 3년간의 영업이익을 기준으로 한다. 한편, 개인영업인 경우에는 최저 영업이익을 보장하고 있으며 근로자에 대한 실직보상을 지급한다.

Ⅳ 영업휴업에 대한 보상

영업이 일정기간 휴업하는 경우의 보상으로서 영업장소를 이전하거나 시설물이 일부 편입되거나 임시영업소를 설치하는 경우에 각각 일정액을 보상한다. 또한 근로자에 대해서는 휴직보상을 지급한다.

V 무허가영업 등에 대한 보상(토지보상법 시행규칙 제52조)

사업인정고시일 등 전부터 허가 등을 받아야 행할 수 있는 영업을 허가 등이 없이 행하여 온 자가 공익사업의 시행으로 영업을 계속할 수 없게 된 경우에는 3인 가구 기준 3개월분의 월평균 가계지출비와 영업시설 등의 이전비용을 보상하여야 한다.

VI 가설건축물에서 행하는 영업이 보상대상에 포함되는지 여부

1. 문제점
철거의무를 부담하는 도시관리계획상의 가설건축물에서 행하는 영업 등이 영업보상이 되는지 문제된다.

2. 학설
(ⅰ) 긍정설은 도시관리계획에 저촉되는 가설건축물은 철거해야 하지만 이는 가설건축물의 철거 등 원상회복만 무상으로 하는 것이 아니라고 하는 견해이며, (ⅱ) 부정설은 가설건축물은 무상철거를 조건으로 한시적으로 이용하기 위한 것이므로 영업보상의 대상이 될 수 없다고 보는 견해이다.

3. 판례
판례는 도시계획시설사업의 집행계획이 공고된 토지에 원상회복의무가 있다는 점을 이미 알고 있으므로 무상으로 해당 건축물의 원상회복을 명하는 것이 과도한 침해이거나 특별한 희생이라고 볼 수 없다고 판시하였다. 또한 보상을 청구할 수 없는 손실에는 가설건축물 자체 철거에 따른 손실뿐만 아니라 가설건축물의 철거에 따른 영업손실도 포함된다고 판시하였다.

4. 검토
가설건축물은 허가 등을 받아 건축한 건축물이므로 무허가건축물에 해당하지 않는다. 그렇지만 가설건축물에서의 영업은 해당 공익사업이 시행될 때 건축물의 원상회복과 함께 종료가 예정되어 있으므로 영업보상의 대상이 아니다.

VII 영업의 간접보상

공익사업시행지구 밖에서 영업손실의 보상대상이 되는 영업을 하고 있는 자가 공익사업의 시행으로 인하여 (ⅰ) 배후지의 2/3 이상이 상실되어 그 장소에서 영업을 계속할 수 없게 되거나, (ⅱ) 진출입로의 단절, 그 밖의 부득이한 사유로 인하여 일정한 기간 동안 휴업하는 것이 불가피한 경우에는 영업자의 청구에 의하여 해당 영업을 공익사업시행지구에 편입되는 것으로 보아 보상하여야 한다.

Ⅷ 관련문제

1. 생태하천조성사업과 관련한 영업보상 판례(2013두25863)

무허가건축물을 사업장으로 이용하는 경우 행정규제 탈피, 조세회피, 불법행위를 저지를 가능성이 큰 점, 건축법상 허가절차를 밟을 경우 관계법령에 의하여 불허되거나 규모가 축소되었을 건물에서 법적 제한을 넘어선 규모의 영업을 하고도 그로 인한 손실 전부를 영업손실로 보상받는 것은 불합리하다 하여 보상을 부정하였다.

2. 제주도 신발공장사건 판례 - 가설건축물에서 한 영업에 대하여 영업보상 부정(2001다7209)

도시계획시설사업의 집행계획이 공고된 토지에 대하여 건축한 자는 이러한 사실을 알고도 건축하였다면 원상회복을 명하는 것은 과도한 침해라거나 특별한 희생이라고 볼 수 없으며, 가설건축물을 철거하여야 할 의무를 부담할 뿐만 아니라 가설건축물의 철거에 따른 손실보상을 청구할 수 없고 가설건축물의 철거에 따른 영업손실보상 또한 청구할 수 없다.

3. 건축허가 이후 건축하지 않고 있다가 사업인정 이후 건축한 경우 축사 판례(2013두19738)

건축법상 건축허가를 받았으나 허가받은 건축행위에 착수하지 않고 있는 사이에 사업인정고시가 된 경우 토지보상법 제25조에 의거하여 따로 허가를 받아야 하며, 허가를 받지 않고는 건축물에 관하여 손실보상을 청구할 수 없다.

4. 5일장사건 판례(2010두26513)

국민임대주택단지조성사업 예정지구로 지정된 장터에서 가설물을 설치하고 영업신고 없이 5일장이 서는 날에 정기적으로 음식업을 영위한 경우 영업의 계속성과 시설의 고정성을 인정하여 영업손실의 보상대상자에 해당한다.

5. 미나리사건 판례(2011다27103)

사업시행자가 보상금지급이나 토지소유자의 승낙 없이 공사에 착수하여 영농을 계속할 수 없게 된 경우 2년분의 영농손실보상금과 별도로 공사착공으로 인해 영농을 할 수 없게 된 때부터 수용개시일까지 입은 손해도 배상할 책임이 있다.

제4절 농업손실보상

> **핵심 키워드**
>
> Ⅰ. 의의 및 성격
>
> Ⅱ. 보상의 대상
> 1. 물적 대상(물적 범위)
> 2. 인적 대상(인적 범위)
>
> Ⅲ. 보상의 방법
> 1. 영농손실액(토지보상법 시행규칙 제48조 제1항·제2항)
> 2. 농기구 매각손실액(토지보상법 시행규칙 제48조 제6항)
> 3. 농업손실보상의 간접보상

I 의의 및 성격

농업손실보상이란 공익사업시행으로 인하여 해당 토지가 공익사업에 편입되어 영농을 계속할 수 없게 됨에 따라 발생하는 손실로서, 농민에게 영농손실액을 보상하는 것을 말한다. 이는 전업에 소요되는 기간을 고려한 합리적 기대이익의 상실에 대한 보상으로 일실손실의 보상이며, 유기체적인 생활을 종전 상태로 회복하는 의미에서 생활보상의 성격도 존재한다.

II 보상의 대상

1. 물적 대상(물적 범위)

해당 토지의 지목에도 불구하고 실제로 농작물을 경작하는 경우에는 이를 농지로 본다. 다만, 다음의 경우에는 농지로 보지 않는다(토지보상법 시행규칙 제48조 제3항). (ⅰ) 사업인정고시일 등 이후부터 농지로 이용되고 있는 토지, (ⅱ) 토지이용계획·주위환경 등으로 보아 일시적으로 농지로 이용되고 있는 토지, (ⅲ) 타인소유의 토지를 불법으로 점유하고 경작하고 있는 토지, (ⅳ) 농민이 아닌 자가 경작하고 있는 토지, (ⅴ) 토지의 취득에 대한 보상 이후 사업시행자가 2년 이상 계속하여 경작하도록 허용하는 토지가 그것이다.

2. 인적 대상(인적 범위)

자경농지가 아닌 농지에 대한 영농손실액은 실제 경작자에게 지급한다. 단, 소유자가 해당 지역에 거주하는 경우 협의에 따라 보상하고, 협의가 성립되지 않을 경우 1/2씩 보상한다

III 보상의 방법

1. 영농손실액(토지보상법 시행규칙 제48조 제1항·제2항)

공익사업시행지구에 편입되는 농지에 대해 '해당 도별 연간 농가평균 단위 경작면적당 농작물총수입'의 2년분을 영농손실액으로 지급한다. 다만 국토교통부장관이 고시한 농작물로서 실제소득을 증명한 경우 농작물 총수입 대신 실제소득으로 보상한다.

2. 농기구 매각손실액(토지보상법 시행규칙 제48조 제6항)

경작지의 2/3 이상이 공익사업지구에 편입되어 영농을 계속할 수 없게 된 경우 농기구에 대하여는 매각손실액을 평가하여 보상한다. 매각손실액의 평가가 현실적으로 곤란한 경우에는 원가법에 의해 산정한 가격의 60퍼센트 이내에서 매각손실액을 정할 수 있다.

3. 농업손실보상의 간접보상

농지의 2/3 이상에 해당하는 면적이 공익사업시행지구에 편입됨으로 인하여 영농을 계속할 수 없게 된 농민에 대해서는 공익사업시행지구 밖에서 그가 경작하고 있는 농지에 대하여도 영농손실액을 지급한다.

➕ 알아보기 관련판례

농업손실보상청구권의 법적 성질(공권으로 행정소송절차에 의함)(2009다43461)

'토지보상법 농업손실보상청구권은 공익사업의 시행 등 적법한 공권력의 행사에 의한 재산상의 특별한 희생에 대하여 전체적인 공평부담의 견지에서 공익사업의 주체가 그 손해를 보상하여 주는 손실보상의 일종으로 공법상의 권리임이 분명하므로 그에 관한 쟁송은 민사소송이 아닌 행정소송절차에 의하여야 할 것'이라고 판시한 바 있다.

농업손실의 작목별 평균생산량의 2배를 판매한 금액을 실제소득으로 간주하도록 규정함으로써 실제소득 적용 영농보상금의 '상한'을 설정한 것이 정당보상이나 비례의 원칙에 위배되는지 여부(소극)(2019두32696)

공익사업을 위한 토지 등의 취득 및 보상에 관한 법률 제77조 제4항은 농업손실보상액의 구체적인 산정 및 평가방법과 보상기준에 관한 사항을 국토교통부령으로 정하도록 위임하고 있다. 그 위임에 따라 2013. 4. 25. 국토교통부령 제5호로 개정된 공익사업을 위한 토지 등의 취득 및 보상에 관한 법률 시행규칙(이하 '개정 시행규칙'이라 한다) 제48조 제2항 단서 제1호가 실제소득 적용 영농보상금의 예외로서, 농민이 제출한 입증자료에 따라 산정한 실제소득이 동일 작목별 평균소득의 2배를 초과하는 경우에 해당 작목별 평균생산량의 2배를 판매한 금액을 실제소득으로 간주하도록 규정함으로써 실제소득 적용 영농보상금의 '상한'을 설정하였다.

이와 같은 개정 시행규칙 제48조 제2항 단서 제1호는 영농보상이 장래의 불확정적인 일실소득을 보상하는 것이자 농민의 생존배려·생계지원을 위한 보상인 점, 실제소득 산정의 어려움 등을 고려하여, 농민이 실농으로 인한 대체생활을 준비하는 기간의 생계를 보장할 수 있는 범위 내에서 실제소득 적용 영농보상금의 '상한'을 설정함으로써 나름대로 합리적인 적정한 보상액의 산정방법을 마련한 것이므로, 헌법상 정당보상원칙, 비례원칙에 위반되거나 위임입법의 한계를 일탈한 것으로는 볼 수 없다. – 손실보상금

실제소득 적용 영농보상금의 '상한'을 정한 것이 진정소급입법에 해당하는지 여부(소극)(2019두32696)

사업인정고시일 전부터 해당 토지를 소유하거나 사용권원을 확보하여 적법하게 농업에 종사해 온 농민은 사업인정고시일 이후에도 수용개시일 전날까지는 해당 토지에서 그간 해온 농업을 계속할 수 있다. 그러나 사업인정고시일 이후에 수용개시일 전날까지 농민이 해당 공익사업의 시행과 무관한 어떤 다른 사유로 경작을 중단한 경우에는 손실보상의 대상에서 제외될 수 있다. 사업인정고시가 이루어졌다는 점만으로 농민이 구체적인 영농보상금청구권을 확정적으로 취득하였다고는 볼 수 없으며, 보상협의 또는 재결절차를 거쳐 협의성립 당시 또는 수용재결 당시의 사정을 기준으로 구체적으로 산정되는 것이다.

또한 공익사업을 위한 토지 등의 취득 및 보상에 관한 법률 시행규칙 제48조에 따른 영농보상은 수용개시일 이후 편입농지에서 더 이상 영농을 계속 할 수 없게 됨에 따라 발생하는 손실에 대하여 장래의 2년간 일실소득을 예측하여 보상하는 것이므로, 수용재결 당시를 기준으로도 영농보상은 아직 발생하지 않은 장래의 손실에 대하여 보상하는 것이다. 따라서 공익사업을 위한 토지 등의 취득 및 보상에 관한 법률 시행규칙 부칙(2013. 4. 25.) 제4조 제1항이 영농보상금액의 구체적인 산정방법·기준에 관한 2013. 4. 25. 국토교통부령 제5호로 개정된 공익사업을 위한 토지 등의 취득 및 보상에 관한 법률 시행규칙(이하 '개정 시행규칙'이라 한다) 제48조 제2항 단서 제1호를 개정 시행규칙 시행일 전에 사업인정고시가 이루어졌으나 개정 시행규칙 시행 후 보상계획의 공고·통지가 이루어진 공익사업에 대해서도 적용하도록 규정한 것은 진정소급입법에 해당하지 않는다. – 손실보상금

실패하는 길은 여럿이나 성공하는 길은 오직 하나다.

— 아리스토텔레스 —

제4편

부동산 가격공시에 관한 법률

CHAPTER 01 표준지공시지가
CHAPTER 02 개별공시지가
CHAPTER 03 주택가격공시제도
CHAPTER 04 비주거용 부동산가격의 공시
CHAPTER 05 부동산가격공시위원회
CHAPTER 06 공시지가 관련 논점

CHAPTER 01 표준지공시지가

제1절 표준지공시지가

> **핵심 키워드**
>
> I. 의의 및 취지(부동산공시법 제1조)
>
> II. 법적 성질
>   1. 문제점
>   2. 학설
>   (1) 행정행위설
>   (2) 행정계획설
>   (3) 행정규칙설
>   (4) 법규명령의 성질을 갖는 고시설
>   3. 판례 – 하자승계의 판례이면서 처분성 근거의 판례(2007두13845)
>   4. 검토
>
> III. 표준지공시지가의 공시절차
>
> IV. 표준지공시지가의 효력 및 적용
>   1. 표준지공시지가의 효력(부동산공시법 제9조)
>   2. 적용범위

I 의의 및 취지(부동산공시법 제1조)

표준지공시지가란 부동산공시법이 정한 절차에 따라 국토교통부장관이 조사·평가하여 공시한 표준지의 단위면적당 가격을 말한다. 이는 적정가격형성 도모 및 국민경제발전에의 이바지 등에 그 취지가 인정된다.

II 법적 성질 기출 36회

1. 문제점

부동산공시법에는 공시지가에 대한 항고소송을 규정하고 있지 않으므로, 이에 대한 처분성 유무에 따라 행정쟁송제기 가능 여부가 문제된다.

2. 학설

(1) 행정행위설

표준지공시지가는 보상액 산정 및 개발부담금 산정에 있어서 구속력을 갖는다는 견해이다.

(2) 행정계획설
표준지공시지가는 지가정책집행의 활동기준 및 내부적 효력만을 갖는 구속력 없는 행정계획이라고 보는 견해이다.

(3) 행정규칙설
표준지공시지가는 개별성, 구체성을 결여한 지가정책의 사무처리기준이라는 견해이다.

(4) 법규명령의 성질을 갖는 고시설
표준지공시지가는 각종 부담금 및 개별공시지가 산정의 기준이 되고 위법한 표준지공시지가를 기준으로 행하여진 처분도 위법하다고 보아야 하므로 법규명령의 성질을 갖는 고시로 보아야 한다는 견해이다.

3. 판례 – 하자승계의 판례이면서 처분성 근거의 판례(2007두13845)
표준지공시지가결정이 위법한 경우에는 그 자체를 행정소송의 대상이 되는 행정처분으로 보아 그 위법 여부를 다툴 수 있음은 물론 보상금증감청구소송에서도 비교표준지의 위법을 독립한 사유로 주장할 수 있다고 판시하여 표준지공시지가의 처분성을 인정하였다.

4. 검 토
법률관계의 조속한 확정 및 법적 안정성의 도모를 위해 처분성을 인정함이 타당하다.

Ⅲ 표준지공시지가의 공시절차 기출 29회

국토교통부장관은 표준지 선정 및 관리지침에 따라 표준지를 선정하고, 둘 이상의 감정평가법인등에게 표준지의 적정가격 조사·평가를 의뢰하며, 감정평가업자는 관할 시·군·구청장의 의견을 듣고, 공시일 현재의 적정가격을 조사·평가한다. 이후 국토교통부장관은 중앙부동산가격공시위원회의 심의를 거쳐 공시해야 한다.

Ⅳ 표준지공시지가의 효력 및 적용

1. 표준지공시지가의 효력(부동산공시법 제9조)
표준지공시지가는 토지시장에 지가정보를 제공하고 일반적인 토지거래의 지표가 되며, 국가·지방자치단체 등이 그 업무와 관련하여 지가를 산정하거나 감정평가법인등이 개별적으로 토지를 감정평가하는 경우에 그 기준이 된다.

2. 적용범위
개별공시지가 산정의 기준이 되고 표준지공시지가를 감가조정하여 공공용지의 매수, 토지의 수용·사용에 대한 보상, 국유지·공유지의 취득, 처분 등 행정목적을 위한 산정의 기준이 된다.

제2절 표준지공시지가에 대한 불복 기출 33회

> **핵심 키워드**
>
> I. 개 설
>
> II. 이의신청
> 1. 의의 및 취지
> 2. 이의신청의 성격
>   (1) 학 설
>   (2) 재결례 변경
>   (3) 검 토
> 3. 이의신청의 절차 및 효과
>
> III. 행정심판
>
> IV. 행정소송
> 1. 의의 및 종류
> 2. 행정심판임의주의
> 3. 소송요건
>   (1) 대상적격 및 관할
>   (2) 원고적격
>   (3) 제소기간
>   (4) 소송제기 효과
>   (5) 심리 및 판결
>
> V. 표준지공시지가와 하자승계의 문제
> 1. 표준지공시지가와 개별공시지가(부정)(95누9808)
> 2. 표준지공시지가와 과세처분(부정)(96누7649)
> 3. 표준지공시지가결정과 수용재결의 하자승계(인정)(2007두13845)

I 개 설

표준지공시지가의 처분성 인정 여부에 따라 불복방법이 달라진다. 처분성을 긍정하는 입장에 따르면 이의신청을 거치고 그에 불복이 있으면 행정심판 또는 행정소송을 제기할 수 있다. 그러나 처분성을 부정하는 입장에 따르면 행정심판 및 행정소송을 제기할 수 없고 이의신청만을 제기할 수 있다.

II 이의신청

1. 의의 및 취지

부동산공시법상 이의신청이란 표준지공시지가에 이의가 있는 자가 국토교통부장관에게 이의를 신청하고 국토교통부장관이 이를 심사하도록 하는 제도로서 이는 공시지가의 객관성을 확보하여 공신력을 높여주는 제도적 취지가 인정된다.

2. 이의신청의 성격

(1) 학 설

이의신청의 처분성이 인정되고 부동산가격공시위원회의 심의를 규정하고 있다는 점에서 특별법상 행정심판으로 보는 견해와 이의신청은 처분청인 국토교통부장관에게 하도록 되어 있다는 점에서 강학상 이의신청으로 보는 견해가 있다.

(2) 재결례 변경
종전 대법원은 표준지공시지가 이의신청에 대해서는 특별법상 행정심판으로 보았으나, 최근 중앙행정심판위원회에서 재결례를 변경하여 강학상 이의신청으로 보고 있다.

(3) 검토
처분청인 국토교통부장관에게 신청하는 것이라는 점, 국민의 권리구제에 유리하다는 점 등을 이유로 강학상 이의신청으로 봄이 타당하다.

3. 이의신청의 절차 및 효과
공시일로부터 30일 이내에 서면으로 국토교통부장관에게 이의신청을 하고 국토교통부장관은 이의신청기간 만료일부터 30일 이내에 이를 심사하고 그 결과를 신청인에게 통지해야 한다. 이의가 타당한 경우 표준지공시지가를 조정하여 재공시(직권변경처분)해야 한다.

Ⅲ 행정심판
최근 판례의 태도에 따르면 이의신청을 거친 경우나 거치지 않은 경우 모두 행정심판을 제기할 수 있다고 본다.

Ⅳ 행정소송

1. 의의 및 종류
위법한 표준지공시지가의 결정·공시에 대해 취소 또는 변경을 구할 효력의 존재 여부를 확인할 이익이 있는 자는 국토교통부장관을 피고로 관할행정법원에 취소소송 및 무효등확인소송을 제기할 수 있다.

2. 행정심판임의주의
행정소송법 제19조에서 행정심판임의주의를 원칙으로 규정하고 있는 점에 비추어 볼 때, 행정심판을 거치지 않은 경우라도 행정소송을 제기할 수 있을 것이다.

3. 소송요건

(1) 대상적격 및 관할
표준지공시지가는 처분성이 인정되므로 표준지공시지가를 대상으로 토지소재지의 행정법원에 소를 제기할 수 있다.

(2) 원고적격
토지소유자는 원고적격을 갖고 있으나, 인근 주민에게 원고적격이 인정되는지가 문제된다. 부동산공시법 시행령 제12조에서는 표준지공시지가에 대하여 이의신청을 제기할 수 있는 자를 표준지 소유자에 한정하지 않고, 표준지의 이용자, 그 밖에 법률상 이해관계를 가진 자도 포함시키고 있다. 이러한 부동산공시법의 입법취지 및 목적, 표준지공시지가의 영향범위 등을 고려할 때 인근 주민도 원고적격이 인정된다 할 것이다.

(3) 제소기간 기출 31회·36회

① 문제점

행정소송법 제20조에서는 처분이 있음을 안 날로부터 90일, 있은 날로부터 1년의 제소기간을 규정하고 있다. 표준지공시지가와 개별공시지가처럼 처분 등이 공고, 고시로 이루어지는 경우 이의 해석이 문제된다.

② 처분 등 공고, 고시로 이루어진 경우 '있은 날'

'처분이 있은 날'이란 처분이 공고, 고시에 의해 외부에 표시되어 효력이 발생한 날을 의미한다. 부동산공시법상 이의신청 제기기간을 공시일로부터 30일로 규정하므로, 이와 균형을 도모하기 위해 공시일을 있은 날로 봄이 타당하다.

③ 처분 등 공고, 고시로 이루어진 경우 '안 날'

'안 날'은 통지·공고 등으로 현실적으로 안 날을 의미한다. 간접적으로 처분이 있음을 안 것에 불과한 경우는 안 것에 해당하지 않는다. 개별통지가 이루어지지 않은 경우 문제가 된다. 공시일이 '안 날'을 의미한다는 명문규정이 없으므로 '현실적으로 안 날'로 보는 견해와 불특정 다수의 이해관계와 관련하여 공시가 적절한 수단이고 불가쟁력의 기산점을 통일하여 법적 안정성을 도모해야 하므로 '공시일'로 보는 견해가 있다. 판례는 공고, 고시의 상대방은 불특정 다수이고, 효력이 일률적으로 적용되는 것이므로 공시가 효력을 발생하는 날에 행정처분이 있음을 알았다고 보아야 한다고 판시하여 공시일을 '안 날'로 보고 있다.

(4) 소송제기 효과

표준지공시지가에 대한 항고소송이 제기되면 관할법원에 사건이 계속되며 법원은 이를 심리하고 판결할 의무가 발생하게 된다. 표준지공시지가에 대한 항고소송이 제기되었다 하더라도 해당 처분의 효력 등에 아무런 영향을 주지 않는다(집행부정지).

(5) 심리 및 판결

법원은 당사자의 주장을 심리하고 당사자의 주장이 이유가 있는 경우에는 인용판결을 할 수 있고, 이유가 없는 경우에는 기각판결을 할 수 있다. 소송요건을 갖추지 못한 경우에는 각하판결을 해야 할 것이다.

Ⅴ 표준지공시지가와 하자승계의 문제

1. 표준지공시지가와 개별공시지가(부정)(95누9808)

표준지로 선정된 토지의 공시지가에 대하여 불복하기 위해서는 지가공시 및 토지 등의 평가에 관한 법률 제8조 제1항 소정의 이의절차를 거쳐 처분청을 상대로 공시지가결정의 취소를 구하는 행정소송을 제기하여야 하고, 그러한 절차를 밟지 아니한 채 개별토지가격 결정을 다투는 소송에서 개별토지가격 산정의 기초가 된 표준지공시지가의 위법성을 다툴 수는 없다.

2. 표준지공시지가와 과세처분(부정)(96누7649)

개별토지가격에 대한 불복방법과는 달리 표준지의 공시지가에 대한 불복방법을 지가공시 및 토지 등의 평가에 관한 법률 제8조 제1항 소정의 절차를 거쳐 처분청을 상대로 다툴 수 있을 뿐 그러한 절차를 밟지 아니한 채 조세소송에서 그 공시지가결정의 위법성을 다툴 수 없도록 제한하고 있는 것은 표준지의 공시지가와 개별토지가격은 그 목적·대상·결정기관·결정절차·금액 등 여러 가지 면에서 서로 다른 성질의 것이라는 점을 고려한 것이므로, 이러한 차이점에 근거하여 표준지의 공시지가에 대한 불복방법을 개별토지가격에 대한 불복방법과 달리 인정한다고 하여 그것이 헌법상 평등의 원칙, 재판권 보장의 원칙에 위반된다고 볼 수 없다.

3. 표준지공시지가결정과 수용재결의 하자승계(인정)(2007두13845)

토지소유자는 수용재결 등 구체적 불이익이 현실적으로 나타났을 경우 권리구제의 길을 찾는 것이 우리 국민의 권리의식이고, 항상 토지가격을 주시하여 시정하도록 요구하는 것은 부당하게 높은 주의의무를 지우는 것이며, 수용재결 등 후행 행정처분에서 표준지공시지가 결정의 위법을 주장할 수 없도록 하는 것은 수인한도를 넘는 불이익을 강요하는 것으로, 국민의 재산권과 재판받을 권리를 보장하기 위하여 수용보상금의 증액을 구하는 소송에서도 표준지공시지가 결정의 위법을 독립한 사유로 주장할 수 있다고 판시하였다.

CHAPTER 02 개별공시지가

제1절 개별공시지가 일반 〔기출〕 34회

> **핵심 키워드**
>
> Ⅰ. 의의 및 취지(부동산공시법 제10조)
> Ⅱ. 법적 성질
> 1. 문제점
> 2. 학 설
>   (1) 행정행위설
>   (2) 행정규칙설
>   (3) 사실행위설
>   (4) 법규명령의 성질을 갖는 고시설
> 3. 판 례
> 4. 검 토
>
> Ⅲ. 개별공시지가의 공시절차
> Ⅳ. 개별공시지가의 효력 및 적용

Ⅰ 의의 및 취지(부동산공시법 제10조)

개별공시지가란 시장·군수 또는 구청장이 공시하는 국세·지방세 등 각종 세금의 부과, 그 밖의 다른 법령에서 정하는 목적을 위한 지가의 산정에 사용하도록 하기 위하여 시·군·구 부동산가격공시위원회의 심의를 거쳐 매년 공시지가의 공시기준일 현재 관할구역 안의 개별토지에 대하여 결정·공시하는 단위면적당 적정가격을 말한다. 이는 조세 및 개발부담금 산정의 기준이 되어 행정의 효율성 제고를 도모함에 그 제도적 취지가 인정된다.

Ⅱ 법적 성질

1. 문제점

개별공시지가의 처분성 인정 여부가 문제된다. 논의의 실익은 개별공시지가 산정절차상 하자의 위법성 인정 여부, 항고쟁송의 대상적격을 인정할 수 있는지 여부에 있다.

2. 학설

(1) 행정행위설
개별공시지가는 과세의 기준이 되어 국민의 권리·의무에 직접 영향을 미치므로 행정행위성을 갖는다는 견해이다.

(2) 행정규칙설
개별공시지가는 직접 국민의 권리·의무에 미치는 영향이 없고, 후행 행정처분의 부과기준으로서 역할을 하는 일반적·추상적 규율에 불과하다는 견해이다.

(3) 사실행위설
개별공시지가는 개별토지가격을 알리는 사실행위로서 이는 가격지침으로서의 기능을 한다고 보는 견해이다.

(4) 법규명령의 성질을 갖는 고시설
개별공시지가는 법령에 근거하여 결정되며 여러 행정처분의 기준이 되는 것이므로 법규명령의 성질을 갖는 고시에 준하는 성질을 갖는 것으로 보아야 한다는 견해이다.

3. 판례
대법원은 개별공시지가는 과세의 기준이 되어 국민의 권리·의무 내지 법률상 이익에 직접적으로 관계된다고 하여 처분성을 인정하였다.

4. 검토
개별공시지가는 이후 과세처분의 직접적 기준이 되어 개인의 재산권에 직접 영향을 미치므로 항고소송의 대상인 처분으로 보아야 함이 타당하다.

III 개별공시지가의 공시절차

시·군·구청장이 개별공시지가를 산정하고, 그 타당성에 대하여 감정평가업자에게 검증을 받고, 토지소유자 및 이해관계인의 의견을 청취한다. 그 후 시·군·구 부동산가격공시위원회의 심의 후 결정·공시하며, 필요시 개별통지할 수 있다(하자의 승계 문제).

IV 개별공시지가의 효력 및 적용

개별공시지가는 토지 관련 국세, 지방세 및 각종 부담금의 부과를 위한 과세표준이 된다. 따라서 개별공시지가를 기준으로 일정세율을 곱하여 조세 및 부담금을 부과하게 된다. 다만, 개별공시지가를 기준으로 하여 행정목적에 활용하기 위해서는 다른 법률에 명시적으로 규정이 있어야 하므로 명시적인 규정이 없는 경우에는 표준지공시지가를 기준으로 개별적으로 토지가격을 산정하여야 할 것이다.

제2절 개별공시지가에 대한 불복

> **핵심 키워드**
>
> Ⅰ. 개 설
>
> Ⅱ. 이의신청
> 1. 의의 및 취지
> 2. 이의신청의 성격
>   (1) 학 설
>   (2) 판 례
>   (3) 검 토
> 3. 이의신청의 절차 및 효과
>
> Ⅲ. 행정심판
>
> Ⅳ. 행정소송
> 1. 의의 및 종류
> 2. 행정심판임의주의
> 3. 소송요건
>   (1) 대상적격
>   (2) 원고적격
>   (3) 제소기간
>
> Ⅴ. 개별공시지가와 과세처분의 하자승계
> 1. 긍정한 판례(93누8542)
> 2. 부정한 판례(96누6059)

Ⅰ 개 설

개별공시지가의 법적 성질을 어떻게 보느냐에 따라 불복절차의 내용이 달라진다. 개별공시지가의 처분성을 긍정하는 견해에 의하면 항고소송을 제기할 수 있으나, 처분성을 부정하는 견해에 의하면 후행(과세)처분 단계에서 개별공시지가의 위법을 간접적으로 다툴 수 있다. 다음에서는 처분성을 긍정하는 견해에 따라 설명하기로 한다.

Ⅱ 이의신청 기출 34회

1. 의의 및 취지

개별공시지가에 대하여 이의가 있는 자가 시·군·구청장에게 이의를 신청하고 시·군·구청장이 이를 심사하는 제도로서, 이는 공시지가의 객관성을 확보하여 공신력을 높여주는 제도적 취지가 인정된다.

2. 이의신청의 성격

(1) 학 설

처분청인 지방자치단체에 대하여 제기한다는 점 등을 논거로 본래의 강학상 이의신청이라는 견해와 개별공시지가의 목적 등을 고려할 때 전문성과 특수성이 요구되며 행정심판법 제4조의 규정취지를 감안할 때 특별법상 행정심판으로 보아야 한다는 견해가 있다.

(2) 판례

최근 개별공시지가와 관련된 판례는 이의신청을 제기한 이후에도 별도로 행정심판을 제기할 수 있다고 판시한 바 있다.

부동산 가격공시에 관한 법률에 행정심판의 제기를 배제하는 명시적 규정이 없고 이의신청과 행정심판은 그 절차 및 기간에 차이가 있는 점을 종합하면, 행정심판법 제3조 제1항에서 행정심판의 제기를 배제하는 "다른 법률에 특별한 규정이 있는 경우"에 해당한다고 볼 수 없으므로 곧바로 행정소송을 제기하거나, 이의신청과 행정심판 청구 중 어느 하나만을 거쳐 행정소송을 제기할 수 있을 뿐만 아니라, 이의신청을 하고 행정심판을 거쳐 행정소송을 제기할 수 있다고 보아야 한다. 이 경우 제소기간은 재결서 정본을 받은 날부터 기산한다고 판시한 바 있다.

(3) 검토

부동산공시법상의 이의신청은 처분청인 시·군·구청장에게 제기한다는 점을 고려하고 국민의 권리구제를 위한다면 본래의 강학상 이의신청이라 봄이 타당하다.

3. 이의신청의 절차 및 효과

공시일로부터 30일 이내에 서면으로 시·군·구청장에게 이의신청을 하고 시·군·구청장은 기간만료일부터 30일 이내에 심사하고 그 결과를 신청인에게 통지해야 한다. 이의가 타당한 경우 개별공시지가를 조정하여 재공시해야 한다.

Ⅲ 행정심판 기출 34회

이의신청을 거치지 않고 행정심판을 제기할 수 있고, 이의신청을 거친 경우에도 행정심판을 제기할 수 있을 것이다.

Ⅳ 행정소송 기출 32회·34회

1. 의의 및 종류

위법한 개별공시지가의 결정·공시에 대해 취소 또는 변경을 구할 효력의 존재 여부를 확인할 이익이 있는 자는 시·군·구청장을 피고로 관할 행정법원에 취소소송 및 무효등확인소송을 제기할 수 있다.

2. 행정심판임의주의

행정소송법 제18조에서 행정심판임의주의를 원칙으로 규정하는 점에 비추어 볼 때, 행정심판을 거치지 않은 경우라도 행정소송을 제기할 수 있을 것이다.

3. 소송요건

(1) 대상적격
개별공시지가는 처분성이 인정되므로 항고소송의 대상적격이 인정된다.

(2) 원고적격
개별공시지가의 토지소유자는 개별공시지가를 다툴 법률상 이익이 인정되므로 원고적격이 있으나 인근 주민에게 개별공시지가를 다툴 원고적격이 있는지가 문제인데, 개별공시지가는 해당 토지에 대한 과세기준이 될 뿐 인근 토지의 가격에 영향을 미치지 않으므로 인근 주민에게 원고적격은 없다고 본다.

(3) 제소기간 기출 32회

① 문제점

행정소송법 제20조에서는 처분이 있음을 안 날로부터 90일, 있은 날로부터 1년의 제소기간을 규정하고 있다. 표준지공시지가와 개별공시지가처럼 처분 등이 공고, 고시로 이루어지는 경우 이의 해석이 문제된다.

② 처분 등 공고, 고시로 이루어진 경우 '있은 날'

'처분이 있은 날'이란 처분이 공고, 고시에 의해 외부에 표시되어 효력이 발생한 날을 의미한다. 부동산공시법상 이의신청 제기기간을 공시일로부터 30일로 규정하므로, 이와 균형을 도모하기 위해 공시일을 있은 날로 봄이 타당하다. 판례도 공고일부터 효력이 발생한다고 판시한 바 있다.

③ 처분 등 공고, 고시로 이루어진 경우 '안 날'(표준지공시지가와 다르게 현실적으로 '안 날' 의미)

'안 날'은 통지·공고 등으로 현실적으로 안 날을 의미한다. 간접적으로 처분이 있음을 안 것에 불과한 경우는 안 것에 해당하지 않는다. 개별통지가 이루어지지 않은 경우 문제가 된다. 판례는 개별토지가격결정과 같이 처분의 효력이 각 상대방에게 개별적으로 발생하는 경우는 개별토지가격결정처분이 있음을 알았다고까지 의제할 수 없으므로 행정심판법 제27조 제3항을 적용하여 180일 이내에 소송을 제기할 수 있다고 판시한 바 있다.

④ 소송제기 효과

개별공시지가에 대한 항고소송이 제기되면 관할법원에 사건이 계속되며 법원은 이를 심리하고 판결할 의무가 발생하게 된다. 개별공시지가에 대한 항고소송이 제기되었다 하더라도 해당 처분의 효력 등에 아무런 영향을 주지 않는다(집행부정지).

Ⅴ 개별공시지가와 과세처분의 하자승계

1. 긍정한 판례(93누8542)

두 개 이상의 행정처분이 연속적으로 행하여지는 경우 선행처분과 후행처분이 서로 결합하여 1개의 법률효과를 완성하는 때에는 선행처분에 하자가 있으면 그 하자는 후행처분에 승계되므로 선행처분에 불가쟁력이 생겨 그 효력을 다툴 수 없게 된 경우에도 선행처분의 하자를 이유로 후행처분의 효력을 다툴 수 있는 반면, 선행처분과 후행처분이 서로 독립하여 별개의 법률효과를 목적으로 하는 때에는 선행처분에 불가쟁력이 생겨 그 효력을 다툴 수 없게 된 경우에는 선행처분의 하자가 중대하고 명백하여 당연 무효인 경우를 제외하고는 선행처분의 하자를 이유로 후행처분의 효력을 다툴 수 없는 것이 원칙이다. 그러나 선행처분과 후행처분이 서로 독립하여 별개의 효과를 목적으로 하는 경우에도 선행처분의 불가쟁력이나 구속력이 그로 인하여 불이익을 입게 되는 자에게 수인한도를 넘는 가혹함을 가져오며, 그 결과가 당사자에게 예측가능한 것이 아닌 경우에는 국민의 재판받을 권리를 보장하고 있는 헌법의 이념에 비추어 선행처분의 후행처분에 대한 구속력은 인정될 수 없다.

2. 부정한 판례(96누6059) 기출 29회

원고가 그 사건 토지를 매도한 이후에 그 양도소득세 산정의 기초가 되는 개별공시지가결정에 대하여 한 재조사청구에 따른 조정결정을 통지받고서도 더 이상 다투지 아니한 경우까지 선행처분인 개별공시지가결정의 불가쟁력이나 구속력이 수인한도를 넘는 가혹한 것이거나 예측불가능하다고 볼 수 없어, 위 개별공시지가결정의 위법을 이 사건 과세처분의 위법사유로 주장할 수 없다.

제3절 토지가격비준표

> **핵심 키워드**
>
> I. 의의 및 취지(부동산공시법 제3조 제8항)
> II. 법적 성질
>   1. 문제점
>   2. 학설
>   3. 판례
>   4. 검토
> III. 토지가격비준표의 내용
> IV. 권리구제(작성상 하자와 활용상 하자)
>   1. 작성상 하자
>   2. 활용상 하자
> V. 토지가격비준표의 문제점 및 개선방안

I. 의의 및 취지(부동산공시법 제3조 제8항)

토지가격비준표는 표준지와 개별토지의 지가형성요인에 관한 표준적인 비교표이다. 이는 표준지를 기준으로 개별토지의 대량평가를 위하여 작성된 객관적인 지가산정표로서, 행정목적을 위한 지가산정 시 비용절감 및 전문성을 보완함에 그 제도적 취지가 인정된다.

II. 법적 성질

1. 문제점

토지가격비준표의 법적 성질에 따라 그 활용상 하자가 존재하는 경우 위법성 판단구조가 달라진다.

2. 학설

(i) 법치주의의 원리상 법규명령의 제정절차를 거치지 아니한 규범은 법규명령으로 볼 수 없다고 보는 행정규칙설, (ii) 법령의 위임에 따라 법령을 보충하는 실질을 중시하여 법규명령으로 보는 법규명령설, (iii) 상위규범을 구체화하는 규범구체화행정규칙설, (iv) 우리 헌법상 행정규칙 형식의 법규명령은 허용되지 않는다고 보는 위헌무효설, (v) 법규명령의 효력을 가지는 행정규칙으로 보는 견해 등이 있다.

3. 판례

국세청장의 훈령인 재산세사무처리규정의 법적 성질을 법령보충규칙으로 법규명령적 성질을 가지고 있는 것으로 보아야 한다고 판시한 바 있다.

4. 검토

법령을 보충하여 대외적 효력이 인정되는 이상 그 보충규정의 내용이 위임법령의 위임한계를 벗어났다는 등 특별한 사정이 없는 한 법규명령으로 보아 재판규범으로 효력을 인정하는 것이 당사자의 권리구제 측면에서 타당하다고 본다.

Ⅲ 토지가격비준표의 내용

토지의 가격형성에 영향을 미치는 주요한 항목을 설정하여 다중회귀분석에 의해 작성되며 공통비준표와 지역비준표가 있다. 이는 대량의 토지를 일시에 평가하는 경우 합리적인 산정기준을 제시하여 자의성을 배제하는 기능을 가지며, 개별공시지가 산정 및 각 행정목적을 위한 지가산정에 활용된다.

Ⅳ 권리구제(작성상 하자와 활용상 하자)

1. 작성상 하자

토지가격비준표는 그 작성 자체가 국민의 권리·의무에 직접 영향을 미친다고 보이지는 않으므로, 작성상 하자가 있더라도 쟁송의 제기는 불가능하다 할 것이다. 판례 역시 가격배율이나 토지특성 항목의 변경을 이유로 하는 행정쟁송의 제기를 부정하였다. 또한 비준표상의 토지의 특성 및 평가요소 등이 추가 또는 제외됨으로 인하여 가격상승 또는 가격하락이 있게 되었다는 것만으로는 개별토지가격결정이 부당하다고 하여 이를 다툴 수 없다고 하였다.

2. 활용상 하자

토지가격비준표를 통한 가격배율 추출상의 하자와 같이 활용상의 하자는 개별공시지가 산정절차의 하자가 된다. 따라서 개별공시지가 공시의 처분성을 인정하는 견해에 따르면 이에 불복하여 행정쟁송을 제기할 수 있다. 이는 토지가격비준표를 통한 표준지와 해당 토지의 특성조사·비교에 잘못이 있거나, 가격조정률을 잘못 추출한 경우를 말하며, 기타 틀린 계산·오기로 인하여 지가산정이 잘못된 경우도 포함된다.

Ⅴ 토지가격비준표의 문제점 및 개선방안

토지가격비준표는 개별성을 지니는 토지의 일률적 비교로서 개별필지 간의 지가불균형, 적정가격과의 괴리, 통계오차 등의 문제점을 지닐 수 있다. 이러한 문제점을 해결하기 위해 정확한 토지특성의 조사, 지역의 세분화 및 동일 수급권별 작성 및 적용의 탄력성 부여 등을 통한 개별토지가격의 적정성 확보를 위한 노력이 필요하다.

제4절 개별공시지가 검증제도

> **핵심 키워드**
>
> Ⅰ. 의의 및 취지(부동산공시법 제10조 제5항 및 제6항)
>
> Ⅱ. 법적 성질
>
> Ⅲ. 검증의 내용
> 1. 주체 및 책임
> 2. 검증의 종류
>   (1) 산정지가검증(부동산공시법 제10조 제5항 및 동법 시행령 제18조)
>   (2) 의견제출 지가검증
>   (3) 이의신청 지가검증
> 3. 검증의 실시 및 생략
> 4. 검증을 결한 개별공시지가의 효력
>
> Ⅳ. 문제점 및 개선방향

Ⅰ 의의 및 취지(부동산공시법 제10조 제5항 및 제6항)

개별공시지가 검증이란 개별토지가격에 대하여 검증을 의뢰받은 감정평가법인등이 토지특성조사, 비교표준지 선정, 토지가격비준표의 적용 등을 종합적으로 검토하여 지가의 적정성을 판단하는 과정이다. 이는 담당공무원의 비전문성을 보완하고 개별공시지가의 객관성, 신뢰성을 확보하는 데에 그 취지가 있다.

Ⅱ 법적 성질

개별공시지가의 검증은 검증 자체로는 법률효과의 발생이 없으며, 개별공시지가 산정에 대한 적정성을 단순히 확인하고 의견을 제시하는 것이므로 사실행위로 볼 수 있다.

Ⅲ 검증의 내용

1. 주체 및 책임

개별공시지가 검증의 주체는 감정평가법인등이며, 시·군·구청장은 해당 지역의 표준지공시지가를 조사·평가한 감정평가법인등 또는 감정평가실적 등이 우수한 감정평가법인등에게 검증을 의뢰하여야 한다.

2. 검증의 종류

(1) 산정지가검증(부동산공시법 제10조 제5항 및 동법 시행령 제18조)

산정지가검증이란 시장·군수·구청장이 산정한 지가에 대하여 지가현황도면 및 지가조사자료를 기준으로 실시하는 검증을 말한다. 이는 전체필지를 대상으로 하는 필수절차로 도면상 검증이고, 지가열람 전에 실시하는 검증이다.

(2) 의견제출 지가검증

의견제출 지가검증이란 시장·군수·구청장이 산정한 지가에 대하여 토지소유자 및 기타 이해관계인이 지가열람 및 의견제출기간 중에 의견을 제출한 경우 실시하는 검증을 말한다.

(3) 이의신청 지가검증

이의신청 지가검증이란 시장·군수·구청장이 개별공시지가를 결정·공시한 후 토지소유자 등이 이의신청을 제기한 경우에 실시하는 검증을 말한다.

3. 검증의 실시 및 생략

시장·군수·구청장은 감정평가법인등의 검증이 필요 없다고 인정되는 경우 검증을 생략할 수 있으며, 감정평가법인등의 검증을 생략하고자 하는 때에는 해당 토지가 소재하는 시·군·구의 연평균 지가변동률의 차이가 작은 순으로 대상토지를 선정하여 검증을 생략한다. 다만, 개발사업이 시행되거나 용도지역·지구가 변경되는 등의 사유가 발생한 토지에 대하여는 검증을 실시하여야 한다.

4. 검증을 결한 개별공시지가의 효력

검증을 임의적으로 생략하거나 하자가 있는 검증은 개별공시지가의 효력에 영향을 미치게 되며 그 하자의 정도에 따라 개별공시지가 결정을 무효 또는 취소로 만든다.

Ⅳ 문제점 및 개선방향

개별공시지가 검증기간의 부족, 자료의 부족, 검증수수료의 현실화 문제 등이 있다. 이에 대하여 충분한 검증기간의 부여, 공무원의 협조요청, 검증수수료의 현실화 등의 방안을 모색하여야 한다.

제5절 개별공시지가 정정제도 기출 35회

> **핵심 키워드**
>
> Ⅰ. 의의 및 취지(부동산공시법 제12조)
>
> Ⅱ. 정정사유
>
> Ⅲ. 정정절차
>
> Ⅳ. 정정의 효과
>
> Ⅴ. 관련문제(정정신청에 대한 행정청의 거부행위에 대한 불복가능성)

Ⅰ 의의 및 취지(부동산공시법 제12조)

직권정정제도란 개별공시지가에 틀린 계산·오기 등 명백한 오류가 있는 경우 이를 직권으로 정정할 수 있는 제도이다. 이는 개별공시지가의 적정성을 담보하기 위한 수단으로서 불필요한 행정쟁송을 방지하여 행정의 능률화를 도모함에 그 취지가 있다.

Ⅱ 정정사유 기출 31회

개별공시지가에 틀린 계산, 오기, 표준지선정의 착오 및 대통령령으로 정하는 명백한 오류가 있는 경우 정정할 수 있다. 대통령령으로 정하는 명백한 오류란 (ⅰ) 토지소유자의 의견청취 또는 공시절차를 완전히 이행하지 않은 경우, (ⅱ) 용도지역 등 토지가격에 영향을 미치는 주요 요인의 조사를 잘못한 경우, (ⅲ) 토지가격비준표의 적용에 오류가 있는 경우 등이 있다.

Ⅲ 정정절차

오류를 정정하고자 하는 때에는 시·군·구 부동산가격공시위원회의 심의를 거쳐 정정사항을 결정·공시하여야 한다. 다만, 계산이 잘못되거나 기재에 오류가 있는 경우에는 심의를 거치지 아니하고 직권으로 정정하여 결정·공시할 수 있다.

Ⅳ 정정의 효과

개별공시지가가 정정된 경우에는 새로이 개별공시지가가 결정·공시된 것으로 본다. 다만, 그 효력발생시기에 대해 판례는 지가산정에 명백한 잘못이 있어 개별토지가격이 경정결정·공고되었다면 당초에 결정·공고된 개별토지가격은 그 효력을 상실하고 경정결정된 새로운 토지가격이 공시기준일에 소급하여 그 효력을 발생시킨다고 본다.

Ⅴ 관련문제(정정신청에 대한 행정청의 거부행위에 대한 불복가능성)

이는 행정청의 거부행위가 항고소송의 대상적격이 되기 위한 신청인의 권리·의무에 직접 관계가 있는 공권력 행사의 거부일 것, 법규상·조리상 신청권이 있을 것을 충족하고 있는지와 관계된다. 특히 신청권의 존부와 관련하여 문제되는데, 판례는 국민의 정정신청은 행정청의 직권발동을 촉구하는 것에 지나지 않는다고 하여 그 거부가 항고소송의 대상이 되는 처분이 아니라고 판시하고 있다. 따라서 판례에 의할 경우 신청권이 부정되어 소제기가 불가능하게 된다. 그러나 이는 행정절차법 제25조의 규정상 신청권이 인정된다는 점을 볼 때 판례의 태도는 비판의 여지가 있다고 생각된다.

CHAPTER 03 주택가격공시제도

제1절 표준주택가격(부동산공시법 제16조)

> **핵심 키워드**
>
> Ⅰ. 의의
>
> Ⅱ. 법적 성질
>
> Ⅲ. 산 정
> 1. 산정 및 공시절차
> 2. 공시사항
>
> Ⅳ. 효 력
>
> Ⅴ. 불 복

Ⅰ 의의

표준주택가격이란 국토교통부장관이 용도지역, 건물의 구조 등이 일반적으로 유사하다고 인정되는 일단의 단독주택 중에서 선정한 표준주택에 대한 매년 공시기준일 현재의 적정가격을 말한다.

Ⅱ 법적 성질

표준주택공시가격의 법적 성질이 무엇인지에 대해 아직 논의가 성숙되지 못하였다. 표준주택공시가격은 표준지공시지가와 매우 흡사하지만 표준지공시지가는 다양한 행정목적을 위하여 만들어진 공적지가인 반면, 표준주택가격은 과세의 기준으로만 활용된다. 따라서 표준주택가격의 법적 성질은 개별공시지가와 유사하게 국민의 권리·의무에 직접적 영향이 있다고 보아야 하기에 처분성이 있다고 판단된다.

Ⅲ 산 정

1. 산정 및 공시절차

국토교통부장관은 일단의 단독주택 중에서 일단의 주택을 대표할 수 있는 주택을 선정하고, 한국부동산원에 이를 의뢰한다. 이후 중앙부동산가격공시위원회의 심의를 거쳐 표준주택을 공시하게 되며, 표준주택가격의 공시일은 원칙적으로 1월 1일으로 한다.

2. 공시사항

표준주택가격을 공시할 때는 지번, 대지면적, 형상, 용도, 연면적, 구조, 사용승인일, 기타 대통령령으로 정하는 사항을 공시하여야 한다.

Ⅳ 효력

표준주택의 가격은 국가·지방자치단체 등의 업무와 관련하여 개별주택가격을 산정하는 경우에 그 기준이 된다.

Ⅴ 불복

표준주택가격에 대한 불복은 표준지공시지가 이의신청을 준용하도록 법 제16조 제7항에서 규정하고 있는바, 이의신청을 준용하여 부동산공시법에서 정한 이의신청절차를 거치게 된다. 이후 표준주택가격의 처분성을 인정하게 되면 항고소송을 제기할 수 있다.

제2절 개별주택가격의 공시(부동산공시법 제17조)

> **핵심 키워드**
>
> Ⅰ. 의의
>
> Ⅱ. 법적 성질
>
> Ⅲ. 산정
> 1. 산정 및 공시절차
> 2. 공시사항
>
> Ⅳ. 효력
>
> Ⅴ. 불복

Ⅰ 의의

개별주택가격이란 시장·군수·구청장이 시·군·구 부동산가격공시위원회의 심의를 거쳐 결정·공시한 개별주택에 대한 매년 공시기준일 현재의 가격을 말한다.

Ⅱ 법적 성질

개별주택가격은 개별공시지가와 같이 과세의 기준이 된다는 점에서 법적 성질이 동일하다고 볼 수 있다. 따라서 개별주택가격은 국민의 권리·의무에 직접적인 영향을 미치는 처분에 해당한다고 하겠다.

Ⅲ 산정

1. 산정절차 및 공시

시·군·구청장은 원칙적으로 전국의 모든 개별주택가격을 조사·산정한다. 산정된 개별주택가격은 한국부동산원이 검증을 하게 되고, 이후 시·군·구 부동산가격공시위원회의 심의를 거쳐 공시한다.

2. 공시사항

개별주택가격을 공시할 때에는 지번, 개별주택가격, 기타 대통령령으로 정하는 사항을 공시하여야 한다.

Ⅳ 효력

개별주택가격은 주택시장의 가격정보를 제공하고, 국가·지방자치단체 등의 기관이 과세 등의 업무와 관련하여 주택의 가격을 산정하는 경우에 그 기준으로 활용될 수 있다.

Ⅴ 불복

개별주택가격에 대한 불복은 개별공시지가 이의신청을 준용하도록 법 제17조 제8항에서 규정하고 있는바, 개별공시지가의 이의신청을 준용하여 부동산공시법에서 정한 이의신청절차를 거치게 된다. 이후 개별주택가격의 처분성을 인정하게 되면 항고소송을 제기할 수 있다.

제3절 공동주택가격의 공시(부동산공시법 제18조)

> **핵심 키워드**
>
> Ⅰ. 의 의
>
> Ⅱ. 법적 성질
>
> Ⅲ. 산 정
> 1. 산정 및 공시절차
> 2. 공시사항
>
> Ⅳ. 효 력
>
> Ⅴ. 불 복

Ⅰ 의 의

공동주택가격이란 국토교통부장관이 조사·산정하여 중앙부동산가격공시위원회의 심의를 거쳐 공시한 공동주택에 대한 매년 공시기준일 현재의 적정가격을 말한다.

Ⅱ 법적 성질

개별공시지가 및 개별주택가격과 같이 과세의 기준이 된다는 점에서 법적 성질이 동일하다고 볼 수 있다. 따라서 공동주택가격은 국민의 권리·의무에 미치는 직접적인 영향이 있다고 보므로 처분성이 있다고 본다.

Ⅲ 산 정

1. 산정절차 및 공시

국토교통부장관은 원칙적으로 전국 모든 공동주택가격을 조사·산정한다. 산정된 가격은 한국부동산원의 검증 후, 중앙부동산가격공시위원회의 심의를 거쳐 공시하게 된다. 국토교통부장관은 공동주택가격을 산정한 때에는 대통령령으로 정하는 바에 따라 토지소유자와 기타 이해관계인의 의견을 들어야 한다.

2. 공시사항

공동주택가격을 공시할 때에는 지번, 명칭, 동·호·수, 공동주택가격, 공동주택의 면적 및 이의신청에 관한 사항 등을 공시하여야 한다.

Ⅳ 효력

공동주택가격은 주택시장의 가격정보를 제공하고, 국가·지방자치단체 등의 기관이 과세 등의 업무와 관련하여 주택의 가격을 산정하는 경우에 그 기준으로 활용될 수 있다.

Ⅴ 불복

공동주택가격에 대한 불복은 표준지공시지가 이의신청을 준용하도록 법 제18조 제8항에서 규정하고 있는바, 표준지공시지가의 이의신청을 준용하여 부동산공시법에서 정한 이의신청절차를 거치게 된다. 이후 공동주택가격의 처분성을 인정하게 되면 항고소송을 제기할 수 있다.

CHAPTER 04 비주거용 부동산가격의 공시

제1절 비주거용 표준부동산가격(부동산공시법 제20조)

> **핵심 키워드**
>
> Ⅰ. 의 의
>
> Ⅱ. 법적 성질
>
> Ⅲ. 산정절차
>
> Ⅳ. 효력 및 불복

Ⅰ 의 의

국토교통부장관이 공시하는 용도지역, 이용상황, 건물구조 등이 일반적으로 유사하다고 인정되는 일단의 비주거용 일반부동산 중에서 선정한 비주거용 표준부동산에 대한 매년 공시기준일 현재의 적정가격을 말한다.

Ⅱ 법적 성질

비주거용 표준부동산가격은 국가·지방자치단체 등이 그 업무와 관련하여 비주거용 개별부동산가격을 산정하는 경우에 그 기준이 된다. 그 법적 성질은 개별공시지가와 유사하게 국민의 권리·의무에 미치는 직접적인 영향이 있다고 볼 수 있어 처분으로 봄이 타당하다.

Ⅲ 산정절차

감정평가법인등 또는 부동산가격의 조사·산정에 관한 전문성이 있는 자에게 의뢰하고, 의뢰받은 자는 공시기준일 현재의 적정가격을 조사·산정한 뒤, 중앙부동산가격공시위원회의 심의를 거쳐 비주거용 표준부동산가격을 공시한다. 비주거용 표준부동산가격을 공시할 때에는 지번, 가격, 대지면적 및 형상, 용도, 연면적, 구조, 사용승인일, 그 밖에 대통령령으로 정하는 사항을 공시하여야 한다.

Ⅳ 효력 및 불복

비주거용 표준부동산가격은 국가·지방자치단체 등이 업무와 관련하여 비주거용 개별부동산가격을 산정하는 기준이 된다. 불복은 표준지공시지가의 이의신청을 준용하도록 규정하고 있으며(부동산공시법 제20조 제7항), 비주거용 표준부동산가격의 처분성을 인정하면 항고소송을 제기할 수 있다.

제2절 비주거용 개별부동산가격(부동산공시법 제21조)

> **핵심 키워드**
>
> Ⅰ. 의의
>
> Ⅱ. 법적 성질
>
> Ⅲ. 산정절차
>
> Ⅳ. 효력 및 불복

Ⅰ 의의

시장·군수·구청장이 공시하는 관할구역 안의 비주거용 개별부동산에 대한 매년 공시기준일 현재의 가격을 말한다.

Ⅱ 법적 성질

비주거용 개별부동산가격은 개별공시지가와 같이 과세의 기준이 된다는 점에서 개별공시지가의 법적 성질과 동일하다고 볼 수 있다. 따라서 국민의 권리·의무에 직접 영향을 미치는 처분에 해당한다.

Ⅲ 산정절차

비주거용 표준부동산가격의 조사·산정을 의뢰받은 자 등 대통령령으로 정하는 자의 검증을 받고 이해관계인의 의견청취 후 시·군·구 부동산가격공시위원회의 심의를 거쳐 결정·공시한다.

Ⅳ 효력 및 불복

비주거용 개별부동산가격은 비주거용 부동산시장의 가격정보를 제공하고, 국가 등 기관의 과세 업무 등과 관련하여 비주거용 부동산의 가격을 산정하는 경우 기준으로 활용될 수 있다. 불복은 개별공시지가 이의신청을 준용하도록 규정하고 있으며(부동산공시법 제21조 제8항), 비주거용 개별부동산가격의 처분성을 인정하면 항고소송을 제기할 수 있다.

제3절　비주거용 집합부동산가격(부동산공시법 제22조)

> **핵심 키워드**
>
> Ⅰ. 의 의
>
> Ⅱ. 법적 성질
>
> Ⅲ. 산정절차
>
> Ⅳ. 효력 및 불복

Ⅰ 의 의

비주거용 집합부동산가격이란 국토교통부장관이 조사·산정하여 중앙부동산가격공시위원회의 심의를 거쳐 공시한 비주거용 집합부동산가격에 대한 매년 공시기준일 현재의 적정가격을 말한다.

Ⅱ 법적 성질

개별공시지가 및 개별주택가격과 같이 과세의 기준이 된다는 점에서 법적 성질이 동일하다고 볼 수 있다. 따라서 비주거용 집합부동산가격은 국민의 권리·의무에 미치는 직접적인 영향이 있다고 보므로 처분이라 봄이 타당하다.

Ⅲ 산정절차

국토교통부장관은 비주거용 집합부동산가격에 대하여 매년 공시기준일 현재 적정가격을 조사·산정한다. 이를 위해 부동산원 또는 대통령령으로 정하는 부동산가격의 조사·산정에 관한 전문성이 있는 자에게 의뢰한다. 비주거용 집합부동산 소유자와 그 밖의 이해관계인의 의견청취 후 중앙부동산가격공시위원회의 심의를 거쳐 공시한다.

Ⅳ 효력 및 불복

비주거용 집합부동산가격은 비주거용 부동산시장의 가격정보를 제공하고, 국가 등 기관의 과세 업무 등과 관련하여 비주거용 부동산가격을 산정하는 경우 기준으로 활용될 수 있다. 불복은 표준지공시지가의 이의신청을 준용하도록 규정하고 있으며(부동산공시법 제22조 제9항), 비주거용 집합부동산가격의 처분성을 인정하면 항고소송을 제기할 수 있다.

CHAPTER 05 부동산가격공시위원회

제1절 의의

부동산가격공시위원회란 부동산공시법상의 내용과 관련된 사항을 심의하는 위원회를 말하며, 국토교통부장관 소속 하에 두는 중앙부동산가격공시위원회와 시·군·구청장 소속 하에 두는 시·군·구 부동산가격공시위원회가 있다.

제2절 부동산가격공시위원회의 성격

> **핵심 키워드**
>
> Ⅰ. 필수기관
>
> Ⅱ. 심의기관의 성격

Ⅰ 필수기관

중앙부동산가격공시위원회는 국토교통부장관의 소속 하에 두고, 시·군·구 부동산가격공시위원회는 시·군·구청장 소속 하에 두는 필수기관이다.

Ⅱ 심의기관의 성격

의결기관과 자문기관의 중간 형태인 심의기관의 성격이 있다고 본다.

제3절 중앙부동산가격공시위원회(부동산공시법 제24조)

> **핵심 키워드**
>
> Ⅰ. 설치 및 운영
>
> Ⅱ. 심의사항

Ⅰ 설치 및 운영

국토교통부장관 소속 하에 두고, 위원장은 국토교통부장관이 위촉한 자가 되고 공무원이 아닌 자는 3년을 임기로 한다. 위원회의 회의는 재적위원 과반수의 출석, 과반수의 찬성으로 의결한다.

Ⅱ 심의사항

① 부동산 가격공시 관계법령의 제·개정에 관한 사항 중 국토교통부장관이 심의에 부치는 사항
② 제3조에 따른 표준지의 선정 및 관리지침
③ 제3조에 따라 조사·평가된 표준지공시지가
④ 제7조에 따른 표준지공시지가에 대한 이의신청에 관한 사항
⑤ 제16조에 따른 표준주택의 선정 및 관리지침
⑥ 제16조에 따라 조사·산정된 표준주택가격
⑦ 제16조에 따른 표준주택가격에 대한 이의신청에 관한 사항
⑧ 제18조에 따른 공동주택의 조사 및 산정지침
⑨ 제18조에 따라 조사·산정된 공동주택가격
⑩ 제18조에 따른 공동주택가격에 대한 이의신청에 관한 사항
⑪ 제20조에 따른 비주거용 표준부동산의 선정 및 관리지침
⑫ 제20조에 따라 조사·산정된 비주거용 표준부동산가격
⑬ 제20조에 따른 비주거용 표준부동산가격에 대한 이의신청에 관한 사항
⑭ 제22조에 따른 비주거용 집합부동산의 조사 및 산정 지침
⑮ 제22조에 따라 조사·산정된 비주거용 집합부동산가격
⑯ 제22조에 따른 비주거용 집합부동산가격에 대한 이의신청에 관한 사항
⑰ 제26조의2에 따른 계획 수립에 관한 사항
⑱ 그 밖에 부동산정책에 관한 사항 등 국토교통부장관이 심의에 부치는 사항

제4절 시·군·구 부동산가격공시위원회(부동산공시법 제25조)

> **핵심 키워드**
>
> Ⅰ. 설치 및 운영
>
> Ⅱ. 심의사항

Ⅰ 설치 및 운영

시·군·구청장 소속 하에 두고, 위원장은 부시장·부군수·부구청장이다. 시·군·구 부동산가격공시위원회의 구성과 운영에 관하여 필요한 사항은 해당 시·군·구의 조례로 정한다.

Ⅱ 심의사항

① 제10조에 따른 개별공시지가의 결정에 관한 사항
② 제11조에 따른 개별공시지가에 대한 이의신청에 관한 사항
③ 제17조에 따른 개별주택가격의 결정에 관한 사항
④ 제17조에 따른 개별주택가격에 대한 이의신청에 관한 사항
⑤ 제21조에 따른 비주거용 개별부동산가격의 결정에 관한 사항
⑥ 제21조에 따른 비주거용 개별부동산가격에 대한 이의신청에 관한 사항
⑦ 그 밖에 시장·군수·구청장이 심의에 부치는 사항

CHAPTER 06 공시지가 관련 논점

제1절 공시지가와 시가와의 관계

> **핵심 키워드**
>
> Ⅰ. 개설
>
> Ⅱ. 학설
> 1. 정책가격설(판례, 검토)
> 2. 시가설
>
> Ⅲ. 판례
>
> Ⅳ. 검토

Ⅰ 개설

시가와 현저히 차이가 나는 공시지가결정이 위법인지의 문제와 관련하여 공시지가가 시가와 어떤 관계가 있는지를 검토하여야 한다.

Ⅱ 학설

1. 정책가격설(판례, 검토)

공시제도의 목적은 부동산공시법 제1조에서 나타나는 바와 같이 공시지가의 공시를 통하여 적정한 지가형성을 도모하는 데 있으므로 이는 현실에서 거래되는 가격이 아니라 투기억제 또는 지가안정이라는 정책목적을 위해 결정·공시되는 가격이라고 보는 견해이다.

2. 시가설

공시지가는 각종 세금이나 부담금의 산정기준이 되는 토지가격으로서 현실시장 가격을 반영한 가격이기에 이와 유리된 가격일 수 없다고 보는 견해이다.

Ⅲ 판례

개별토지가격의 적정성 여부는 규정된 절차와 방법에 의하여 이루어진 것인지 여부에 따라 결정될 성질의 것이지, 해당 토지의 시가와 직접적 관련이 있는 것은 아니므로 단지 개별지가가 시가를 초과한다는 사유만으로는 그 가격결정이 위법하다고 단정할 것은 아니라고 판시하여 공시지가를 정책적으로 결정한 가격으로 보고 있다.

Ⅳ 검토

공시지가가 통상적인 시장에서 형성되는 정상적인 시가를 제대로 반영하는 것이 바람직하나, 시가대로 공시지가가 산정된다면 제도의 취지가 훼손될 수 있다. 따라서 공시지가와 시가가 현저히 차이난다는 사유만으로는 그 위법을 인정할 수 없으며, 산정절차나 비교표준지 선정 등에 위법이 있을 수 있으므로 이러한 위법을 이유로 주장할 수 있을 것이다.

제2절 공시지가제도의 문제점과 개선방안 기출 31회

> **핵심 키워드**
>
> Ⅰ. 개 설
>
> Ⅱ. 문제 발생의 배경
>
> Ⅲ. 체감지가가 제대로 반영되지 못하는 문제
>
> Ⅳ. 개별공시지가의 신뢰도 문제 및 개선방안
>
> Ⅴ. 공시지가의 획일적 적용으로 인한 문제
>
> Ⅵ. 공시지가의 가격불균형 문제 및 표준지의 대표성 문제

Ⅰ 개 설

공시지가제도는 종래의 다원화된 지가체계를 일원화시켜 바람직하다고 생각되는 지가수준을 국민에게 널리 알려 지가행정의 원활함과 행정의 공신력을 확보하기 위한 제도이다. 그러나 그동안의 제도운영상 여러 가지 문제점으로 인하여 불신을 받고 있다.

Ⅱ 문제 발생의 배경

문제의 발생원인은 (ⅰ) 지가조사의 근본적인 어려움, (ⅱ) 제도시행상의 문제점, (ⅲ) 이해관계에 따라 지가를 다르게 인식하는 경향, (ⅳ) 이론지가와 현실 간의 괴리 등에서 찾을 수 있다.

Ⅲ 체감지가가 제대로 반영되지 못하는 문제

공시지가는 적정한 가격수준이라고 하지만 체감지가를 제대로 반영하지 못한다는 문제가 있다. 이를 개선하기 위해서는 공시지가의 평가에 비교방식, 수익방식, 원가방식 등 감정평가의 각 방식 중 가장 적절한 방식과 기법을 적용하도록 함이 바람직하다.

Ⅳ 개별공시지가의 신뢰도 문제 및 개선방안

① 비전문가인 공무원의 비교표준지 선정 오류의 문제로, 이는 개별공시지가 조사·산정지침상의 비교표준지 선정 기준을 숙지시키는 교육을 철저히 하여 해결할 필요가 있다.
② 토지가격비준표의 한계성 문제로, 이에 대해서는 비준표를 가격권별로 작성하여 같이 적용하는 방안을 검토해 볼 만하다.
③ 검증제도의 효율성 문제는 검증제도가 개별공시지가의 객관성, 신뢰성을 위하여 도입된 제도이므로 전필지에 대한 검증이 요구된다.
④ 지가공무원의 비전문성 문제는 지가공무원에 대한 전문화 교육의 강화, 전문성에 대한 응분의 처우, 빈번한 인사이동의 억제, 타업무의 배제 등으로 해결할 필요가 있다.

Ⅴ 공시지가의 획일적 적용으로 인한 문제

지가체계의 일원화 정신은 살리되 평가목적과 평가조건에 맞는 가격이 도출될 수 있도록 평가기준과 방법의 재정비가 필요하다고 본다.

Ⅵ 공시지가의 가격불균형 문제 및 표준지의 대표성 문제

가격의 결정 시에 인근 표준지, 개별지 등과의 균형을 신중히 검토하는 가격균형협의제의 적극적 활용이 요구되며, 표준지의 선정에 있어서도 표준지 선정 및 관리지침상의 "표준지의 선정기준"에 충실한 표준지가 선정되도록 교육을 강화하여야 한다고 본다.

제3절 부동산공시법상 타인토지출입

> **핵심 키워드**
>
> Ⅰ. 의의(부동산공시법 제13조)
>
> Ⅱ. 출입절차 및 제한 등
>
> Ⅲ. 토지보상법상 타인토지출입과의 비교
> 1. 공통점
>   (1) 법적 성질
>   (2) 출입의 제한 및 증표 등의 휴대
> 2. 차이점
>   (1) 입법취지
>   (2) 보상규정
>   (3) 토지점유자의 인용의무
>   (4) 출입의 절차 및 기간
>   (5) 장애물의 제거

Ⅰ 의의(부동산공시법 제13조)

관계 공무원 또는 부동산가격공시업무를 의뢰받은 자는 표준지가격의 조사·평가 또는 개별공시지가의 산정을 위하여 필요한 때에는 타인의 토지에 출입할 수 있다.

Ⅱ 출입절차 및 제한 등

(ⅰ) 시장·군수 또는 구청장의 허가(부동산가격공시업무를 의뢰받은 자에 한정한다)를 받아 출입할 날의 3일 전에 그 점유자에게 일시와 장소를 통지하여야 한다. 다만, 점유자를 알 수 없거나 부득이한 사유가 있는 경우에는 그러하지 아니하다. (ⅱ) 일출 전·일몰 후에는 그 토지의 점유자의 승인 없이 택지 또는 담장이나 울타리로 둘러싸인 타인의 토지에 출입할 수 없다. 출입을 하고자 하는 자는 그 권한을 표시하는 증표와 허가증을 지니고 이를 관계인에게 내보여야 한다.

Ⅲ 토지보상법상 타인토지출입과의 비교

1. 공통점

(1) 법적 성질
공용부담적 측면에서 모두 공용제한 중 사용제한에 해당한다. 또한 행정의 실효성 확보차원에서 행정조사로 볼 수 있다. 출입허가의 법적 성질에 대해 통설은 특허로 본다.

(2) 출입의 제한 및 증표 등의 휴대
양법 모두 해가 뜨기 전, 해가 지고 난 후에 토지점유자의 승낙 없이 타인의 토지에 출입할 수 없으며 출입하고자 할 때는 허가증 및 증표를 휴대하도록 규정하고 있다.

2. 차이점

(1) 입법취지
토지보상법상 타인토지출입은 공공복리 목적의 공익사업의 원활한 준비를 위해서 사업인정 전에 사업의 준비를 행하기 위함이고, 부동산공시법상 타인토지출입은 공시지가의 조사·평가 및 개별토지가격의 산정을 하기 위함이다.

(2) 보상규정
토지보상법은 타인토지출입으로 인한 손실에 대해 보상규정을 두고 있으나, 부동산공시법은 보상규정을 마련하고 있지 않아 문제가 된다.

(3) 토지점유자의 인용의무
토지보상법은 인용의무를 규정하고 위반 시 형벌을 가할 수 있도록 하고 있으나, 부동산공시법상에는 인용의무에 대한 규정이 없다.

(4) 출입의 절차 및 기간
토지보상법은 출입하고자 하는 날의 5일 전까지 그 일시 및 장소를 시·군·구청장에게 통지하여야 하고, 시·군·구청장은 통지를 받았을 때, 지체 없이 이를 공고하고 토지점유자에게 통지하여야 한다고 규정하고 있다. 이에 반해 부동산공시법은 출입할 날의 3일 전에 그 점유자에게 일시와 장소를 통지하여야 한다고 규정하고 있다.

(5) 장애물의 제거
토지보상법은 사업의 준비를 위해 장애물 등을 제거할 수 있다는 규정을 두고 있으나, 부동산공시법에는 이러한 규정이 없다.

가장 빠른 지름길은 지름길을 찾지 않는 것이다.

- 다산 정약용 -

부록 1
감정평가 및 보상법규 관련법령

01 감정평가 및 감정평가사에 관한 법률
02 공익사업을 위한 토지 등의 취득 및 보상에 관한 법률
03 부동산 가격공시에 관한 법률

01 감정평가 및 감정평가사에 관한 법률 (감정평가법)

[시행 2023.8.10.] [법률 제19403호, 2023.5.9., 일부개정]

제1장 총칙

제1조(목적)

이 법은 감정평가 및 감정평가사에 관한 제도를 확립하여 공정한 감정평가를 도모함으로써 국민의 재산권을 보호하고 국가경제 발전에 기여함을 목적으로 한다.

제2조(정의)

이 법에서 사용하는 용어의 뜻은 다음과 같다.
1. "토지등"이란 토지 및 그 정착물, 동산, 그 밖에 대통령령으로 정하는 재산과 이들에 관한 소유권 외의 권리를 말한다.
2. "감정평가"란 토지등의 경제적 가치를 판정하여 그 결과를 가액(價額)으로 표시하는 것을 말한다.
3. "감정평가업"이란 타인의 의뢰에 따라 일정한 보수를 받고 토지등의 감정평가를 업(業)으로 행하는 것을 말한다.
4. "감정평가법인등"이란 제21조에 따라 사무소를 개설한 감정평가사와 제29조에 따라 인가를 받은 감정평가법인을 말한다.

제2장 감정평가

제3조(기준)

① 감정평가법인등이 토지를 감정평가하는 경우에는 그 토지와 이용가치가 비슷하다고 인정되는 「부동산 가격공시에 관한 법률」에 따른 표준지공시지가를 기준으로 하여야 한다. 다만, 적정한 실거래가가 있는 경우에는 이를 기준으로 할 수 있다.
② 제1항에도 불구하고 감정평가법인등이 「주식회사 등의 외부감사에 관한 법률」에 따른 재무제표 작성 등 기업의 재무제표 작성에 필요한 감정평가와 담보권의 설정·경매 등 대통령령으로 정하는 감정평가를 할 때에는 해당 토지의 임대료, 조성비용 등을 고려하여 감정평가를 할 수 있다.
③ 감정평가의 공정성과 합리성을 보장하기 위하여 감정평가법인등(소속 감정평가사를 포함한다. 이하 이 조에서 같다)이 준수하여야 할 원칙과 기준은 국토교통부령으로 정한다.

④ 국토교통부장관은 감정평가법인등이 감정평가를 할 때 필요한 세부적인 기준(이하 "실무기준"이라 한다)의 제정 등에 관한 업무를 수행하기 위하여 대통령령으로 정하는 바에 따라 전문성을 갖춘 민간법인 또는 단체(이하 "기준제정기관"이라 한다)를 지정할 수 있다.
⑤ 국토교통부장관은 필요하다고 인정되는 경우 제40조에 따른 감정평가관리·징계위원회의 심의를 거쳐 기준제정기관에 실무기준의 내용을 변경하도록 요구할 수 있다. 이 경우 기준제정기관은 정당한 사유가 없으면 이에 따라야 한다.
⑥ 국가는 기준제정기관의 설립 및 운영에 필요한 비용의 일부 또는 전부를 지원할 수 있다.

제4조(직무)

① 감정평가사는 타인의 의뢰를 받아 토지등을 감정평가하는 것을 그 직무로 한다.
② 감정평가사는 공공성을 지닌 가치평가 전문직으로서 공정하고 객관적으로 그 직무를 수행한다.

제5조(감정평가의 의뢰)

① 국가, 지방자치단체, 「공공기관의 운영에 관한 법률」에 따른 공공기관 또는 그 밖에 대통령령으로 정하는 공공단체(이하 "국가등"이라 한다)가 토지등의 관리·매입·매각·경매·재평가 등을 위하여 토지등을 감정평가하려는 경우에는 감정평가법인등에 의뢰하여야 한다.
② 금융기관·보험회사·신탁회사 또는 그 밖에 대통령령으로 정하는 기관이 대출, 자산의 매입·매각·관리 또는 「주식회사 등의 외부감사에 관한 법률」에 따른 재무제표 작성을 포함한 기업의 재무제표 작성 등과 관련하여 토지등의 감정평가를 하려는 경우에는 감정평가법인등에 의뢰하여야 한다.
③ 제1항 또는 제2항에 따라 감정평가를 의뢰하려는 자는 제33조에 따른 한국감정평가사협회에 요청하여 추천받은 감정평가법인등에 감정평가를 의뢰할 수 있다.
④ 제1항 및 제2항에 따른 의뢰의 절차와 방법 및 제3항에 따른 추천의 기준 등에 필요한 사항은 대통령령으로 정한다.

제6조(감정평가서)

① 감정평가법인등은 감정평가를 의뢰받은 때에는 지체 없이 감정평가를 실시한 후 국토교통부령으로 정하는 바에 따라 감정평가 의뢰인에게 감정평가서(「전자문서 및 전자거래기본법」 제2조에 따른 전자문서로 된 감정평가서를 포함한다)를 발급하여야 한다.
② 감정평가서에는 감정평가법인등의 사무소 또는 법인의 명칭을 적고, 감정평가를 한 감정평가사가 그 자격을 표시한 후 서명과 날인을 하여야 한다. 이 경우 감정평가법인의 경우에는 그 대표사원 또는 대표이사도 서명이나 날인을 하여야 한다.
③ 감정평가법인등은 감정평가서의 원본과 그 관련 서류를 국토교통부령으로 정하는 기간 이상 보존하여야 하며, 해산하거나 폐업하는 경우에도 대통령령으로 정하는 바에 따라 보존하여야 한다. 이 경우 감정평가법인등은 감정평가서의 원본과 그 관련 서류를 이동식 저장장치 등 전자적 기록매체에 수록하여 보존할 수 있다.

제7조(감정평가서의 심사 등)

① 감정평가법인은 제6조에 따라 감정평가서를 의뢰인에게 발급하기 전에 감정평가를 한 소속 감정평가사가 작성한 감정평가서의 적정성을 같은 법인 소속의 다른 감정평가사에게 심사하게 하고, 그 적정성을 심사한 감정평가사로 하여금 감정평가서에 그 심사사실을 표시하고 서명과 날인을 하게 하여야 한다.
② 제1항에 따라 감정평가서의 적정성을 심사하는 감정평가사는 감정평가서가 제3조에 따른 원칙과 기준을 준수하여 작성되었는지 여부를 신의와 성실로써 공정하게 심사하여야 한다.
③ 감정평가 의뢰인 및 관계 기관 등 대통령령으로 정하는 자는 발급된 감정평가서의 적정성에 대한 검토를 대통령령으로 정하는 기준을 충족하는 감정평가법인등(해당 감정평가서를 발급한 감정평가법인등은 제외한다)에게 의뢰할 수 있다.
④ 제1항에 따른 심사대상·절차·기준 및 제3항에 따른 검토절차·기준 등에 관하여 필요한 사항은 대통령령으로 정한다.

제8조(감정평가 타당성조사 등)

① 국토교통부장관은 제6조에 따라 감정평가서가 발급된 후 해당 감정평가가 이 법 또는 다른 법률에서 정하는 절차와 방법 등에 따라 타당하게 이루어졌는지를 직권으로 또는 관계 기관 등의 요청에 따라 조사할 수 있다.
② 제1항에 따른 타당성조사를 할 경우에는 해당 감정평가법인등 및 대통령령으로 정하는 이해관계인에게 의견진술기회를 주어야 한다.
③ 제1항 및 제2항에 따른 타당성조사의 절차 등에 필요한 사항은 대통령령으로 정한다.
④ 국토교통부장관은 감정평가 제도를 개선하기 위하여 대통령령으로 정하는 바에 따라 제6조 제1항에 따라 발급된 감정평가서에 대한 표본조사를 실시할 수 있다.

제9조(감정평가 정보체계의 구축·운용 등)

① 국토교통부장관은 국가등이 의뢰하는 감정평가와 관련된 정보 및 자료를 효율적이고 체계적으로 관리하기 위하여 감정평가 정보체계(이하 "감정평가 정보체계"라 한다)를 구축·운영할 수 있다.
② 「공익사업을 위한 토지 등의 취득 및 보상에 관한 법률」에 따른 감정평가 등 국토교통부령으로 정하는 감정평가를 의뢰받은 감정평가법인등은 감정평가 결과를 감정평가 정보체계에 등록하여야 한다. 다만, 개인정보 보호 등 국토교통부장관이 정하는 정당한 사유가 있는 경우에는 그러하지 아니하다.
③ 감정평가법인등은 제2항에 따른 감정평가 정보체계 등록 대상인 감정평가에 대해서는 제6조 제1항에 따른 감정평가서를 발급할 때 해당 의뢰인에게 그 등록에 대한 사실을 알려야 한다.
④ 국토교통부장관은 감정평가 정보체계의 운용을 위하여 필요한 경우 관계 기관에 자료제공을 요청할 수 있다. 이 경우 이를 요청받은 기관은 정당한 사유가 없으면 그 요청을 따라야 한다.
⑤ 제1항 및 제2항에 따른 정보 및 자료의 종류, 감정평가 정보체계의 구축·운영방법 등에 필요한 사항은 국토교통부령으로 정한다.

제3장 감정평가사

제1절 업무와 자격

제10조(감정평가법인등의 업무)

감정평가법인등은 다음 각 호의 업무를 행한다.
1. 「부동산 가격공시에 관한 법률」에 따라 감정평가법인등이 수행하는 업무
2. 「부동산 가격공시에 관한 법률」 제8조 제2호에 따른 목적을 위한 토지등의 감정평가
3. 「자산재평가법」에 따른 토지등의 감정평가
4. 법원에 계속 중인 소송 또는 경매를 위한 토지등의 감정평가
5. 금융기관·보험회사·신탁회사 등 타인의 의뢰에 따른 토지등의 감정평가
6. 감정평가와 관련된 상담 및 자문
7. 토지등의 이용 및 개발 등에 대한 조언이나 정보 등의 제공
8. 다른 법령에 따라 감정평가법인등이 할 수 있는 토지등의 감정평가
9. 제1호부터 제8호까지의 업무에 부수되는 업무

제11조(자격)

제14조에 따른 감정평가사시험에 합격한 사람은 감정평가사의 자격이 있다.

제12조(결격사유)

① 다음 각 호의 어느 하나에 해당하는 사람은 감정평가사가 될 수 없다.
1. 삭제
2. 파산선고를 받은 사람으로서 복권되지 아니한 사람
3. 금고 이상의 실형을 선고받고 그 집행이 종료(집행이 종료된 것으로 보는 경우를 포함한다)되거나 그 집행이 면제된 날부터 3년이 지나지 아니한 사람
4. 금고 이상의 형의 집행유예를 받고 그 유예기간이 만료된 날부터 1년이 지나지 아니한 사람
5. 금고 이상의 형의 선고유예를 받고 그 선고유예기간 중에 있는 사람
6. 제13조에 따라 감정평가사 자격이 취소된 후 3년이 지나지 아니한 사람. 다만, 제7호에 해당하는 사람은 제외한다.
7. 제39조 제1항 제11호 및 제12호에 따라 자격이 취소된 후 5년이 지나지 아니한 사람

② 국토교통부장관은 감정평가사가 제1항 제2호부터 제5호까지의 어느 하나에 해당하는지 여부를 확인하기 위하여 관계 기관에 자료를 요청할 수 있다. 이 경우 관계 기관은 특별한 사정이 없으면 그 자료를 제공하여야 한다.

제13조(자격의 취소)

① 국토교통부장관은 감정평가사가 다음 각 호의 어느 하나에 해당하는 경우에는 그 자격을 취소하여야 한다.
  1. 부정한 방법으로 감정평가사의 자격을 받은 경우
  2. 제39조 제2항 제1호에 해당하는 징계를 받은 경우
② 국토교통부장관은 제1항에 따라 감정평가사의 자격을 취소한 경우에는 국토교통부령으로 정하는 바에 따라 그 사실을 공고하여야 한다.
③ 제1항에 따라 감정평가사의 자격이 취소된 사람은 자격증(제17조에 따라 등록한 경우에는 등록증을 포함한다)을 국토교통부장관에게 반납하여야 한다.

제2절 시험

제14조(감정평가사시험)

① 감정평가사시험(이하 "시험"이라 한다)은 국토교통부장관이 실시하며, 제1차 시험과 제2차 시험으로 이루어진다.
② 시험의 최종 합격 발표일을 기준으로 제12조에 따른 결격사유에 해당하는 사람은 시험에 응시할 수 없다.
③ 국토교통부장관은 제2항에 따라 시험에 응시할 수 없음에도 불구하고 시험에 응시하여 최종 합격한 사람에 대해서는 합격결정을 취소하여야 한다.
④ 시험과목, 시험공고 등 시험의 절차·방법 등에 필요한 사항은 대통령령으로 정한다.
⑤ 시험에 응시하려는 사람은 실비의 범위에서 대통령령으로 정하는 수수료를 내야 한다. 이 경우 수수료의 납부방법, 반환 등에 필요한 사항은 대통령령으로 정한다.

제15조(시험의 일부면제)

① 감정평가법인등 대통령령으로 정하는 기관에서 5년 이상 감정평가와 관련된 업무에 종사한 사람에 대해서는 시험 중 제1차 시험을 면제한다.
② 제1차 시험에 합격한 사람에 대해서는 다음 회의 시험에 한정하여 제1차 시험을 면제한다.

제16조(부정행위자에 대한 제재)

① 국토교통부장관은 다음 각 호의 어느 하나에 해당하는 사람에 대해서는 해당 시험을 정지시키거나 무효로 한다.
  1. 부정한 방법으로 시험에 응시한 사람
  2. 시험에서 부정한 행위를 한 사람
  3. 제15조 제1항에 따른 시험의 일부 면제를 위한 관련 서류를 거짓 또는 부정한 방법으로 제출한 사람
② 제1항에 따라 처분을 받은 사람은 그 처분을 받은 날부터 5년간 시험에 응시할 수 없다.

제3절 등록

제17조(등록 및 갱신등록)

① 제11조에 따른 감정평가사 자격이 있는 사람이 제10조에 따른 업무를 하려는 경우에는 대통령령으로 정하는 바에 따라 실무수습 또는 교육연수를 마치고 국토교통부장관에게 등록하여야 한다.
② 제1항에 따라 등록한 감정평가사는 대통령령으로 정하는 바에 따라 등록을 갱신하여야 한다. 이 경우 갱신기간은 3년 이상으로 한다.
③ 제1항에 따른 실무수습 또는 교육연수는 제33조에 따른 한국감정평가사협회가 국토교통부장관의 승인을 받아 실시·관리한다.
④ 제1항에 따른 실무수습·교육연수의 대상·방법·기간 등과 제1항에 따른 등록 및 제2항에 따른 갱신등록을 위하여 필요한 신청절차, 구비서류 및 그 밖에 필요한 사항은 대통령령으로 정한다.

제18조(등록 및 갱신등록의 거부)

① 국토교통부장관은 제17조에 따른 등록 또는 갱신등록을 신청한 사람이 다음 각 호의 어느 하나에 해당하는 경우에는 그 등록을 거부하여야 한다.
   1. 제12조 각 호의 어느 하나에 해당하는 경우
   2. 제17조 제1항에 따른 실무수습 또는 교육연수를 받지 아니한 경우
   3. 제39조에 따라 등록이 취소된 후 3년이 지나지 아니한 경우
   4. 제39조에 따라 업무가 정지된 감정평가사로서 그 업무정지 기간이 지나지 아니한 경우
   5. 미성년자 또는 피성년후견인·피한정후견인
② 국토교통부장관은 제1항에 따라 등록 또는 갱신등록을 거부한 경우에는 그 사실을 관보에 공고하고, 정보통신망 등을 이용하여 일반인에게 알려야 한다.
③ 제2항에 따른 공고의 방법, 내용 및 그 밖에 필요한 사항은 국토교통부령으로 정한다.
④ 국토교통부장관은 감정평가사가 제1항 제1호 및 제5호에 해당하는지 여부를 확인하기 위하여 관계 기관에 관련 자료를 요청할 수 있다. 이 경우 관계 기관은 특별한 사정이 없으면 그 자료를 제공하여야 한다.

제19조(등록의 취소)

① 국토교통부장관은 제17조에 따라 등록한 감정평가사가 다음 각 호의 어느 하나에 해당하는 경우에는 그 등록을 취소하여야 한다.
   1. 제12조 각 호의 어느 하나에 해당하는 경우
   2. 사망한 경우
   3. 등록취소를 신청한 경우
   4. 제39조 제2항 제2호에 해당하는 징계를 받은 경우
② 국토교통부장관은 제1항에 따라 등록을 취소한 경우에는 그 사실을 관보에 공고하고, 정보통신망 등을 이용하여 일반인에게 알려야 한다.

③ 제1항에 따라 등록이 취소된 사람은 등록증을 국토교통부장관에게 반납하여야 한다.
④ 제2항에 따른 공고의 방법, 내용 및 그 밖에 필요한 사항은 국토교통부령으로 정한다.
⑤ 국토교통부장관은 감정평가사가 제1항 제1호에 해당하는지 여부를 확인하기 위하여 관계 기관에 관련 자료를 요청할 수 있다. 이 경우 관계 기관은 특별한 사정이 없으면 그 자료를 제공하여야 한다.

제20조(외국감정평가사)

① 외국의 감정평가사 자격을 가진 사람으로서 제12조에 따른 결격사유에 해당하지 아니하는 사람은 그 본국에서 대한민국정부가 부여한 감정평가사 자격을 인정하는 경우에 한정하여 국토교통부장관의 인가를 받아 제10조 각 호의 업무를 수행할 수 있다.
② 국토교통부장관은 제1항에 따른 인가를 하는 경우 필요하다고 인정하는 때에는 그 업무의 일부를 제한할 수 있다.
③ 제1항 및 제2항에 규정된 것 외에 외국감정평가사에 필요한 사항은 대통령령으로 정한다.

제4절 권리와 의무

제21조(사무소 개설신고 등)

① 제17조에 따라 등록을 한 감정평가사가 감정평가업을 하려는 경우에는 감정평가사사무소를 개설할 수 있다.
② 다음 각 호의 어느 하나에 해당하는 사람은 제1항에 따른 개설을 할 수 없다.
  1. 제18조 제1항 각 호의 어느 하나에 해당하는 사람
  2. 제32조 제1항(제1호, 제7호 및 제15호는 제외한다)에 따라 설립인가가 취소되거나 업무가 정지된 감정평가법인의 설립인가가 취소된 후 1년이 지나지 아니하였거나 업무정지 기간이 지나지 아니한 경우 그 감정평가법인의 사원 또는 이사였던 사람
  3. 제32조 제1항(제1호 및 제7호는 제외한다)에 따라 업무가 정지된 감정평가사로서 업무정지 기간이 지나지 아니한 사람
③ 감정평가사는 그 업무를 효율적으로 수행하고 공신력을 높이기 위하여 합동사무소를 대통령령으로 정하는 바에 따라 설치할 수 있다. 이 경우 합동사무소는 대통령령으로 정하는 수 이상의 감정평가사를 두어야 한다.
④ 감정평가사는 감정평가업을 하기 위하여 1개의 사무소만을 설치할 수 있다.
⑤ 감정평가사사무소에는 소속 감정평가사를 둘 수 있다. 이 경우 소속 감정평가사는 제18조 제1항 각 호의 어느 하나에 해당하는 사람이 아니어야 하며, 감정평가사사무소를 개설한 감정평가사는 소속 감정평가사가 아닌 사람에게 제10조에 따른 업무를 하게 하여서는 아니 된다.
⑥ 삭 제

제21조의2(고용인의 신고)

감정평가법인등은 소속 감정평가사 또는 제24조에 따른 사무직원을 고용하거나 고용관계가 종료된 때에는 국토교통부령으로 정하는 바에 따라 국토교통부장관에게 신고하여야 한다.

제22조(사무소의 명칭 등)

① 제21조에 따라 사무소를 개설한 감정평가법인등은 그 사무소의 명칭에 "감정평가사사무소"라는 용어를 사용하여야 하며, 제29조에 따른 법인은 그 명칭에 "감정평가법인"이라는 용어를 사용하여야 한다.
② 이 법에 따른 감정평가사가 아닌 사람은 "감정평가사" 또는 이와 비슷한 명칭을 사용할 수 없으며, 이 법에 따른 감정평가법인등이 아닌 자는 "감정평가사사무소", "감정평가법인" 또는 이와 비슷한 명칭을 사용할 수 없다.

제23조(수수료 등)

① 감정평가법인등은 의뢰인으로부터 업무수행에 따른 수수료와 그에 필요한 실비를 받을 수 있다.
② 제1항에 따른 수수료의 요율 및 실비의 범위는 국토교통부장관이 제40조에 따른 감정평가관리·징계위원회의 심의를 거쳐 결정한다.
③ 감정평가법인등과 의뢰인은 제2항에 따른 수수료의 요율 및 실비에 관한 기준을 준수하여야 한다.

제24조(사무직원)

① 감정평가법인등은 그 직무의 수행을 보조하기 위하여 사무직원을 둘 수 있다. 다만, 다음 각 호의 어느 하나에 해당하는 사람은 사무직원이 될 수 없다.
  1. 미성년자 또는 피성년후견인·피한정후견인
  2. 이 법 또는 「형법」 제129조부터 제132조까지, 「특정범죄 가중처벌 등에 관한 법률」 제2조 또는 제3조, 그 밖에 대통령령으로 정하는 법률에 따라 유죄 판결을 받은 사람으로서 다음 각 목의 어느 하나에 해당하는 사람
     가. 징역 이상의 형을 선고받고 그 집행이 끝나거나 그 집행을 받지 아니하기로 확정된 후 3년이 지나지 아니한 사람
     나. 징역형의 집행유예를 선고받고 그 유예기간이 지난 후 1년이 지나지 아니한 사람
     다. 징역형의 선고유예를 받고 그 유예기간 중에 있는 사람
  3. 제13조에 따라 감정평가사 자격이 취소된 후 1년이 경과되지 아니한 사람. 다만, 제4호 또는 제5호에 해당하는 사람은 제외한다.
  4. 제39조 제1항 제11호에 따라 자격이 취소된 후 5년이 경과되지 아니한 사람
  5. 제39조 제1항 제12호에 따라 자격이 취소된 후 3년이 경과되지 아니한 사람
  6. 제39조에 따라 업무가 정지된 감정평가사로서 그 업무정지 기간이 지나지 아니한 사람
② 감정평가법인등은 사무직원을 지도·감독할 책임이 있다.
③ 국토교통부장관은 사무직원이 제1항 제1호부터 제6호까지의 어느 하나에 해당하는지 여부를 확인하기 위하여 관계 기관에 관련 자료를 요청할 수 있다. 이 경우 관계 기관은 특별한 사정이 없으면 그 자료를 제공하여야 한다.

제25조(성실의무 등)

① 감정평가법인등(감정평가법인 또는 감정평가사사무소의 소속 감정평가사를 포함한다. 이하 이 조에서 같다)은 제10조에 따른 업무를 하는 경우 품위를 유지하여야 하고, 신의와 성실로써 공정하게 하여야 하며, 고의 또는 중대한 과실로 업무를 잘못하여서는 아니 된다.
② 감정평가법인등은 자기 또는 친족 소유, 그 밖에 불공정하게 제10조에 따른 업무를 수행할 우려가 있다고 인정되는 토지등에 대해서는 그 업무를 수행하여서는 아니 된다.
③ 감정평가법인등은 토지등의 매매업을 직접 하여서는 아니 된다.
④ 감정평가법인등이나 그 사무직원은 제23조에 따른 수수료와 실비 외에는 어떠한 명목으로도 그 업무와 관련된 대가를 받아서는 아니 되며, 감정평가 수주의 대가로 금품 또는 재산상의 이익을 제공하거나 제공하기로 약속하여서는 아니 된다.
⑤ 감정평가사, 감정평가사가 아닌 사원 또는 이사 및 사무직원은 둘 이상의 감정평가법인(같은 법인의 주·분사무소를 포함한다) 또는 감정평가사사무소에 소속될 수 없으며, 소속된 감정평가법인 이외의 다른 감정평가법인의 주식을 소유할 수 없다.
⑥ 감정평가법인등이나 사무직원은 제28조의2에서 정하는 유도 또는 요구에 따라서는 아니 된다.

제26조(비밀엄수)

감정평가법인등(감정평가법인 또는 감정평가사사무소의 소속 감정평가사를 포함한다. 이하 이 조에서 같다)이나 그 사무직원 또는 감정평가법인등이었거나 그 사무직원이었던 사람은 업무상 알게 된 비밀을 누설하여서는 아니 된다. 다만, 다른 법령에 특별한 규정이 있는 경우에는 그러하지 아니하다.

제27조(명의대여 등의 금지)

① 감정평가사 또는 감정평가법인등은 다른 사람에게 자기의 성명 또는 상호를 사용하여 제10조에 따른 업무를 수행하게 하거나 자격증·등록증 또는 인가증을 양도·대여하거나 이를 부당하게 행사하여서는 아니 된다.
② 누구든지 제1항의 행위를 알선해서는 아니 된다.

제28조(손해배상책임)

① 감정평가법인등이 감정평가를 하면서 고의 또는 과실로 감정평가 당시의 적정가격과 현저한 차이가 있게 감정평가를 하거나 감정평가 서류에 거짓을 기록함으로써 감정평가 의뢰인이나 선의의 제3자에게 손해를 발생하게 하였을 때에는 감정평가법인등은 그 손해를 배상할 책임이 있다.
② 감정평가법인등은 제1항에 따른 손해배상책임을 보장하기 위하여 대통령령으로 정하는 바에 따라 보험에 가입하거나 제33조에 따른 한국감정평가사협회가 운영하는 공제사업에 가입하는 등 필요한 조치를 하여야 한다.
③ 감정평가법인등은 제1항에 따라 감정평가 의뢰인이나 선의의 제3자에게 법원의 확정판결을 통한 손해배상이 결정된 경우에는 국토교통부령으로 정하는 바에 따라 그 사실을 국토교통부장관에게 알려야 한다.
④ 국토교통부장관은 감정평가 의뢰인이나 선의의 제3자를 보호하기 위하여 감정평가법인등이 갖추어야 하는 손해배상능력 등에 대한 기준을 국토교통부령으로 정할 수 있다.

제28조의2(감정평가 유도·요구 금지)

누구든지 감정평가법인등(감정평가법인 또는 감정평가사사무소의 소속 감정평가사를 포함한다)과 그 사무직원에게 토지 등에 대하여 특정한 가액으로 감정평가를 유도 또는 요구하는 행위를 하여서는 아니 된다.

제5절 감정평가법인

제29조(설립 등)

① 감정평가사는 제10조에 따른 업무를 조직적으로 수행하기 위하여 감정평가법인을 설립할 수 있다.
② 감정평가법인은 전체 사원 또는 이사의 100분의 70이 넘는 범위에서 대통령령으로 정하는 비율 이상을 감정평가사로 두어야 한다. 이 경우 감정평가사가 아닌 사원 또는 이사는 토지등에 대한 전문성 등 대통령령으로 정하는 자격을 갖춘 자로서 제18조 제1항 제1호 또는 제5호에 해당하는 사람이 아니어야 한다.
③ 감정평가법인의 대표사원 또는 대표이사는 감정평가사여야 한다.
④ 감정평가법인과 그 주사무소(主事務所) 및 분사무소(分事務所)에는 대통령령으로 정하는 수 이상의 감정평가사를 두어야 한다. 이 경우 감정평가법인의 소속 감정평가사는 제18조 제1항 각 호의 어느 하나 및 제21조 제2항 제2호에 해당하는 사람이 아니어야 한다.
⑤ 감정평가법인을 설립하려는 경우에는 사원이 될 사람 또는 감정평가사인 발기인이 공동으로 다음 각 호의 사항을 포함한 정관을 작성하여 대통령령으로 정하는 바에 따라 국토교통부장관의 인가를 받아야 하며, 정관을 변경할 때에도 또한 같다. 다만, 대통령령으로 정하는 경미한 사항의 변경은 신고할 수 있다.
   1. 목적
   2. 명칭
   3. 주사무소 및 분사무소의 소재지
   4. 사원(주식회사의 경우에는 발기인)의 성명, 주민등록번호 및 주소
   5. 사원의 출자(주식회사의 경우에는 주식의 발행)에 관한 사항
   6. 업무에 관한 사항
⑥ 국토교통부장관은 제5항에 따른 인가의 신청을 받은 날부터 20일 이내에 인가 여부를 신청인에게 통지하여야 한다.
⑦ 국토교통부장관이 제6항에 따른 기간 내에 인가 여부를 통지할 수 없을 때에는 그 기간이 끝나는 날의 다음 날부터 기산(起算)하여 20일의 범위에서 기간을 연장할 수 있다. 이 경우 국토교통부장관은 연장된 사실과 연장 사유를 신청인에게 지체 없이 문서(전자문서를 포함한다)로 통지하여야 한다.
⑧ 감정평가법인은 사원 전원의 동의 또는 주주총회의 의결이 있는 때에는 국토교통부장관의 인가를 받아 다른 감정평가법인과 합병할 수 있다.
⑨ 감정평가법인은 해당 법인의 소속 감정평가사 외의 사람에게 제10조에 따른 업무를 하게 하여서는 아니 된다.
⑩ 감정평가법인은 「주식회사 등의 외부감사에 관한 법률」 제5조에 따른 회계처리 기준에 따라 회계처리를 하여야 한다.
⑪ 감정평가법인은 「주식회사 등의 외부감사에 관한 법률」 제2조 제2호에 따른 재무제표를 작성하여 매 사업연도가 끝난 후 3개월 이내에 국토교통부장관이 정하는 바에 따라 국토교통부장관에게 제출하여야 한다.

⑫ 국토교통부장관은 필요한 경우 제11항에 따른 재무제표가 적정하게 작성되었는지를 검사할 수 있다.
⑬ 감정평가법인에 관하여 이 법에서 정한 사항을 제외하고는 「상법」 중 회사에 관한 규정을 준용한다.

제30조(해산)
① 감정평가법인은 다음 각 호의 어느 하나에 해당하는 경우에는 해산한다.
  1. 정관으로 정한 해산 사유의 발생
  2. 사원총회 또는 주주총회의 결의
  3. 합 병
  4. 설립인가의 취소
  5. 파 산
  6. 법원의 명령 또는 판결
② 감정평가법인이 해산한 때에는 국토교통부령으로 정하는 바에 따라 이를 국토교통부장관에게 신고하여야 한다.

제31조(자본금 등)
① 감정평가법인의 자본금은 2억원 이상이어야 한다.
② 감정평가법인은 직전 사업연도 말 재무상태표의 자산총액에서 부채총액을 차감한 금액이 2억원에 미달하면 미달한 금액을 매 사업연도가 끝난 후 6개월 이내에 사원의 증여로 보전(補塡)하거나 증자(增資)하여야 한다.
③ 제2항에 따라 증여받은 금액은 특별이익으로 계상(計上)한다.
④ 삭제 〈2021.7.20.〉

제32조(인가취소 등)
① 국토교통부장관은 감정평가법인등이 다음 각 호의 어느 하나에 해당하는 경우에는 그 설립인가를 취소(제29조에 따른 감정평가법인에 한정한다)하거나 2년 이내의 범위에서 기간을 정하여 업무의 정지를 명할 수 있다. 다만, 제2호 또는 제7호에 해당하는 경우에는 그 설립인가를 취소하여야 한다.
  1. 감정평가법인이 설립인가의 취소를 신청한 경우
  2. 감정평가법인등이 업무정지처분 기간 중에 제10조에 따른 업무를 한 경우
  3. 감정평가법인등이 업무정지처분을 받은 소속 감정평가사에게 업무정지처분 기간 중에 제10조에 따른 업무를 하게 한 경우
  4. 제3조 제1항을 위반하여 감정평가를 한 경우
  5. 제3조 제3항에 따른 원칙과 기준을 위반하여 감정평가를 한 경우
  6. 제6조에 따른 감정평가서의 작성·발급 등에 관한 사항을 위반한 경우
  7. 감정평가법인등이 제21조 제3항이나 제29조 제4항에 따른 감정평가사의 수에 미달한 날부터 3개월 이내에 감정평가사를 보충하지 아니한 경우
  8. 제21조 제4항을 위반하여 둘 이상의 감정평가사사무소를 설치한 경우
  9. 제21조 제5항이나 제29조 제9항을 위반하여 해당 감정평가사 외의 사람에게 제10조에 따른 업무를 하게 한 경우

10. 제23조 제3항을 위반하여 수수료의 요율 및 실비에 관한 기준을 지키지 아니한 경우
11. 제25조, 제26조 또는 제27조를 위반한 경우. 다만, 소속 감정평가사나 그 사무직원이 제25조 제4항을 위반한 경우로서 그 위반행위를 방지하기 위하여 해당 업무에 관하여 상당한 주의와 감독을 게을리 하지 아니한 경우는 제외한다.
12. 제28조 제2항을 위반하여 보험 또는 한국감정평가사협회가 운영하는 공제사업에 가입하지 아니한 경우
13. 제관을 거짓으로 작성하는 등 부정한 방법으로 제29조에 따른 인가를 받은 경우
14. 제29조 제10항에 따른 회계처리를 하지 아니하거나 같은 조 제11항에 따른 재무제표를 작성하여 제출하지 아니한 경우
15. 제31조 제2항에 따라 기간 내에 미달한 금액을 보전하거나 증자하지 아니한 경우
16. 제47조에 따른 지도와 감독 등에 관하여 다음 각 목의 어느 하나에 해당하는 경우
    가. 업무에 관한 사항의 보고 또는 자료의 제출을 하지 아니하거나 거짓으로 보고 또는 제출한 경우
    나. 장부나 서류 등의 검사를 거부, 방해 또는 기피한 경우
17. 제29조 제5항 각 호의 사항을 인가받은 정관에 따라 운영하지 아니하는 경우

② 제33조에 따른 한국감정평가사협회는 감정평가법인등에 제1항 각 호의 어느 하나에 해당하는 사유가 있다고 인정하는 경우에는 그 증거서류를 첨부하여 국토교통부장관에게 그 설립인가를 취소하거나 업무정지처분을 하여 줄 것을 요청할 수 있다.
③ 국토교통부장관은 제1항에 따라 설립인가를 취소하거나 업무정지를 한 경우에는 그 사실을 관보에 공고하고, 정보통신망 등을 이용하여 일반인에게 알려야 한다.
④ 제1항에 따른 설립인가의 취소 및 업무정지처분은 위반 사유가 발생한 날부터 5년이 지나면 할 수 없다.
⑤ 제1항에 따른 설립인가의 취소와 업무정지에 관한 기준은 대통령령으로 정하고, 제3항에 따른 공고의 방법, 내용 및 그 밖에 필요한 사항은 국토교통부령으로 정한다.

제4장 한국감정평가사협회

제33조(목적 및 설립)
① 감정평가사의 품위 유지와 직무의 개선·발전을 도모하고, 회원의 관리 및 지도에 관한 사무를 하도록 하기 위하여 한국감정평가사협회(이하 "협회"라 한다)를 둔다.
② 협회는 법인으로 한다.
③ 협회는 국토교통부장관의 인가를 받아 주된 사무소의 소재지에서 설립등기를 함으로써 성립한다.
④ 협회는 회칙으로 정하는 바에 따라 공제사업을 운영할 수 있다.
⑤ 협회의 조직 및 그 밖에 필요한 사항은 대통령령으로 정한다.
⑥ 협회에 관하여 이 법에 규정된 것 외에는 「민법」 중 사단법인에 관한 규정을 준용한다.

제34조(회칙)
① 협회는 회칙을 정하여 국토교통부장관의 인가를 받아야 한다. 회칙을 변경할 때에도 또한 같다.
② 제1항에 따른 회칙에는 다음 각 호의 사항이 포함되어야 한다.
  1. 명칭과 사무소 소재지
  2. 회원가입 및 탈퇴에 관한 사항
  3. 임원 구성에 관한 사항
  4. 회원의 권리 및 의무에 관한 사항
  5. 회원의 지도 및 관리에 관한 사항
  6. 자산과 회계에 관한 사항
  7. 그 밖에 필요한 사항

제35조(회원가입 의무 등)
① 감정평가법인등과 그 소속 감정평가사는 협회에 회원으로 가입하여야 하며, 그 밖의 감정평가사는 협회의 회원으로 가입할 수 있다.
② 협회에 회원으로 가입한 감정평가법인등과 감정평가사는 제34조에 따른 회칙을 준수하여야 한다.

제36조(윤리규정)
① 협회는 회원이 직무를 수행할 때 지켜야 할 직업윤리에 관한 규정을 제정하여야 한다.
② 회원은 제1항에 따른 직업윤리에 관한 규정을 준수하여야 한다.

제37조(자문 등)
① 국가등은 제4조에 따른 감정평가사의 직무에 관한 사항에 대하여 협회에 업무의 자문을 요청하거나 협회의 임원·회원 또는 직원을 전문분야에 위촉하기 위하여 추천을 요청할 수 있다.
② 협회는 제1항에 따라 자문 또는 추천을 요청받은 경우 그 회원으로 하여금 요청받은 업무를 수행하게 할 수 있다.
③ 협회는 국가등에 대하여 필요한 경우 감정평가의 관리·감독·의뢰 등과 관련한 업무의 개선을 건의할 수 있다.

제38조(회원에 대한 교육·연수 등)
① 협회는 다음 각 호의 사람에 대하여 교육·연수를 실시하고 회원의 자체적인 교육·연수활동을 지도·관리한다.
  1. 회원
  2. 제17조에 따라 등록을 하려는 감정평가사
  3. 제24조에 따른 사무직원
② 제1항에 따른 교육·연수를 실시하기 위하여 협회에 연수원을 둘 수 있다.
③ 제1항에 따른 교육·연수 및 지도·관리에 필요한 사항은 협회가 국토교통부장관의 승인을 얻어 정한다.

제5장 징계

제39조(징계)
① 국토교통부장관은 감정평가사가 다음 각 호의 어느 하나에 해당하는 경우에는 제40조에 따른 감정평가관리·징계위원회의 의결에 따라 제2항 각 호의 어느 하나에 해당하는 징계를 할 수 있다. 다만, 제2항 제1호에 따른 징계는 제11호, 제12호에 해당하는 경우 및 제27조를 위반하여 다른 사람에게 자격증·등록증 또는 인가증을 양도 또는 대여한 경우에만 할 수 있다.
  1. 제3조 제1항을 위반하여 감정평가를 한 경우
  2. 제3조 제3항에 따른 원칙과 기준을 위반하여 감정평가를 한 경우
  3. 제6조에 따른 감정평가서의 작성·발급 등에 관한 사항을 위반한 경우
  3의2. 제7조 제2항을 위반하여 고의 또는 중대한 과실로 잘못 심사한 경우
  4. 업무정지처분 기간에 제10조에 따른 업무를 하거나 업무정지처분을 받은 소속 감정평가사에게 업무정지처분 기간에 제10조에 따른 업무를 하게 한 경우
  5. 제17조 제1항 또는 제2항에 따른 등록이나 갱신등록을 하지 아니하고 제10조에 따른 업무를 수행한 경우
  6. 구비서류를 거짓으로 작성하는 등 부정한 방법으로 제17조 제1항 또는 제2항에 따른 등록이나 갱신등록을 한 경우
  7. 제21조를 위반하여 감정평가업을 한 경우
  8. 제23조 제3항을 위반하여 수수료의 요율 및 실비에 관한 기준을 지키지 아니한 경우
  9. 제25조, 제26조 또는 제27조를 위반한 경우
  10. 제47조에 따른 지도와 감독 등에 관하여 다음 각 목의 어느 하나에 해당하는 경우
    가. 업무에 관한 사항의 보고 또는 자료의 제출을 하지 아니하거나 거짓으로 보고 또는 제출한 경우
    나. 장부나 서류 등의 검사를 거부 또는 방해하거나 기피한 경우
  11. 감정평가사의 직무와 관련하여 금고 이상의 형을 선고받아(집행유예를 선고받은 경우를 포함한다) 그 형이 확정된 경우
  12. 이 법에 따라 업무정지 1년 이상의 징계처분을 2회 이상 받은 후 다시 제1항에 따른 징계사유가 있는 사람으로서 감정평가사의 직무를 수행하는 것이 현저히 부적당하다고 인정되는 경우
② 감정평가사에 대한 징계의 종류는 다음과 같다.
  1. 자격의 취소
  2. 등록의 취소
  3. 2년 이하의 업무정지
  4. 견 책
③ 협회는 감정평가사에게 제1항 각 호의 어느 하나에 해당하는 징계사유가 있다고 인정하는 경우에는 그 증거서류를 첨부하여 국토교통부장관에게 징계를 요청할 수 있다.

④ 제1항과 제2항에 따라 자격이 취소된 사람은 자격증과 등록증을 국토교통부장관에게 반납하여야 하며, 등록이 취소되거나 업무가 정지된 사람은 등록증을 국토교통부장관에게 반납하여야 한다.
⑤ 제1항 및 제2항에 따라 업무가 정지된 자로서 등록증을 국토교통부장관에게 반납한 자 중 제17조에 따른 교육연수 대상에 해당하는 자가 등록갱신기간이 도래하기 전에 업무정지기간이 도과하여 등록증을 다시 교부받으려는 경우 제17조 제1항에 따른 교육연수를 이수하여야 한다.
⑥ 제19조 제2항·제4항은 제1항과 제2항에 따라 자격 취소 또는 등록 취소를 하는 경우에 준용한다.
⑦ 제1항에 따른 징계의결은 국토교통부장관의 요구에 따라 하며, 징계의결의 요구는 위반사유가 발생한 날부터 5년이 지나면 할 수 없다.

제39조의2(징계의 공고)

① 국토교통부장관은 제39조 제1항 및 제2항에 따라 징계를 한 때에는 지체 없이 그 구체적인 사유를 해당 감정평가사, 감정평가법인등 및 협회에 각각 알리고, 그 내용을 대통령령으로 정하는 바에 따라 관보 또는 인터넷 홈페이지 등에 게시 또는 공고하여야 한다.
② 협회는 제1항에 따라 통보받은 내용을 협회가 운영하는 인터넷홈페이지에 3개월 이상 게재하는 방법으로 공개하여야 한다.
③ 협회는 감정평가를 의뢰하려는 자가 해당 감정평가사에 대한 징계 사실을 확인하기 위하여 징계 정보의 열람을 신청하는 경우에는 그 정보를 제공하여야 한다.
④ 제1항부터 제3항까지에 따른 조치 또는 징계 정보의 공개 범위, 시행·열람의 방법 및 절차 등에 관하여 필요한 사항은 대통령령으로 정한다.

제40조(감정평가관리·징계위원회)

① 다음 각 호의 사항을 심의 또는 의결하기 위하여 국토교통부에 감정평가관리·징계위원회(이하 "위원회"라 한다)를 둔다.
  1. 감정평가 관계 법령의 제정·개정에 관한 사항 중 국토교통부장관이 회의에 부치는 사항
  1의2. 제3조 제5항에 따른 실무기준의 변경에 관한 사항
  2. 제14조에 따른 감정평가사시험에 관한 사항
  3. 제23조에 따른 수수료의 요율 및 실비의 범위에 관한 사항
  4. 제39조에 따른 징계에 관한 사항
  5. 그 밖에 감정평가와 관련하여 국토교통부장관이 회의에 부치는 사항
② 그 밖에 위원회의 구성과 운영 등에 필요한 사항은 대통령령으로 정한다.

제6장 과징금

제41조(과징금의 부과)
① 국토교통부장관은 감정평가법인등이 제32조 제1항 각 호의 어느 하나에 해당하게 되어 업무정지처분을 하여야 하는 경우로서 그 업무정지처분이 「부동산 가격공시에 관한 법률」 제3조에 따른 표준지공시지가의 공시 등의 업무를 정상적으로 수행하는 데에 지장을 초래하는 등 공익을 해칠 우려가 있는 경우에는 업무정지처분을 갈음하여 5천만원(감정평가법인인 경우는 5억원) 이하의 과징금을 부과할 수 있다.
② 국토교통부장관은 제1항에 따른 과징금을 부과하는 경우에는 다음 각 호의 사항을 고려하여야 한다.
　1. 위반행위의 내용과 정도
　2. 위반행위의 기간과 위반횟수
　3. 위반행위로 취득한 이익의 규모
③ 국토교통부장관은 이 법을 위반한 감정평가법인이 합병을 하는 경우 그 감정평가법인이 행한 위반행위는 합병 후 존속하거나 합병으로 신설된 감정평가법인이 행한 행위로 보아 과징금을 부과·징수할 수 있다.
④ 제1항부터 제3항까지에 따른 과징금의 부과기준 등에 필요한 사항은 대통령령으로 정한다.

제42조(이의신청)
① 제41조에 따른 과징금의 부과에 이의가 있는 자는 이를 통보받은 날부터 30일 이내에 사유서를 갖추어 국토교통부장관에게 이의를 신청할 수 있다.
② 국토교통부장관은 제1항에 따른 이의신청에 대하여 30일 이내에 결정을 하여야 한다. 다만, 부득이한 사정으로 그 기간에 결정을 할 수 없을 때에는 30일의 범위에서 기간을 연장할 수 있다.
③ 제2항에 따른 결정에 이의가 있는 자는 「행정심판법」에 따라 행정심판을 청구할 수 있다.

제43조(과징금 납부기한의 연장과 분할납부)
① 국토교통부장관은 과징금을 부과받은 자(이하 "과징금납부의무자"라 한다)가 다음 각 호의 어느 하나에 해당하는 사유로 과징금의 전액을 일시에 납부하기 어렵다고 인정될 때에는 그 납부기한을 연장하거나 분할납부하게 할 수 있다. 이 경우 필요하다고 인정할 때에는 담보를 제공하게 할 수 있다.
　1. 재해 등으로 재산에 큰 손실을 입은 경우
　2. 과징금을 일시에 납부할 경우 자금사정에 큰 어려움이 예상되는 경우
　3. 그 밖에 제1호나 제2호에 준하는 사유가 있는 경우
② 과징금납부의무자가 제1항에 따라 과징금 납부기한을 연장받거나 분할납부를 하려면 납부기한 10일 전까지 국토교통부장관에게 신청하여야 한다.
③ 국토교통부장관은 제1항에 따라 납부기한이 연장되거나 분할납부가 허용된 과징금납부의무자가 다음 각 호의 어느 하나에 해당할 때에는 납부기한 연장이나 분할납부 결정을 취소하고 과징금을 일시에 징수할 수 있다.
　1. 분할납부가 결정된 과징금을 그 납부기한까지 납부하지 아니하였을 때
　2. 담보의 변경이나 담보 보전에 필요한 국토교통부장관의 명령을 이행하지 아니하였을 때

3. 강제집행, 경매의 개시, 파산선고, 법인의 해산, 국세나 지방세의 체납처분을 받는 등 과징금의 전부나 나머지를 징수할 수 없다고 인정될 때
　　4. 그 밖에 제1호부터 제3호까지에 준하는 사유가 있을 때
④ 제1항부터 제3항까지에 따른 과징금 납부기한의 연장, 분할납부, 담보의 제공 등에 필요한 사항은 대통령령으로 정한다.

제44조(과징금의 징수와 체납처분)
① 국토교통부장관은 과징금납부의무자가 납부기한까지 과징금을 납부하지 아니한 경우에는 납부기한의 다음 날부터 과징금을 납부한 날의 전날까지의 기간에 대하여 대통령령으로 정하는 가산금을 징수할 수 있다.
② 국토교통부장관은 과징금납부의무자가 납부기한까지 과징금을 납부하지 아니하였을 때에는 기간을 정하여 독촉을 하고, 그 지정한 기간 내에 과징금이나 제1항에 따른 가산금을 납부하지 아니하였을 때에는 국세 체납처분의 예에 따라 징수할 수 있다.
③ 제1항 및 제2항에 따른 과징금의 징수와 체납처분 절차 등에 필요한 사항은 대통령령으로 정한다.

제7장　보칙

제45조(청문)
국토교통부장관은 다음 각 호의 어느 하나에 해당하는 처분을 하려는 경우에는 청문을 실시하여야 한다.
　　1. 제13조 제1항 제1호에 따른 감정평가사 자격의 취소
　　2. 제32조 제1항에 따른 감정평가법인의 설립인가 취소

제46조(업무의 위탁)
① 이 법에 따른 국토교통부장관의 업무 중 다음 각 호의 업무는 「한국부동산원법」에 따른 한국부동산원, 「한국산업인력공단법」에 따른 한국산업인력공단 또는 협회에 위탁할 수 있다. 다만, 제3호 및 제4호에 따른 업무는 협회에만 위탁할 수 있다.
　　1. 제8조 제1항에 따른 감정평가 타당성조사 및 같은 조 제4항에 따른 감정평가서에 대한 표본조사와 관련하여 대통령령으로 정하는 업무
　　2. 제14조에 따른 감정평가사시험의 관리
　　3. 제17조에 따른 감정평가사 등록 및 등록 갱신
　　4. 제21조의2에 따른 소속 감정평가사 또는 사무직원의 신고
　　5. 그 밖에 대통령령으로 정하는 업무
② 제1항에 따라 그 업무를 위탁할 때에는 예산의 범위에서 필요한 경비를 보조할 수 있다.

제47조(지도 · 감독)

① 국토교통부장관은 감정평가법인등 및 협회를 감독하기 위하여 필요할 때에는 그 업무에 관한 보고 또는 자료의 제출, 그 밖에 필요한 명령을 할 수 있으며, 소속 공무원으로 하여금 그 사무소에 출입하여 장부·서류 등을 검사하게 할 수 있다.
② 제1항에 따라 출입·검사를 하는 공무원은 그 권한을 표시하는 증표를 지니고 이를 관계인에게 내보여야 한다.

제48조(벌칙 적용에서 공무원 의제)

다음 각 호의 어느 하나에 해당하는 사람은 「형법」 제129조부터 제132조까지의 규정을 적용할 때에는 공무원으로 본다.
1. 제10조 제1호 및 제2호의 업무를 수행하는 감정평가사
2. 제40조에 따른 위원회의 위원 중 공무원이 아닌 위원
3. 제46조에 따른 위탁업무에 종사하는 협회의 임직원

제8장 벌칙

제49조(벌칙)

다음 각 호의 어느 하나에 해당하는 자는 3년 이하의 징역 또는 3천만원 이하의 벌금에 처한다.
1. 부정한 방법으로 감정평가사의 자격을 취득한 사람
2. 감정평가법인등이 아닌 자로서 감정평가업을 한 자
3. 구비서류를 거짓으로 작성하는 등 부정한 방법으로 제17조에 따른 등록이나 갱신등록을 한 사람
4. 제18조에 따라 등록 또는 갱신등록이 거부되거나 제13조, 제19조 또는 제39조에 따라 자격 또는 등록이 취소된 사람으로서 제10조의 업무를 한 사람
5. 제25조 제1항을 위반하여 고의로 업무를 잘못하거나 같은 조 제6항을 위반하여 제28조의2에서 정하는 유도 또는 요구에 따른 자
6. 제25조 제4항을 위반하여 업무와 관련된 대가를 받거나 감정평가 수주의 대가로 금품 또는 재산상의 이익을 제공하거나 제공하기로 약속한 자
6의2. 제28조의2를 위반하여 특정한 가액으로 감정평가를 유도 또는 요구하는 행위를 한 자
7. 정관을 거짓으로 작성하는 등 부정한 방법으로 제29조에 따른 인가를 받은 자

제50조(벌칙)

다음 각 호의 어느 하나에 해당하는 자는 1년 이하의 징역 또는 1천만원 이하의 벌금에 처한다.
1. 제21조 제4항을 위반하여 둘 이상의 사무소를 설치한 사람
2. 제21조 제5항 또는 제29조 제9항을 위반하여 소속 감정평가사 외의 사람에게 제10조의 업무를 하게 한 자

3. 제25조 제3항, 제5항 또는 제26조를 위반한 자
4. 제27조 제1항을 위반하여 감정평가사의 자격증·등록증 또는 감정평가법인의 인가증을 다른 사람에게 양도 또는 대여한 자와 이를 양수 또는 대여받은 자
5. 제27조 제2항을 위반하여 같은 조 제1항의 행위를 알선한 자

제50조의2(몰수·추징)

제49조 제6호 및 제50조 제4호의 죄를 지은 자가 받은 금품이나 그 밖의 이익은 몰수한다. 이를 몰수할 수 없을 때에는 그 가액을 추징한다.

제51조(양벌규정)

법인의 대표자나 법인 또는 개인의 대리인, 사용인, 그 밖의 종업원이 그 법인 또는 개인의 업무에 관하여 제49조 또는 제50조의 위반행위를 하면 그 행위자를 벌하는 외에 그 법인 또는 개인에게도 해당 조문의 벌금형을 부과한다. 다만, 법인 또는 개인이 그 위반행위를 방지하기 위하여 해당 업무에 상당한 주의와 감독을 게을리하지 아니한 경우에는 그러하지 아니하다.

제52조(과태료)

① 제24조 제1항을 위반하여 사무직원을 둔 자에게는 500만원 이하의 과태료를 부과한다.
1. 제6조 제3항을 위반하여 감정평가서의 원본과 그 관련 서류를 보존하지 아니한 자
2. 제9조 제2항을 위반하여 감정평가 결과를 감정평가 정보체계에 등록하지 아니한 자
3. 제13조 제3항, 제19조 제3항 및 제39조 제4항을 위반하여 자격증 또는 등록증을 반납하지 아니한 사람
4. 제21조 제1항에 따른 개설신고 등을 하지 아니하고 감정평가업을 한 사람
5. 제21조에 따라 신고한 감정평가사로서 제28조 제2항을 위반하여 보험 또는 협회가 운영하는 공제사업에의 가입 등 필요한 조치를 하지 아니한 사람
6. 제22조 제1항을 위반하여 "감정평가사사무소" 또는 "감정평가법인"이라는 용어를 사용하지 아니하거나 같은 조 제2항을 위반하여 "감정평가사", "감정평가사사무소", "감정평가법인" 또는 이와 유사한 명칭을 사용한 자

6의2. 제24조 제1항을 위반하여 사무직원을 둔 자
7. 제47조에 따른 업무에 관한 보고, 자료 제출, 명령 또는 검사를 거부·방해 또는 기피하거나 국토교통부장관에게 거짓으로 보고한 자

② 다음 각 호의 어느 하나에 해당하는 자에게는 400만원 이하의 과태료를 부과한다.
1. 삭제 〈2021.7.20.〉
2. 삭제 〈2021.7.20.〉
3. 삭제 〈2021.7.20.〉
4. 삭제 〈2021.7.20.〉
5. 제28조 제2항을 위반하여 보험 또는 협회가 운영하는 공제사업에의 가입 등 필요한 조치를 하지 아니한 사람

6. 삭제 〈2021.7.20.〉

6의2. 삭제 〈2021.7.20.〉

7. 제47조에 따른 업무에 관한 보고, 자료 제출, 명령 또는 검사를 거부·방해 또는 기피하거나 국토교통부장관에게 거짓으로 보고한 자

③ 다음 각 호의 어느 하나에 해당하는 자에게는 300만원 이하의 과태료를 부과한다.
 1. 제6조 제3항을 위반하여 감정평가서의 원본과 그 관련 서류를 보존하지 아니한 자
 2. 제22조 제1항을 위반하여 "감정평가사사무소" 또는 "감정평가법인"이라는 용어를 사용하지 아니하거나 같은 조 제2항을 위반하여 "감정평가사", "감정평가사사무소", "감정평가법인" 또는 이와 유사한 명칭을 사용한 자

④ 다음 각 호의 어느 하나에 해당하는 자에게는 150만원 이하의 과태료를 부과한다.
 1. 제9조 제2항을 위반하여 감정평가 결과를 감정평가 정보체계에 등록하지 아니한 자
 2. 제13조 제3항, 제19조 제3항 및 제39조 제4항을 위반하여 자격증 또는 등록증을 반납하지 아니한 사람
 3. 제28조 제3항을 위반하여 같은 조 제1항에 따른 손해배상사실을 국토교통부장관에게 알리지 아니한 자

⑤ 제1항부터 제4항까지에 따른 과태료는 대통령령으로 정하는 바에 따라 국토교통부장관이 부과·징수한다.

부 칙

제1조(시행일)
이 법은 공포 후 3개월이 경과한 날부터 시행한다.

제2조(사무직원의 결격사유에 관한 적용례)
제24조 제1항 제4호 및 제6호의 개정규정은 이 법 시행 이후 발생하는 사유로 제39조 제1항 제11호의 개정규정에 따라 자격취소의 징계처분을 받거나 제39조의 개정규정에 따라 업무정지의 징계처분을 받은 경우부터 적용한다.

제3조(징계에 관한 경과조치)
이 법 시행 전의 위반행위로 인한 징계에 관하여는 제39조 제1항 제11호의 개정규정에도 불구하고 종전의 규정에 따른다.

02 공익사업을 위한 토지 등의 취득 및 보상에 관한 법률(토지보상법)

[시행 2025.8.26.] [법률 제21036호, 2025.8.26., 일부개정]

제1장 총칙

제1조(목적)
이 법은 공익사업에 필요한 토지 등을 협의 또는 수용에 의하여 취득하거나 사용함에 따른 손실의 보상에 관한 사항을 규정함으로써 공익사업의 효율적인 수행을 통하여 공공복리의 증진과 재산권의 적정한 보호를 도모하는 것을 목적으로 한다.

제2조(정의)
이 법에서 사용하는 용어의 뜻은 다음과 같다.
1. "토지등"이란 제3조 각 호에 해당하는 토지·물건 및 권리를 말한다.
2. "공익사업"이란 제4조 각 호의 어느 하나에 해당하는 사업을 말한다.
3. "사업시행자"란 공익사업을 수행하는 자를 말한다.
4. "토지소유자"란 공익사업에 필요한 토지의 소유자를 말한다.
5. "관계인"이란 사업시행자가 취득하거나 사용할 토지에 관하여 지상권·지역권·전세권·저당권·사용대차 또는 임대차에 따른 권리 또는 그 밖에 토지에 관한 소유권 외의 권리를 가진 자나 그 토지에 있는 물건에 관하여 소유권이나 그 밖의 권리를 가진 자를 말한다. 다만, 제22조에 따른 사업인정의 고시가 된 후에 권리를 취득한 자는 기존의 권리를 승계한 자를 제외하고는 관계인에 포함되지 아니한다.
6. "가격시점"이란 제67조 제1항에 따른 보상액 산정(算定)의 기준이 되는 시점을 말한다.
7. "사업인정"이란 공익사업을 토지 등을 수용하거나 사용할 사업으로 결정하는 것을 말한다.

제3조(적용 대상)
사업시행자가 다음 각 호에 해당하는 토지·물건 및 권리를 취득하거나 사용하는 경우에는 이 법을 적용한다.
1. 토지 및 이에 관한 소유권 외의 권리
2. 토지와 함께 공익사업을 위하여 필요한 입목(立木), 건물, 그 밖에 토지에 정착된 물건 및 이에 관한 소유권 외의 권리
3. 광업권·어업권·양식업권 또는 물의 사용에 관한 권리
4. 토지에 속한 흙·돌·모래 또는 자갈에 관한 권리

제4조(공익사업)

이 법에 따라 토지등을 취득하거나 사용할 수 있는 사업은 다음 각 호의 어느 하나에 해당하는 사업이어야 한다.

1. 국방·군사에 관한 사업
2. 관계 법률에 따라 허가·인가·승인·지정 등을 받아 공익을 목적으로 시행하는 철도·도로·공항·항만·주차장·공영차고지·화물터미널·궤도(軌道)·하천·제방·댐·운하·수도·하수도·하수종말처리·폐수처리·사방(砂防)·방풍(防風)·방화(防火)·방조(防潮)·방수(防水)·저수지·용수로·배수로·석유비축·송유·폐기물처리·전기·전기통신·방송·가스 및 기상 관측에 관한 사업
3. 국가나 지방자치단체가 설치하는 청사·공장·연구소·시험소·보건시설·문화시설·공원·수목원·광장·운동장·시장·묘지·화장장·도축장 또는 그 밖의 공공용 시설에 관한 사업
4. 관계 법률에 따라 허가·인가·승인·지정 등을 받아 공익을 목적으로 시행하는 학교·도서관·박물관 및 미술관 건립에 관한 사업
5. 국가, 지방자치단체, 「공공기관의 운영에 관한 법률」 제4조에 따른 공공기관, 「지방공기업법」에 따른 지방공기업 또는 국가나 지방자치단체가 지정한 자가 임대나 양도의 목적으로 시행하는 주택 건설 또는 택지 및 산업단지 조성에 관한 사업
6. 제1호부터 제5호까지의 사업을 시행하기 위하여 필요한 통로, 교량, 전선로, 재료 적치장 또는 그 밖의 부속시설에 관한 사업
7. 제1호부터 제5호까지의 사업을 시행하기 위하여 필요한 주택, 공장 등의 이주단지 조성에 관한 사업
8. 그 밖에 별표에 규정된 법률에 따라 토지등을 수용하거나 사용할 수 있는 사업

제4조의2(토지등의 수용·사용에 관한 특례의 제한)

① 이 법에 따라 토지등을 수용하거나 사용할 수 있는 사업은 제4조 또는 별표에 규정된 법률에 따르지 아니하고는 정할 수 없다.
② 별표는 이 법 외의 다른 법률로 개정할 수 없다.
③ 국토교통부장관은 제4조 제8호에 따른 사업의 공공성, 수용의 필요성 등을 5년마다 재검토하여 폐지, 변경 또는 유지 등을 위한 조치를 하여야 한다.

제4조의3(공익사업 신설 등에 대한 개선요구 등)

① 제49조에 따른 중앙토지수용위원회는 제4조 제8호에 따른 사업의 신설, 변경 및 폐지, 그 밖에 필요한 사항에 관하여 심의를 거쳐 관계 중앙행정기관의 장에게 개선을 요구하거나 의견을 제출할 수 있다.
② 제1항에 따라 개선요구나 의견제출을 받은 관계 중앙행정기관의 장은 정당한 사유가 없으면 이를 반영하여야 한다.
③ 제49조에 따른 중앙토지수용위원회는 제1항에 따른 개선요구·의견제출을 위하여 필요한 경우 관계 기관 소속 직원 또는 관계 전문기관이나 전문가로 하여금 위원회에 출석하여 그 의견을 진술하게 하거나 필요한 자료를 제출하게 할 수 있다.

제5조(권리·의무 등의 승계)

① 이 법에 따른 사업시행자의 권리·의무는 그 사업을 승계한 자에게 이전한다.
② 이 법에 따라 이행한 절차와 그 밖의 행위는 사업시행자, 토지소유자 및 관계인의 승계인에게도 그 효력이 미친다.

제6조(기간의 계산방법 등)

이 법에서 기간의 계산방법은 「민법」에 따르며, 통지 및 서류의 송달에 필요한 사항은 대통령령으로 정한다.

제7조(대리인)

사업시행자, 토지소유자 또는 관계인은 사업인정의 신청, 재결(裁決)의 신청, 의견서 제출 등의 행위를 할 때 변호사나 그 밖의 자를 대리인으로 할 수 있다.

제8조(서류의 발급신청)

① 사업시행자는 대통령령으로 정하는 바에 따라 해당 공익사업의 수행을 위하여 필요한 서류의 발급을 국가나 지방자치단체에 신청할 수 있으며, 국가나 지방자치단체는 해당 서류를 발급하여야 한다.
② 국가나 지방자치단체는 제1항에 따라 발급하는 서류에는 수수료를 부과하지 아니한다.

제2장 공익사업의 준비

제9조(사업 준비를 위한 출입의 허가 등)

① 사업시행자는 공익사업을 준비하기 위하여 타인이 점유하는 토지에 출입하여 측량하거나 조사할 수 있다.
② 사업시행자(특별자치도, 시·군 또는 자치구가 사업시행자인 경우는 제외한다)는 제1항에 따라 측량이나 조사를 하려면 사업의 종류와 출입할 토지의 구역 및 기간을 정하여 특별자치도지사, 시장·군수 또는 구청장(자치구의 구청장을 말한다. 이하 같다)의 허가를 받아야 한다. 다만, 사업시행자가 국가일 때에는 그 사업을 시행할 관계 중앙행정기관의 장이 특별자치도지사, 시장·군수 또는 구청장에게 통지하고, 사업시행자가 특별시·광역시 또는 도일 때에는 특별시장·광역시장 또는 도지사가 시장·군수 또는 구청장에게 통지하여야 한다.
③ 특별자치도지사, 시장·군수 또는 구청장은 다음 각 호의 어느 하나에 해당할 때에는 사업시행자, 사업의 종류와 출입할 토지의 구역 및 기간을 공고하고 이를 토지점유자에게 통지하여야 한다.
 1. 제2항 본문에 따라 허가를 한 경우
 2. 제2항 단서에 따라 통지를 받은 경우
 3. 특별자치도, 시·군 또는 구(자치구를 말한다. 이하 같다)가 사업시행자인 경우로서 제1항에 따라 타인이 점유하는 토지에 출입하여 측량이나 조사를 하려는 경우

④ 사업시행자는 제1항에 따라 타인이 점유하는 토지에 출입하여 측량·조사함으로써 발생하는 손실을 보상하여야 한다.
⑤ 제4항에 따른 손실의 보상은 손실이 있음을 안 날부터 1년이 지났거나 손실이 발생한 날부터 3년이 지난 후에는 청구할 수 없다.
⑥ 제4항에 따른 손실의 보상은 사업시행자와 손실을 입은 자가 협의하여 결정한다.
⑦ 제6항에 따른 협의가 성립되지 아니하면 사업시행자나 손실을 입은 자는 대통령령으로 정하는 바에 따라 제51조에 따른 관할 토지수용위원회(이하 "관할 토지수용위원회"라 한다)에 재결을 신청할 수 있다.

제10조(출입의 통지)
① 제9조 제2항에 따라 타인이 점유하는 토지에 출입하려는 자는 출입하려는 날의 5일 전까지 그 일시 및 장소를 특별자치도지사, 시장·군수 또는 구청장에게 통지하여야 한다.
② 특별자치도지사, 시장·군수 또는 구청장은 제1항에 따른 통지를 받은 경우 또는 특별자치도, 시·군 또는 구가 사업시행자인 경우에 특별자치도지사, 시장·군수 또는 구청장이 타인이 점유하는 토지에 출입하려는 경우에는 지체 없이 이를 공고하고 그 토지점유자에게 통지하여야 한다.
③ 해가 뜨기 전이나 해가 진 후에는 토지점유자의 승낙 없이 그 주거(住居)나 경계표·담 등으로 둘러싸인 토지에 출입할 수 없다.

제11조(토지점유자의 인용의무)
토지점유자는 정당한 사유 없이 사업시행자가 제10조에 따라 통지하고 출입·측량 또는 조사하는 행위를 방해하지 못한다.

제12조(장해물 제거 등)
① 사업시행자는 제9조에 따라 타인이 점유하는 토지에 출입하여 측량 또는 조사를 할 때 장해물을 제거하거나 토지를 파는 행위(이하 "장해물 제거 등"이라 한다)를 하여야 할 부득이한 사유가 있는 경우에는 그 소유자 및 점유자의 동의를 받아야 한다. 다만, 그 소유자 및 점유자의 동의를 받지 못하였을 때에는 사업시행자(특별자치도, 시·군 또는 구가 사업시행자인 경우는 제외한다)는 특별자치도지사, 시장·군수 또는 구청장의 허가를 받아 장해물 제거 등을 할 수 있으며, 특별자치도, 시·군 또는 구가 사업시행자인 경우에 특별자치도지사, 시장·군수 또는 구청장은 허가 없이 장해물 제거 등을 할 수 있다.
② 특별자치도지사, 시장·군수 또는 구청장은 제1항 단서에 따라 허가를 하거나 장해물 제거 등을 하려면 미리 그 소유자 및 점유자의 의견을 들어야 한다.
③ 제1항에 따라 장해물 제거 등을 하려는 자는 장해물 제거 등을 하려는 날의 3일 전까지 그 소유자 및 점유자에게 통지하여야 한다.
④ 사업시행자는 제1항에 따라 장해물 제거 등을 함으로써 발생하는 손실을 보상하여야 한다.
⑤ 제4항에 따른 손실보상에 관하여는 제9조 제5항부터 제7항까지의 규정을 준용한다.

제13조(증표 등의 휴대)

① 제9조 제2항 본문에 따라 특별자치도지사, 시장·군수 또는 구청장의 허가를 받고 타인이 점유하는 토지에 출입하려는 사람과 제12조에 따라 장해물 제거 등을 하려는 사람(특별자치도, 시·군 또는 구가 사업시행자인 경우는 제외한다)은 그 신분을 표시하는 증표와 특별자치도지사, 시장·군수 또는 구청장의 허가증을 지녀야 한다.
② 제9조 제2항 단서에 따라 특별자치도지사, 시장·군수 또는 구청장에게 통지하고 타인이 점유하는 토지에 출입하려는 사람과 사업시행자가 특별자치도, 시·군 또는 구인 경우로서 제9조 제3항 제3호 또는 제12조 제1항 단서에 따라 타인이 점유하는 토지에 출입하거나 장해물 제거 등을 하려는 사람은 그 신분을 표시하는 증표를 지녀야 한다.
③ 제1항과 제2항에 따른 증표 및 허가증은 토지 또는 장해물의 소유자 및 점유자, 그 밖의 이해관계인에게 이를 보여주어야 한다.
④ 제1항과 제2항에 따른 증표 및 허가증의 서식에 관하여 필요한 사항은 국토교통부령으로 정한다.

제3장   협의에 의한 취득 또는 사용

제14조(토지조서 및 물건조서의 작성)

① 사업시행자는 공익사업의 수행을 위하여 제20조에 따른 사업인정 전에 협의에 의한 토지등의 취득 또는 사용이 필요할 때에는 토지조서와 물건조서를 작성하여 서명 또는 날인을 하고 토지소유자와 관계인의 서명 또는 날인을 받아야 한다. 다만, 다음 각 호의 어느 하나에 해당하는 경우에는 그러하지 아니하다. 이 경우 사업시행자는 해당 토지조서와 물건조서에 그 사유를 적어야 한다.
  1. 토지소유자 및 관계인이 정당한 사유 없이 서명 또는 날인을 거부하는 경우
  2. 토지소유자 및 관계인을 알 수 없거나 그 주소·거소를 알 수 없는 등의 사유로 서명 또는 날인을 받을 수 없는 경우
② 토지와 물건의 소재지, 토지소유자 및 관계인 등 토지조서 및 물건조서의 기재사항과 그 작성에 필요한 사항은 대통령령으로 정한다.

제15조(보상계획의 열람 등)

① 사업시행자는 제14조에 따라 토지조서와 물건조서를 작성하였을 때에는 공익사업의 개요, 토지조서 및 물건조서의 내용과 보상의 시기·방법 및 절차 등이 포함된 보상계획을 전국을 보급지역으로 하는 일간신문에 공고하고, 토지소유자 및 관계인에게 각각 통지하여야 하며, 제2항 단서에 따라 열람을 의뢰하는 사업시행자를 제외하고는 특별자치도지사, 시장·군수 또는 구청장에게도 통지하여야 한다. 다만, 토지소유자와 관계인이 20인 이하인 경우에는 공고를 생략할 수 있다.

② 사업시행자는 제1항에 따른 공고나 통지를 하였을 때에는 그 내용을 14일 이상 일반인이 열람할 수 있도록 하여야 한다. 다만, 사업지역이 둘 이상의 시·군 또는 구에 걸쳐 있거나 사업시행자가 행정청이 아닌 경우에는 해당 특별자치도지사, 시장·군수 또는 구청장에게도 그 사본을 송부하여 열람을 의뢰하여야 한다.

③ 제1항에 따라 공고되거나 통지된 토지조서 및 물건조서의 내용에 대하여 이의(異議)가 있는 토지소유자 또는 관계인은 제2항에 따른 열람기간 이내에 사업시행자에게 서면으로 이의를 제기할 수 있다. 다만, 사업시행자가 고의 또는 과실로 토지소유자 또는 관계인에게 보상계획을 통지하지 아니한 경우 해당 토지소유자 또는 관계인은 제16조에 따른 협의가 완료되기 전까지 서면으로 이의를 제기할 수 있다.

④ 사업시행자는 해당 토지조서 및 물건조서에 제3항에 따라 제기된 이의를 부기(附記)하고 그 이의가 이유 있다고 인정할 때에는 적절한 조치를 하여야 한다.

제16조(협의)

사업시행자는 토지 등에 대한 보상에 관하여 토지소유자 및 관계인과 성실하게 협의하여야 하며, 협의의 절차 및 방법 등 협의에 필요한 사항은 대통령령으로 정한다.

제17조(계약의 체결)

사업시행자는 제16조에 따른 협의가 성립되었을 때에는 토지소유자 및 관계인과 계약을 체결하여야 한다.

제18조

삭제 〈2007.10.17.〉

제4장 수용에 의한 취득 또는 사용

제1절 수용 또는 사용의 절차

제19조(토지등의 수용 또는 사용)

① 사업시행자는 공익사업의 수행을 위하여 필요하면 이 법에서 정하는 바에 따라 토지등을 수용하거나 사용할 수 있다.

② 공익사업에 수용되거나 사용되고 있는 토지등은 특별히 필요한 경우가 아니면 다른 공익사업을 위하여 수용하거나 사용할 수 없다.

제20조(사업인정)

① 사업시행자는 제19조에 따라 토지등을 수용하거나 사용하려면 대통령령으로 정하는 바에 따라 국토교통부장관의 사업인정을 받아야 한다.

② 제1항에 따른 사업인정을 신청하려는 자는 국토교통부령으로 정하는 수수료를 내야 한다.

제21조(협의 및 의견청취 등)

① 국토교통부장관은 사업인정을 하려면 관계 중앙행정기관의 장 및 특별시장·광역시장·도지사·특별자치도지사(이하 "시·도지사"라 한다) 및 제49조에 따른 중앙토지수용위원회와 협의하여야 하며, 대통령령으로 정하는 바에 따라 미리 사업인정에 이해관계가 있는 자의 의견을 들어야 한다.
② 별표에 규정된 법률에 따라 사업인정이 있는 것으로 의제되는 공익사업의 허가·인가·승인권자 등은 사업인정이 의제되는 지구지정·사업계획승인 등을 하려는 경우 제1항에 따라 제49조에 따른 중앙토지수용위원회와 협의하여야 하며, 대통령령으로 정하는 바에 따라 사업인정에 이해관계가 있는 자의 의견을 들어야 한다.
③ 제49조에 따른 중앙토지수용위원회는 제1항 또는 제2항에 따라 협의를 요청받은 경우 사업인정에 이해관계가 있는 자에 대한 의견 수렴 절차 이행 여부, 허가·인가·승인대상 사업의 공공성, 수용의 필요성, 그 밖에 대통령령으로 정하는 사항을 검토하여야 한다.
④ 제49조에 따른 중앙토지수용위원회는 제3항의 검토를 위하여 필요한 경우 관계 전문기관이나 전문가에게 현지조사를 의뢰하거나 그 의견을 들을 수 있고, 관계 행정기관의 장에게 관련 자료의 제출을 요청할 수 있다.
⑤ 제49조에 따른 중앙토지수용위원회는 제1항 또는 제2항에 따라 협의를 요청받은 날부터 30일 이내에 의견을 제시하여야 한다. 다만, 그 기간 내에 의견을 제시하기 어려운 경우에는 한 차례만 30일의 범위에서 그 기간을 연장할 수 있다.
⑥ 제49조에 따른 중앙토지수용위원회는 제3항의 사항을 검토한 결과 자료 등을 보완할 필요가 있는 경우에는 해당 허가·인가·승인권자에게 14일 이내의 기간을 정하여 보완을 요청할 수 있다. 이 경우 그 기간은 제5항의 기간에서 제외한다.
⑦ 제49조에 따른 중앙토지수용위원회가 제5항에서 정한 기간 내에 의견을 제시하지 아니하는 경우에는 협의가 완료된 것으로 본다.
⑧ 그 밖에 제1항 또는 제2항의 협의에 관하여 필요한 사항은 국토교통부령으로 정한다.

제22조(사업인정의 고시)

① 국토교통부장관은 제20조에 따른 사업인정을 하였을 때에는 지체 없이 그 뜻을 사업시행자, 토지소유자 및 관계인, 관계 시·도지사에게 통지하고 사업시행자의 성명이나 명칭, 사업의 종류, 사업지역 및 수용하거나 사용할 토지의 세목을 관보에 고시하여야 한다.
② 제1항에 따라 사업인정의 사실을 통지받은 시·도지사(특별자치도지사는 제외한다)는 관계 시장·군수 및 구청장에게 이를 통지하여야 한다.
③ 사업인정은 제1항에 따라 고시한 날부터 그 효력이 발생한다.

제23조(사업인정의 실효)

① 사업시행자가 제22조 제1항에 따른 사업인정의 고시(이하 "사업인정고시"라 한다)가 된 날부터 1년 이내에 제28조 제1항에 따른 재결신청을 하지 아니한 경우에는 사업인정고시가 된 날부터 1년이 되는 날의 다음 날에 사업인정은 그 효력을 상실한다.

② 사업시행자는 제1항에 따라 사업인정이 실효됨으로 인하여 토지소유자나 관계인이 입은 손실을 보상하여야 한다.
③ 제2항에 따른 손실보상에 관하여는 제9조 제5항부터 제7항까지의 규정을 준용한다.

제24조(사업의 폐지 및 변경)
① 사업인정고시가 된 후 사업의 전부 또는 일부를 폐지하거나 변경함으로 인하여 토지등의 전부 또는 일부를 수용하거나 사용할 필요가 없게 되었을 때에는 사업시행자는 지체 없이 사업지역을 관할하는 시·도지사에게 신고하고, 토지소유자 및 관계인에게 이를 통지하여야 한다.
② 시·도지사는 제1항에 따른 신고를 받으면 사업의 전부 또는 일부가 폐지되거나 변경된 내용을 관보에 고시하여야 한다.
③ 시·도지사는 제1항에 따른 신고가 없는 경우에도 사업시행자가 사업의 전부 또는 일부를 폐지하거나 변경함으로 인하여 토지를 수용하거나 사용할 필요가 없게 된 것을 알았을 때에는 미리 사업시행자의 의견을 듣고 제2항에 따른 고시를 하여야 한다.
④ 시·도지사는 제2항 및 제3항에 따른 고시를 하였을 때에는 지체 없이 그 사실을 국토교통부장관에게 보고하여야 한다.
⑤ 별표에 규정된 법률에 따라 제20조에 따른 사업인정이 있는 것으로 의제되는 사업이 해당 법률에서 정하는 바에 따라 해당 사업의 전부 또는 일부가 폐지되거나 변경된 내용이 고시·공고된 경우에는 제2항에 따른 고시가 있는 것으로 본다.
⑥ 제2항 및 제3항에 따른 고시가 된 날부터 그 고시된 내용에 따라 사업인정의 전부 또는 일부는 그 효력을 상실한다.
⑦ 사업시행자는 제1항에 따라 사업의 전부 또는 일부를 폐지·변경함으로 인하여 토지소유자 또는 관계인이 입은 손실을 보상하여야 한다.
⑧ 제7항에 따른 손실보상에 관하여는 제9조 제5항부터 제7항까지의 규정을 준용한다.

제24조의2(사업의 완료)
① 사업이 완료된 경우 사업시행자는 지체 없이 사업시행자의 성명이나 명칭, 사업의 종류, 사업지역, 사업인정고시일 및 취득한 토지의 세목을 사업지역을 관할하는 시·도지사에게 신고하여야 한다.
② 시·도지사는 제1항에 따른 신고를 받으면 사업시행자의 성명이나 명칭, 사업의 종류, 사업지역 및 사업인정고시일을 관보에 고시하여야 한다.
③ 시·도지사는 제1항에 따른 신고가 없는 경우에도 사업이 완료된 것을 알았을 때에는 미리 사업시행자의 의견을 듣고 제2항에 따른 고시를 하여야 한다.
④ 별표에 규정된 법률에 따라 제20조에 따른 사업인정이 있는 것으로 의제되는 사업이 해당 법률에서 정하는 바에 따라 해당 사업의 준공·완료·사용개시 등이 고시·공고된 경우에는 제2항에 따른 고시가 있는 것으로 본다.

제25조(토지등의 보전)

① 사업인정고시가 된 후에는 누구든지 고시된 토지에 대하여 사업에 지장을 줄 우려가 있는 형질의 변경이나 제3조 제2호 또는 제4호에 규정된 물건을 손괴하거나 수거하는 행위를 하지 못한다.

② 사업인정고시가 된 후에 고시된 토지에 건축물의 건축·대수선, 공작물(工作物)의 설치 또는 물건의 부가(附加)·증치(增置)를 하려는 자는 특별자치도지사, 시장·군수 또는 구청장의 허가를 받아야 한다. 이 경우 특별자치도지사, 시장·군수 또는 구청장은 미리 사업시행자의 의견을 들어야 한다.

③ 제2항을 위반하여 건축물의 건축·대수선, 공작물의 설치 또는 물건의 부가·증치를 한 토지소유자 또는 관계인은 해당 건축물·공작물 또는 물건을 원상으로 회복하여야 하며 이에 관한 손실의 보상을 청구할 수 없다.

제26조(협의 등 절차의 준용)

① 제20조에 따른 사업인정을 받은 사업시행자는 토지조서 및 물건조서의 작성, 보상계획의 공고·통지 및 열람, 보상액의 산정과 토지소유자 및 관계인과의 협의 절차를 거쳐야 한다. 이 경우 제14조부터 제16조까지 및 제68조를 준용한다.

② 사업인정 이전에 제14조부터 제16조까지 및 제68조에 따른 절차를 거쳤으나 협의가 성립되지 아니하고 제20조에 따른 사업인정을 받은 사업으로서 토지조서 및 물건조서의 내용에 변동이 없을 때에는 제1항에도 불구하고 제14조부터 제16조까지의 절차를 거치지 아니할 수 있다. 다만, 사업시행자나 토지소유자 및 관계인이 제16조에 따른 협의를 요구할 때에는 협의하여야 한다.

제27조(토지 및 물건에 관한 조사권 등)

① 사업인정의 고시가 된 후에는 사업시행자 또는 제68조에 따라 감정평가를 의뢰받은 감정평가법인등(「감정평가 및 감정평가사에 관한 법률」에 따른 감정평가사 또는 감정평가법인을 말한다. 이하 "감정평가법인등"이라 한다)은 다음 각 호에 해당하는 경우에는 제9조에도 불구하고 해당 토지나 물건에 출입하여 측량하거나 조사할 수 있다. 이 경우 사업시행자는 해당 토지나 물건에 출입하려는 날의 5일 전까지 그 일시 및 장소를 토지점유자에게 통지하여야 한다.
   1. 사업시행자가 사업의 준비나 토지조서 및 물건조서를 작성하기 위하여 필요한 경우
   2. 감정평가법인등이 감정평가를 의뢰받은 토지등의 감정평가를 위하여 필요한 경우

② 제1항에 따른 출입·측량·조사에 관하여는 제10조 제3항, 제11조 및 제13조를 준용한다.

③ 사업인정고시가 된 후에는 제26조 제1항에서 준용되는 제15조 제3항에 따라 토지소유자나 관계인이 토지조서 및 물건조서의 내용에 대하여 이의를 제기하는 경우를 제외하고는 제26조 제1항에서 준용되는 제14조에 따라 작성된 토지조서 및 물건조서의 내용에 대하여 이의를 제기할 수 없다. 다만, 토지조서 및 물건조서의 내용이 진실과 다르다는 것을 입증할 때에는 그러하지 아니하다.

④ 사업시행자는 제1항에 따라 타인이 점유하는 토지에 출입하여 측량·조사함으로써 발생하는 손실(감정평가법인등이 제1항 제2호에 따른 감정평가를 위하여 측량·조사함으로써 발생하는 손실을 포함한다)을 보상하여야 한다.

⑤ 제4항에 따른 손실보상에 관하여는 제9조 제5항부터 제7항까지의 규정을 준용한다.

제28조(재결의 신청)

① 제26조에 따른 협의가 성립되지 아니하거나 협의를 할 수 없을 때(제26조 제2항 단서에 따른 협의 요구가 없을 때를 포함한다)에는 사업시행자는 사업인정고시가 된 날부터 1년 이내에 대통령령으로 정하는 바에 따라 관할 토지수용위원회에 재결을 신청할 수 있다.
② 제1항에 따라 재결을 신청하는 자는 국토교통부령으로 정하는 바에 따라 수수료를 내야 한다.

제29조(협의 성립의 확인)

① 사업시행자와 토지소유자 및 관계인 간에 제26조에 따른 절차를 거쳐 협의가 성립되었을 때에는 사업시행자는 제28조 제1항에 따른 재결 신청기간 이내에 해당 토지소유자 및 관계인의 동의를 받아 대통령령으로 정하는 바에 따라 관할 토지수용위원회에 협의 성립의 확인을 신청할 수 있다.
② 제1항에 따른 협의 성립의 확인에 관하여는 제28조 제2항, 제31조, 제32조, 제34조, 제35조, 제52조 제7항, 제53조 제5항, 제57조 및 제58조를 준용한다.
③ 사업시행자가 협의가 성립된 토지의 소재지·지번·지목 및 면적 등 대통령령으로 정하는 사항에 대하여 「공증인법」에 따른 공증을 받아 제1항에 따른 협의 성립의 확인을 신청하였을 때에는 관할 토지수용위원회가 이를 수리함으로써 협의 성립이 확인된 것으로 본다.
④ 제1항 및 제3항에 따른 확인은 이 법에 따른 재결로 보며, 사업시행자, 토지소유자 및 관계인은 그 확인된 협의의 성립이나 내용을 다툴 수 없다.

제30조(재결 신청의 청구)

① 사업인정고시가 된 후 협의가 성립되지 아니하였을 때에는 토지소유자와 관계인은 대통령령으로 정하는 바에 따라 서면으로 사업시행자에게 재결을 신청할 것을 청구할 수 있다.
② 사업시행자는 제1항에 따른 청구를 받았을 때에는 그 청구를 받은 날부터 60일 이내에 대통령령으로 정하는 바에 따라 관할 토지수용위원회에 재결을 신청하여야 한다. 이 경우 수수료에 관하여는 제28조 제2항을 준용한다.
③ 사업시행자가 제2항에 따른 기간을 넘겨서 재결을 신청하였을 때에는 그 지연된 기간에 대하여 「소송촉진 등에 관한 특례법」제3조에 따른 법정이율을 적용하여 산정한 금액을 관할 토지수용위원회에서 재결한 보상금에 가산(加算)하여 지급하여야 한다.

제31조(열람)

① 제49조에 따른 중앙토지수용위원회 또는 지방토지수용위원회(이하 "토지수용위원회"라 한다)는 제28조 제1항에 따라 재결신청서를 접수하였을 때에는 대통령령으로 정하는 바에 따라 지체 없이 이를 공고하고, 공고한 날부터 14일 이상 관계 서류의 사본을 일반인이 열람할 수 있도록 하여야 한다.
② 토지수용위원회가 제1항에 따른 공고를 하였을 때에는 관계 서류의 열람기간 중에 토지소유자 또는 관계인은 의견을 제시할 수 있다.

제32조(심리)
① 토지수용위원회는 제31조 제1항에 따른 열람기간이 지났을 때에는 지체 없이 해당 신청에 대한 조사 및 심리를 하여야 한다.
② 토지수용위원회는 심리를 할 때 필요하다고 인정하면 사업시행자, 토지소유자 및 관계인을 출석시켜 그 의견을 진술하게 할 수 있다.
③ 토지수용위원회는 제2항에 따라 사업시행자, 토지소유자 및 관계인을 출석하게 하는 경우에는 사업시행자, 토지소유자 및 관계인에게 미리 그 심리의 일시 및 장소를 통지하여야 한다.

제33조(화해의 권고)
① 토지수용위원회는 그 재결이 있기 전에는 그 위원 3명으로 구성되는 소위원회로 하여금 사업시행자, 토지소유자 및 관계인에게 화해를 권고하게 할 수 있다. 이 경우 소위원회는 위원장이 지명하거나 위원회에서 선임한 위원으로 구성하며, 그 밖에 그 구성에 필요한 사항은 대통령령으로 정한다.
② 제1항에 따른 화해가 성립되었을 때에는 해당 토지수용위원회는 화해조서를 작성하여 화해에 참여한 위원, 사업시행자, 토지소유자 및 관계인이 서명 또는 날인을 하도록 하여야 한다.
③ 제2항에 따라 화해조서에 서명 또는 날인이 된 경우에는 당사자 간에 화해조서와 동일한 내용의 합의가 성립된 것으로 본다.

제34조(재결)
① 토지수용위원회의 재결은 서면으로 한다.
② 제1항에 따른 재결서에는 주문 및 그 이유와 재결일을 적고, 위원장 및 회의에 참석한 위원이 기명날인한 후 그 정본(正本)을 사업시행자, 토지소유자 및 관계인에게 송달하여야 한다.

제35조(재결기간)
토지수용위원회는 제32조에 따른 심리를 시작한 날부터 14일 이내에 재결을 하여야 한다. 다만, 특별한 사유가 있을 때에는 14일의 범위에서 한 차례만 연장할 수 있다.

제36조(재결의 경정)
① 재결에 계산상 또는 기재상의 잘못이나 그 밖에 이와 비슷한 잘못이 있는 것이 명백할 때에는 토지수용위원회는 직권으로 또는 당사자의 신청에 의하여 경정재결(更正裁決)을 할 수 있다.
② 경정재결은 원재결서(原裁決書)의 원본과 정본에 부기하여야 한다. 다만, 정본에 부기할 수 없을 때에는 경정재결의 정본을 작성하여 당사자에게 송달하여야 한다.

제37조(재결의 유탈)
토지수용위원회가 신청의 일부에 대한 재결을 빠뜨린 경우에 그 빠뜨린 부분의 신청은 계속하여 그 토지수용위원회에 계속(係屬)된다.

제38조(천재지변 시의 토지의 사용)

① 천재지변이나 그 밖의 사변(事變)으로 인하여 공공의 안전을 유지하기 위한 공익사업을 긴급히 시행할 필요가 있을 때에는 사업시행자는 대통령령으로 정하는 바에 따라 특별자치도지사, 시장·군수 또는 구청장의 허가를 받아 즉시 타인의 토지를 사용할 수 있다. 다만, 사업시행자가 국가일 때에는 그 사업을 시행할 관계 중앙행정기관의 장이 특별자치도지사, 시장·군수 또는 구청장에게, 사업시행자가 특별시·광역시 또는 도일 때에는 특별시장·광역시장 또는 도지사가 시장·군수 또는 구청장에게 각각 통지하고 사용할 수 있으며, 사업시행자가 특별자치도, 시·군 또는 구일 때에는 특별자치도지사, 시장·군수 또는 구청장이 허가나 통지 없이 사용할 수 있다.
② 특별자치도지사, 시장·군수 또는 구청장은 제1항에 따라 허가를 하거나 통지를 받은 경우 또는 특별자치도지사, 시장·군수·구청장이 제1항 단서에 따라 타인의 토지를 사용하려는 경우에는 대통령령으로 정하는 사항을 즉시 토지소유자 및 토지점유자에게 통지하여야 한다.
③ 제1항에 따른 토지의 사용기간은 6개월을 넘지 못한다.
④ 사업시행자는 제1항에 따라 타인의 토지를 사용함으로써 발생하는 손실을 보상하여야 한다.
⑤ 제4항에 따른 손실보상에 관하여는 제9조 제5항부터 제7항까지의 규정을 준용한다.

제39조(시급한 토지 사용에 대한 허가)

① 제28조에 따른 재결신청을 받은 토지수용위원회는 그 재결을 기다려서는 재해를 방지하기 곤란하거나 그 밖에 공공의 이익에 현저한 지장을 줄 우려가 있다고 인정할 때에는 사업시행자의 신청을 받아 대통령령으로 정하는 바에 따라 담보를 제공하게 한 후 즉시 해당 토지의 사용을 허가할 수 있다. 다만, 국가나 지방자치단체가 사업시행자인 경우에는 담보를 제공하지 아니할 수 있다.
② 제1항에 따른 토지의 사용기간은 6개월을 넘지 못한다.
③ 토지수용위원회가 제1항에 따른 허가를 하였을 때에는 제38조 제2항을 준용한다.

제2절 수용 또는 사용의 효과

제40조(보상금의 지급 또는 공탁)

① 사업시행자는 제38조 또는 제39조에 따른 사용의 경우를 제외하고는 수용 또는 사용의 개시일(토지수용위원회가 재결로써 결정한 수용 또는 사용을 시작하는 날을 말한다. 이하 같다)까지 관할 토지수용위원회가 재결한 보상금을 지급하여야 한다.
② 사업시행자는 다음 각 호의 어느 하나에 해당할 때에는 수용 또는 사용의 개시일까지 수용하거나 사용하려는 토지등의 소재지의 공탁소에 보상금을 공탁(供託)할 수 있다.
  1. 보상금을 받을 자가 그 수령을 거부하거나 보상금을 수령할 수 없을 때
  2. 사업시행자의 과실 없이 보상금을 받을 자를 알 수 없을 때
  3. 관할 토지수용위원회가 재결한 보상금에 대하여 사업시행자가 불복할 때
  4. 압류나 가압류에 의하여 보상금의 지급이 금지되었을 때

③ 사업인정고시가 된 후 권리의 변동이 있을 때에는 그 권리를 승계한 자가 제1항에 따른 보상금 또는 제2항에 따른 공탁금을 받는다.
④ 사업시행자는 제2항 제3호의 경우 보상금을 받을 자에게 자기가 산정한 보상금을 지급하고 그 금액과 토지수용위원회가 재결한 보상금과의 차액(差額)을 공탁하여야 한다. 이 경우 보상금을 받을 자는 그 불복의 절차가 종결될 때까지 공탁된 보상금을 수령할 수 없다.

제41조(시급한 토지 사용에 대한 보상)

① 제39조에 따라 토지를 사용하는 경우 토지수용위원회의 재결이 있기 전에 토지소유자나 관계인이 청구할 때에는 사업시행자는 자기가 산정한 보상금을 토지소유자나 관계인에게 지급하여야 한다.
② 토지소유자나 관계인은 사업시행자가 토지수용위원회의 재결에 따른 보상금의 지급시기까지 보상금을 지급하지 아니하면 제39조에 따라 제공된 담보의 전부 또는 일부를 취득한다.

제42조(재결의 실효)

① 사업시행자가 수용 또는 사용의 개시일까지 관할 토지수용위원회가 재결한 보상금을 지급하거나 공탁하지 아니하였을 때에는 해당 토지수용위원회의 재결은 효력을 상실한다.
② 사업시행자는 제1항에 따라 재결의 효력이 상실됨으로 인하여 토지소유자 또는 관계인이 입은 손실을 보상하여야 한다.
③ 제2항에 따른 손실보상에 관하여는 제9조 제5항부터 제7항까지의 규정을 준용한다.

제43조(토지 또는 물건의 인도 등)

토지소유자 및 관계인과 그 밖에 토지소유자나 관계인에 포함되지 아니하는 자로서 수용하거나 사용할 토지나 그 토지에 있는 물건에 관한 권리를 가진 자는 수용 또는 사용의 개시일까지 그 토지나 물건을 사업시행자에게 인도하거나 이전하여야 한다.

제44조(인도 또는 이전의 대행)

① 특별자치도지사, 시장·군수 또는 구청장은 다음 각 호의 어느 하나에 해당할 때에는 사업시행자의 청구에 의하여 토지나 물건의 인도 또는 이전을 대행하여야 한다.
  1. 토지나 물건을 인도하거나 이전하여야 할 자가 고의나 과실 없이 그 의무를 이행할 수 없을 때
  2. 사업시행자가 과실 없이 토지나 물건을 인도하거나 이전하여야 할 의무가 있는 자를 알 수 없을 때
② 제1항에 따라 특별자치도지사, 시장·군수 또는 구청장이 토지나 물건의 인도 또는 이전을 대행하는 경우 그로 인한 비용은 그 의무자가 부담한다.

제45조(권리의 취득·소멸 및 제한)

① 사업시행자는 수용의 개시일에 토지나 물건의 소유권을 취득하며, 그 토지나 물건에 관한 다른 권리는 이와 동시에 소멸한다.
② 사업시행자는 사용의 개시일에 토지나 물건의 사용권을 취득하며, 그 토지나 물건에 관한 다른 권리는 사용 기간 중에는 행사하지 못한다.
③ 토지수용위원회의 재결로 인정된 권리는 제1항 및 제2항에도 불구하고 소멸되거나 그 행사가 정지되지 아니한다.

제46조(위험부담)

토지수용위원회의 재결이 있은 후 수용하거나 사용할 토지나 물건이 토지소유자 또는 관계인의 고의나 과실 없이 멸실되거나 훼손된 경우 그로 인한 손실은 사업시행자가 부담한다.

제47조(담보물권과 보상금)

담보물권의 목적물이 수용되거나 사용된 경우 그 담보물권은 그 목적물의 수용 또는 사용으로 인하여 채무자가 받을 보상금에 대하여 행사할 수 있다. 다만, 그 보상금이 채무자에게 지급되기 전에 압류하여야 한다.

제48조(반환 및 원상회복의 의무)

① 사업시행자는 토지나 물건의 사용기간이 끝났을 때나 사업의 폐지·변경 또는 그 밖의 사유로 사용할 필요가 없게 되었을 때에는 지체 없이 그 토지나 물건을 그 토지나 물건의 소유자 또는 그 승계인에게 반환하여야 한다.
② 제1항의 경우에 사업시행자는 토지소유자가 원상회복을 청구하면 미리 그 손실을 보상한 경우를 제외하고는 그 토지를 원상으로 회복하여 반환하여야 한다.

제5장 토지수용위원회

제49조(설치)

토지등의 수용과 사용에 관한 재결을 하기 위하여 국토교통부에 중앙토지수용위원회를 두고, 특별시·광역시·도·특별자치도(이하 "시·도"라 한다)에 지방토지수용위원회를 둔다.

제50조(재결사항)

① 토지수용위원회의 재결사항은 다음 각 호와 같다.
   1. 수용하거나 사용할 토지의 구역 및 사용방법
   2. 손실보상
   3. 수용 또는 사용의 개시일과 기간
   4. 그 밖에 이 법 및 다른 법률에서 규정한 사항
② 토지수용위원회는 사업시행자, 토지소유자 또는 관계인이 신청한 범위에서 재결하여야 한다. 다만, 제1항 제2호의 손실보상의 경우에는 증액재결(增額裁決)을 할 수 있다.

제51조(관할)

① 제49조에 따른 중앙토지수용위원회(이하 "중앙토지수용위원회"라 한다)는 다음 각 호의 사업의 재결에 관한 사항을 관장한다.
　1. 국가 또는 시·도가 사업시행자인 사업
　2. 수용하거나 사용할 토지가 둘 이상의 시·도에 걸쳐 있는 사업
② 제49조에 따른 지방토지수용위원회(이하 "지방토지수용위원회"라 한다)는 제1항 각 호 외의 사업의 재결에 관한 사항을 관장한다.

제52조(중앙토지수용위원회)

① 중앙토지수용위원회는 위원장 1명을 포함한 20명 이내의 위원으로 구성하며, 위원 중 대통령령으로 정하는 수의 위원은 상임(常任)으로 한다.
② 중앙토지수용위원회의 위원장은 국토교통부장관이 되며, 위원장이 부득이한 사유로 직무를 수행할 수 없을 때에는 위원장이 지명하는 위원이 그 직무를 대행한다.
③ 중앙토지수용위원회의 위원장은 위원회를 대표하며, 위원회의 업무를 총괄한다.
④ 중앙토지수용위원회의 상임위원은 다음 각 호의 어느 하나에 해당하는 사람 중에서 국토교통부장관의 제청으로 대통령이 임명한다.
　1. 판사·검사 또는 변호사로 15년 이상 재직하였던 사람
　2. 대학에서 법률학 또는 행정학을 가르치는 부교수 이상으로 5년 이상 재직하였던 사람
　3. 행정기관의 3급 공무원 또는 고위공무원단에 속하는 일반직공무원으로 2년 이상 재직하였던 사람
⑤ 중앙토지수용위원회의 비상임위원은 토지 수용에 관한 학식과 경험이 풍부한 사람 중에서 국토교통부장관이 위촉한다.
⑥ 중앙토지수용위원회의 회의는 위원장이 소집하며, 위원장 및 상임위원 1명과 위원장이 회의마다 지정하는 위원 7명으로 구성한다. 다만, 위원장이 필요하다고 인정하는 경우에는 위원장 및 상임위원을 포함하여 10명 이상 20명 이내로 구성할 수 있다.
⑦ 중앙토지수용위원회의 회의는 제6항에 따른 구성원 과반수의 출석과 출석위원 과반수의 찬성으로 의결한다.
⑧ 중앙토지수용위원회의 사무를 처리하기 위하여 사무기구를 둔다.
⑨ 중앙토지수용위원회의 상임위원의 계급 등과 사무기구의 조직에 관한 사항은 대통령령으로 정한다.

제53조(지방토지수용위원회)

① 지방토지수용위원회는 위원장 1명을 포함한 20명 이내의 위원으로 구성한다.
② 지방토지수용위원회의 위원장은 시·도지사가 되며, 위원장이 부득이한 사유로 직무를 수행할 수 없을 때에는 위원장이 지명하는 위원이 그 직무를 대행한다.
③ 지방토지수용위원회의 위원은 시·도지사가 소속 공무원 중에서 임명하는 사람 1명을 포함하여 토지 수용에 관한 학식과 경험이 풍부한 사람 중에서 위촉한다.
④ 지방토지수용위원회의 회의는 위원장이 소집하며, 위원장과 위원장이 회의마다 지정하는 위원 8명으로 구성한다. 다만, 위원장이 필요하다고 인정하는 경우에는 위원장을 포함하여 10명 이상 20명 이내로 구성할 수 있다.

⑤ 지방토지수용위원회의 회의는 제4항에 따른 구성원 과반수의 출석과 출석위원 과반수의 찬성으로 의결한다.
⑥ 지방토지수용위원회에 관하여는 제52조 제3항을 준용한다.

제54조(위원의 결격사유)
① 다음 각 호의 어느 하나에 해당하는 사람은 토지수용위원회의 위원이 될 수 없다.
  1. 피성년후견인, 피한정후견인 또는 파산선고를 받고 복권되지 아니한 사람
  2. 금고 이상의 실형을 선고받고 그 집행이 끝나거나(집행이 끝난 것으로 보는 경우를 포함한다) 집행이 면제된 날부터 2년이 지나지 아니한 사람
  3. 금고 이상의 형의 집행유예를 선고받고 그 유예기간 중에 있는 사람
  4. 벌금형을 선고받고 2년이 지나지 아니한 사람
② 위원이 제1항 각 호의 어느 하나에 해당하게 되면 당연히 퇴직한다.

제55조(임기)
토지수용위원회의 상임위원 및 위촉위원의 임기는 각각 3년으로 하며, 연임할 수 있다.

제56조(신분 보장)
위촉위원은 해당 토지수용위원회의 의결로 다음 각 호의 어느 하나에 해당하는 사유가 있다고 인정된 경우를 제외하고는 재임 중 그 의사에 반하여 해임되지 아니한다.
  1. 신체상 또는 정신상의 장해로 그 직무를 수행할 수 없을 때
  2. 직무상의 의무를 위반하였을 때

제57조(위원의 제척·기피·회피)
① 토지수용위원회의 위원으로서 다음 각 호의 어느 하나에 해당하는 사람은 그 토지수용위원회의 회의에 참석할 수 없다.
  1. 사업시행자, 토지소유자 또는 관계인
  2. 사업시행자, 토지소유자 또는 관계인의 배우자·친족 또는 대리인
  3. 사업시행자, 토지소유자 및 관계인이 법인인 경우에는 그 법인의 임원 또는 그 직무를 수행하는 사람
② 사업시행자, 토지소유자 및 관계인은 위원에게 공정한 심리·의결을 기대하기 어려운 사정이 있는 경우에는 그 사유를 적어 기피(忌避) 신청을 할 수 있다. 이 경우 토지수용위원회의 위원장은 기피 신청에 대하여 위원회의 의결을 거치지 아니하고 기피 여부를 결정한다.
③ 위원이 제1항 또는 제2항의 사유에 해당할 때에는 스스로 그 사건의 심리·의결에서 회피할 수 있다.
④ 사건의 심리·의결에 관한 사무에 관여하는 위원 아닌 직원에 대하여는 제1항부터 제3항까지의 규정을 준용한다.

제57조의2(벌칙 적용에서 공무원 의제)
토지수용위원회의 위원 중 공무원이 아닌 사람은 「형법」이나 그 밖의 법률에 따른 벌칙을 적용할 때에는 공무원으로 본다.

제58조(심리조사상의 권한)
① 토지수용위원회는 심리에 필요하다고 인정할 때에는 다음 각 호의 행위를 할 수 있다.
  1. 사업시행자, 토지소유자, 관계인 또는 참고인에게 토지수용위원회에 출석하여 진술하게 하거나 그 의견서 또는 자료의 제출을 요구하는 것
  2. 감정평가법인등이나 그 밖의 감정인에게 감정평가를 의뢰하거나 토지수용위원회에 출석하여 진술하게 하는 것
  3. 토지수용위원회의 위원 또는 제52조 제8항에 따른 사무기구의 직원이나 지방토지수용위원회의 업무를 담당하는 직원으로 하여금 실지조사를 하게 하는 것
② 제1항 제3호에 따라 위원 또는 직원이 실지조사를 하는 경우에는 제13조를 준용한다.
③ 토지수용위원회는 제1항에 따른 참고인 또는 감정평가법인등이나 그 밖의 감정인에게는 국토교통부령으로 정하는 바에 따라 사업시행자의 부담으로 일당, 여비 및 감정수수료를 지급할 수 있다.

제59조(위원 등의 수당 및 여비)
토지수용위원회는 위원에게 국토교통부령으로 정하는 바에 따라 수당과 여비를 지급할 수 있다. 다만, 공무원인 위원이 그 직무와 직접 관련하여 출석한 경우에는 그러하지 아니하다.

제60조(운영세칙)
토지수용위원회의 운영 등에 필요한 사항은 대통령령으로 정한다.

제60조의2(재결정보체계의 구축·운영 등)
① 국토교통부장관은 시·도지사와 협의하여 토지등의 수용과 사용에 관한 재결업무의 효율적인 수행과 관련 정보의 체계적인 관리를 위하여 재결정보체계를 구축·운영할 수 있다.
② 국토교통부장관은 제1항에 따른 재결정보체계의 구축·운영에 관한 업무를 대통령령으로 정하는 법인, 단체 또는 기관에 위탁할 수 있다. 이 경우 위탁관리에 드는 경비의 전부 또는 일부를 지원할 수 있다.
③ 재결정보체계의 구축 및 운영에 필요한 사항은 국토교통부령으로 정한다.

제6장 손실보상 등

제1절 손실보상의 원칙

제61조(사업시행자 보상)
공익사업에 필요한 토지등의 취득 또는 사용으로 인하여 토지소유자나 관계인이 입은 손실은 사업시행자가 보상하여야 한다.

제62조(사전보상)
사업시행자는 해당 공익사업을 위한 공사에 착수하기 이전에 토지소유자와 관계인에게 보상액 전액(全額)을 지급하여야 한다. 다만, 제38조에 따른 천재지변 시의 토지 사용과 제39조에 따른 시급한 토지 사용의 경우 또는 토지소유자 및 관계인의 승낙이 있는 경우에는 그러하지 아니하다.

제63조(현금보상 등)
① 손실보상은 다른 법률에 특별한 규정이 있는 경우를 제외하고는 현금으로 지급하여야 한다. 다만, 토지소유자가 원하는 경우로서 사업시행자가 해당 공익사업의 합리적인 토지이용계획과 사업계획 등을 고려하여 토지로 보상이 가능한 경우에는 토지소유자가 받을 보상금 중 본문에 따른 현금 또는 제7항 및 제8항에 따른 채권으로 보상받는 금액을 제외한 부분에 대하여 다음 각 호에서 정하는 기준과 절차에 따라 그 공익사업의 시행으로 조성한 토지로 보상할 수 있다.
  1. 토지로 보상받을 수 있는 자 : 토지의 보유기간 등 대통령령으로 정하는 요건을 갖춘 자로서「건축법」제57조 제1항에 따른 대지의 분할 제한 면적 이상의 토지를 사업시행자에게 양도한 자(공익사업을 위한 관계 법령에 따른 고시 등이 있은 날 당시 다음 각 목의 어느 하나에 해당하는 기관에 종사하는 자 및 종사하였던 날부터 10년이 경과하지 아니한 자는 제외한다)가 된다. 이 경우 대상자가 경합(競合)할 때에는 제7항 제2호에 따른 부재부동산(不在不動産) 소유자가 아닌 자 중 해당 공익사업지구 내 거주하는 자로서 토지 보유기간이 오래된 자 순으로 토지로 보상하며, 그 밖의 우선순위 및 대상자 결정방법 등은 사업시행자가 정하여 공고한다.
    가. 국토교통부
    나. 사업시행자
    다. 제21조 제2항에 따라 협의하거나 의견을 들어야 하는 공익사업의 허가·인가·승인 등을 하는 기관
    라. 공익사업을 위한 관계 법령에 따른 고시 등이 있기 전에 관계 법령에 따라 실시한 협의, 의견청취 등의 대상인 중앙행정기관, 지방자치단체,「공공기관의 운영에 관한 법률」제4조에 따른 공공기관 및「지방공기업법」에 따른 지방공기업
  2. 보상하는 토지가격의 산정 기준금액 : 다른 법률에 특별한 규정이 있는 경우를 제외하고는 일반 분양가격으로 한다.
  3. 보상기준 등의 공고 : 제15조에 따라 보상계획을 공고할 때에 토지로 보상하는 기준을 포함하여 공고하거나 토지로 보상하는 기준을 따로 일간신문에 공고할 것이라는 내용을 포함하여 공고한다.

② 제1항 단서에 따라 토지소유자에게 토지로 보상하는 면적은 사업시행자가 그 공익사업의 토지이용계획과 사업계획 등을 고려하여 정한다. 이 경우 그 보상면적은 주택용지는 990제곱미터, 상업용지는 1천100제곱미터를 초과할 수 없다.

③ 제1항 단서에 따라 토지로 보상받기로 결정된 권리(제4항에 따라 현금으로 보상받을 권리를 포함한다)는 그 보상계약의 체결일부터 소유권이전등기를 마칠 때까지 전매(매매, 증여, 그 밖에 권리의 변동을 수반하는 모든 행위를 포함하되, 상속 및 「부동산투자회사법」에 따른 개발전문 부동산투자회사에 현물출자를 하는 경우는 제외한다)할 수 없으며, 이를 위반하거나 해당 공익사업과 관련하여 다음 각 호의 어느 하나에 해당하는 경우에 사업시행자는 토지로 보상하기로 한 보상금을 현금으로 보상하여야 한다. 이 경우 현금보상액에 대한 이자율은 제9항 제1호 가목에 따른 이자율의 2분의 1로 한다.

   1. 제93조, 제96조 및 제97조 제2호의 어느 하나에 해당하는 위반행위를 한 경우
   2. 「농지법」 제57조부터 제61조까지의 어느 하나에 해당하는 위반행위를 한 경우
   3. 「산지관리법」 제53조, 제54조 제1호・제2호・제3호의2・제4호부터 제8호까지 및 제55조 제1호・제2호・제4호부터 제10호까지의 어느 하나에 해당하는 위반행위를 한 경우
   4. 「공공주택 특별법」 제57조 제1항 및 제58조 제1항 제1호의 어느 하나에 해당하는 위반행위를 한 경우
   5. 「한국토지주택공사법」 제28조의 위반행위를 한 경우

④ 제1항 단서에 따라 토지소유자가 토지로 보상받기로 한 경우 그 보상계약 체결일부터 1년이 지나면 이를 현금으로 전환하여 보상하여 줄 것을 요청할 수 있다. 이 경우 현금보상액에 대한 이자율은 제9항 제2호 가목에 따른 이자율로 한다.

⑤ 사업시행자는 해당 사업계획의 변경 등 국토교통부령으로 정하는 사유로 보상하기로 한 토지의 전부 또는 일부를 토지로 보상할 수 없는 경우에는 현금으로 보상할 수 있다. 이 경우 현금보상액에 대한 이자율은 제9항 제2호 가목에 따른 이자율로 한다.

⑥ 사업시행자는 토지소유자가 다음 각 호의 어느 하나에 해당하여 토지로 보상받기로 한 보상금에 대하여 현금보상을 요청한 경우에는 현금으로 보상하여야 한다. 이 경우 현금보상액에 대한 이자율은 제9항 제2호 가목에 따른 이자율로 한다.

   1. 국세 및 지방세의 체납처분 또는 강제집행을 받는 경우
   2. 세대원 전원이 해외로 이주하거나 2년 이상 해외에 체류하려는 경우
   3. 그 밖에 제1호・제2호와 유사한 경우로서 국토교통부령으로 정하는 경우

⑦ 사업시행자가 국가, 지방자치단체, 그 밖에 대통령령으로 정하는 「공공기관의 운영에 관한 법률」에 따라 지정・고시된 공공기관 및 공공단체인 경우로서 다음 각 호의 어느 하나에 해당되는 경우에는 제1항 본문에도 불구하고 해당 사업시행자가 발행하는 채권으로 지급할 수 있다.

   1. 토지소유자나 관계인이 원하는 경우
   2. 사업인정을 받은 사업의 경우에는 대통령령으로 정하는 부재부동산 소유자의 토지에 대한 보상금이 대통령령으로 정하는 일정 금액을 초과하는 경우로서 그 초과하는 금액에 대하여 보상하는 경우

⑧ 토지투기가 우려되는 지역으로서 대통령령으로 정하는 지역에서 다음 각 호의 어느 하나에 해당하는 공익사업을 시행하는 자 중 대통령령으로 정하는 「공공기관의 운영에 관한 법률」에 따라 지정·고시된 공공기관 및 공공단체는 제7항에도 불구하고 제7항 제2호에 따른 부재부동산 소유자의 토지에 대한 보상금 중 대통령령으로 정하는 1억원 이상의 일정 금액을 초과하는 부분에 대하여는 해당 사업시행자가 발행하는 채권으로 지급하여야 한다.
  1. 「택지개발촉진법」에 따른 택지개발사업
  2. 「산업입지 및 개발에 관한 법률」에 따른 산업단지개발사업
  3. 그 밖에 대규모 개발사업으로서 대통령령으로 정하는 사업
⑨ 제7항 및 제8항에 따라 채권으로 지급하는 경우 채권의 상환 기한은 5년을 넘지 아니하는 범위에서 정하여야 하며, 그 이자율은 다음 각 호와 같다.
  1. 제7항 제2호 및 제8항에 따라 부재부동산 소유자에게 채권으로 지급하는 경우
    가. 상환기한이 3년 이하인 채권 : 3년 만기 정기예금 이자율(채권발행일 전달의 이자율로서, 「은행법」에 따라 설립된 은행 중 전국을 영업구역으로 하는 은행이 적용하는 이자율을 평균한 이자율로 한다)
    나. 상환기한이 3년 초과 5년 이하인 채권 : 5년 만기 국고채 금리(채권발행일 전달의 국고채 평균 유통금리로 한다)
  2. 부재부동산 소유자가 아닌 자가 원하여 채권으로 지급하는 경우
    가. 상환기한이 3년 이하인 채권 : 3년 만기 국고채 금리(채권발행일 전달의 국고채 평균 유통금리로 한다)로 하되, 제1호가목에 따른 3년 만기 정기예금 이자율이 3년 만기 국고채 금리보다 높은 경우에는 3년 만기 정기예금 이자율을 적용한다.
    나. 상환기한이 3년 초과 5년 이하인 채권 : 5년 만기 국고채 금리(채권발행일 전달의 국고채 평균 유통금리로 한다)

제64조(개인별 보상)

손실보상은 토지소유자나 관계인에게 개인별로 하여야 한다. 다만, 개인별로 보상액을 산정할 수 없을 때에는 그러하지 아니하다.

제65조(일괄보상)

사업시행자는 동일한 사업지역에 보상시기를 달리하는 동일인 소유의 토지등이 여러 개 있는 경우 토지소유자나 관계인이 요구할 때에는 한꺼번에 보상금을 지급하도록 하여야 한다.

제66조(사업시행 이익과의 상계금지)

사업시행자는 동일한 소유자에게 속하는 일단(一團)의 토지의 일부를 취득하거나 사용하는 경우 해당 공익사업의 시행으로 인하여 잔여지(殘餘地)의 가격이 증가하거나 그 밖의 이익이 발생한 경우에도 그 이익을 그 취득 또는 사용으로 인한 손실과 상계(相計)할 수 없다.

제67조(보상액의 가격시점 등)

① 보상액의 산정은 협의에 의한 경우에는 협의 성립 당시의 가격을, 재결에 의한 경우에는 수용 또는 사용의 재결 당시의 가격을 기준으로 한다.
② 보상액을 산정할 경우에 해당 공익사업으로 인하여 토지등의 가격이 변동되었을 때에는 이를 고려하지 아니한다.

제68조(보상액의 산정)

① 사업시행자는 토지등에 대한 보상액을 산정하려는 경우에는 감정평가법인등 3인(제2항에 따라 시·도지사와 토지소유자가 모두 감정평가법인등을 추천하지 아니하거나 시·도지사 또는 토지소유자 어느 한쪽이 감정평가법인등을 추천하지 아니하는 경우에는 2인)을 선정하여 토지등의 평가를 의뢰하여야 한다. 다만, 사업시행자가 국토교통부령으로 정하는 기준에 따라 직접 보상액을 산정할 수 있을 때에는 그러하지 아니하다.
② 제1항 본문에 따라 사업시행자가 감정평가법인등을 선정할 때 해당 토지를 관할하는 시·도지사와 토지소유자는 대통령령으로 정하는 바에 따라 감정평가법인등을 각 1인씩 추천할 수 있다. 이 경우 사업시행자는 추천된 감정평가법인등을 포함하여 선정하여야 한다.
③ 제1항 및 제2항에 따른 평가 의뢰의 절차 및 방법, 보상액의 산정기준 등에 관하여 필요한 사항은 국토교통부령으로 정한다.

제69조(보상채권의 발행)

① 국가는 「도로법」에 따른 도로공사, 「산업입지 및 개발에 관한 법률」에 따른 산업단지개발사업, 「철도의 건설 및 철도시설 유지관리에 관한 법률」에 따른 철도의 건설사업, 「항만법」에 따른 항만개발사업, 그 밖에 대통령령으로 정하는 공익사업을 위한 토지등의 취득 또는 사용으로 인하여 토지소유자 및 관계인이 입은 손실을 보상하기 위하여 제63조 제7항에 따라 채권으로 지급하는 경우에는 다음 각 호의 회계의 부담으로 보상채권을 발행할 수 있다.
  1. 일반회계
  2. 교통시설특별회계
② 보상채권은 제1항 각 호의 회계를 관리하는 관계 중앙행정기관의 장의 요청으로 기획예산처장관이 발행한다.
③ 기획예산처장관은 보상채권을 발행하려는 경우에는 회계별로 국회의 의결을 받아야 한다.
④ 보상채권은 토지소유자 및 관계인에게 지급함으로써 발행한다.
⑤ 보상채권은 양도하거나 담보로 제공할 수 있다.
⑥ 보상채권의 발행방법, 이자율의 결정방법, 상환방법, 그 밖에 보상채권 발행에 필요한 사항은 대통령령으로 정한다.
⑦ 보상채권의 발행에 관하여 이 법에 특별한 규정이 있는 경우를 제외하고는 「국채법」에서 정하는 바에 따른다.

제2절 손실보상의 종류와 기준 등

제70조(취득하는 토지의 보상)

① 협의나 재결에 의하여 취득하는 토지에 대하여는 「부동산 가격공시에 관한 법률」에 따른 공시지가를 기준으로 하여 보상하되, 그 공시기준일부터 가격시점까지의 관계 법령에 따른 그 토지의 이용계획, 해당 공익사업으로 인한 지가의 영향을 받지 아니하는 지역의 대통령령으로 정하는 지가변동률, 생산자물가상승률(「한국은행법」 제86조에 따라 한국은행이 조사·발표하는 생산자물가지수에 따라 산정된 비율을 말한다)과 그 밖에 그 토지의 위치·형상·환경·이용상황 등을 고려하여 평가한 적정가격으로 보상하여야 한다.

② 토지에 대한 보상액은 가격시점에서의 현실적인 이용상황과 일반적인 이용방법에 의한 객관적 상황을 고려하여 산정하되, 일시적인 이용상황과 토지소유자나 관계인이 갖는 주관적 가치 및 특별한 용도에 사용할 것을 전제로 한 경우 등은 고려하지 아니한다.

③ 사업인정 전 협의에 의한 취득의 경우에 제1항에 따른 공시지가는 해당 토지의 가격시점 당시 공시된 공시지가 중 가격시점과 가장 가까운 시점에 공시된 공시지가로 한다.

④ 사업인정 후의 취득의 경우에 제1항에 따른 공시지가는 사업인정고시일 전의 시점을 공시기준일로 하는 공시지가로서, 해당 토지에 관한 협의의 성립 또는 재결 당시 공시된 공시지가 중 그 사업인정고시일과 가장 가까운 시점에 공시된 공시지가로 한다.

⑤ 제3항 및 제4항에도 불구하고 공익사업의 계획 또는 시행이 공고되거나 고시됨으로 인하여 취득하여야 할 토지의 가격이 변동되었다고 인정되는 경우에는 제1항에 따른 공시지가는 해당 공고일 또는 고시일 전의 시점을 공시기준일로 하는 공시지가로서 그 토지의 가격시점 당시 공시된 공시지가 중 그 공익사업의 공고일 또는 고시일과 가장 가까운 시점에 공시된 공시지가로 한다.

⑥ 취득하는 토지와 이에 관한 소유권 외의 권리에 대한 구체적인 보상액 산정 및 평가방법은 투자비용, 예상수익 및 거래가격 등을 고려하여 국토교통부령으로 정한다.

제71조(사용하는 토지의 보상 등)

① 협의 또는 재결에 의하여 사용하는 토지에 대하여는 그 토지와 인근 유사토지의 지료(地料), 임대료, 사용방법, 사용기간 및 그 토지의 가격 등을 고려하여 평가한 적정가격으로 보상하여야 한다.

② 사용하는 토지와 그 지하 및 지상의 공간 사용에 대한 구체적인 보상액 산정 및 평가방법은 투자비용, 예상수익 및 거래가격 등을 고려하여 국토교통부령으로 정한다.

제72조(사용하는 토지의 매수청구 등)

사업인정고시가 된 후 다음 각 호의 어느 하나에 해당할 때에는 해당 토지소유자는 사업시행자에게 해당 토지의 매수를 청구하거나 관할 토지수용위원회에 그 토지의 수용을 청구할 수 있다. 이 경우 관계인은 사업시행자나 관할 토지수용위원회에 그 권리의 존속(存續)을 청구할 수 있다.

1. 토지를 사용하는 기간이 3년 이상인 경우
2. 토지의 사용으로 인하여 토지의 형질이 변경되는 경우
3. 사용하려는 토지에 그 토지소유자의 건축물이 있는 경우

제73조(잔여지의 손실과 공사비 보상)
① 사업시행자는 동일한 소유자에게 속하는 일단의 토지의 일부가 취득되거나 사용됨으로 인하여 잔여지의 가격이 감소하거나 그 밖의 손실이 있을 때 또는 잔여지에 통로·도랑·담장 등의 신설이나 그 밖의 공사가 필요할 때에는 국토교통부령으로 정하는 바에 따라 그 손실이나 공사의 비용을 보상하여야 한다. 다만, 잔여지의 가격 감소분과 잔여지에 대한 공사의 비용을 합한 금액이 잔여지의 가격보다 큰 경우에는 사업시행자는 그 잔여지를 매수할 수 있다.
② 제1항 본문에 따른 손실 또는 비용의 보상은 관계 법률에 따라 사업이 완료된 날 또는 제24조의2에 따른 사업완료의 고시가 있는 날(이하 "사업완료일"이라 한다)부터 1년이 지난 후에는 청구할 수 없다.
③ 사업인정고시가 된 후 제1항 단서에 따라 사업시행자가 잔여지를 매수하는 경우 그 잔여지에 대하여는 제20조에 따른 사업인정 및 제22조에 따른 사업인정고시가 된 것으로 본다.
④ 제1항에 따른 손실 또는 비용의 보상이나 토지의 취득에 관하여는 제9조 제6항 및 제7항을 준용한다.
⑤ 제1항 단서에 따라 매수하는 잔여지 및 잔여지에 있는 물건에 대한 구체적인 보상액 산정 및 평가방법 등에 대하여는 제70조, 제75조, 제76조, 제77조, 제78조 제4항, 같은 조 제6항 및 제7항을 준용한다.

제74조(잔여지 등의 매수 및 수용 청구)
① 동일한 소유자에게 속하는 일단의 토지의 일부가 협의에 의하여 매수되거나 수용됨으로 인하여 잔여지를 종래의 목적에 사용하는 것이 현저히 곤란할 때에는 해당 토지소유자는 사업시행자에게 잔여지를 매수하여 줄 것을 청구할 수 있으며, 사업인정 이후에는 관할 토지수용위원회에 수용을 청구할 수 있다. 이 경우 수용의 청구는 매수에 관한 협의가 성립되지 아니한 경우에만 할 수 있으며, 사업완료일까지 하여야 한다.
② 제1항에 따라 매수 또는 수용의 청구가 있는 잔여지 및 잔여지에 있는 물건에 관하여 권리를 가진 자는 사업시행자나 관할 토지수용위원회에 그 권리의 존속을 청구할 수 있다.
③ 제1항에 따른 토지의 취득에 관하여는 제73조 제3항을 준용한다.
④ 잔여지 및 잔여지에 있는 물건에 대한 구체적인 보상액 산정 및 평가방법 등에 대하여는 제70조, 제75조, 제76조, 제77조, 제78조 제4항, 같은 조 제6항 및 제7항을 준용한다.

제75조(건축물등 물건에 대한 보상)
① 건축물·입목·공작물과 그 밖에 토지에 정착한 물건(이하 "건축물등"이라 한다)에 대하여는 이전에 필요한 비용(이하 "이전비"라 한다)으로 보상하여야 한다. 다만, 다음 각 호의 어느 하나에 해당하는 경우에는 해당 물건의 가격으로 보상하여야 한다.
   1. 건축물등을 이전하기 어렵거나 그 이전으로 인하여 건축물등을 종래의 목적대로 사용할 수 없게 된 경우
   2. 건축물등의 이전비가 그 물건의 가격을 넘는 경우
   3. 사업시행자가 공익사업에 직접 사용할 목적으로 취득하는 경우
② 농작물에 대한 손실은 그 종류와 성장의 정도 등을 종합적으로 고려하여 보상하여야 한다.
③ 토지에 속한 흙·돌·모래 또는 자갈(흙·돌·모래 또는 자갈이 해당 토지와 별도로 취득 또는 사용의 대상이 되는 경우만 해당한다)에 대하여는 거래가격 등을 고려하여 평가한 적정가격으로 보상하여야 한다.

④ 분묘에 대하여는 이장(移葬)에 드는 비용 등을 산정하여 보상하여야 한다.
⑤ 사업시행자는 사업예정지에 있는 건축물 등이 제1항 제1호 또는 제2호에 해당하는 경우에는 관할 토지수용위원회에 그 물건의 수용 재결을 신청할 수 있다.
⑥ 제1항부터 제4항까지의 규정에 따른 물건 및 그 밖의 물건에 대한 보상액의 구체적인 산정 및 평가방법과 보상기준은 국토교통부령으로 정한다.

제75조의2(잔여 건축물의 손실에 대한 보상 등)

① 사업시행자는 동일한 소유자에게 속하는 일단의 건축물의 일부가 취득되거나 사용됨으로 인하여 잔여 건축물의 가격이 감소하거나 그 밖의 손실이 있을 때에는 국토교통부령으로 정하는 바에 따라 그 손실을 보상하여야 한다. 다만, 잔여 건축물의 가격 감소분과 보수비(건축물의 나머지 부분을 종래의 목적대로 사용할 수 있도록 그 유용성을 동일하게 유지하는 데에 일반적으로 필요하다고 볼 수 있는 공사에 사용되는 비용을 말한다. 다만, 「건축법」 등 관계 법령에 따라 요구되는 시설 개선에 필요한 비용은 포함하지 아니한다)를 합한 금액이 잔여 건축물의 가격보다 큰 경우에는 사업시행자는 그 잔여 건축물을 매수할 수 있다.
② 동일한 소유자에게 속하는 일단의 건축물의 일부가 협의에 의하여 매수되거나 수용됨으로 인하여 잔여 건축물을 종래의 목적에 사용하는 것이 현저히 곤란할 때에는 그 건축물소유자는 사업시행자에게 잔여 건축물을 매수하여 줄 것을 청구할 수 있으며, 사업인정 이후에는 관할 토지수용위원회에 수용을 청구할 수 있다. 이 경우 수용 청구는 매수에 관한 협의가 성립되지 아니한 경우에만 하되, 사업완료일까지 하여야 한다.
③ 제1항에 따른 보상 및 잔여 건축물의 취득에 관하여는 제9조 제6항 및 제7항을 준용한다.
④ 제1항 본문에 따른 보상에 관하여는 제73조 제2항을 준용하고, 제1항 단서 및 제2항에 따른 잔여 건축물의 취득에 관하여는 제73조 제3항을 준용한다.
⑤ 제1항 단서 및 제2항에 따라 취득하는 잔여 건축물에 대한 구체적인 보상액 산정 및 평가방법 등에 대하여는 제70조, 제75조, 제76조, 제77조, 제78조 제4항, 같은 조 제6항 및 제7항을 준용한다.

제76조(권리의 보상)

① 광업권·어업권·양식업권 및 물(용수시설을 포함한다) 등의 사용에 관한 권리에 대하여는 투자비용, 예상 수익 및 거래가격 등을 고려하여 평가한 적정가격으로 보상하여야 한다.
② 제1항에 따른 보상액의 구체적인 산정 및 평가방법은 국토교통부령으로 정한다.

제77조(영업의 손실 등에 대한 보상)

① 영업을 폐업하거나 휴업함에 따른 영업손실에 대하여는 영업이익과 시설의 이전비용 등을 고려하여 보상하여야 한다.
② 농업의 손실에 대하여는 농지의 단위면적당 소득 등을 고려하여 실제 경작자에게 보상하여야 한다. 다만, 농지소유자가 해당 지역에 거주하는 농민인 경우에는 농지소유자와 실제 경작자가 협의하는 바에 따라 보상할 수 있다.

③ 휴직하거나 실직하는 근로자의 임금손실에 대하여는 「근로기준법」에 따른 평균임금 등을 고려하여 보상하여야 한다.
④ 제1항부터 제3항까지의 규정에 따른 보상액의 구체적인 산정 및 평가 방법과 보상기준, 제2항에 따른 실제 경작자 인정기준에 관한 사항은 국토교통부령으로 정한다.

제78조(이주대책의 수립 등)

① 사업시행자는 공익사업의 시행으로 인하여 주거용 건축물을 제공함에 따라 생활의 근거를 상실하게 되는 자(이하 "이주대책대상자"라 한다)를 위하여 대통령령으로 정하는 바에 따라 이주대책을 수립·실시하거나 이주정착금을 지급하여야 한다.
② 사업시행자는 제1항에 따라 이주대책을 수립하려면 미리 관할 지방자치단체의 장과 협의하여야 한다.
③ 국가나 지방자치단체는 이주대책의 실시에 따른 주택지의 조성 및 주택의 건설에 대하여는 「주택도시기금법」에 따른 주택도시기금을 우선적으로 지원하여야 한다.
④ 이주대책의 내용에는 이주정착지(이주대책의 실시로 건설하는 주택단지를 포함한다)에 대한 도로, 급수시설, 배수시설, 그 밖의 공공시설 등 통상적인 수준의 생활기본시설이 포함되어야 하며, 이에 필요한 비용은 사업시행자가 부담한다. 다만, 행정청이 아닌 사업시행자가 이주대책을 수립·실시하는 경우에 지방자치단체는 비용의 일부를 보조할 수 있다.
⑤ 제1항에 따라 이주대책의 실시에 따른 주택지 또는 주택을 공급받기로 결정된 권리는 소유권이전등기를 마칠 때까지 전매(매매, 증여, 그 밖에 권리의 변동을 수반하는 모든 행위를 포함하되, 상속은 제외한다)할 수 없으며, 이를 위반하거나 해당 공익사업과 관련하여 다음 각 호의 어느 하나에 해당하는 경우에 사업시행자는 이주대책의 실시가 아닌 이주정착금으로 지급하여야 한다.
  1. 제93조, 제96조 및 제97조 제2호의 어느 하나에 해당하는 위반행위를 한 경우
  2. 「공공주택 특별법」 제57조 제1항 및 제58조 제1항 제1호의 어느 하나에 해당하는 위반행위를 한 경우
  3. 「한국토지주택공사법」 제28조의 위반행위를 한 경우
⑥ 주거용 건물의 거주자에 대하여는 주거 이전에 필요한 비용과 가재도구 등 동산의 운반에 필요한 비용을 산정하여 보상하여야 한다.
⑦ 공익사업의 시행으로 인하여 영위하던 농업·어업을 계속할 수 없게 되어 다른 지역으로 이주하는 농민·어민이 받을 보상금이 없거나 그 총액이 국토교통부령으로 정하는 금액에 미치지 못하는 경우에는 그 금액 또는 그 차액을 보상하여야 한다.
⑧ 사업시행자는 해당 공익사업이 시행되는 지역에 거주하고 있는 「국민기초생활 보장법」 제2조 제1호·제11호에 따른 수급권자 및 차상위계층이 취업을 희망하는 경우에는 그 공익사업과 관련된 업무에 우선적으로 고용할 수 있으며, 이들의 취업 알선을 위하여 노력하여야 한다.
⑨ 제4항에 따른 생활기본시설에 필요한 비용의 기준은 대통령령으로 정한다.
⑩ 제5항 및 제6항에 따른 보상에 대하여는 국토교통부령으로 정하는 기준에 따른다.

제78조의2(공장의 이주대책 수립 등)

사업시행자는 대통령령으로 정하는 공익사업의 시행으로 인하여 공장부지가 협의 양도되거나 수용됨에 따라 더 이상 해당 지역에서 공장(「산업집적활성화 및 공장설립에 관한 법률」제2조 제1호에 따른 공장을 말한다)을 가동할 수 없게 된 자가 희망하는 경우 「산업입지 및 개발에 관한 법률」에 따라 지정·개발된 인근 산업단지에 입주하게 하는 등 대통령령으로 정하는 이주대책에 관한 계획을 수립하여야 한다.

제79조(그 밖의 토지에 관한 비용보상 등)

① 사업시행자는 공익사업의 시행으로 인하여 취득하거나 사용하는 토지(잔여지를 포함한다) 외의 토지에 통로·도랑·담장 등의 신설이나 그 밖의 공사가 필요할 때에는 그 비용의 전부 또는 일부를 보상하여야 한다. 다만, 그 토지에 대한 공사의 비용이 그 토지의 가격보다 큰 경우에는 사업시행자는 그 토지를 매수할 수 있다.
② 공익사업이 시행되는 지역 밖에 있는 토지등이 공익사업의 시행으로 인하여 본래의 기능을 다할 수 없게 되는 경우에는 국토교통부령으로 정하는 바에 따라 그 손실을 보상하여야 한다.
③ 사업시행자는 제2항에 따른 보상이 필요하다고 인정하는 경우에는 제15조에 따라 보상계획을 공고할 때에 보상을 청구할 수 있다는 내용을 포함하여 공고하거나 대통령령으로 정하는 바에 따라 제2항에 따른 보상에 관한 계획을 공고하여야 한다.
④ 제1항부터 제3항까지에서 규정한 사항 외에 공익사업의 시행으로 인하여 발생하는 손실의 보상 등에 대하여는 국토교통부령으로 정하는 기준에 따른다.
⑤ 제1항 본문 및 제2항에 따른 비용 또는 손실의 보상에 관하여는 제73조 제2항을 준용한다.
⑥ 제1항 단서에 따른 토지의 취득에 관하여는 제73조 제3항을 준용한다.
⑦ 제1항 단서에 따라 취득하는 토지에 대한 구체적인 보상액 산정 및 평가 방법 등에 대하여는 제70조, 제75조, 제76조, 제77조, 제78조 제4항, 같은 조 제6항 및 제7항을 준용한다.

제80조(손실보상의 협의·재결)

① 제79조 제1항 및 제2항에 따른 비용 또는 손실이나 토지의 취득에 대한 보상은 사업시행자와 손실을 입은 자가 협의하여 결정한다.
② 제1항에 따른 협의가 성립되지 아니하였을 때에는 사업시행자나 손실을 입은 자는 대통령령으로 정하는 바에 따라 관할 토지수용위원회에 재결을 신청할 수 있다.

제81조(보상업무 등의 위탁)

① 사업시행자는 보상 또는 이주대책에 관한 업무를 다음 각 호의 기관에 위탁할 수 있다.
  1. 지방자치단체
  2. 보상실적이 있거나 보상업무에 관한 전문성이 있는 「공공기관의 운영에 관한 법률」제4조에 따른 공공기관 또는 「지방공기업법」에 따른 지방공사로서 대통령령으로 정하는 기관
② 제1항에 따른 위탁 시 업무범위, 수수료 등에 관하여 필요한 사항은 대통령령으로 정한다.

제82조(보상협의회)

① 공익사업이 시행되는 해당 지방자치단체의 장은 필요한 경우에는 다음 각 호의 사항을 협의하기 위하여 보상협의회를 둘 수 있다. 다만, 대통령령으로 정하는 규모 이상의 공익사업을 시행하는 경우에는 대통령령으로 정하는 바에 따라 보상협의회를 두어야 한다.
　1. 보상액 평가를 위한 사전 의견수렴에 관한 사항
　2. 잔여지의 범위 및 이주대책 수립에 관한 사항
　3. 해당 사업지역 내 공공시설의 이전 등에 관한 사항
　4. 토지소유자나 관계인 등이 요구하는 사항 중 지방자치단체의 장이 필요하다고 인정하는 사항
　5. 그 밖에 지방자치단체의 장이 회의에 부치는 사항
② 보상협의회 위원은 다음 각 호의 사람 중에서 해당 지방자치단체의 장이 임명하거나 위촉한다. 다만, 제1항 각 호 외의 부분 단서에 따라 보상협의회를 설치하는 경우에는 대통령령으로 정하는 사람이 임명하거나 위촉한다.
　1. 토지소유자 및 관계인
　2. 법관, 변호사, 공증인 또는 감정평가나 보상업무에 5년 이상 종사한 경험이 있는 사람
　3. 해당 지방자치단체의 공무원
　4. 사업시행자
③ 보상협의회의 설치·구성 및 운영 등에 필요한 사항은 대통령령으로 정한다.

제7장　이의신청 등

제83조(이의의 신청)

① 중앙토지수용위원회의 제34조에 따른 재결에 이의가 있는 자는 중앙토지수용위원회에 이의를 신청할 수 있다.
② 지방토지수용위원회의 제34조에 따른 재결에 이의가 있는 자는 해당 지방토지수용위원회를 거쳐 중앙토지수용위원회에 이의를 신청할 수 있다.
③ 제1항 및 제2항에 따른 이의의 신청은 재결서의 정본을 받은 날부터 30일 이내에 하여야 한다.

제84조(이의신청에 대한 재결)

① 중앙토지수용위원회는 제83조에 따른 이의신청을 받은 경우 제34조에 따른 재결이 위법하거나 부당하다고 인정할 때에는 그 재결의 전부 또는 일부를 취소하거나 보상액을 변경할 수 있다.
② 제1항에 따라 보상금이 늘어난 경우 사업시행자는 재결의 취소 또는 변경의 재결서 정본을 받은 날부터 30일 이내에 보상금을 받을 자에게 그 늘어난 보상금을 지급하여야 한다. 다만, 제40조 제2항 제1호·제2호 또는 제4호에 해당할 때에는 그 금액을 공탁할 수 있다.

제85조(행정소송의 제기)

① 사업시행자, 토지소유자 또는 관계인은 제34조에 따른 재결에 불복할 때에는 재결서를 받은 날부터 90일 이내에, 이의신청을 거쳤을 때에는 이의신청에 대한 재결서를 받은 날부터 60일 이내에 각각 행정소송을 제기할 수 있다. 이 경우 사업시행자는 행정소송을 제기하기 전에 제84조에 따라 늘어난 보상금을 공탁하여야 하며, 보상금을 받을 자는 공탁된 보상금을 소송이 종결될 때까지 수령할 수 없다.
② 제1항에 따라 제기하려는 행정소송이 보상금의 증감(增減)에 관한 소송인 경우 그 소송을 제기하는 자가 토지소유자 또는 관계인일 때에는 사업시행자를, 사업시행자일 때에는 토지소유자 또는 관계인을 각각 피고로 한다.

제86조(이의신청에 대한 재결의 효력)

① 제85조 제1항에 따른 기간 이내에 소송이 제기되지 아니하거나 그 밖의 사유로 이의신청에 대한 재결이 확정된 때에는 「민사소송법」상의 확정판결이 있은 것으로 보며, 재결서 정본은 집행력 있는 판결의 정본과 동일한 효력을 가진다.
② 사업시행자, 토지소유자 또는 관계인은 이의신청에 대한 재결이 확정되었을 때에는 관할 토지수용위원회에 대통령령으로 정하는 바에 따라 재결확정증명서의 발급을 청구할 수 있다.

제87조(법정이율에 따른 가산지급)

사업시행자는 제85조 제1항에 따라 사업시행자가 제기한 행정소송이 각하·기각 또는 취하된 경우 다음 각 호의 어느 하나에 해당하는 날부터 판결일 또는 취하일까지의 기간에 대하여 「소송촉진 등에 관한 특례법」 제3조에 따른 법정이율을 적용하여 산정한 금액을 보상금에 가산하여 지급하여야 한다.
  1. 재결이 있은 후 소송을 제기하였을 때에는 재결서 정본을 받은 날
  2. 이의신청에 대한 재결이 있은 후 소송을 제기하였을 때에는 그 재결서 정본을 받은 날

제88조(처분효력의 부정지)

제83조에 따른 이의의 신청이나 제85조에 따른 행정소송의 제기는 사업의 진행 및 토지의 수용 또는 사용을 정지시키지 아니한다.

제89조(대집행)

① 이 법 또는 이 법에 따른 처분으로 인한 의무를 이행하여야 할 자가 그 정하여진 기간 이내에 의무를 이행하지 아니하거나 완료하기 어려운 경우 또는 그로 하여금 그 의무를 이행하게 하는 것이 현저히 공익을 해친다고 인정되는 사유가 있는 경우에는 사업시행자는 시·도지사나 시장·군수 또는 구청장에게 「행정대집행법」에서 정하는 바에 따라 대집행을 신청할 수 있다. 이 경우 신청을 받은 시·도지사나 시장·군수 또는 구청장은 정당한 사유가 없으면 이에 따라야 한다.
② 사업시행자가 국가나 지방자치단체인 경우에는 제1항에도 불구하고 「행정대집행법」에서 정하는 바에 따라 직접 대집행을 할 수 있다.

③ 사업시행자가 제1항에 따라 대집행을 신청하거나 제2항에 따라 직접 대집행을 하려는 경우에는 국가나 지방자치단체는 의무를 이행하여야 할 자를 보호하기 위하여 노력하여야 한다.

제90조(강제징수)
특별자치도지사, 시장·군수 또는 구청장은 제44조 제2항에 따른 의무자가 그 비용을 내지 아니할 때에는 지방세 체납처분의 예에 따라 징수할 수 있다.

제8장 환매권

제91조(환매권)
① 공익사업의 폐지·변경 또는 그 밖의 사유로 취득한 토지의 전부 또는 일부가 필요 없게 된 경우 토지의 협의취득일 또는 수용의 개시일(이하 이 조에서 "취득일"이라 한다) 당시의 토지소유자 또는 그 포괄승계인(이하 "환매권자"라 한다)은 다음 각 호의 구분에 따른 날부터 10년 이내에 그 토지에 대하여 받은 보상금에 상당하는 금액을 사업시행자에게 지급하고 그 토지를 환매할 수 있다.
  1. 사업의 폐지·변경으로 취득한 토지의 전부 또는 일부가 필요 없게 된 경우 : 관계 법률에 따라 사업이 폐지·변경된 날 또는 제24조에 따른 사업의 폐지·변경 고시가 있는 날
  2. 그 밖의 사유로 취득한 토지의 전부 또는 일부가 필요 없게 된 경우 : 사업완료일
② 취득일부터 5년 이내에 취득한 토지의 전부를 해당 사업에 이용하지 아니하였을 때에는 제1항을 준용한다. 이 경우 환매권은 취득일부터 6년 이내에 행사하여야 한다.
③ 제74조 제1항에 따라 매수하거나 수용한 잔여지는 그 잔여지에 접한 일단의 토지가 필요 없게 된 경우가 아니면 환매할 수 없다.
④ 토지의 가격이 취득일 당시에 비하여 현저히 변동된 경우 사업시행자와 환매권자는 환매금액에 대하여 서로 협의하되, 협의가 성립되지 아니하면 그 금액의 증감을 법원에 청구할 수 있다.
⑤ 제1항부터 제3항까지의 규정에 따른 환매권은 「부동산등기법」에서 정하는 바에 따라 공익사업에 필요한 토지의 협의취득 또는 수용의 등기가 되었을 때에는 제3자에게 대항할 수 있다.
⑥ 국가, 지방자치단체 또는 「공공기관의 운영에 관한 법률」 제4조에 따른 공공기관 중 대통령령으로 정하는 공공기관이 사업인정을 받아 공익사업에 필요한 토지를 협의취득하거나 수용한 후 해당 공익사업이 제4조 제1호부터 제5호까지에 규정된 다른 공익사업(별표에 따른 사업이 제4조 제1호부터 제5호까지에 규정된 공익사업에 해당하는 경우를 포함한다)으로 변경된 경우 제1항 및 제2항에 따른 환매권 행사기간은 관보에 해당 공익사업의 변경을 고시한 날부터 기산(起算)한다. 이 경우 국가, 지방자치단체 또는 「공공기관의 운영에 관한 법률」 제4조에 따른 공공기관 중 대통령령으로 정하는 공공기관은 공익사업이 변경된 사실을 대통령령으로 정하는 바에 따라 환매권자에게 통지하여야 한다.

제92조(환매권의 통지 등)

① 사업시행자는 제91조 제1항 및 제2항에 따라 환매할 토지가 생겼을 때에는 지체 없이 그 사실을 환매권자에게 통지하여야 한다. 다만, 사업시행자가 과실 없이 환매권자를 알 수 없을 때에는 대통령령으로 정하는 바에 따라 공고하여야 한다.
② 환매권자는 제1항에 따른 통지를 받은 날 또는 공고를 한 날부터 6개월이 지난 후에는 제91조 제1항 및 제2항에도 불구하고 환매권을 행사하지 못한다.

제9장 벌칙

제93조(벌칙)

① 거짓이나 그 밖의 부정한 방법으로 보상금을 받은 자 또는 그 사실을 알면서 보상금을 지급한 자는 5년 이하의 징역 또는 3천만원 이하의 벌금에 처한다.
② 제1항에 규정된 죄의 미수범은 처벌한다.

제93조의2(벌칙)

제63조 제3항을 위반하여 토지로 보상받기로 결정된 권리(제63조 제4항에 따라 현금으로 보상받을 권리를 포함한다)를 전매한 자는 3년 이하의 징역 또는 1억원 이하의 벌금에 처한다.

제94조

삭제 〈2007.10.17.〉

제95조(벌칙)

제58조 제1항 제2호에 따라 감정평가를 의뢰받은 감정평가법인등이나 그 밖의 감정인으로서 거짓이나 그 밖의 부정한 방법으로 감정평가를 한 자는 2년 이하의 징역 또는 1천만원 이하의 벌금에 처한다.

제95조의2(벌칙)

다음 각 호의 어느 하나에 해당하는 자는 1년 이하의 징역 또는 1천만원 이하의 벌금에 처한다.
  1. 제12조 제1항을 위반하여 장해물 제거 등을 한 자
  2. 제43조를 위반하여 토지 또는 물건을 인도하거나 이전하지 아니한 자

제96조(벌칙)

제25조 제1항 또는 제2항 전단을 위반한 자는 1년 이하의 징역 또는 500만원 이하의 벌금에 처한다.

제97조(벌칙)

다음 각 호의 어느 하나에 해당하는 자는 200만원 이하의 벌금에 처한다.

1. 제9조 제2항 본문을 위반하여 특별자치도지사, 시장·군수 또는 구청장의 허가를 받지 아니하고 타인이 점유하는 토지에 출입하거나 출입하게 한 사업시행자
2. 제11조(제27조 제2항에 따라 준용되는 경우를 포함한다)를 위반하여 사업시행자 또는 감정평가법인 등의 행위를 방해한 토지점유자
3. 삭제 〈2015.1.6.〉
4. 삭제 〈2015.1.6.〉

제98조(양벌규정)

법인의 대표자나 법인 또는 개인의 대리인, 사용인, 그 밖의 종업원이 그 법인 또는 개인의 업무에 관하여 제93조, 제93조의2, 제95조, 제95조의2, 제96조 또는 제97조의 어느 하나에 해당하는 위반행위를 하면 그 행위자를 벌하는 외에 그 법인 또는 개인에게도 해당 조문의 벌금형을 과(科)한다. 다만, 법인이나 개인이 그 위반행위를 방지하기 위하여 해당 업무에 관하여 상당한 주의와 감독을 게을리하지 아니한 경우에는 그러하지 아니하다.

제99조(과태료)

① 다음 각 호의 어느 하나에 해당하는 자에게는 200만원 이하의 과태료를 부과한다.
1. 제58조 제1항 제1호에 규정된 자로서 정당한 사유 없이 출석이나 진술을 하지 아니하거나 거짓으로 진술한 자
2. 제58조 제1항 제1호에 따라 의견서 또는 자료 제출을 요구받고 정당한 사유 없이 이를 제출하지 아니하거나 거짓 의견서 또는 자료를 제출한 자
3. 제58조 제1항 제2호에 따라 감정평가를 의뢰받거나 출석 또는 진술을 요구받고 정당한 사유 없이 이에 따르지 아니한 감정평가법인등이나 그 밖의 감정인
4. 제58조 제1항 제3호에 따른 실지조사를 거부, 방해 또는 기피한 자

② 제1항에 따른 과태료는 대통령령으로 정하는 바에 따라 국토교통부장관이나 시·도지사가 부과·징수한다.

부 칙

이 법은 공포한 날부터 시행한다.

03 부동산 가격공시에 관한 법률(부동산공시법)

[시행 2020.12.10.] [법률 제17459호, 2020.6.9., 타법개정]

제1장 총칙

제1조(목적)
이 법은 부동산의 적정가격(適正價格) 공시에 관한 기본적인 사항과 부동산 시장·동향의 조사·관리에 필요한 사항을 규정함으로써 부동산의 적정한 가격형성과 각종 조세·부담금 등의 형평성을 도모하고 국민경제의 발전에 이바지함을 목적으로 한다.

제2조(정의)
이 법에서 사용하는 용어의 뜻은 다음과 같다.
1. "주택"이란 「주택법」 제2조 제1호에 따른 주택을 말한다.
2. "공동주택"이란 「주택법」 제2조 제3호에 따른 공동주택을 말한다.
3. "단독주택"이란 공동주택을 제외한 주택을 말한다.
4. "비주거용 부동산"이란 주택을 제외한 건축물이나 건축물과 그 토지의 전부 또는 일부를 말하며 다음과 같이 구분한다.
    가. 비주거용 집합부동산 : 「집합건물의 소유 및 관리에 관한 법률」에 따라 구분소유되는 비주거용 부동산
    나. 비주거용 일반부동산 : 가목을 제외한 비주거용 부동산
5. "적정가격"이란 토지, 주택 및 비주거용 부동산에 대하여 통상적인 시장에서 정상적인 거래가 이루어지는 경우 성립될 가능성이 가장 높다고 인정되는 가격을 말한다.

제2장 지가의 공시

제3조(표준지공시지가의 조사·평가 및 공시 등)
① 국토교통부장관은 토지이용상황이나 주변 환경, 그 밖의 자연적·사회적 조건이 일반적으로 유사하다고 인정되는 일단의 토지 중에서 선정한 표준지에 대하여 매년 공시기준일 현재의 단위면적당 적정가격(이하 "표준지공시지가"라 한다)을 조사·평가하고, 제24조에 따른 중앙부동산가격공시위원회의 심의를 거쳐 이를 공시하여야 한다.
② 국토교통부장관은 표준지공시지가를 공시하기 위하여 표준지의 가격을 조사·평가할 때에는 대통령령으로 정하는 바에 따라 해당 토지 소유자의 의견을 들어야 한다.

③ 제1항에 따른 표준지의 선정, 공시기준일, 공시의 시기, 조사·평가 기준 및 공시절차 등에 필요한 사항은 대통령령으로 정한다.
④ 국토교통부장관이 제1항에 따라 표준지공시지가를 조사·평가하는 경우에는 인근 유사토지의 거래가격·임대료 및 해당 토지와 유사한 이용가치를 지닌다고 인정되는 토지의 조성에 필요한 비용추정액, 인근 지역 및 다른 지역과의 형평성·특수성, 표준지공시지가 변동의 예측 가능성 등 제반사항을 종합적으로 참작하여야 한다.
⑤ 국토교통부장관이 제1항에 따라 표준지공시지가를 조사·평가할 때에는 업무실적, 신인도(信認度) 등을 고려하여 둘 이상의 「감정평가 및 감정평가사에 관한 법률」에 따른 감정평가법인등(이하 "감정평가법인등"이라 한다)에게 이를 의뢰하여야 한다. 다만, 지가 변동이 작은 경우 등 대통령령으로 정하는 기준에 해당하는 표준지에 대해서는 하나의 감정평가법인등에 의뢰할 수 있다.
⑥ 국토교통부장관은 제5항에 따라 표준지공시지가 조사·평가를 의뢰받은 감정평가업자가 공정하고 객관적으로 해당 업무를 수행할 수 있도록 하여야 한다.
⑦ 제5항에 따른 감정평가법인등의 선정기준 및 업무범위는 대통령령으로 정한다.
⑧ 국토교통부장관은 제10조에 따른 개별공시지가의 산정을 위하여 필요하다고 인정하는 경우에는 표준지와 산정대상 개별 토지의 가격형성요인에 관한 표준적인 비교표(이하 "토지가격비준표"라 한다)를 작성하여 시장·군수 또는 구청장에게 제공하여야 한다.

제4조(표준지공시지가의 조사협조)
국토교통부장관은 표준지의 선정 또는 표준지공시지가의 조사·평가를 위하여 필요한 경우에는 관계 행정기관에 해당 토지의 인·허가 내용, 개별법에 따른 등록사항 등 대통령령으로 정하는 관련 자료의 열람 또는 제출을 요구할 수 있다. 이 경우 관계 행정기관은 정당한 사유가 없으면 그 요구를 따라야 한다.

제5조(표준지공시지가의 공시사항)
제3조에 따른 공시에는 다음 각 호의 사항이 포함되어야 한다.
1. 표준지의 지번
2. 표준지의 단위면적당 가격
3. 표준지의 면적 및 형상
4. 표준지 및 주변토지의 이용상황
5. 그 밖에 대통령령으로 정하는 사항

제6조(표준지공시지가의 열람 등)
국토교통부장관은 제3조에 따라 표준지공시지가를 공시한 때에는 그 내용을 특별시장·광역시장 또는 도지사를 거쳐 시장·군수 또는 구청장(지방자치단체인 구의 구청장에 한정한다. 이하 같다)에게 송부하여 일반인이 열람할 수 있게 하고, 대통령령으로 정하는 바에 따라 이를 도서·도표 등으로 작성하여 관계 행정기관 등에 공급하여야 한다.

제7조(표준지공시지가에 대한 이의신청)

① 표준지공시지가에 이의가 있는 자는 그 공시일부터 30일 이내에 서면(전자문서를 포함한다. 이하 같다)으로 국토교통부장관에게 이의를 신청할 수 있다.
② 국토교통부장관은 제1항에 따른 이의신청 기간이 만료된 날부터 30일 이내에 이의신청을 심사하여 그 결과를 신청인에게 서면으로 통지하여야 한다. 이 경우 국토교통부장관은 이의신청의 내용이 타당하다고 인정될 때에는 제3조에 따라 해당 표준지공시지가를 조정하여 다시 공시하여야 한다.
③ 제1항 및 제2항에서 규정한 것 외에 이의신청 및 처리절차 등에 필요한 사항은 대통령령으로 정한다.

제8조(표준지공시지가의 적용)

제1호 각 목의 자가 제2호 각 목의 목적을 위하여 지가를 산정할 때에는 그 토지와 이용가치가 비슷하다고 인정되는 하나 또는 둘 이상의 표준지의 공시지가를 기준으로 토지가격비준표를 사용하여 지가를 직접 산정하거나 감정평가법인등에 감정평가를 의뢰하여 산정할 수 있다. 다만, 필요하다고 인정할 때에는 산정된 지가를 제2호 각 목의 목적에 따라 가감(加減) 조정하여 적용할 수 있다.

1. 지가 산정의 주체
   가. 국가 또는 지방자치단체
   나. 「공공기관의 운영에 관한 법률」에 따른 공공기관
   다. 그 밖에 대통령령으로 정하는 공공단체
2. 지가 산정의 목적
   가. 공공용지의 매수 및 토지의 수용·사용에 대한 보상
   나. 국유지·공유지의 취득 또는 처분
   다. 그 밖에 대통령령으로 정하는 지가의 산정

제9조(표준지공시지가의 효력)

표준지공시지가는 토지시장에 지가정보를 제공하고 일반적인 토지거래의 지표가 되며, 국가·지방자치단체 등이 그 업무와 관련하여 지가를 산정하거나 감정평가법인등이 개별적으로 토지를 감정평가하는 경우에 기준이 된다.

제10조(개별공시지가의 결정·공시 등)

① 시장·군수 또는 구청장은 국세·지방세 등 각종 세금의 부과, 그 밖의 다른 법령에서 정하는 목적을 위한 지가산정에 사용되도록 하기 위하여 제25조에 따른 시·군·구부동산가격공시위원회의 심의를 거쳐 매년 공시지가의 공시기준일 현재 관할 구역 안의 개별토지의 단위면적당 가격(이하 "개별공시지가"라 한다)을 결정·공시하고, 이를 관계 행정기관 등에 제공하여야 한다.
② 제1항에도 불구하고 표준지로 선정된 토지, 조세 또는 부담금 등의 부과대상이 아닌 토지, 그 밖에 대통령령으로 정하는 토지에 대하여는 개별공시지가를 결정·공시하지 아니할 수 있다. 이 경우 표준지로 선정된 토지에 대하여는 해당 토지의 표준지공시지가를 개별공시지가로 본다.

③ 시장·군수 또는 구청장은 공시기준일 이후에 분할·합병 등이 발생한 토지에 대하여는 대통령령으로 정하는 날을 기준으로 하여 개별공시지가를 결정·공시하여야 한다.
④ 시장·군수 또는 구청장이 개별공시지가를 결정·공시하는 경우에는 해당 토지와 유사한 이용가치를 지닌다고 인정되는 하나 또는 둘 이상의 표준지의 공시지가를 기준으로 토지가격비준표를 사용하여 지가를 산정하되, 해당 토지의 가격과 표준지공시지가가 균형을 유지하도록 하여야 한다.
⑤ 시장·군수 또는 구청장은 개별공시지가를 결정·공시하기 위하여 개별토지의 가격을 산정할 때에는 그 타당성에 대하여 감정평가법인등의 검증을 받고 토지소유자, 그 밖의 이해관계인의 의견을 들어야 한다. 다만, 시장·군수 또는 구청장은 감정평가법인등의 검증이 필요 없다고 인정되는 때에는 지가의 변동상황 등 대통령령으로 정하는 사항을 고려하여 감정평가법인등의 검증을 생략할 수 있다.
⑥ 시장·군수 또는 구청장이 제5항에 따른 검증을 받으려는 때에는 해당 지역의 표준지의 공시지가를 조사·평가한 감정평가법인등 또는 대통령령으로 정하는 감정평가실적 등이 우수한 감정평가법인등에 의뢰하여야 한다.
⑦ 국토교통부장관은 지가공시 행정의 합리적인 발전을 도모하고 표준지공시지가와 개별공시지가와의 균형 유지 등 적정한 지가형성을 위하여 필요하다고 인정하는 경우에는 개별공시지가의 결정·공시 등에 관하여 시장·군수 또는 구청장을 지도·감독할 수 있다.
⑧ 제1항부터 제7항까지에서 규정한 것 외에 개별공시지가의 산정, 검증 및 결정, 공시기준일, 공시의 시기, 조사·산정의 기준, 이해관계인의 의견청취, 감정평가법인등의 지정 및 공시절차 등에 필요한 사항은 대통령령으로 정한다.

제11조(개별공시지가에 대한 이의신청)
① 개별공시지가에 이의가 있는 자는 그 결정·공시일부터 30일 이내에 서면으로 시장·군수 또는 구청장에게 이의를 신청할 수 있다.
② 시장·군수 또는 구청장은 제1항에 따라 이의신청 기간이 만료된 날부터 30일 이내에 이의신청을 심사하여 그 결과를 신청인에게 서면으로 통지하여야 한다. 이 경우 시장·군수 또는 구청장은 이의신청의 내용이 타당하다고 인정될 때에는 제10조에 따라 해당 개별공시지가를 조정하여 다시 결정·공시하여야 한다.
③ 제1항 및 제2항에서 규정한 것 외에 이의신청 및 처리절차 등에 필요한 사항은 대통령령으로 정한다.

제12조(개별공시지가의 정정)
시장·군수 또는 구청장은 개별공시지가에 틀린 계산, 오기, 표준지 선정의 착오, 그 밖에 대통령령으로 정하는 명백한 오류가 있음을 발견한 때에는 지체 없이 이를 정정하여야 한다.

제13조(타인토지에의 출입 등)
① 관계 공무원 또는 부동산가격공시업무를 의뢰받은 자(이하 "관계공무원등"이라 한다)는 제3조 제4항에 따른 표준지가격의 조사·평가 또는 제10조 제4항에 따른 토지가격의 산정을 위하여 필요한 때에는 타인의 토지에 출입할 수 있다.

② 관계공무원등이 제1항에 따라 택지 또는 담장이나 울타리로 둘러싸인 타인의 토지에 출입하고자 할 때에는 시장·군수 또는 구청장의 허가(부동산가격공시업무를 의뢰 받은 자에 한정한다)를 받아 출입할 날의 3일 전에 그 점유자에게 일시와 장소를 통지하여야 한다. 다만, 점유자를 알 수 없거나 부득이한 사유가 있는 경우에는 그러하지 아니하다.
③ 일출 전·일몰 후에는 그 토지의 점유자의 승인 없이 택지 또는 담장이나 울타리로 둘러싸인 타인의 토지에 출입할 수 없다.
④ 제2항에 따라 출입을 하고자 하는 자는 그 권한을 표시하는 증표와 허가증을 지니고 이를 관계인에게 내보여야 한다.
⑤ 제4항에 따른 증표와 허가증에 필요한 사항은 국토교통부령으로 정한다.

제14조(개별공시지가의 결정·공시비용의 보조)
제10조에 따른 개별공시지가의 결정·공시에 소요되는 비용은 대통령령으로 정하는 바에 따라 그 일부를 국고에서 보조할 수 있다.

제15조(부동산 가격정보 등의 조사)
① 국토교통부장관은 부동산의 적정가격 조사 등 부동산 정책의 수립 및 집행을 위하여 부동산 시장동향, 수익률 등의 가격정보 및 관련 통계 등을 조사·관리하고, 이를 관계 행정기관 등에 제공할 수 있다.
② 제1항에 따른 부동산 가격정보 등의 조사의 대상, 절차 등에 필요한 사항은 대통령령으로 정한다.
③ 제1항에 따른 조사를 위하여 관계 행정기관에 국세, 지방세, 토지, 건물 등 관련 자료의 열람 또는 제출을 요구하거나 타인의 토지 등에 출입하는 경우에는 제4조 및 제13조를 각각 준용한다.

제3장 주택가격의 공시

제16조(표준주택가격의 조사·산정 및 공시 등)
① 국토교통부장관은 용도지역, 건물구조 등이 일반적으로 유사하다고 인정되는 일단의 단독주택 중에서 선정한 표준주택에 대하여 매년 공시기준일 현재의 적정가격(이하 "표준주택가격"이라 한다)을 조사·산정하고, 제24조에 따른 중앙부동산가격공시위원회의 심의를 거쳐 이를 공시하여야 한다.
② 제1항에 따른 공시에는 다음 각 호의 사항이 포함되어야 한다.
  1. 표준주택의 지번
  2. 표준주택가격
  3. 표준주택의 대지면적 및 형상
  4. 표준주택의 용도, 연면적, 구조 및 사용승인일(임시사용승인일을 포함한다)
  5. 그 밖에 대통령령으로 정하는 사항

③ 제1항에 따른 표준주택의 선정, 공시기준일, 공시의 시기, 조사·산정 기준 및 공시절차 등에 필요한 사항은 대통령령으로 정한다.
④ 국토교통부장관은 제1항에 따라 표준주택가격을 조사·산정하고자 할 때에는 「한국부동산원법」에 따른 한국부동산원(이하 "부동산원"이라 한다)에 의뢰한다.
⑤ 국토교통부장관이 제1항에 따라 표준주택가격을 조사·산정하는 경우에는 인근 유사 단독주택의 거래가격·임대료 및 해당 단독주택과 유사한 이용가치를 지닌다고 인정되는 단독주택의 건설에 필요한 비용추정액, 인근지역 및 다른 지역과의 형평성·특수성, 표준주택가격 변동의 예측 가능성 등 제반사항을 종합적으로 참작하여야 한다.
⑥ 국토교통부장관은 제17조에 따른 개별주택가격의 산정을 위하여 필요하다고 인정하는 경우에는 표준주택과 산정대상 개별주택의 가격형성요인에 관한 표준적인 비교표(이하 "주택가격비준표"라 한다)를 작성하여 시장·군수 또는 구청장에게 제공하여야 한다.
⑦ 제3조 제2항·제4조·제6조·제7조 및 제13조는 제1항에 따른 표준주택가격의 공시에 준용한다. 이 경우 제7조 제2항 후단 중 "제3조"는 "제16조"로 본다.

제17조(개별주택가격의 결정·공시 등)

① 시장·군수 또는 구청장은 제25조에 따른 시·군·구부동산가격공시위원회의 심의를 거쳐 매년 표준주택가격의 공시기준일 현재 관할 구역 안의 개별주택의 가격(이하 "개별주택가격"이라 한다)을 결정·공시하고, 이를 관계 행정기관 등에 제공하여야 한다.
② 제1항에도 불구하고 표준주택으로 선정된 단독주택, 그 밖에 대통령령으로 정하는 단독주택에 대하여는 개별주택가격을 결정·공시하지 아니할 수 있다. 이 경우 표준주택으로 선정된 주택에 대하여는 해당 주택의 표준주택가격을 개별주택가격으로 본다.
③ 제1항에 따른 개별주택가격의 공시에는 다음 각 호의 사항이 포함되어야 한다.
   1. 개별주택의 지번
   2. 개별주택가격
   3. 그 밖에 대통령령으로 정하는 사항
④ 시장·군수 또는 구청장은 공시기준일 이후에 토지의 분할·합병이나 건축물의 신축 등이 발생한 경우에는 대통령령으로 정하는 날을 기준으로 하여 개별주택가격을 결정·공시하여야 한다.
⑤ 시장·군수 또는 구청장이 개별주택가격을 결정·공시하는 경우에는 해당 주택과 유사한 이용가치를 지닌다고 인정되는 표준주택가격을 기준으로 주택가격비준표를 사용하여 가격을 산정하되, 해당 주택의 가격과 표준주택가격이 균형을 유지하도록 하여야 한다.
⑥ 시장·군수 또는 구청장은 개별주택가격을 결정·공시하기 위하여 개별주택의 가격을 산정할 때에는 표준주택가격과의 균형 등 그 타당성에 대하여 대통령령으로 정하는 바에 따라 부동산원의 검증을 받고 토지소유자, 그 밖의 이해관계인의 의견을 들어야 한다. 다만, 시장·군수 또는 구청장은 부동산원의 검증이 필요 없다고 인정되는 때에는 주택가격의 변동상황 등 대통령령으로 정하는 사항을 고려하여 부동산원의 검증을 생략할 수 있다.

⑦ 국토교통부장관은 공시행정의 합리적인 발전을 도모하고 표준주택가격과 개별주택가격과의 균형유지 등 적정한 가격형성을 위하여 필요하다고 인정하는 경우에는 개별주택가격의 결정·공시 등에 관하여 시장·군수 또는 구청장을 지도·감독할 수 있다.
⑧ 개별주택가격에 대한 이의신청 및 개별주택가격의 정정에 대하여는 제11조 및 제12조를 각각 준용한다. 이 경우 제11조 제2항 후단 중 "제10조"는 "제17조"로 본다.
⑨ 제1항부터 제8항까지에서 규정한 것 외에 개별주택가격의 산정, 검증 및 결정, 공시기준일, 공시의 시기, 조사·산정의 기준, 이해관계인의 의견청취 및 공시절차 등에 필요한 사항은 대통령령으로 정한다.

제18조(공동주택가격의 조사·산정 및 공시 등)
① 국토교통부장관은 공동주택에 대하여 매년 공시기준일 현재의 적정가격(이하 "공동주택가격"이라 한다)을 조사·산정하여 제24조에 따른 중앙부동산가격공시위원회의 심의를 거쳐 공시하고, 이를 관계 행정기관 등에 제공하여야 한다. 다만, 대통령령으로 정하는 바에 따라 국세청장이 국토교통부장관과 협의하여 공동주택가격을 별도로 결정·고시하는 경우는 제외한다.
② 국토교통부장관은 공동주택가격을 공시하기 위하여 그 가격을 산정할 때에는 대통령령으로 정하는 바에 따라 공동주택소유자와 그 밖의 이해관계인의 의견을 들어야 한다.
③ 제1항에 따른 공동주택의 조사대상의 선정, 공시기준일, 공시의 시기, 공시사항, 조사·산정 기준 및 공시절차 등에 필요한 사항은 대통령령으로 정한다.
④ 국토교통부장관은 공시기준일 이후에 토지의 분할·합병이나 건축물의 신축 등이 발생한 경우에는 대통령령으로 정하는 날을 기준으로 하여 공동주택가격을 결정·공시하여야 한다.
⑤ 국토교통부장관이 제1항에 따라 공동주택가격을 조사·산정하는 경우에는 인근 유사 공동주택의 거래가격·임대료 및 해당 공동주택과 유사한 이용가치를 지닌다고 인정되는 공동주택의 건설에 필요한 비용추정액, 인근지역 및 다른 지역과의 형평성·특수성, 공동주택가격 변동의 예측 가능성 등 제반사항을 종합적으로 참작하여야 한다.
⑥ 국토교통부장관이 제1항에 따라 공동주택가격을 조사·산정하고자 할 때에는 부동산원에 의뢰한다.
⑦ 국토교통부장관은 제1항 또는 제4항에 따라 공시한 가격에 틀린 계산, 오기, 그 밖에 대통령령으로 정하는 명백한 오류가 있음을 발견한 때에는 지체 없이 이를 정정하여야 한다.
⑧ 공동주택가격의 공시에 대하여는 제4조·제6조·제7조 및 제13조를 각각 준용한다. 이 경우 제7조 제2항 후단 중 "제3조"는 "제18조"로 본다.

제19조(주택가격 공시의 효력)
① 표준주택가격은 국가·지방자치단체 등이 그 업무와 관련하여 개별주택가격을 산정하는 경우에 그 기준이 된다.
② 개별주택가격 및 공동주택가격은 주택시장의 가격정보를 제공하고, 국가·지방자치단체 등이 과세 등의 업무와 관련하여 주택의 가격을 산정하는 경우에 그 기준으로 활용될 수 있다.

제4장   비주거용 부동산가격의 공시

제20조(비주거용 표준부동산가격의 조사·산정 및 공시 등)
① 국토교통부장관은 용도지역, 이용상황, 건물구조 등이 일반적으로 유사하다고 인정되는 일단의 비주거용 일반부동산 중에서 선정한 비주거용 표준부동산에 대하여 매년 공시기준일 현재의 적정가격(이하 "비주거용 표준부동산가격"이라 한다)을 조사·산정하고, 제24조에 따른 중앙부동산가격공시위원회의 심의를 거쳐 이를 공시할 수 있다.
② 제1항에 따른 비주거용 표준부동산가격의 공시에는 다음 각 호의 사항이 포함되어야 한다.
   1. 비주거용 표준부동산의 지번
   2. 비주거용 표준부동산가격
   3. 비주거용 표준부동산의 대지면적 및 형상
   4. 비주거용 표준부동산의 용도, 연면적, 구조 및 사용승인일(임시사용승인일을 포함한다)
   5. 그 밖에 대통령령으로 정하는 사항
③ 제1항에 따른 비주거용 표준부동산의 선정, 공시기준일, 공시의 시기, 조사·산정 기준 및 공시절차 등에 필요한 사항은 대통령령으로 정한다.
④ 국토교통부장관은 제1항에 따라 비주거용 표준부동산가격을 조사·산정하려는 경우 감정평가법인등 또는 대통령령으로 정하는 부동산 가격의 조사·산정에 관한 전문성이 있는 자에게 의뢰한다.
⑤ 국토교통부장관이 비주거용 표준부동산가격을 조사·산정하는 경우에는 인근 유사 비주거용 일반부동산의 거래가격·임대료 및 해당 비주거용 일반부동산과 유사한 이용가치를 지닌다고 인정되는 비주거용 일반부동산의 건설에 필요한 비용추정액 등을 종합적으로 참작하여야 한다.
⑥ 국토교통부장관은 제21조에 따른 비주거용 개별부동산가격의 산정을 위하여 필요하다고 인정하는 경우에는 비주거용 표준부동산과 산정대상 비주거용 개별부동산의 가격형성요인에 관한 표준적인 비교표(이하 "비주거용 부동산가격비준표"라 한다)를 작성하여 시장·군수 또는 구청장에게 제공하여야 한다.
⑦ 비주거용 표준부동산가격의 공시에 대하여는 제3조 제2항·제4조·제6조·제7조 및 제13조를 각각 준용한다. 이 경우 제7조 제2항 후단 중 "제3조"는 "제20조"로 본다.

제21조(비주거용 개별부동산가격의 결정·공시 등)
① 시장·군수 또는 구청장은 제25조에 따른 시·군·구부동산가격공시위원회의 심의를 거쳐 매년 비주거용 표준부동산가격의 공시기준일 현재 관할 구역 안의 비주거용 개별부동산의 가격(이하 "비주거용 개별부동산가격"이라 한다)을 결정·공시할 수 있다. 다만, 대통령령으로 정하는 바에 따라 행정안전부장관 또는 국세청장이 국토교통부장관과 협의하여 비주거용 개별부동산의 가격을 별도로 결정·고시하는 경우는 제외한다.
② 제1항에도 불구하고 비주거용 표준부동산으로 선정된 비주거용 일반부동산 등 대통령령으로 정하는 비주거용 일반부동산에 대하여는 비주거용 개별부동산가격을 결정·공시하지 아니할 수 있다. 이 경우 비주거용 표준부동산으로 선정된 비주거용 일반부동산에 대하여는 해당 비주거용 표준부동산가격을 비주거용 개별부동산가격으로 본다.

③ 제1항에 따른 비주거용 개별부동산가격의 공시에는 다음 각 호의 사항이 포함되어야 한다.
  1. 비주거용 부동산의 지번
  2. 비주거용 부동산가격
  3. 그 밖에 대통령령으로 정하는 사항
④ 시장·군수 또는 구청장은 공시기준일 이후에 토지의 분할·합병이나 건축물의 신축 등이 발생한 경우에는 대통령령으로 정하는 날을 기준으로 하여 비주거용 개별부동산가격을 결정·공시하여야 한다.
⑤ 시장·군수 또는 구청장이 비주거용 개별부동산가격을 결정·공시하는 경우에는 해당 비주거용 일반부동산과 유사한 이용가치를 지닌다고 인정되는 비주거용 표준부동산가격을 기준으로 비주거용 부동산가격비준표를 사용하여 가격을 산정하되, 해당 비주거용 일반부동산의 가격과 비주거용 표준부동산가격이 균형을 유지하도록 하여야 한다.
⑥ 시장·군수 또는 구청장은 비주거용 개별부동산가격을 결정·공시하기 위하여 비주거용 일반부동산의 가격을 산정할 때에는 비주거용 표준부동산가격과의 균형 등 그 타당성에 대하여 제20조에 따른 비주거용 표준부동산가격의 조사·산정을 의뢰 받은 자 등 대통령령으로 정하는 자의 검증을 받고 비주거용 일반부동산의 소유자와 그 밖의 이해관계인의 의견을 들어야 한다. 다만, 시장·군수 또는 구청장은 비주거용 개별부동산가격에 대한 검증이 필요 없다고 인정하는 때에는 비주거용 부동산가격의 변동상황 등 대통령령으로 정하는 사항을 고려하여 검증을 생략할 수 있다.
⑦ 국토교통부장관은 공시행정의 합리적인 발전을 도모하고 비주거용 표준부동산가격과 비주거용 개별부동산가격과의 균형유지 등 적정한 가격형성을 위하여 필요하다고 인정하는 경우에는 비주거용 개별부동산가격의 결정·공시 등에 관하여 시장·군수 또는 구청장을 지도·감독할 수 있다.
⑧ 비주거용 개별부동산가격에 대한 이의신청 및 정정에 대하여는 제11조 및 제12조를 각각 준용한다. 이 경우 제11조 제2항 후단 중 "제10조"는 "제21조"로 본다.
⑨ 제1항부터 제8항까지에서 규정한 것 외에 비주거용 개별부동산가격의 산정, 검증 및 결정, 공시기준일, 공시의 시기, 조사·산정의 기준, 이해관계인의 의견청취 및 공시절차 등에 필요한 사항은 대통령령으로 정한다.

제22조(비주거용 집합부동산가격의 조사·산정 및 공시 등)

① 국토교통부장관은 비주거용 집합부동산에 대하여 매년 공시기준일 현재의 적정가격(이하 "비주거용 집합부동산가격"이라 한다)을 조사·산정하여 제24조에 따른 중앙부동산가격공시위원회의 심의를 거쳐 공시할 수 있다. 이 경우 시장·군수 또는 구청장은 비주거용 집합부동산가격을 결정·공시한 경우에는 이를 관계 행정기관 등에 제공하여야 한다.
② 제1항에도 불구하고 대통령령으로 정하는 바에 따라 행정안전부장관 또는 국세청장이 국토교통부장관과 협의하여 비주거용 집합부동산의 가격을 별도로 결정·고시하는 경우에는 해당 비주거용 집합부동산의 비주거용 개별부동산가격을 결정·공시하지 아니한다.
③ 국토교통부장관은 비주거용 집합부동산가격을 공시하기 위하여 비주거용 집합부동산의 가격을 산정할 때에는 대통령령으로 정하는 바에 따라 비주거용 집합부동산의 소유자와 그 밖의 이해관계인의 의견을 들어야 한다.

④ 제1항에 따른 비주거용 집합부동산의 조사대상의 선정, 공시기준일, 공시의 시기, 공시사항, 조사·산정 기준 및 공시절차 등에 필요한 사항은 대통령령으로 정한다.
⑤ 국토교통부장관은 공시기준일 이후에 토지의 분할·합병이나 건축물의 신축 등이 발생한 경우에는 대통령령으로 정하는 날을 기준으로 하여 비주거용 집합부동산가격을 결정·공시하여야 한다.
⑥ 국토교통부장관이 제1항에 따라 비주거용 집합부동산가격을 조사·산정하는 경우에는 인근 유사 비주거용 집합부동산의 거래가격·임대료 및 해당 비주거용 집합부동산과 유사한 이용가치를 지닌다고 인정되는 비주거용 집합부동산의 건설에 필요한 비용추정액 등을 종합적으로 참작하여야 한다.
⑦ 국토교통부장관은 제1항에 따라 비주거용 집합부동산가격을 조사·산정할 때에는 부동산원 또는 대통령령으로 정하는 부동산 가격의 조사·산정에 관한 전문성이 있는 자에게 의뢰한다.
⑧ 국토교통부장관은 제1항 또는 제4항에 따라 공시한 가격에 틀린 계산, 오기, 그 밖에 대통령령으로 정하는 명백한 오류가 있음을 발견한 때에는 지체 없이 이를 정정하여야 한다.
⑨ 비주거용 집합부동산가격의 공시에 대해서는 제4조·제6조·제7조 및 제13조를 각각 준용한다. 이 경우 제7조 제2항 후단 중 "제3조"는 "제22조"로 본다.

제23조(비주거용 부동산가격공시의 효력)
① 제20조에 따른 비주거용 표준부동산가격은 국가·지방자치단체 등이 그 업무와 관련하여 비주거용 개별부동산가격을 산정하는 경우에 그 기준이 된다.
② 제21조 및 제22조에 따른 비주거용 개별부동산가격 및 비주거용 집합부동산가격은 비주거용 부동산시장에 가격정보를 제공하고, 국가·지방자치단체 등이 과세 등의 업무와 관련하여 비주거용 부동산의 가격을 산정하는 경우에 그 기준으로 활용될 수 있다.

제5장 부동산가격공시위원회

제24조(중앙부동산가격공시위원회)
① 다음 각 호의 사항을 심의하기 위하여 국토교통부장관 소속으로 중앙부동산가격공시위원회(이하 이 조에서 "위원회"라 한다)를 둔다.
   1. 부동산 가격공시 관계 법령의 제정·개정에 관한 사항 중 국토교통부장관이 심의에 부치는 사항
   2. 제3조에 따른 표준지의 선정 및 관리지침
   3. 제3조에 따라 조사·평가된 표준지공시지가
   4. 제7조에 따른 표준지공시지가에 대한 이의신청에 관한 사항
   5. 제16조에 따른 표준주택의 선정 및 관리지침
   6. 제16조에 따라 조사·산정된 표준주택가격
   7. 제16조에 따른 표준주택가격에 대한 이의신청에 관한 사항
   8. 제18조에 따른 공동주택의 조사 및 산정지침
   9. 제18조에 따라 조사·산정된 공동주택가격

10. 제18조에 따른 공동주택가격에 대한 이의신청에 관한 사항
　11. 제20조에 따른 비주거용 표준부동산의 선정 및 관리지침
　12. 제20조에 따라 조사·산정된 비주거용 표준부동산가격
　13. 제20조에 따른 비주거용 표준부동산가격에 대한 이의신청에 관한 사항
　14. 제22조에 따른 비주거용 집합부동산의 조사 및 산정 지침
　15. 제22조에 따라 조사·산정된 비주거용 집합부동산가격
　16. 제22조에 따른 비주거용 집합부동산가격에 대한 이의신청에 관한 사항
　17. 제26조의2에 따른 계획 수립에 관한 사항
　18. 그 밖에 부동산정책에 관한 사항 등 국토교통부장관이 심의에 부치는 사항
② 위원회는 위원장을 포함한 20명 이내의 위원으로 구성한다.
③ 위원회의 위원장은 국토교통부 제1차관이 된다.
④ 위원회의 위원은 대통령령으로 정하는 중앙행정기관의 장이 지명하는 6명 이내의 공무원과 다음 각 호의 어느 하나에 해당하는 사람 중 국토교통부장관이 위촉하는 사람이 된다.
　1. 「고등교육법」에 따른 대학에서 토지·주택 등에 관한 이론을 가르치는 조교수 이상으로 재직하고 있거나 재직하였던 사람
　2. 판사, 검사, 변호사 또는 감정평가사의 자격이 있는 사람
　3. 부동산가격공시 또는 감정평가 관련 분야에서 10년 이상 연구 또는 실무경험이 있는 사람
⑤ 공무원이 아닌 위원의 임기는 2년으로 하되, 한차례 연임할 수 있다.
⑥ 국토교통부장관은 필요하다고 인정하면 위원회의 심의에 부치기 전에 미리 관계 전문가의 의견을 듣거나 조사·연구를 의뢰할 수 있다.
⑦ 제1항부터 제6항까지에서 규정한 사항 외에 위원회의 조직 및 운영에 필요한 사항은 대통령령으로 정한다.

제25조(시·군·구부동산가격공시위원회)

① 다음 각 호의 사항을 심의하기 위하여 시장·군수 또는 구청장 소속으로 시·군·구부동산가격공시위원회를 둔다.
　1. 제10조에 따른 개별공시지가의 결정에 관한 사항
　2. 제11조에 따른 개별공시지가에 대한 이의신청에 관한 사항
　3. 제17조에 따른 개별주택가격의 결정에 관한 사항
　4. 제17조에 따른 개별주택가격에 대한 이의신청에 관한 사항
　5. 제21조에 따른 비주거용 개별부동산가격의 결정에 관한 사항
　6. 제21조에 따른 비주거용 개별부동산가격에 대한 이의신청에 관한 사항
　7. 그 밖에 시장·군수 또는 구청장이 심의에 부치는 사항
② 제1항에 규정된 것 외에 시·군·구부동산가격공시위원회의 조직 및 운영에 필요한 사항은 대통령령으로 정한다.

제6장 보칙

제26조(공시보고서의 제출 등)
① 정부는 표준지공시지가, 표준주택가격 및 공동주택가격의 주요사항에 관한 보고서를 매년 정기국회의 개회 전까지 국회에 제출하여야 한다.
② 국토교통부장관은 제3조에 따른 표준지공시지가, 제16조에 따른 표준주택가격, 제18조에 따른 공동주택가격, 제20조에 따른 비주거용 표준부동산가격 및 제22조에 따른 비주거용 집합부동산가격을 공시하는 때에는 부동산의 시세 반영률, 조사·평가 및 산정 근거 등의 자료를 국토교통부령으로 정하는 바에 따라 인터넷 홈페이지 등에 공개하여야 한다.

제26조의2(적정가격 반영을 위한 계획 수립 등)
① 국토교통부장관은 부동산공시가격이 적정가격을 반영하고 부동산의 유형·지역 등에 따른 균형성을 확보하기 위하여 부동산의 시세 반영률의 목표치를 설정하고, 이를 달성하기 위하여 대통령령으로 정하는 바에 따라 계획을 수립하여야 한다.
② 제1항에 따른 계획을 수립하는 때에는 부동산 가격의 변동 상황, 지역 간의 형평성, 해당 부동산의 특수성 등 제반사항을 종합적으로 고려하여야 한다.
③ 국토교통부장관이 제1항에 따른 계획을 수립하는 때에는 관계 행정기관과의 협의를 거쳐 공청회를 실시하고, 제24조에 따른 중앙부동산가격공시위원회의 심의를 거쳐야 한다.
④ 국토교통부장관, 시장·군수 또는 구청장은 부동산공시가격을 결정·공시하는 경우 제1항에 따른 계획에 부합하도록 하여야 한다.

제27조(공시가격정보체계의 구축 및 관리)
① 국토교통부장관은 토지, 주택 및 비주거용 부동산의 공시가격과 관련된 정보를 효율적이고 체계적으로 관리하기 위하여 공시가격정보체계를 구축·운영할 수 있다.
② 국토교통부장관은 제1항에 따른 공시가격정보체계를 구축하기 위하여 필요한 경우 관계 기관에 자료를 요청할 수 있다. 이 경우 관계 기관은 정당한 사유가 없으면 그 요청을 따라야 한다.
③ 제1항 및 제2항에 따른 정보 및 자료의 종류, 공시가격정보체계의 구축·운영방법 등에 필요한 사항은 대통령령으로 정한다.

제27조의2(회의록의 공개)
제24조에 따른 중앙부동산가격공시위원회 및 제25조에 따른 시·군·구부동산가격공시위원회 심의의 일시·장소·안건·내용·결과 등이 기록된 회의록은 3개월의 범위에서 대통령령으로 정하는 기간이 지난 후에는 대통령령으로 정하는 바에 따라 인터넷 홈페이지 등에 공개하여야 한다. 다만, 공익을 현저히 해할 우려가 있거나 심의의 공정성을 침해할 우려가 있다고 인정되는 이름, 주민등록번호 등 대통령령으로 정하는 개인식별 정보에 관한 부분의 경우에는 그러하지 아니하다.

제28조(업무위탁)

① 국토교통부장관은 다음 각 호의 업무를 부동산원 또는 국토교통부장관이 정하는 기관에 위탁할 수 있다.
   1. 다음 각 목의 업무 수행에 필요한 부대업무
      가. 제3조에 따른 표준지공시지가의 조사·평가
      나. 제16조에 따른 표준주택가격의 조사·산정
      다. 제18조에 따른 공동주택가격의 조사·산정
      라. 제20조에 따른 비주거용 표준부동산가격의 조사·산정
      마. 제22조에 따른 비주거용 집합부동산가격의 조사·산정
   2. 제6조에 따른 표준지공시지가, 제16조 제7항에 따른 표준주택가격, 제18조 제8항에 따른 공동주택가격, 제20조 제7항에 따른 비주거용 표준부동산가격 및 제22조 제9항에 따른 비주거용 집합부동산가격에 관한 도서·도표 등 작성·공급
   3. 제3조 제8항, 제16조 제6항 및 제20조 제6항에 따른 토지가격비준표, 주택가격비준표 및 비주거용 부동산가격비준표의 작성·제공
   4. 제15조에 따른 부동산 가격정보 등의 조사
   5. 제27조에 따른 공시가격정보체계의 구축 및 관리
   6. 제1호부터 제5호까지의 업무와 관련된 업무로서 대통령령으로 정하는 업무

② 국토교통부장관은 제1항에 따라 그 업무를 위탁할 때에는 예산의 범위에서 필요한 경비를 보조할 수 있다.

제29조(수수료 등)

① 부동산원 및 감정평가법인등은 이 법에 따른 표준지공시지가의 조사·평가, 개별공시지가의 검증, 부동산가격정보·통계 등의 조사, 표준주택가격의 조사·산정, 개별주택가격의 검증, 공동주택가격의 조사·산정, 비주거용 표준부동산가격의 조사·산정, 비주거용 개별부동산가격의 검증 및 비주거용 집합부동산가격의 조사·산정 등의 업무수행을 위한 수수료와 출장 또는 사실 확인 등에 소요된 실비를 받을 수 있다.
② 제1항에 따른 수수료의 요율 및 실비의 범위는 국토교통부장관이 정하여 고시한다.

제30조(벌칙 적용에서 공무원 의제)

다음 각 호의 어느 하나에 해당하는 사람은 「형법」 제129조부터 제132조까지의 규정을 적용할 때에는 공무원으로 본다.
   1. 제28조 제1항에 따라 업무를 위탁받은 기관의 임직원
   2. 중앙부동산가격공시위원회의 위원 중 공무원이 아닌 위원

부 칙

제1조(시행일)

이 법은 공포 후 6개월이 경과한 날부터 시행한다.

제2조 및 제3조

생 략

제4조(다른 법률의 개정)

①부터 ③까지 생략

④ 부동산 가격공시에 관한 법률 일부를 다음과 같이 개정한다.
 제16조 제4항 중 "한국감정원법"에 따른 한국감정원(이하 "감정원"이라 한다)"을 "한국부동산원법"에 따른 한국부동산원(이하 "부동산원"이라 한다)"으로 한다.
 제17조 제6항 본문·단서, 제18조 제6항, 제22조 제7항, 제28조 제1항 각 호 외의 부분 및 제29조 제1항 중 "감정원"을 각각 "부동산원"으로 한다.

제5조

생 략

부록 2

기출문제 및 출제영역 분석표

01 감정평가 및 보상법규 기출문제
02 출제영역분석표
03 주관식 답안 작성 참고 자료
04 6개년 기출문제 예시답안

01 감정평가 및 보상법규 기출문제

2025 제36회 기출문제

01

주식회사 甲은 30년 넘게 서울특별시 A구에서 콘크리트 제조 공장을 허가 받아 적법하게 운영하고 있다. 甲이 창고로 사용하고 있는 부지(이하 '이 사건 부지'라 함)는 백제 한성기의 왕성 유적으로 알려진 국가지정문화유산 B유적지의 보호구역에 있다. 학계 등은 B유적지의 완전한 복원을 위해서는 이 사건 부지의 수용 필요성을 오래전부터 제기해 왔고, 이 사건 부지에 있는 창고의 증축과정에서 백제 토성의 유물이 발견되기도 하였다. 한편, 관련 법령에 따라 B유적지를 관리하는 A구청장 乙은 B유적지의 정비 및 복원을 위하여 이 사건 부지에 대한 공익사업을 계획하고 국토교통부장관에게 사업인정 신청을 하였다. 국토교통부장관은 「공익사업을 위한 토지 등의 취득 및 보상에 관한 법률」(이하 '토지보상법'이라 함)에 따라 사업인정(이하 '이 사건 사업인정'이라 함)을 하고 이를 고시하였다.
甲은 다음과 같은 이유로 이 사건 사업인정 및 고시가 위법하다고 주장한다.
1. 이 사건 부지가 수용되면 공장 운영의 차질 및 콘크리트 공급 감소로 인한 건설 현장의 대혼란을 야기할 수 있으므로 문화유산 보호의 이유로는 수용될 수 없다.
2. 乙은 국가지정문화유산을 관리하는 행정청이지 수용 권한이 있는 것은 아니다.
다음 물음에 답하시오. [40점]

(1) 토지보상법상 다음의 법적 성격을 설명하시오. [10점]
 ① 사업인정 전과 후의 '보상에 관한 협의'
 ② 사업인정 후 '협의취득'
(2) 甲 주장(1. 및 2.)의 타당성 여부를 검토하시오. [20점]
(3) 이 사건 부지에 대한 수용이 진행될 경우, 甲의 영업손실에 대한 보상 요건을 설명하시오. [10점]

[참고 조문]

공익사업을 위한 토지 등의 취득 및 보상에 관한 법률

제16조(협의)
사업시행자는 토지등에 대한 보상에 관하여 토지소유자 및 관계인과 성실하게 협의하여야 하며, 협의의 절차 및 방법 등 협의에 필요한 사항은 대통령령으로 정한다.

제20조(사업인정)
① 사업시행자는 제19조에 따라 토지등을 수용하거나 사용하려면 대통령령으로 정하는 바에 따라 국토교통부장관의 사업인정을 받아야 한다.

공익사업을 위한 토지 등의 취득 및 보상에 관한 법률 [별표]

법 제20조에 따라 사업인정을 받아야 하는 공익사업
  (1) 「공간정보의 구축 및 관리 등에 관한 법률」에 따른 기본측량의 실시
  (2) 「공공토지의 비축에 관한 법률」에 따라 한국토지주택공사가 공공개발용 토지의 비축사업계획을 승인받은 공공개발용 토지의 취득
  (3) 「국립대학법인 서울대학교 설립·운영에 관한 법률」에 따른 국립대학법인 서울대학교의 학교 용지 확보
  (4) 「국립대학법인 인천대학교 설립·운영에 관한 법률」에 따른 국립대학법인 인천대학교의 학교 용지 확보
  (5) 「규제자유특구 및 지역특화발전특구에 관한 규제특례법」에 따른 특화사업
  (6) 「농어업재해대책법」에 따른 응급조치
  (7) 「대기환경보전법」 제4조에 따라 고시된 측정망설치계획에 따른 환경부장관 또는 시·도지사의 측정망 설치
  (8) 「문화유산의 보존 및 활용에 관한 법률」, 「자연유산의 보존 및 활용에 관한 법률」에 따른 문화유산과 자연유산의 보존·관리

공익사업을 위한 토지 등의 취득 및 보상에 관한 법률 시행규칙

제45조(영업손실의 보상대상인 영업)
법 제77조 제1항에 따라 영업손실을 보상하여야 하는 영업은 다음 각 호 모두에 해당하는 영업으로 한다.
  1. 사업인정고시일등 전부터 적법한 장소(무허가건축물등, 불법형질변경토지, 그 밖에 다른 법령에서 물건을 쌓아놓는 행위가 금지되는 장소가 아닌 곳을 말한다)에서 인적·물적시설을 갖추고 계속적으로 행하고 있는 영업. 다만, 무허가건축물등에서 임차인이 영업하는 경우에는 그 임차인이 사업인정고시일등 1년 이전부터 「부가가치세법」 제8조에 따른 사업자등록을 하고 행하고 있는 영업을 말한다.
  2. 영업을 행함에 있어서 관계법령에 의한 허가등을 필요로 하는 경우에는 사업인정고시일등 전에 허가등을 받아 그 내용대로 행하고 있는 영업

문화유산의 보존 및 활용에 관한 법률

제83조(토지의 수용 또는 사용)
① 국가유산청장이나 지방자치단체의 장은 문화유산의 보존·관리를 위하여 필요하면 지정문화유산이나 그 보호구역에 있는 토지, 건물, 나무, 대나무, 그 밖의 공작물을 「공익사업을 위한 토지 등의 취득 및 보상에 관한 법률」에 따라 수용(收用)하거나 사용할 수 있다.

02

국토교통부장관은 X도 Y시 소재의 공부상 지목이 대(垈)인 A토지를 표준지로 선정하여 2024.1.1. 기준 표준지공시지가를 1당 550만원으로 2024.1.25. 결정·공시하였다. 이에 따라 X도 Y시장은 Y시 부동산 가격공시위원회의 심의를 거쳐 2024.5.31. 공부상 지목이 답(畓)인 甲 소유의 토지(이하 '이 사건 토지'라 함)의 개별공시지가를 1당 85만원으로 결정·공시하고, 2024.6.3. 甲에게 이를 통지하였다.
다음 물음에 답하시오. [30점]

(1) 이 사건 토지는 「국토의 계획 및 이용에 관한 법률」에 따른 도시계획시설인 공원 부지로 토지수용의 대상이 되었다. 2024.11.15. 이 사건 토지에 대하여 관할 토지수용위원회의 수용재결이 이루어졌다. 이에 甲은 2024.12.2. 수용보상금액청구소송을 제기하면서 표준지공시지가 결정의 위법을 주장하고 있다. 甲의 주장이 인용될 수 있는지를 검토하시오. [20점]

(2) 甲은 2024.6.14. 이 사건 토지의 개별공시지가결정에 대하여 「부동산 가격공시에 관한 법률」에 따라 이의신청을 하였으나 2024.6.28. 기각결정의 통지를 받았다. 甲은 2024.7.30. 개별공시지가결정에 대하여 「행정심판법」에 따른 행정심판을 제기하였으나, 2024.8.30. 기각재결을 받았고, 재결서 정본은 2024.9.10. 甲에게 송달되었다. 甲은 2024.9.20. 개별공시지가결정에 대한 취소소송을 제기하였다. 甲이 제기한 취소소송의 제소기간 준수 여부를 검토하시오. [10점]

[참고 조문]

부동산 가격공시에 관한 법률

제11조(개별공시지가에 대한 이의신청)
① 개별공시지가에 이의가 있는 자는 그 결정·공시일부터 30일 이내에 서면으로 시장·군수 또는 구청장에게 이의를 신청할 수 있다.
② 시장·군수 또는 구청장은 제1항에 따라 이의신청 기간이 만료된 날부터 30일 이내에 이의신청을 심사하여 그 결과를 신청인에게 서면으로 통지하여야 한다. 이 경우 시장·군수 또는 구청장은 이의신청의 내용이 타당하다고 인정될 때에는 제10조에 따라 해당 개별공시지가를 조정하여 다시 결정·공시하여야 한다.
③ 제1항 및 제2항에서 규정한 것 외에 이의신청 및 처리절차 등에 필요한 사항은 대통령령으로 정한다.

공익사업을 위한 토지 등의 취득 및 보상에 관한 법률

제85조(행정소송의 제기)
① 사업시행자, 토지소유자 또는 관계인은 제34조에 따른 재결에 불복할 때에는 재결서를 받은 날부터 90일 이내에, 이의신청을 거쳤을 때에는 이의신청에 대한 재결서를 받은날부터 60일 이내에 각각 행정소송을 제기할 수 있다. 이 경우 사업시행자는 행정소송을 제기하기 전에 제84조에 따라 늘어난 보상금을 공탁하여야 하며, 보상금을 받을 자는 공탁된 보상금을 소송이 종결될 때까지 수령할 수 없다.
② 제1항에 따라 제기하려는 행정소송이 보상금의 증감(增減)에 관한 소송인 경우 그 소송을 제기하는 자가 토지소유자 또는 관계인일 때에는 사업시행자를, 사업시행자일 때에는 토지소유자 또는 관계인을 각각 피고로 한다.

행정소송법

제20조(제소기간)
① 취소소송은 처분 등이 있음을 안 날부터 90일 이내에 제기하여야 한다. 다만, 제18조 제1항 단서에 규정한 경우와 그 밖에 행정심판청구를 할 수 있는 경우 또는 행정청이 행정심판청구를 할 수 있다고 잘못 알린 경우에 행정심판청구가 있은 때의 기간은 재결서의 정본을 송달받은 날부터 기산한다.

03 국토교통부장관은 「감정평가 및 감정평가사에 관한 법률」 제6조(감정평가서)에 반하는 감정평가서를 작성·발급하였다는 이유로 감정평가사 甲에게 3월의 업무정지처분을 하였다. 甲은 위 처분에 대하여 행정심판을 청구하였고, 행정심판위원회는 "국토교통부장관은 甲에게 한 3월의 업무정지처분을 2월의 업무정지처분으로 변경하라"는 재결을 하였다. 국토교통부장관은 위 재결취지에 따라 "3월의 업무정지처분을 2월의 업무정지처분으로 변경한다"는 후속 변경처분을 하였다.
다음 물음에 답하시오. [20점]

(1) 甲이 후속 변경처분을 받은 후에 취소소송을 제기하는 경우 어떠한 처분을 대상으로 하는지 검토하시오. [10점]

(2) 위 행정쟁송이 있기 전, 국토교통부장관은 「감정평가 및 감정평가사에 관한 법률」상 업무정지처분을 갈음하여 과징금을 부과할 수 있는지, 그리고 甲이 과징금 납부의무를 불이행한 경우 국토교통부장관은 어떠한 조치를 할 수 있는지 검토하시오. [10점]

04 A 등은 감정평가법인을 설립하여 국토교통부장관의 설립인가를 받았다. 설립인가 자체의 하자는 없지만, 감정평가법인의 사원에 관한 「감정평가 및 감정평가사에 관한 법률」의 요건을 충족하지 못하여 설립행위에 문제가 있음을 확인한 경쟁업체의 감정평가사 甲은 소송을 통하여 이를 다투고자 한다. 이러한 감정평가법인의 설립행위와 인가행위의 관계를 설명하고, 甲은 어떠한 소송에서 어떠한 하자를 다툴 수 있는지 검토하시오. [10점]

2024 제35회 기출문제

01

A지방자치단체는 도로사업 부지를 취득하기 위하여 甲의 토지를 협의취득하여 공공용지의 협의취득을 원인으로 하는 소유권이전등기를 하였고, 乙의 토지에 대하여는 수용재결에 의하여 소유권을 취득한 후 소유권이전등기를 마쳤다. 그러나 甲과 乙의 토지(이하 '이 사건 토지'라 함)가 관내의 택지개발예정 지구에 포함되자 A지방자치단체는 이 사건 토지가 도로사업에 더 이상 제공될 수 없는 상황에서 도로 사업의 목적 달성이 불가능하다고 판단하여, 당초 협의취득 및 수용의 목적이 된 해당 도로사업을 폐지 하였다. 이에 따라 甲과 乙에게 「공익사업을 위한 토지 등의 취득 및 보상에 관한 법률」에 의한 환매권이 발생하였다. 甲은 협의취득 당시에 수령한 보상금 상당 금액을 공탁한 후, A지방자치단체에게 환매의 의사표시를 하고 소유권이전등기청구소송을 제기하였다. 한편, 乙이 환매권을 행사할 무렵 환매금액에 관한 A지방자치단체와 乙의 협의가 성립되지 아니하여, A지방자치단체는 환매 대상 토지의 현재 가격이 취득일 당시에 비하여 현저히 상승하였음을 들어 환매대금의 증액을 구하는 소송을 제기하였다. 다음 물음에 답하시오. [40점]

(1) 乙의 환매권 및 乙에 대한 환매대금증액청구소송의 법적 성질을 각각 설명하시오. [15점]

(2) 甲의 소유권이전등기청구소송에서, A지방자치단체는 환매 대상 토지 가격의 상승에 따른 환매대금증액청구권을 내세워 증액된 환매대금과 보상금 상당액의 차액을 지급할 것을 선(先)이행 또는 동시이행의 항변으로 주장할 수 있는지에 관하여 설명하시오. [10점]

(3) 만약 乙의 토지에 대한 수용재결에 취소사유에 해당하는 하자가 있어 乙이 환매권 행사 이전에 수용재결의 하자를 이유로 자신의 소유권 회복을 위한 소유권이전등기말소청구소송을 제기한 경우, 그 승소 여부를 검토하시오(단, 수용재결에 불가쟁력이 발생하였음). [15점]

[참고 조문]

공익사업을 위한 토지 등의 취득 및 보상에 관한 법률

제91조(환매권)
① 공익사업의 폐지・변경 또는 그 밖의 사유로 취득한 토지의 전부 또는 일부가 필요 없게 된 경우 토지의 협의취득일 또는 수용의 개시일(이하 이 조에서 "취득일"이라 한다) 당시의 토지소유자 또는 그 포괄 승계인(이하 "환매권자"라 한다)은 다음 각 호의 구분에 따른 날부터 10년 이내에 그 토지에 대하여 받은 보상금에 상당하는 금액을 사업시행자에게 지급하고 그 토지를 환매할 수 있다.
 1. 사업의 폐지・변경으로 취득한 토지의 전부 또는 일부가 필요 없게 된 경우: 관계 법률에 따라 사업이 폐지・변경된 날 또는 제24조에 따른 사업의 폐지・변경 고시가 있는 날
 2. 그 밖의 사유로 취득한 토지의 전부 또는 일부가 필요 없게 된 경우: 사업완료일
② ~ ③ 〈생 략〉
④ 토지의 가격이 취득일 당시에 비하여 현저히 변동된 경우 사업시행자와 환매권자는 환매금액에 대하여 서로 협의하되, 협의가 성립되지 아니하면 그 금액의 증감을 법원에 청구할 수 있다.
⑤ 제1항부터 제3항까지의 규정에 따른 환매권은 「부동산등기법」에서 정하는 바에 따라 공익사업에 필요한 토지의 협의취득 또는 수용의 등기가 되었을 때에는 제3자에게 대항할 수 있다.

02 甲은 2023.8.23. 父로부터 A광역시 B구 소재의 토지(이하 '이 사건 토지'라 함)를 증여받았고, 이 사건 토지에 관하여 증여 당시에는 2023.1.1.을 기준일로 하는 개별공시지가가 m2당 2,200,000원으로 결정·고시되어 있었다. 甲은 이를 기초로 하여 산정한 증여세를 납부하고자 하였으나, 개별공시지가에 오류가 있음을 발견하여 「부동산 가격공시에 관한 법률」 제12조에 따른 개별공시지가 정정결정을 신청하였다. 그런데 B구의 구청장 乙은 甲의 정정결정신청에 대하여 정정불가 결정을 통지하였다. 한편 그 이후 乙은 이 사건 토지에 관하여 토지특성조사의 착오 등 지가산정에 잘못이 있다고 하여 B구 부동산가격공시위원회의 심의를 거쳐 위 개별공시지가를 m2당 3,900,000원으로 정정하여 결정·고시하였다. 이에 관할 세무서장 丙은 이 사건 토지의 가액이 m2당 3,900,000원이라고 보아 이를 기초로 증여재산의 가액을 산정하여 증여세부과처분을 하였다.
다음 물음에 답하시오(단, 각 물음은 상호독립적임). [30점]

(1) 甲이 乙의 정정불가 결정 통지를 대상으로 취소소송을 제기할 수 있는지를 설명하시오. [15점]

(2) 甲은 乙의 개별공시지가 정정결정과 관련하여 i) 정정 사유가 있다고 하더라도 그 사유가 명백하여야만 비로소 정정할 수 있는데, 정정 사유가 명백하지 않음에도 불구하고 乙이 개별공시지가를 정정한 것은 위법하다고 주장하고 있다. 또한 ii) 설령 乙의 개별공시지가 정정결정이 타당하다고 하여도 이 사건 토지에 관하여 증여 당시 고시되어 있던 종전의 개별공시지가를 기초로 하지 아니한 丙의 증여세부과처분은 위법하다고 주장하고 있다. 甲의 주장이 타당한지에 관하여 각각 설명하시오. [15점]

[참고 조문]

부동산 가격공시에 관한 법률
제12조(개별공시지가의 정정)
시장·군수 또는 구청장은 개별공시지가에 틀린 계산, 오기, 표준지 선정의 착오, 그 밖에 대통령령으로 정하는 명백한 오류가 있음을 발견한 때에는 지체 없이 이를 정정하여야 한다.

행정소송법
제19조(취소소송의 대상)
취소소송은 처분등을 대상으로 한다. 다만 재결취소소송의 경우에는 재결 자체에 고유한 위법이 있음을 이유로 하는 경우에 한한다.

03

A감정평가법인(이하 'A법인'이라 함)은 B민간임대아파트 분양전환대책위원회(이하 'B대책위원회'라 함)와의 용역계약에 따라 해당 아파트의 분양전환 가격산정을 위한 감정평가서를 제출하였다. B대책위원회는 임대사업자 X의 의뢰를 받은 Y감정평가법인의 감정평가 결과와 A법인의 감정평가 결과가 크게 차이가 나자 국토교통부장관에게 각 감정평가에 대한 타당성조사실시를 요청하였고, 국토교통부장관은 한국감정원으로 하여금 타당성조사를 실시하도록 하였다. 한국감정원은 B임대아파트 분양전환 가격산정을 위한 감정평가가 모두 부적정하다는 타당성 조사 결과를 국토교통부장관에게 통지하였다.
다음 물음에 답하시오. [20점]

(1) 국토교통부장관은 타당성조사 결과에 근거하여 고의로 잘못된 평가를 한 A법인 소속 감정평가사 甲에 대하여 업무정지 6개월의 징계처분을 하였다. 이에 불복한 甲이 징계처분취소소송을 제기하였는바, 법원은 해당 징계처분을 업무정지 3개월의 징계처분으로 감경하는 판결을 할 수 있는지에 관하여 설명하시오. [10점]

(2) 국토교통부장관은 고의로 잘못된 평가를 한 甲이 소속된 A법인에 대하여 성실의무에 위반하였다는 사유로 과징금부과처분을 하였다. A법인은 자신이 부담하여야 하는 성실의무를 충실히 이행하였다고 주장하며 과징금부과처분에 불복하고자 한다. 이때 A법인이 부담하는 성실의무의 내용을 설명하시오. [10점]

04

「감정평가 및 감정평가사에 관한 법률」제28조 제1항에 따른 손해배상책임을 보장하기 위하여 감정평가법인등이 하여야 하는 '필요한 조치'의 내용과 '필요한 조치'를 하지 아니한 경우 「감정평가 및 감정평가사에 관한 법률」에 따른 행정상 제재를 설명하시오. [10점]

[참고 조문]

감정평가 및 감정평가사에 관한 법률

제28조(손해배상책임)
① 감정평가법인등이 감정평가를 하면서 고의 또는 과실로 감정평가 당시의 적정가격과 현저한 차이가 있게 감정평가를 하거나 감정평가 서류에 거짓을 기록함으로써 감정평가 의뢰인이나 선의의 제3자에게 손해를 발생하게 하였을 때에는 감정평가법인등은 그 손해를 배상할 책임이 있다.

2023 제34회 기출문제

01

A대도시의 시장은 「국토의 계획 및 이용에 관한 법률」에 따른 도시관리계획으로 관할구역 내 ○○동 일대 90,000m² 토지에 공영주차장과 자동차 정류장을 설치하는 도시계획시설사업결정을 한 후 「지방공기업법」에 따른 A대도시 X지방공사(이하 'X공사'라 함)를 도시계획시설사업의 시행자로 지정하고, X공사가 작성한 실시계획에 대해 실시계획인가를 하고 이를 고시하였다. 이에 따라 「공익사업을 위한 토지 등의 취득 및 보상에 관한 법률」(이하 '토지보상법'이라 함)에 의해 사업인정 및 고시가 이루어졌다. 한편, X공사는 사업대상구역 내에 위치한 20,000m² 토지를 소유한 甲과 토지수용을 위한 협의를 진행하였으나 협의가 성립되지 아니하여 관할 지방토지수용위원회에 토지수용의 재결을 신청하였다. 다음 물음에 답하시오(단, 각 물음은 상호독립적임). [40점]

(1) 토지보상법상의 사업인정과 사업인정고시의 법적 성질에 관하여 설명하시오. [10점]

(2) 甲은 수용 자체가 위법이라고 주장하면서 관할 지방토지수용위원회의 수용재결과 중앙토지수용위원회의 이의재결을 거친 후 취소소송을 제기하였다. 취소소송의 대상적격과 피고적격에 관하여 설명하시오. [20점]

(3) 甲은 자신의 토지에 대한 보상금이 적으며, 일부 지장물이 손실보상 대상에서 제외되었다는 이유로 관할 지방토지수용위원회의 수용재결에 불복하여 중앙토지수용위원회에 이의신청을 거쳤으나 기각재결을 받았다. 甲이 이에 대하여 불복하는 경우 적합한 소송 형태를 쓰고 이에 관하여 설명하시오. [10점]

[참고 조문]

국토의 계획 및 이용에 관한 법률

제88조(실시계획의 작성 및 인가 등)
① 도시·군계획시설사업의 시행자는 대통령령으로 정하는 바에 따라 그 도시·군계획시설사업에 관한 실시계획(이하 "실시계획"이라 한다)을 작성하여야 한다.
② 도시·군계획시설사업의 시행자(국토교통부장관, 시·도지사와 대도시 시장은 제외한다. 이하 제3항에서 같다)는 제1항에 따라 실시계획을 작성하면 대통령령으로 정하는 바에 따라 국토교통부장관, 시·도지사 또는 대도시 시장의 인가를 받아야 한다. 다만, 제98조에 따른 준공검사를 받은 후에 해당 도시·군계획시설사업에 대하여 국토교통부령으로 정하는 경미한 사항을 변경하기 위하여 실시계획을 작성하는 경우에는 국토교통부장관, 시·도지사 또는 대도시 시장의 인가를 받지 아니한다.

제96조(「공익사업을 위한 토지 등의 취득 및 보상에 관한 법률」의 준용)
① 제95조에 따른 수용 및 사용에 관하여는 이 법에 특별한 규정이 있는 경우 외에는 「공익사업을 위한 토지 등의 취득 및 보상에 관한 법률」을 준용한다.
② 제1항에 따라 「공익사업을 위한 토지 등의 취득 및 보상에 관한 법률」을 준용할 때에 제91조에 따른 실시계획을 고시한 경우에는 같은 법 제20조 제1항과 제22조에 따른 사업인정 및 그 고시가 있었던 것으로 본다. 다만, 재결 신청은 같은 법 제23조 제1항과 제28조 제1항에도 불구하고 실시계획에서 정한 도시·군계획시설사업의 시행기간에 하여야 한다.

> **공익사업을 위한 토지 등의 취득 및 보상에 관한 법률**
>
> 제28조(재결의 신청)
> ① 제26조에 따른 협의가 성립되지 아니하거나 협의를 할 수 없을 때(제26조 제2항 단서에 따른 협의요구가 없을 때를 포함한다)에는 사업시행자는 사업인정고시가 된 날부터 1년 이내에 대통령령으로 정하는 바에 따라 관할 토지수용위원회에 재결을 신청할 수 있다.
>
> 제83조(이의의 신청)
> ① 중앙토지수용위원회의 제34조에 따른 재결에 이의가 있는 자는 중앙토지수용위원회에 이의를 신청할 수 있다.
> ② 지방토지수용위원회의 제34조에 따른 재결에 이의가 있는 자는 해당 지방토지수용위원회를 거쳐 중앙토지수용위원회에 이의를 신청할 수 있다.
> ③ 제1항 및 제2항에 따른 이의의 신청은 재결서의 정본을 받은 날부터 30일 이내에 하여야 한다.
>
> 제84조(이의신청에 대한 재결)
> ① 중앙토지수용위원회는 제83조에 따른 이의신청을 받은 경우 제34조에 따른 재결이 위법하거나 부당하다고 인정할 때에는 그 재결의 전부 또는 일부를 취소하거나 보상액을 변경할 수 있다.
> ② 제1항에 따라 보상금이 늘어난 경우 사업시행자는 재결의 취소 또는 변경의 재결서 정본을 받은 날부터 30일 이내에 보상금을 받을 자에게 그 늘어난 보상금을 지급하여야 한다. 다만, 제40조 제2항 제1호·제2호 또는 제4호에 해당할 때에는 그 금액을 공탁할 수 있다.

02

> 지적공부상 지목이 전(田)인 甲소유의 토지('이 사건 토지'라 함)는 면적이 $2,000m^2$이고, 이 중 $330m^2$ 토지에 주택이 건축되어 있고 나머지 부분은 밭으로 사용되고 있다. 그럼에도 불구하고 A도 B시의 시장(이하 'B시장'이라 함)은 지목이 대(垈)인 1개의 표준지의 공시지가를 기준으로 토지가격비준표를 사용하여 2022.5.31. 이 사건 토지에 대하여 개별공시지가를 결정·공시하였다. B시장은 이 사건 토지에 대한 개별공시지가와 이의신청절차를 甲에게 통지하였다.
> 다음 물음에 답하시오(단, 각 물음은 상호독립적임).   [30점]

(1) 甲이 B시장의 개별공시지가결정이 위법·부당하다는 이유로 부동산 가격공시에 관한 법령에 따른 이의신청을 거치지 않고「행정심판법」에 따른 취소심판을 제기할 수 있는지 여부와 이 사건 토지에 대한 개별공시지가결정의 위법성에 관하여 설명하시오.   [15점]

(2) 甲은 개별공시지가결정에 대하여 부동산 가격공시에 관한 법령에 따른 이의신청이나「행정심판법」에 따른 행정심판과「행정소송법」에 따른 행정소송을 제기하지 않았다. 그 후 B시장은 2022.9.15. 이 사건 토지에 대한 개별공시지가를 시가표준액으로 하여 재산세를 부과·처분하였다. 이에 甲은 2022.12.5. 이 사건 토지에 대한 개별공시지가결정의 하자를 이유로 재산세 부과처분에 대하여 취소소송을 제기하였다. 甲의 청구가 인용될 수 있는지 여부에 관하여 설명하시오.   [15점]

[참고 조문]

부동산 가격공시에 관한 법률

제10조(개별공시지가의 결정·공시 등)

① 시장·군수 또는 구청장은 국세·지방세 등 각종 세금의 부과, 그 밖의 다른 법령에서 정하는 목적을 위한 지가산정에 사용되도록 하기 위하여 제25조에 따른 시·군·구 부동산가격공시위원회의 심의를 거쳐 매년 공시지가의 공시기준일 현재 관할 구역 안의 개별토지의 단위면적당 가격(이하 "개별공시지가"라 한다)을 결정·공시하고, 이를 관계 행정기관 등에 제공하여야 한다.

② 제1항에도 불구하고 표준지로 선정된 토지, 조세 또는 부담금 등의 부과대상이 아닌 토지, 그 밖에 대통령령으로 정하는 토지에 대하여는 개별공시지가를 결정·공시하지 아니할 수 있다. 이 경우 표준지로 선정된 토지에 대하여는 해당 토지의 표준지공시지가를 개별공시지가로 본다.

〈생 략〉

④ 시장·군수 또는 구청장이 개별공시지가를 결정·공시하는 경우에는 해당 토지와 유사한 이용가치를 지닌다고 인정되는 하나 또는 둘 이상의 표준지의 공시지가를 기준으로 토지가격비준표를 사용하여 지가를 산정하되, 해당 토지의 가격과 표준지공시지가가 균형을 유지하도록 하여야 한다.

⑤ 시장·군수 또는 구청장은 개별공시지가를 결정·공시하기 위하여 개별토지의 가격을 산정할 때에는 그 타당성에 대하여 감정평가법인등의 검증을 받고 토지소유자, 그 밖의 이해관계인의 의견을 들어야 한다. 다만, 시장·군수 또는 구청장은 감정평가법인등의 검증이 필요 없다고 인정되는 때에는 지가의 변동상황 등 대통령령으로 정하는 사항을 고려하여 감정평가법인등의 검증을 생략할 수 있다.

제11조(개별공시지가에 대한 이의신청)

① 개별공시지가에 이의가 있는 자는 그 결정·공시일부터 30일 이내에 서면으로 시장·군수 또는 구청장에게 이의를 신청할 수 있다.

② 시장·군수 또는 구청장은 제1항에 따라 이의신청 기간이 만료된 날부터 30일 이내에 이의신청을 심사하여 그 결과를 신청인에게 서면으로 통지하여야 한다. 이 경우 시장·군수 또는 구청장은 이의신청의 내용이 타당하다고 인정될 때에는 제10조에 따라 해당 개별공시지가를 조정하여 다시 결정·공시하여야 한다.

③ 제1항 및 제2항에서 규정한 것 외에 이의신청 및 처리절차 등에 필요한 사항은 대통령령으로 정한다.

부동산 가격공시에 관한 법률 시행령

제21조(개별공시지가의 결정 및 공시)

① 시장·군수 또는 구청장은 매년 5월 31일까지 개별공시지가를 결정·공시하여야 한다. 다만, 제16조 제2항 제1호의 경우에는 그해 10월 31일까지, 같은 항 제2호의 경우에는 다음 해 5월 31일까지 결정·공시하여야 한다.

② 시장·군수 또는 구청장은 제1항에 따라 개별공시지가를 공시할 때에는 다음 각 호의 사항을 해당 시·군 또는 구의 게시판 또는 인터넷 홈페이지에 게시하여야 한다.
  1. 조사기준일, 공시필지의 수 및 개별공시지가의 열람방법 등 개별공시지가의 결정에 관한 사항
  2. 이의신청의 기간·절차 및 방법

③ 개별공시지가 및 이의신청기간 등의 통지에 관하여는 제4조 제2항 및 제3항을 준용한다.

제22조(개별공시지가에 대한 이의신청)

① 법 제11조 제1항에 따라 개별공시지가에 대하여 이의신청을 하려는 자는 이의신청서에 이의신청 사유를 증명하는 서류를 첨부하여 해당 시장·군수 또는 구청장에게 제출하여야 한다.

② 시장·군수 또는 구청장은 제1항에 따라 제출된 이의신청을 심사하기 위하여 필요할 때에는 감정평가법인등에게 검증을 의뢰할 수 있다.

03 A감정평가법인(이하 'A법인'이라 함)에 근무하는 B감정평가사(이하 'B'라 함)는 2020.4.경 甲 소유의 토지(이하 '甲토지'라 함)를 감정평가하면서 甲토지와 이용가치가 비슷하다고 인정되는 「부동산 가격공시에 관한 법률」에 따른 표준지공시지가를 기준으로 감정평가를 하지도 않았고 적정한 실거래가보다 3배 이상 차이가 나는 금액으로 甲토지를 감정평가하였다. 그러나 그 사실은 3년여가 지난 후 발견되었고 이에 따라 국토교통부장관은 감정평가관리·징계위원회(이하 '위원회'라 함)에 징계의결을 요구하였으며 위원회는 3개월의 업무정지를 의결하였고, 국토교통부장관은 위원회의 의결에 따라 2023.7.10. B에 대해서 3개월의 업무정지처분(2023.8.1.부터)을 결정하였으며 A법인과 B에게 2023.7.10. 위 징계사실을 통보하였다. 이에 B는 위 징계가 위법하다는 이유로 2023.7.14. 취소소송을 제기하면서 집행정지를 신청하였다. 집행정지의 인용가능성과 본안에서 B의 청구가 기각되는 경우 징계의 효력과 국토교통부장관이 취해야 할 조치에 관하여 설명하시오. [20점]

[참고 조문]

감정평가 및 감정평가사에 관한 법률

제39조(징계)
① 국토교통부장관은 감정평가사가 다음 각 호의 어느 하나에 해당하는 경우에는 제40조에 따른 감정평가관리·징계위원회의 의결에 따라 제2항 각 호의 어느 하나에 해당하는 징계를 할 수 있다. 다만, 제2항 제1호에 따른 징계는 제11호, 제12호를 위반한 경우 및 제27조를 위반하여 다른 사람에게 자격증·등록증 또는 인가증을 양도 또는 대여한 경우에만 할 수 있다.
1. 제3조 제1항을 위반하여 감정평가를 한 경우
2. 제3조 제3항에 따른 원칙과 기준을 위반하여 감정평가를 한 경우
〈생 략〉
⑦ 제1항에 따른 징계의결은 국토교통부장관의 요구에 따라 하며, 징계의결의 요구는 위반사유가 발생한 날부터 5년이 지나면 할 수 없다.

제39조의2(징계의 공고)
① 국토교통부장관은 제39조 제1항 및 제2항에 따라 징계를 한 때에는 지체없이 그 구체적인 사유를 해당 감정평가사, 감정평가법인등 및 협회에 각각 알리고, 그 내용을 대통령령으로 정하는 바에 따라 관보 또는 인터넷 홈페이지 등에 게시 또는 공고하여야 한다.

제40조(감정평가관리·징계위원회)
① 다음 각 호의 사항을 심의 또는 의결하기 위하여 국토교통부에 감정평가관리·징계위원회(이하 "위원회"라 한다)를 둔다.
〈생 략〉
4. 제39조에 따른 징계에 관한 사항

감정평가 및 감정평가사에 관한 법률 시행령

제29조(인가취소 등의 기준) 법 제32조 제1항에 따른 감정평가업자의 설립인가 취소와 업무정지의 기준은 [별표 3]과 같다.

[별표 3] 감정평가업자의 설립인가 취소와 업무정지의 기준(제29조 관련)

1. 일반기준
   가. 위반행위의 횟수에 따른 행정처분의 기준은 최근 1년간(제2호 하목의 경우에는 최근 3년간을 말한다) 같은 위반행위(근거 법조문 내에서 위반행위가 구분되어 있는 경우에는 그 구분된 위반행위를 말한다)로 행정처분을 받은 경우에 적용한다. 이 경우 위반횟수는 같은 위반행위에 대하여 행정처분을 받은 날과 그 처분 후에 다시 같은 위반행위를 하여 적발된 날을 각각 기준으로 하여 계산한다.
   〈생 략〉
   다. 국토교통부장관은 위반행위의 동기·내용 및 위반의 정도 등을 고려하여 처분기준의 2분의 1 범위에서 그 기간을 늘릴 수 있다. 다만, 늘리는 경우에도 총 업무정지기간은 2년을 넘을 수 없다.

2. 개별기준

위반행위	근거 법조문	행정처분기준		
		1차 위반	2차 위반	3차 이상 위반
라. 법 제3조 제1항을 위반하여 감정평가를 한 경우	법 제32조 제1항 제4호	업무정지 1개월	업무정지 3개월	업무정지 6개월
마. 법 제3조 제3항에 따른 원칙과 기준을 위반하여 감정평가를 한 경우	법 제32조 제1항 제5호	업무정지 1개월	업무정지 2개월	업무정지 4개월

04 「감정평가 및 감정평가사에 관한 법률」 제21조에 따른 '사무소 개설 등'에 관하여 설명하시오. [10점]

2022 제33회 기출문제

01

X는「도시 및 주거환경정비법」(이하 '도시정비법'이라 함)에 따른 재개발 정비사업조합이고, 甲은 X의 조합원으로서, 해당 정비사업구역 내에 있는 A토지와 B토지의 소유자이다. A토지와 B토지는 연접하고 있고 그 지목이 모두 대(垈)에 해당하지만, A토지는「사도법」에 따른 사도가 아닌데도 불특정 다수인의 통행에 장기간 제공되어왔고, B토지는 甲이 소유한 건축물의 부지로서 그 건축물의 일부에 임차인 乙이 거주하고 있다. X는 도시정비법 제72조 제1항에 따라 분양신청기간을 공고하였으나 甲은 그 기간 내에 분양신청을 하지 않았다. 이에 따라 X는 甲을 분양대상자에서 제외하고 관리처분계획을 수립하여 인가를 받았고, 그에 불복하는 행정심판이나 행정소송은 없었다. X는 도시정비법 제73조 제1항에 따른 甲과의 보상협의가 이루어지지 않자 A토지와 B토지에 관하여 관할 토지수용위원회에 수용재결을 신청하였고, 관할 토지수용위원회는 A토지와 B토지를 수용한다는 내용의 수용재결을 하였다.
다음 물음에 답하시오. [40점]

(1) 甲이 수용재결에 대한 취소소송을 제기하면서, 'X가 도시정비법 제72조 제1항에 따라 분양신청기간과 그 기간 내에 분양신청을 할 수 있다는 취지를 명백히 표시하여 통지하여야 하는데도 이러한 절차를 제대로 거치지 않았다'고 주장할 경우에, 甲의 주장이 사실이라면 법원은 그것을 이유로 수용재결을 취소할 수 있는지 설명하시오(단, 사실심 변론종결 전에 도시정비법에 따른 이전고시가 효력을 발생한 경우와 그렇지 않은 경우를 구분하여 설명할 것). [10점]

(2) 「공익사업을 위한 토지 등의 취득 및 보상에 관한 법률 시행규칙」(이하 '토지보상법 시행규칙'이라 함) 제26조 제1항에 따른 '사실상의 사도'의 요건을 설명하고, 이에 따라 A토지가 사실상의 사도로 인정되는 경우와 그렇지 않은 경우에 보상기준이 어떻게 달라지는지 설명하시오. [10점]

(3) 주거이전비에 관하여 甲은 토지보상법 시행규칙 제54조 제1항에 따른 요건을 갖추고 있고, 乙은 같은 조 제2항에 따른 요건을 갖추고 있다. 관할토지수용위원회는 수용재결을 하면서 甲의 주거이전비에 관하여는 재결을 하였으나 乙의 주거이전비에 관하여는 재결을 하지 않았다. 甲은 주거이전비의 증액을 청구하고자 하고, 乙은 주거이전비의 지급을 청구하고자 한다. 甲과 乙의 권리구제에 적합한 소송을 설명하시오. [20점]

[참고 조문]

도시 및 주거환경정비법

제72조(분양공고 및 분양신청)
① 사업시행자는 제50조 제9항에 따른 사업시행계획인가의 고시가 있은 날(사업시행계획인가 이후 시공자를 선정한 경우에는 시공자와 계약을 체결한 날)부터 120일 이내에 다음 각 호의 사항을 토지등소유자에게 통지하고, 분양의 대상이 되는 대지 또는 건축물의 내역 등 대통령령으로 정하는 사항을 해당 지역에서 발간되는 일간신문에 공고하여야 한다. 다만, 토지등소유자 1인이 시행하는 재개발사업의 경우에는 그러하지 아니하다.
  1. ~ 2. 〈생 략〉
  3. 분양신청기간
  4. 〈생 략〉
③ 대지 또는 건축물에 대한 분양을 받으려는 토지등소유자는 제2항에 따른 분양신청기간에 대통령령으로 정하는 방법 및 절차에 따라 사업시행자에게 대지 또는 건축물에 대한 분양신청을 하여야 한다.

제73조(분양신청을 하지 아니한 자 등에 대한 조치)
① 사업시행자는 관리처분계획이 인가·고시된 다음 날부터 90일 이내에 다음 각 호에서 정하는 자와 토지, 건축물 또는 그 밖의 권리의 손실보상에 관한 협의를 하여야 한다. 다만, 사업시행자는 분양신청기간 종료일의 다음 날부터 협의를 시작할 수 있다.
  1. 분양신청을 하지 아니한 자
  2. ~ 4. 〈생 략〉
② 사업시행자는 제1항에 따른 협의가 성립되지 아니하면 그 기간의 만료일 다음 날부터 60일 이내에 수용재결을 신청하거나 매도청구소송을 제기하여야 한다.

공익사업을 위한 토지 등의 취득 및 보상에 관한 법률 시행규칙

제54조(주거이전비의 보상)
① 공익사업시행지구에 편입되는 주거용 건축물의 소유자에 대하여는 해당 건축물에 대한 보상을 하는 때에 가구원수에 따라 2개월분의 주거이전비를 보상하여야 한다.
  〈단서 생략〉
② 공익사업의 시행으로 인하여 이주하게 되는 주거용 건축물의 세입자(무상으로 사용하는 거주자를 포함하되, 법 제78조 제1항에 따른 이주대책대상자인 세입자는 제외한다)로서 사업인정고시일 등 당시 또는 공익사업을 위한 관계 법령에 따른 고시 등이 있은 당시 해당 공익사업시행지구 안에서 3개월 이상 거주한 자에 대해서는 가구원수에 따라 4개월분의 주거이전비를 보상해야 한다.
  〈단서 생략〉

02

국토교통부장관은 표준지로 선정된 A토지의 2022.1.1. 기준 공시지가를 1m²당 1,000만원으로 결정·공시하였다. 국토교통부장관은 A토지의 표준지공시지가를 산정함에 있어 「부동산 가격공시에 관한 법률」 및 같은 법 시행령이 정하는 '토지의 일반적인 조사사항' 이외에 국토교통부 훈령인 「표준지공시지가 조사·평가 기준」 상 상업·업무용지 평가의 고려사항인 '배후지의 상태 및 고객의 질과 양', '영업의 종류 및 경쟁의 상태' 등을 추가적으로 고려하여 평가하였다. 甲은 X시에 상업용지인 B토지를 소유하고 있다. X시장은 A토지를 비교표준지로 선정하여 B토지에 대한 개별공시지가를 1 m²당 1,541만원으로 결정·공시 후 이를 甲에게 통지하였다. 甲은 국토교통부장관이 A토지의 표준지공시지가를 단순히 행정청 내부에서만 효력을 가지는 국토교통부 훈령 형식의 「표준지공시지가조사·평가 기준」이 정하는 바에 따라 평가함으로써 결과적으로 부동산 가격공시에 관한 법령이 직접 규정하지 않는 사항을 표준지 공시지가 평가의 고려사항으로 삼은 것은 위법하다고 주장하고 있다.
다음 물음에 답하시오. [30점]

(1) 「표준지공시지가 조사·평가 기준」의 법적 성질에 비추어 甲주장의 타당성 여부를 설명하시오. [20점]

(2) 甲은 「부동산 가격공시에 관한 법률」 제11조에 따라 X시장에게 B토지의 개별공시지가에 대한 이의를 신청하였으나 기각되었다. 이 경우 甲이 기각결정에 불복하여 「행정심판법」상의 행정심판을 제기할 수 있는지 설명하시오. [10점]

[참고 조문]

부동산 가격공시에 관한 법률

제11조(개별공시지가에 대한 이의신청)
① 개별공시지가에 이의가 있는 자는 그 결정·공시일부터 30일 이내에 서면으로 시장·군수 또는 구청장에게 이의를 신청할 수 있다.

부동산 가격공시에 관한 법률 시행령

제6조(표준지공시지가 조사·평가의 기준)
① 법 제3조 제4항에 따라 국토교통부장관이 표준지공시지가를 조사·평가하는 경우 참작하여야 하는 사항의 기준은 다음 각 호와 같다.
  〈각 호 생략〉
② 표준지에 건물 또는 그 밖의 정착물이 있거나 지상권 또는 그 밖의 토지의 사용·수익을 제한하는 권리가 설정되어 있을 때에는 그 정착물 또는 권리가 존재하지 아니하는 것으로 보고 표준지공시지가를 평가하여야 한다.
③ 제1항 및 제2항에서 규정한 사항 외에 표준지공시지가의 조사·평가에 필요한 세부기준은 국토교통부장관이 정한다.

> **표준지공시지가 조사·평가 기준**
>
> 제23조(상업·업무용지)
> 상업·업무용지(공공용지를 제외한다)는 토지의 일반적인 조사사항 이외에 다음 각 호의 사항 등을 고려하여 평가하되, 인근지역 또는 동일수급권 안의 유사지역에 있는 토지의 거래사례 등 가격자료를 활용하여 거래사례비교법으로 평가한다.
> 〈단서 생략〉
> 1. 배후지의 상태 및 고객의 질과 양
> 2. 영업의 종류 및 경쟁의 상태
> 3. ~ 6. 〈생 략〉

03 감정평가사 甲은 A감정평가법인(이하 'A법인'이라 함)에 형식적으로만 적을 두었을 뿐 A법인에서 감정평가사 본연의 업무를 전혀 수행하지 않았고 그 법인의 운영에도 관여하지 않았다. 이에 대해 국토교통부장관은 감정평가관리·징계위원회의 의결에 따라 사전통지를 거쳐 감정평가사 자격취소처분을 하였다. 처분사유는 '甲이 A법인에 소속만 유지할 뿐 실질적으로 감정평가업무에 관여하지 아니하는 방법으로 감정평가사의 자격증을 대여하였다'는 것이었고, 그 법적 근거로 「감정평가 및 감정평가사에 관한 법률」(이하 '감정평가법'이라 함) 제27조 제1항, 제39조 제1항 단서 및 제2항 제1호가 제시되었다. 甲은 사전통지서에 기재된 의견제출기한 내에 청문을 신청하였으나 국토교통부장관은 '감정평가법 제13조 제1항 제1호에 따라 감정평가사 자격취소를 하려면 청문을 실시하여야 한다는 규정이 있지만, 명의대여를 이유로 하는 감정평가사 자격취소의 경우에는 청문을 실시하여야 한다는 규정이 없을 뿐 아니라 청문을 실시할 필요도 없다'는 이유로 청문을 실시하지 않았다. 甲에 대한 감정평가사 자격취소처분이 적법한지 설명하시오. [20점]

> **[참고 조문]**
>
> **감정평가 및 감정평가사에 관한 법률**
>
> 제13조(자격의 취소)
> ① 국토교통부장관은 감정평가사가 다음 각 호의 어느 하나에 해당하는 경우에는 그 자격을 취소하여야 한다.
>   1. 부정한 방법으로 감정평가사의 자격을 받은 경우
>   2. 제39조 제2항 제1호에 해당하는 징계를 받은 경우
>
> 제27조(명의대여 등의 금지)
> ① 감정평가사 또는 감정평가법인등은 다른 사람에게 자기의 성명 또는 상호를 사용하여 제10조에 따른 업무를 수행하게 하거나 자격증·등록증 또는 인가증을 양도·대여하거나 이를 부당하게 행사하여서는 아니 된다.

제39조(징계)
① 국토교통부장관은 감정평가사가 다음 각 호의 어느 하나에 해당하는 경우에는 제40조에 따른 감정평가관리·징계위원회의 의결에 따라 제2항 각 호의 어느 하나에 해당하는 징계를 할 수 있다. 다만, 제2항 제1호에 따른 징계는 제11호, 제12호를 위반한 경우 및 제27조를 위반하여 다른 사람에게 자격증·등록증 또는 인가증을 양도 또는 대여한 경우에만 할 수 있다.
  9. 제25조, 제26조 또는 제27조를 위반한 경우
② 감정평가사에 대한 징계의 종류는 다음과 같다.
  1. 자격의 취소
  2. 등록의 취소
  3. 2년 이하의 업무정지
  4. 견 책

제45조(청문)
국토교통부장관은 다음 각 호의 어느 하나에 해당하는 처분을 하려는 경우에는 청문을 실시하여야 한다.
  1. 제13조 제1항 제1호에 따른 감정평가사 자격의 취소
  2. 제32조 제1항에 따른 감정평가법인의 설립인가 취소

04 「감정평가 및 감정평가사에 관한 법률」상 감정평가법인등의 손해배상책임의 성립요건에 관하여 설명하시오. [10점]

2021 제32회 기출문제

01

국토교통부장관은 2013.11.18. 사업시행자를 'A공사'로, 사업시행지를 'X시 일대 8,958,000m²'로, 사업시행기간을 '2013.11.부터 2017.12.까지'로 하는 '◇◇공구사업'에 대해서 「공익사업을 위한 토지 등의 취득 및 보상에 관한 법률」에 따른 사업인정을 고시하였고, 사업시행기간은 이후 '2020.12.까지'로 연장되었다. 甲은 (가)토지 78,373m²와 (나)토지 2,334m²를 소유하고 있는데, (가)토지의 전부와 (나)토지의 일부가 사업시행지에 포함되어 있다. 종래 甲은 (가)토지에서 하우스 딸기농사를 지어 왔고, (나)토지에서는 농작물직거래판매장을 운영하여 왔다. 甲과 A공사는 사업시행지 내의 토지에 대해 「공익사업을 위한 토지 등의 취득 및 보상에 관한 법률」에 따른 협의매수를 하기 위한 협의를 시작하였다. 다음 물음에 답하시오(아래의 물음은 각각 별개의 상황임). [40점]

(1) 협의 과정에서 일부 지장물에 관하여 협의가 이루어지지 않아 甲이 A공사에게 재결신청을 청구했으나 A공사가 재결신청을 하지 않는 경우, 甲의 불복 방법에 관하여 검토하시오. [15점]

(2) (가)토지에 대하여 협의가 성립되지 않았고, A공사의 수용재결신청에 의하여 (가)토지가 수용되었다. 甲은 (나)토지가 수용되었음을 이유로 A공사를 상대로 「공익사업을 위한 토지 등의 취득 및 보상에 관한 법률」에 따른 재결절차를 거치지 않은 채 곧바로 농업손실보상을 청구할 수 있는지를 검토하시오. [10점]

(3) 협의가 성립되지 않아 사업시행지 내의 (나)토지가 수용되었다. 그 후 甲은 (나)토지의 잔여지에 대해서 2020.11.12. 잔여지수용청구를 하였다. 잔여지수용청구권의 법적 성질과 甲의 잔여지 수용청구가 인정될 수 있는지를 검토하시오. [15점]

[참조 조문]

공익사업을 위한 토지 등의 취득 및 보상에 관한 법률

제28조(재결의 신청)
① 제26조에 따른 협의가 성립되지 아니하거나 협의를 할 수 없을 때(제26조 제2항 단서에 따른 협의 요구가 없을 때를 포함한다)에는 사업시행자는 사업인정고시가 된 날부터 1년 이내에 대통령령으로 정하는 바에 따라 관할 토지수용위원회에 재결을 신청할 수 있다.
〈이하 생략〉

제30조(재결 신청의 청구)
① 사업인정고시가 된 후 협의가 성립되지 아니하였을 때에는 토지소유자와 관계인은 대통령령으로 정하는 바에 따라 서면으로 사업시행자에게 재결을 신청할 것을 청구할 수 있다.
〈이하 생략〉

제77조(영업의 손실 등에 대한 보상)
① 영업을 폐업하거나 휴업함에 따른 영업손실에 대하여는 영업이익과 시설의 이전비용 등을 고려하여 보상하여야 한다.
② 농업의 손실에 대하여는 농지의 단위면적당 소득 등을 고려하여 실제 경작자에게 보상하여야 한다. 다만, 농지소유자가 해당 지역에 거주하는 농민인 경우에는 농지소유자와 실제 경작자가 협의하는 바에 따라 보상할 수 있다.
〈이하 생략〉

02

甲은 A시에 토지를 소유하고 있다. A시장은 甲의 토지 등의 비교표준지로 A시 소재 일정 토지(2020.1.1. 기준공시지가는 1m²당 1,000만원이다)를 선정하고, 甲의 토지 등과 비교표준지의 토지가격비준표상 총 가격배율을 1.00으로 조사함에 따라 甲의 토지의 가격을 1m²당 1,000만원으로 산정하였다. A시장으로부터 산정된 가격의 검증을 의뢰받은 감정평가사 乙은 甲의 토지가 비교표준지와 비교하여 환경조건, 획지조건 및 기타조건에서 열세에 있고, 특히 기타조건과 관련하여 비교표준지는 개발을 위한 거래가 이어지고 있으나 甲의 토지 등은 개발 움직임이 없다는 점을 '장래의 동향'으로 반영하여 91%의 비율로 열세에 있다고 보아, 비교표준지의 공시지가를 약 83.9%의 비율로 감액한 1m²당 839만원을 개별공시지가로 정함이 적정하다고 검증의견을 제시하였다. A시장은 A시 부동산가격공시위원회의 심의를 거쳐 이 검증의견을 그대로 받아들여 2020.5.20. 甲의 토지의 개별공시지가를 1m² 839만원으로 결정·공시하고, 甲에게 개별 통지하였다. 甲은 토지가격비준표에 제시된 토지특성에 기초한 가격배율을 무시하고 乙이 감정평가방식에 따라 독자적으로 지가를 산정하여 제시한 검증의견을 그대로 반영하여 개별공시지가를 결정한 것은 위법하다고 보아, 「부동산 가격공시에 관한 법률」 제11조에 따라 2020.6.15. 이의신청을 제기하였고, 2020.7.10. 이의를 기각하는 내용의 이의신청결과가 甲에게 통지되었다.

다음 물음에 답하시오(아래의 물음은 각 별개의 상황임). [30점]

(1) 甲은 2020.9.10. 개별공시지가결정에 대해 취소소송을 제기하였다. 甲이 제기한 취소소송은 제소기간을 준수하였는가? [10점]

(2) 甲이 개별공시지가결정에 대해 다투지 않은 채 제소기간이 도과하였고, 이후 甲의 토지에 대해 수용재결이 있었다. 甲이 보상금의 증액을 구하는 소송에서 개별공시지가결정의 위법을 주장하는 경우, 甲의 주장은 인용될 수 있는가? [20점]

[참조 조문]

부동산 가격공시에 관한 법률

제11조(개별공시지가에 대한 이의신청)
① 개별공시지가에 이의가 있는 자는 그 결정·공시일부터 30일 이내에 서면으로 시장·군수 또는 구청장에게 이의를 신청할 수 있다.
② 시장·군수 또는 구청장은 제1항에 따라 이의신청 기간이 만료된 날부터 30일 이내에 이의신청을 심사하여 그 결과를 신청인에게 서면으로 통지하여야 한다. 이 경우 시장·군수 또는 구청장은 이의신청의 내용이 타당하다고 인정될 때에는 제10조에 따라 해당 개별공시지가를 조정하여 다시 결정·공시하여야 한다.

부동산 가격공시에 관한 법률 시행령

제18조(개별공시지가의 검증)
① 〈생 략〉
② 법 제10조 제5항 본문에 따라 검증을 의뢰받은 감정평가법인등은 다음 각 호의 사항을 검토·확인하고 의견을 제시해야 한다.
　1. 비교표준지 선정의 적정성의 관한 사항
　2. 개별토지 가격 산정의 적정성에 관한 사항
　3. 산정한 개별토지가격과 표준지공시지가의 균형 유지에 관한 사항
　4. 산정한 개별토지가격과 인근 토지의 지가와의 균형 유지에 관한 사항

5. 표준주택가격, 개별주택가격, 비주거용 표준부동산가격 및 비주거용 개별부동산가격 산정 시 고려된 토지 특성과 일치하는지 여부
6. 개별토지가격 산정 시 적용된 용도지역, 토지이용상황 등 주요 특성이 공부와 일치하는지 여부
7. 그 밖에 시장·군수 또는 구청장이 검토를 의뢰한 사항

행정심판법

제3조(행정심판의 대상)
① 행정청의 처분 또는 부작위에 대하여 다른 법률에 특별한 규정이 있는 경우를 제외하고는 이 법에 의하여 행정심판을 제기할 수 있다.

03 감정평가사 甲과 乙은 「감정평가 및 감정평가사에 관한 법률」에 따른 감정평가준칙을 위반하여 감정평가를 하였음을 이유로 업무정지처분을 받게 되었으나, 국토교통부장관은 그 업무정지처분이 「부동산 가격공시에 관한 법률」에 따른 표준지공시지가 공시 등의 업무를 정상적으로 수행하는 데에 지장을 초래할 우려가 있음을 들어, 2021.4.1. 甲과 乙에게 업무정지처분을 갈음하여 각 3천만원의 과징금을 부과하였다.
다음 물음에 답하시오. [20점]

(1) 甲은 부과된 과징금이 지나치게 과중하다는 이유로 국토교통부장관에게 이의신청을 하였고, 이에 대해서 국토교통부장관은 2021.4.30. 甲에 대하여 과징금을 2천만원으로 감액하는 결정을 하였다. 甲은 감액된 2천만원의 과징금도 과중하다고 생각하여 과징금부과처분의 취소를 구하는 소를 제기하고자 한다. 이 경우 甲이 취소를 구하여야 하는 대상은 무엇인지 검토하시오. [10점]

(2) 乙은 2021.6.1. 자신에 대한 3천만원의 과징금부과처분의 취소를 구하는 소를 제기하였다. 이에 대한 심리 결과 법원이 적정한 과징금의 액수는 1천 5백만원이라고 판단하였을 때, 법원이 내릴 수 있는 판결의 내용에 관하여 검토하시오. [10점]

04 「감정평가 및 감정평가사에 관한 법률」 제25조에 따른 감정평가법인등의 '성실의무 등'의 내용을 서술하시오.

2020 제31회 기출문제

01

A시 시장 甲은 1990년에 「자연공원법」에 의하여 A시 내 산지 일대 5km²를 'X시립공원'으로 지정·고시한 다음, 1992년에 X시립공원 구역을 구분하여 용도지구를 지정하는 내용의 'X시립공원 기본계획'을 결정·공고하였다. 甲은 2017년 X시립공원 구역 내 10,000m² 부분에 다목적광장 및 휴양관(이하 '이 사건 시설'이라 한다)을 설치하는 내용의 'X시립공원 공원계획'을 결정·고시한 다음, 2018년에 甲이 사업시행자가 되어 이 사건 시설에 잔디광장, 휴양관, 도로, 주차장을 설치하는 내용의 'X시립공원 공원사업'(이하 '이 사건 시설 조성사업'이라 한다) 시행계획을 결정·고시하였다. 甲은 이 사건 시설 조성사업의 시행을 위하여 그 사업구역 내에 위치한 토지(이하 '이 사건 B토지'라 한다)를 소유한 乙과 손실보상에 관한 협의를 진행하였으나 협의가 성립하지 않자 수용재결을 신청하였다. 관할 지방 토지수용위원회의 수용재결 및 중앙토지수용위원회의 이의재결에서 모두 이 사건 B토지의 손실보상금은 1990년의 X시립공원 지정 및 1992년의 X시립공원 용도지구 지정에 따른 계획제한을 받는 상태대로 감정평가한 금액을 기초로 산정되었다.
다음 물음에 답하시오. [40점]

(1) 乙은 위 중앙토지수용위원회의 이의재결이 감정평가에 관한 법리를 오해함으로써 잘못된 내용의 재결을 한 경우에 해당한다고 판단하고 있다. 乙이 「공익사업을 위한 토지 등의 취득 및 보상에 관한 법률」에 따라 제기할 수 있는 소송의 의의와 그 특수성을 설명하시오. [15점]

(2) 乙이 (1)에서 제기한 소송에서 이 사건 B토지에 대한 보상평가는 1990년의 X시립공원 지정·고시 이전을 기준으로 하여야 한다고 주장한다. 乙의 주장은 타당한가? [10점]

(3) 한편, 丙이 소유하고 있는 토지(이하 '이 사건 C토지'라 한다)는 「문화재보호법」상 보호구역으로 지정된 토지로서 이 사건 시설 조성사업의 시행을 위한 사업구역 내에 위치하고 있다. 甲은 공물인 이 사건 C토지를 이 사건시설 조성사업의 시행을 위하여 수용할 수 있는가? [15점]

[참조 조문]

공익사업을 위한 토지 등의 취득 및 보상에 관한 법률

제19조(토지 등의 수용 또는 사용)
① 〈생 략〉
② 공익사업에 수용되거나 사용되고 있는 토지 등은 특별히 필요한 경우가 아니면 다른 공익사업을 위하여 수용하거나 사용할 수 없다.

공익사업을 위한 토지 등의 취득 및 보상에 관한 법률 시행규칙

제23조(공법상 제한을 받는 토지의 평가)
① 공법상 제한을 받는 토지에 대하여는 제한받는 상태대로 평가한다. 다만, 그 공법상 제한이 당해 공익사업의 시행을 직접 목적으로 하여 가하여진 경우에는 제한이 없는 상태를 상정하여 평가한다.
② 당해 공익사업의 시행을 직접 목적으로 하여 용도지역 또는 용도지구 등이 변경된 토지에 대하여는 변경되기 전의 용도지역 또는 용도지구 등을 기준으로 평가한다.

자연공원법

제19조(공원사업의 시행 및 공원시설의 관리)
① 〈생 략〉
② 공원관리청은 공원사업을 하려는 경우에는 환경부령으로 정하는 기준에 따라 공원사업 시행계획을 결정하고 고시하여야 한다.

제22조(토지 등의 수용)
① 공원관리청은 공원사업을 하기 위하여 필요한 경우에는 공원사업에 포함되는 토지와 그 토지에 정착된 물건에 대한 소유권 또는 그 밖의 권리를 수용하거나 사용할 수 있다.
② 제19조 제2항에 따라 공원사업 시행계획을 결정·고시한 때에는「공익사업을 위한 토지 등의 취득 및 보상에 관한 법률」제20조 제1항 및 제22조에 따른 사업인정 및 사업인정의 고시를 한 것으로 보며, 재결신청은 같은 법 제23조 제1항 및 제28조 제1항에도 불구하고 공원사업 시행계획에서 정하는 사업기간 내에 할 수 있다.
③ 〈생 략〉
④ 제1항에 따른 수용 또는 사용에 관하여는 이 법에 특별한 규정이 있는 경우를 제외하고는「공익사업을 위한 토지 등의 취득 및 보상에 관한 법률」을 준용한다.

문화재보호법

제83조(토지의 수용 또는 사용)
① 문화재청장이나 지방자치단체의 장은 문화재의 보존·관리를 위하여 필요하면 지정문화재나 그 보호구역에 있는 토지, 건물, 나무, 대나무, 그 밖의 공작물을「공익사업을 위한 토지 등의 취득 및 보상에 관한 법률」에 따라 수용하거나 사용할 수 있다.

02

A시의 시장 甲은 2018.5.31. 乙·丙 공동소유의 토지 5,729m²(이하 '이 사건 토지'라고 한다)에 대하여 2018.1.1. 기준 개별공시지가를 m²당 2,780,000원으로 결정·고시하였다. 乙은 2018.6.19. 甲에게 「부동산 가격공시에 관한 법률」제11조에 따라 이 사건 토지의 개별공시지가를 m²당 1,126,850원으로 하향 조정해 줄 것을 내용으로 하는 이의신청을 하였다. 이에 대하여 甲은 이 사건 토지의 개별공시지가 결정 시 표준지 선정에 문제가 있음을 발견하고, A시 부동산가격공시위원회의 심의를 거쳐 2018.7.1. 위 개별공시지가를 m²당 2,380,000원으로 정정하여 결정·고시하였고, 동 결정서는 당일 乙에게 송달되었다. 丙은 2018.6.20. 위 이의신청과는 별개로 이 사건 토지의 개별공시지가를 m²당 1,790,316원으로 수정해 달라는 취지의 행정심판을 청구하였고, B행정심판위원회는 2018.8.27. 이 사건 토지의 개별공시지가를 m²당 2,000,000원으로 하는 변경재결을 하였고, 동 재결서 정본은 2018.8.30. 丙에게 송달되었다.
다음 물음에 답하시오. [30점]

(1) 부동산 가격공시에 관한 법령상 개별공시지가의 정정사유에 관하여 설명하시오. [5점]

(2) 위 사례에서 乙과 丙이 취소소송을 제기하려고 할 때, 소의 대상과 제소기간의 기산일에 관하여 각각 설명하시오. [10점]

(3) 한편, 丁은 A시의 개별공시지가 산정업무를 담당하고 있는 공무원이다. 丁은 개발예정지구인 C지역의 개별공시지가를 산정함에 있어 토지의 이용상황을 잘못 파악하여 지가를 적정가격보다 훨씬 높은 가격으로 산정하였다. 이를 신뢰한 乙은 C지역의 담보가치가 충분하다고 믿고 그 토지에 근저당설정등기를 마치고 수백억원의 투자를 하였지만, 결국 수십억원에 해당하는 큰 손해를 보았다. 이에 乙은 丁의 위법한 개별공시지가 산정으로 인하여 위 손해를 입었다고 주장하며, 국가배상소송을 제기하고자 한다. 동 소송에서 乙은 丁의 직무상 행위와 자신의 손해 사이의 인과관계를 주장한다. 乙의 주장의 타당성에 관하여 개별공시지가제도의 입법목적으로 중심으로 설명하시오. [15점]

[참조 조문]

부동산 가격공시에 관한 법률

제12조(개별공시지가의 정정)
시장·군수 또는 구청장은 개별공시지가에 틀린 계산, 오기, 표준지 선정의 착오, 그 밖에 대통령령으로 정하는 명백한 오류가 있음을 발견한 때에는 지체 없이 이를 정정하여야 한다.

행정소송법

제19조(취소소송의 대상)
취소소송은 처분 등을 대상으로 한다. 다만, 재결취소소송의 경우에는 재결 자체에 고유한 위법이 있음을 이유로 하는 경우에 한한다.

제20조(제소기간)
① 취소소송은 처분 등이 있음을 안 날부터 90일 이내에 제기하여야 한다. 다만, 제18조 제1항 단서에 규정한 경우와 그 밖에 행정심판청구를 할 수 있는 경우 또는 행정청이 행정심판청구를 할 수 있다고 잘못 알린 경우에 행정심판청구가 있은 때의 기간은 재결서의 정본을 송달받은 날부터 기산한다.
〈이하 생략〉

03 甲과 乙은 감정평가사 자격이 없는 공인회계사로서, 甲은 A주식회사의 부사장 겸 본부장이고 乙은 A주식회사의 상무의 직에 있는 자이다. 甲과 乙은 A주식회사 대표 B로부터 서울 소재의 A주식회사 소유 빌딩의 부지를 비롯한 지방에 있는 같은 전 사업장 물류센터 등 부지에 대한 자산재평가를 의뢰받고, 회사의 회계처리를 목적으로 부지에 대한 감정평가 등 자산재평가를 실시하여 그 결과 평가대상 토지(기존의 장부상 가액 3천억원)의 경제적 가치를 7천억원의 가액으로 표시하고, 그 대가로 1억 5,400만원을 받았다. 이러한 甲과 乙의 행위가 「감정평가 및 감정평가사에 관한 법률」상의 감정평가업자의 업무에 해당하는지 여부에 관하여 논하시오. [20점]

04 「감정평가 및 감정평가사에 관한 법률」에 따른 감정평가의 기준 및 감정평가 타당성 조사에 관하여 각각 설명하시오. [10점]

2019 제30회 기출문제

01 관할 A시장은 「부동산 가격공시에 관한 법률」에 따라 甲 소유의 토지에 대해 공시기준일을 2018.1.1.로 한 개별공시지가를 2018.6.28. 결정·공시하고(당초 공시지가) 甲에게 개별 통지하였으나, 이는 토지가격비준표의 적용에 오류가 있는 것이었다. 이후 甲 소유의 토지를 포함한 지역 일대에 개발사업이 시행되면서 관련법에 의한 부담금 부과의 대상이 된 甲의 토지에 대해 A시장은 2018.8.3. 당초 공시지가에 근거하여 甲에게 부담금을 부과하였다. 한편 甲 소유 토지에 대한 당초 공시지가에 이의가 있는 인근 주민 乙은 이의신청기간이 도과한 2018.8.10. A시장에게 이의를 신청하였고, A시장은 甲 소유 토지에 대한 당초 공시지가를 결정할 때 토지가격비준표의 적용에 오류가 있었음을 이유로 「부동산 가격 공시에 관한 법률」 제12조 및 같은 법 시행령 제23조 제1항에 따라 개별공시지가를 감액하는 정정을 하였고, 정정된 공시지가는 2018.9.7. 甲에게 통지되었다.
다음 물음에 답하시오(아래 설문은 각각 별개의 독립된 상황임). [40점]

(1) 甲은 정정된 공시지가에 대해 2018.10.22. 취소소송을 제기하였다. 甲의 소송은 적법한가? [15점]

(2) 甲은 이의신청기간이 도과한 후에 이루어진 A시장의 개별공시지가 정정처분은 위법하다고 주장한다. 甲의 주장은 타당한가? [10점]

(3) 만약, A시장이 당초 공시지가에 근거하여 甲에게 부담금을 부과한 것이 위법한 것이더라도, 이후 A시장이 토지가격비준표를 제대로 적용하여 정정한 개별공시지가가 당초 공시지가와 동일하게 산정되었다면, 甲에 대한 부담금 부과의 하자는 치유되는가? [15점]

02 甲은 골프장을 보유·운영해왔는데, 그 전체 부지 1,000,000m² 중 100,000m²가 도로건설사업부지로 편입되었고, 골프장은 계속 운영되고 있다. 위 사업부지로 편입된 부지 위에는 오수처리시설이 있었는데, 수용재결에서는 그 이전에 필요한 비용으로 1억원의 보상금을 산정하였다.
다음 물음에 답하시오. [30점]

(1) 甲은 골프장 잔여시설이 종전과 동일하게 운영되려면 위 오수처리시설을 대체하는 새로운 시설의 설치가 필요하다고 보아 그 설치에 드는 비용으로 1억 5천만원을 보상받아야 한다고 주장한다. 甲의 주장은 법적으로 타당한가? [10점]

(2) 甲은 골프장 잔여시설의 지가 및 건물가격 하락분에 대하여 보상을 청구하려고 한다. 이때 甲이 제기할 수 있는 소송에 관하여 설명하시오. [20점]

03 X군에 거주하는 어업인들을 조합원으로 하는 A수산업협동조합(이하 'A조합'이라 함)은 조합원들이 포획·채취한 수산물의 판매를 위탁받아 판매하는 B수산물위탁판매장(이하 'B위탁판매장'이라 함)을 운영하여 왔다. 한편 B위탁판매장 운영에 대해서는 관계법령에 따라 관할지역에 대한 독점적 지위가 부여되어 있었으며, A조합은 B위탁판매장 판매액 중 일정비율의 수수료를 지급받아 왔다. 그런데 한국농어촌공사는 「공유수면 관리 및 매립에 관한 법률」에 따라 X군 일대에 대한 공유수면매립면허를 받아 공유수면매립사업을 시행하였고, 해당 매립사업의 시행으로 인하여 사업대상지역에서 어업활동을 하던 A조합의 조합원들은 더 이상 조업을 할 수 없게 되었다. A조합은 위 공유수면매립사업지역 밖에서 운영하던 B위탁판매장에서의 위탁판매사업의 대부분을 중단하였고, 결국에는 B위탁판매장을 폐쇄하기에 이르렀다. 이에 따라 A조합은 공유수면매립사업으로 인한 위탁판매수수료 수입의 감소에 따른 영업손실의 보상을 청구하였으나, 한국농어촌공사는 B위탁판매장이 사업시행지 밖에서 운영되던 시설이었고 「공유수면 관리 및 매립에 관한 법률」상 직접적인 보상규정이 없음을 이유로 보상의 대상이 아니라고 주장한다. 한국농어촌공사의 주장은 타당한가? [20점]

04 「공익사업을 위한 토지 등의 취득 및 보상에 관한 법률」 제26조는 수용재결신청 전에 사업시행자로 하여금 수용대상토지에 관하여 권리를 취득하거나 소멸시키기 위하여 토지소유자 및 관계인과 교섭하도록 하는 협의제도를 규정하고 있다. 이에 따른 협의가 수용재결신청 전의 필요적 전치절차인지 여부와 관할 토지수용위원회에 의한 협의성립의 확인의 법적 효과를 설명하시오. [10점]

2018 제29회 기출문제

01

A도 도지사 甲은 도내의 심각한 주차난을 해결하기 위하여 A도 내 B시 일대 40,000m²(이하 '이 사건 공익사업구역'이라 함)를 공영주차장으로 사용하고자 사업계획을 수립하고 「공익사업을 위한 토지 등의 취득 및 보상에 관한 법률」(이하 '토지보상법'이라 함)에 따른 절차를 거쳐, 국토교통부장관의 사업인정을 받고 이를 고시하였다. 이후 甲은 이 사건 공익사업구역 내 주택세입자 乙 등이 이사건 공익사업이 시행되는 동안 임시로 거주할 수 있도록 B시에 임대아파트를 건립하여 세입자에게 제공하는 등 이주대책을 수립·시행하였다. 한편 乙은 「공익사업을 위한 토지 등의 취득 및 보상에 관한 법률」(이하 '토지보상법'이라 함) 제54조 제2항에 해당하는 세입자이다.
다음 물음에 답하시오. [40점]

(1) 乙은 토지보상법 시행규칙에 따른 주거이전비를 받을 수 있는 권리를 포기한다는 취지의 '임대아파트 입주에 따른 주거이전비 포기각서'를 甲에게 제출하고 위 임대아파트에 입주하였지만, 이후 관련 법령이 임대아파트와 같은 임시수용시설 등을 제공받는 자를 주거이전비 지급대상에서 배제하지 않고 있다는 점을 알게 되었다. 이에 乙은 포기각서를 무시하고 토지보상법 시행규칙상의 주거이전비를 청구하였다. 乙의 주거이전비 청구의 인용 여부에 관하여 논하시오. [30점]

(2) 한편, 丙은 이 사건 공익사업구역 밖에서 음식점을 경영하고 있었는데, 이 사건 공익사업으로 인하여 자신의 음식점의 주출입로가 단절되어 일정기간 휴업을 할 수밖에 없게 되었다. 이때, 丙은 토지보상법령상 보상을 받을 수 있는가? [10점]

[참조 조문]

공익사업을 위한 토지 등의 취득 및 보상에 관한 법률 시행규칙

제54조(주거이전비의 보상)
① 공익사업시행지구에 편입되는 주거용 건축물의 소유자에 대하여는 해당 건축물에 대한 보상을 하는 때에 가구원수에 따라 2개월분의 주거이전비를 보상하여야 한다. 다만, 건축물의 소유자가 해당 건축물 또는 공익사업시행지구 내 타인의 건축물에 실제 거주하고 있지 아니하거나 해당 건축물이 무허가 건축물 등인 경우에는 그러하지 아니하다.
② 공익사업의 시행으로 인하여 이주하게 되는 주거용 건축물의 세입자(무상으로 사용하는 거주자를 포함하되, 법 제78조 제1항에 따른 이주대책 대상자인 세입자는 제외한다)로서 사업인정고시일 등 당시 또는 공익사업을 위한 관계법령에 의한 고시 등이 있은 당시 해당 공익사업시행지구 안에서 3개월 이상 거주한 자에 대하여는 가구원수에 따라 4개월분의 주거이전비를 보상하여야 한다. 다만, 무허가건축물 등에 입주한 세입자로서 사업인정고시일 등 당시 또는 공익사업을 위한 관계법령에 의한 고시 등이 있은 당시 그 공익사업지구 안에서 1년 이상 거주한 세입자에 대하여는 본문에 따라 주거이전비를 보상하여야 한다.
〈이하 생략〉

02

甲은 2014.3.경 감정평가사 자격을 취득한 후, 2015.9.2.부터 2017.8.3.까지 '乙감정평가법인'의 소속 감정평가사였다. 또한 甲은 2015.7.7.부터 2017.4.30.까지 '수산업협동조합 중앙회(이하 '수협'이라 함)'에서 상근계약직으로 근무하였다. 관할 행정청인 국토교통부장관 A는 甲이 위와 같이 수협에 근무하면서 일정기간 동안 동시에 乙감정평가법인에 등록하여 소속을 유지하는 방법으로 감정평가사 자격증을 대여하거나 부당하게 행사했다고 봄이 상당하여, 「감정평가 및 감정평가사에 관한 법률」(이하 '감정평가법'이라 함) 제27조가 규정하는 명의대여 등의 금지 또는 자격증 부당행사 금지에 위반하였다는 것을 이유로 징계처분을 내리고자 한다.
다음 물음에 답하시오. [30점]

(1) 국토교통부장관 A가 甲에 대하여 위와 같은 사유로 감정평가법령상의 징계를 하고자 하는 경우, 징계절차에 관하여 설명하시오. [20점]

(2) 위 징계절차를 거쳐 국토교통부장관 A는 甲에 대하여 3개월간의 업무정지 징계처분을 하였고, 甲은 해당 처분이 위법하다고 보고 관할법원에 취소소송을 제기하였다. 이 취소소송의 계속 중 국토교통부장관 A는 해당 징계처분의 사유로 감정평가법 제27조의 위반사유 이외에, 징계처분 당시 甲이 국토교통부장관에게 등록을 하지 아니하고 감정평가업무를 수행하였다는 동법 제17조의 위반사유를 추가하는 것이 허용되는가? [10점]

03

서울의 A구청장은 이 사건 B토지의 비교표준지로 A구의 C토지(2017.1.1. 기준공시지가는 $1m^2$당 810만원임)를 선정하고 이 사건 B토지와 비교표준지 C의 토지가격비준표상 토지특성을 조사한 결과 총 가격배율이 1.00으로 조사됨에 따라 이 사건 각 토지의 가격을 $1m^2$당 810만원으로 산정하였다. 감정평가사 D는 A구청장으로부터 이와 같이 산정된 가격의 검증을 의뢰받고 이 사건 각 토지가 비교표준지와 비교하여 환경조건, 획지조건 및 기타조건에서 열세에 있어 비교표준지의 공시지가를 약 83.9%의 비율로 감액한 $1m^2$당 680만원을 개별공시지가로 정함이 적정하다는 검증의견을 제시하였다. A구청장은 이 검증의견을 받아들여 2017.5.30.에 이 사건 각 토지의 개별공시지가를 $1m^2$당 680만원으로 결정·공시하였다. B토지 소유자는 $1m^2$당 680만원으로 결정·공시된 B토지의 개별공시지가에 대하여 $1m^2$당 810만원으로 증액되어야 한다는 취지로 이의신청을 제기하였다. B토지 소유자의 이의신청에 따라 A구청장은 감정평가사 E에게 이 사건 토지의 가격에 대한 검증을 의뢰하였다. 검증을 담당한 감정평가사 E는 토지특성 적용 및 비교표준지 선정에는 오류가 없으나 인근 지가와의 균형을 고려하여 개별공시지가를 $1m^2$당 700만원으로 증액함이 상당하다는 의견을 제시하였다(이 사건 토지가 비교표준지와 비교하여 환경조건 및 획지조건에서 열세에 있다고 보아 비교표준지의 공시지가에 대하여 약 86.5%의 비율로 감액). 이에 A구청장은 A구 부동산가격공시위원회의 심의를 거쳐 이 검증의견을 받아들여 B토지에 대하여 $1m^2$당 700만원으로 개별공시지가결정을 하였다. 이에 대하여 B토지 소유자는 토지가격비준표와 달리 결정된 개별공시지가결정은 위법하다고 주장한다. 이 주장은 타당한가? [20점]

04 부동산 가격공시에 관한 법령상 중앙부동산가격공시위원회에 관하여 설명하시오. [10점]

2017 제28회 기출문제

01

甲은 A시의 관할구역 내 X토지를 소유하고 있다. A시는 그동안 조선업의 지속적인 발전으로 다수의 인구가 거주하였으나 최근 세계적인 불황으로 인구가 급격하게 감소하고 있다. 국토교통부장관은 A시를 국제관광특구로 발전시킬 목적으로 「기업도시개발 특별법」에 정하는 바에 따라 X토지가 포함된 일단의 토지를 기업도시개발구역으로 지정하고, 개발사업시행자인 乙이 작성한 기업도시개발계획(동법 제14조 제2항에 따른 X토지 그 밖의 수용대상이 되는 토지의 세부목록을 포함, 이하 같다)을 승인·고시하였다. 乙은 협의취득에 관한 제반 절차를 준수하여 X토지에 대한 협의취득절차를 시도하였으나 甲이 응하지 않았다. 이에 乙은 X토지에 대한 수용재결을 신청하였고 중앙토지수용위원회는 그 신청에 따른 수용 재결을 하였다.
다음 물음에 답하시오. [40점]

(1) 甲은 기업도시개발계획승인에 대한 취소소송의 제소기간이 도과한 상태에서 「공익사업을 위한 토지 등의 취득 및 보상에 관한 법률」 제21조 제2항에 따른 중앙토지수용위원회 및 이해관계자의 의견청취절차를 전혀 시행하지 않은 채 기업도시개발계획승인이 발급된 것이 위법함을 이유로 수용재결취소소송을 제기하려고 한다. 甲의 소송상 청구가 인용될 수 있는 가능성에 관하여 설명하시오(단, 소송요건은 충족된 것으로 본다). [20점]

(2) 甲은 수용재결 취소소송을 제기하면서, 乙이 기업도시개발계획승인 이후에 재정상황이 악화되어 수용재결 당시에 이르러 기업도시개발사업을 수행할 능력을 상실한 상태가 되었음에도 불구하고 수용재결을 한 위법이 있다고 주장한다. 甲의 소송상 청구가 인용될 수 있는 가능성에 관하여 설명하시오(단, 소송요건은 충족된 것으로 본다). [10점]

(3) 중앙토지수용위원회는 보상금을 산정하면서, X토지는 그 용도지역이 제1종 일반주거지역이기는 하지만 기업도시개발사업의 시행을 위해서 제3종 일반주거지역으로 변경되지 않은 사정이 인정되므로 제3종 일반주거지역으로 변경이 이루어진 상태를 상정하여 토지가격을 평가한다고 설시하였다. 이에 대해 乙은 X토지를 제1종 일반주거지역이 아닌 제3종 일반주거지역으로 평가한 것은 공법상 제한을 받는 토지에 대한 보상금 산정에 위법이 있다고 주장하면서 보상금감액청구소송을 제기하고자 한다. 乙의 소송상 청구가 인용될 수 있는 가능성에 관하여 설명하시오(단, 소송요건은 충족된 것으로 본다). [10점]

02

도지사 A는 "X국가산업단지 내 국도 대체우회도로개설사업"(이하 '이 사건 개발사업'이라 함)의 실시계획을 승인·고시하고, 사업시행자로 B시의 시장을 지정하였다. B시의 시장은 이 사건 개발사업을 시행함에 있어 사업시행으로 인하여 건물이 철거되는 이주대책대상자를 위한 이주대책을 수립하면서 훈령의 형식으로 'B시 이주민지원규정'을 마련하였다.
위 지원규정에서는 ① 이주대책대상자 선정과 관련하여, 「공익사업을 위한 토지 등의 취득 및 보상에 관한 법률」 및 그 시행령이 정하고 있는 이주대책대상자 요건 외에 '전세대원이 사업구역 내 주택 외 무주택'이라는 요건을 추가적으로 규정하는 한편, ② B시의 이주대책 지급대상에 관하여, 과거 건축물 양성화기준일 이전 건물의 거주자의 경우 소지가(조성되지 아니한 상태에서의 토지가격) 분양대상자로, 기준일 이후 건물의 거주자의 경우 1세대당 상업용지 3평을 일반분양가로 추가 분양하도록 하고, 일반우선 분양대상자의 경우 1세대 1필지 이주택지를 일반분양가로 우선 분양할 수 있도록 하고 있다.
B시의 시장은 이주대책을 실시하면서 이 사건 개발사업구역 내에 거주하는 甲과 乙에 대하여, 甲은 공익사업을 위한 토지 등의 취득 및 보상에 관한 법령이 정한 이주대책대상자에 해당됨에도 위 ①에서 정하는 요건을 이유로 이주대책재상자에서 배제하는 부적격 통보를 하였고, 소지가 분양대상자로 신청한 乙에 대해서는 위 지원규정을 적용하여 소지가 분양대상이 아닌 일반우선 분양대상자로 선정하고, 이를 공고하였다.
다음 물음에 답하시오. [30점]

(1) 甲은 'B시 이주민지원규정'에서 정한 추가적 요건을 이유로 자신을 이주대책대상자에서 배제한 것은 위법하다고 주장한다. 甲의 주장이 타당한지에 관하여 설명하시오. [15점]

(2) 乙은 자신을 소지가 분양대상자가 아닌 일반우선 분양대상자로 선정한 것은 위법하다고 보아 이를 소송으로 다투려고 한다. 乙이 제기하는 소송의 형식을 설명하시오. [15점]

03

지목은 대이지만 그 현황이 인근 주민의 통행에 제공된 사실상 도로인 토지를 대상으로 「도시 및 주거환경정비법」에 따른 매도청구권을 행사하는 경우와 「공익사업을 위한 토지 등의 취득 및 보상에 관한 법률」에 따른 수용재결이 행하여지는 경우에 관하여 다음 물음에 답하시오. [20점]

(1) 매도청구권 행사에 따른 쟁송절차와 수용재결에 따른 보상금을 다투는 쟁송절차의 차이점을 설명하시오. [10점]

(2) 토지의 감정평가방법과 그 기준에 있어 매도청구권이 행사되는 경우와 수용재결이 행하여지는 경우의 차이점을 설명하시오. [10점]

04 甲 소유의 토지를 포함하는 일단의 토지가 「공공토지의 비축에 관한 법률」에 따라 X읍-Y읍 간 도로사업용지 비축사업(이하 '이 사건 비축사업'이라 함) 지역으로 지정되었고, 한국토지주택공사를 사업시행자로 하여 2014.3.31. 이 사건 비축사업에 대하여 「공익사업을 위한 토지 등의 취득 및 보상에 관한 법률」에 따른 사업인정고시가 있었다. 한편, 관할 도지사는 X읍-Y읍 간 도로확포장공사와 관련하여 2016.5.1. 도로구역을 결정·고시하였는데, 甲의 토지는 도로확포장공사가 시행되는 도로구역 인근에 위치하고 있다. 이후 이 사건 비축사업을 위하여 甲소유 토지에 대해서 2016.7.5. 관할 토지수용위원회의 수용재결이 있었는바, 위 도로확포장공사로 인하여 상승된 토지가격이 반영되지 않은 감정평가가격으로 보상금이 결정되었다. 이에 甲은 도로확포장공사로 인한 개발이익이 배제된 보상금 결정은 위법하다고 주장하는바, 甲의 주장이 타당한지에 관하여 설명하시오. [10점]

2016 제27회 기출문제

01 「공익사업을 위한 토지 등의 취득 및 보상에 관한 법률」(이하 '토지보상법'이라 함)의 적용을 받는 공익사업으로 인하여 甲은 사업시행자인 한국철도시설공단 乙에게 협의절차를 통해 자신이 거주하고 있던 주거용 건축물을 제공하여 생활의 근거를 상실하게 되었다고 주장하면서 토지보상법 제78조 제1항에 따른 이주대책의 수립을 신청하였다. 이에 대해 乙은 "위 공익사업은 선형사업으로서 철도건설에 꼭 필요한 최소한의 토지만 보상하므로 사실상 이주택지공급이 불가능하고 이주대책대상자 중 이주정착지에 이주를 희망하는 자의 가구수가 7호에 그치는 등 위 공익사업은 토지보상법 시행령 제40조 제2항에서 규정하고 있는 이주대책을 수립하여야 하는 사유에 해당되지 아니한다."라는 이유를 들어 甲의 신청을 거부하였다.
다음 물음에 답하시오. [40점]

(1) 乙이 甲에 대한 거부처분을 하기에 앞서 행정절차법상 사전통지와 이유제시를 하지 아니한 경우 그 거부처분은 위법한가? [20점]

(2) 만약 甲이 거부처분취소소송을 제기하였다면, 乙은 그 소송 계속 중에 처분의 적법성을 유지하기 위해 "甲은 주거용 건축물에 계약체결일까지 계속하여 거주하고 있지 아니하였을 뿐만 아니라 이주정착지로의 이주를 포기하고 이주정착금을 받은 자에 해당하므로 토지보상법 시행령 제40조 제2항에 따라 이주대책을 수립할 필요가 없다."라는 사유를 추가·변경할 수 있는가? [20점]

02 甲은 2015.3.16. 乙로부터 A광역시 B구 소재 도로로 사용되고 있는 토지 200m2(이하 '이 사건 토지'라 함)을 매수한 후 자신의 명의로 소유권이전등기를 하였다. 한편, 甲은 A광역시지방토지수용위원회에 "사업시행자인 B구청장이 도로개설공사를 시행하면서 사업인정고시가 된 2010.4.6. 이후 3년 이상 이 사건 토지를 사용하였다."라고 주장하면서 「공익사업을 위한 토지 등의 취득 및 보상에 관한 법률」(이하 '토지보상법'이라 함) 제72조 제1호를 근거로 이 사건 토지의 수용을 청구하였다. 이에 대해 A광역시지방토지수용위원회는 "사업인정고시가 된 날부터 1년 이내에 B구청장이 재결신청을 하지 아니하여 사업인정은 그 효력을 상실하였으므로 甲은 토지수용법 제72조 제1호를 근거로 이 사건 토지의 수용을 청구할 수 없다."라며 甲의 수용청구를 각하하는 재결을 하였다.
다음 물음에 답하시오. [30점]

(1) A광역시지방토지수용위원회의 각하재결에 대하여 행정소송을 제기하기 전에 강구할 수 있는 甲의 권리구제수단에 관하여 설명하시오. [10점]

(2) 甲이 A광역시지방토지수용위원회의 각하재결에 대하여 행정소송을 제기할 경우 그 소송의 형태와 피고적격에 관하여 설명하시오. [20점]

03 국방부장관은 국방·군사에 관한 사업을 위하여 국토교통부장관으로부터 甲 소유의 토지를 포함한 200필지의 토지 600,000m2에 관하여 「공익사업을 위한 토지 등의 취득 및 보상에 관한 법률」 제20조에 따른 사업인정을 받았다. 그러나 국토교통부장관은 사업인정을 하면서 동법 제21조에 규정된 이해관계인의 의견을 청취하는 절차를 거치지 않았다. 한편, 국방부장관은 甲과 손실보상 등에 관하여 협의하였으나 협의가 성립되지 않았다. 국방부장관은 재결을 신청하였고 중앙토지수용위원회는 수용재결을 하였다. 甲은 수용재결에 대한 취소소송에서 사업인정의 절차상 하자를 이유로 수용재결의 위법성을 주장할 수 있는가?(단, 국토교통부장관의 사업인정에 대한 취소소송의 제소기간은 도과하였음) [20점]

04 국토교통부장관은 감정평가법인등 甲이 「감정평가 및 감정평가사에 관한 법률」(이하 '감정평가법'이라 함) 제10조에 따른 업무범위를 위반하여 업무를 행하였다는 이유로 甲에게 3개월 업무정지처분을 하였다. 甲은 이러한 처분에 불복하여 취소소송을 제기하였으나 소송계속 중 3개월의 정지기간이 경과되었다. 감정평가법 제32조 제5항에 근거하여 제정된 감정평가법 시행령 제29조 [별표 3] '감정평가법인등의 설립인가의 취소와 업무의 정지에 관한 기준'에 따르면, 위 위반행위의 경우 위반횟수에 따라 가중처분을 하도록 규정하고 있다(1차 위반 시 업무정지 3개월, 2차 위반 시 업무정지 6개월, 3차 위반 시 업무정지 1년). 甲은 업무정지처분의 취소를 구할 법률상 이익이 있는가? [10점]

2015 제26회 기출문제

01

「공익사업을 위한 토지 등의 취득 및 보상에 관한 법률」(이하 '공익사업법'이라 한다)에 따라 도로확장 건설을 위해 사업인정을 받은 A는 해당 지역에 위치한 甲의 토지를 수용하고자 甲과 협의를 시도하였다. A는 甲과 보상액에 관한 협의가 이루어지지 않자 공익사업법상의 절차에 따라 관할 토지수용위원회에 재결을 신청하였다. 그런데 관할 토지수용위원회는 「감정평가에 관한 규칙(국토교통부령)」에 따른 '감정평가실무기준(국토교통부 고시)'과는 다르게 용도지역별 지가변동률이 아닌 이용상황별 지가변동률을 적용한 감정평가사의 감정결과를 채택하여 보상액을 결정하였다. 그 이유로 해당 토지는 이용상황이 지가변동률에 더 큰 영향을 미친다는 것을 들었다.
다음 물음에 답하시오. [40점]

(1) 甲은 보상액 결정이 '감정평가실무기준(국토교통부 고시)'을 따르지 않았으므로 위법이라고 주장한다. 甲의 주장은 타당한가? [20점]
(2) 甲은 위 토지수용위원회의 재결에 불복하여 공익사업법에 따라 보상금의 증액을 구하는 소송을 제기하고자 한다. 이 소송의 의의와 그 특수성을 설명하시오. [20점]

02

B시에 거주하는 甲은 2005년 5월 자신의 토지 위에 주거용 건축물을 신축하였다. 그런데 甲은 건축허가요건을 충족하지 못하여 행정기관의 허가 없이 건축하였다. 甲은 위 건축물에 입주하지 않았으나, 친척인 乙이 자신에게 임대해 달라고 요청하여 이를 허락하였다. 乙은 필요 시 언제든 건물을 비워주겠으며, 공익사업시행으로 보상의 문제가 발생할 때에는 어떠한 보상도 받지 않겠다는 내용의 각서를 작성하여 임대차계약서에 첨부하였다. 乙은 2006년 2월 위 건축물에 입주하였는데, 당시부터 건축물의 일부를 임의로 용도변경하여 일반음식점으로 사용하여 왔다. 甲의 위 토지와 건축물은 2015년 5월 14일 국토교통부장관이 한 사업인정고시에 따라서 공익사업시행지구에 편입되었다. 甲은 이 사실을 알고 동년 6월에 위 건축물을 증축하여 방의 개수를 2개 더 늘려 자신의 가족과 함께 입주하였다.
다음 물음에 답하시오. [30점]

(1) 위 甲의 건축물은 「공익사업을 위한 토지 등의 취득 및 보상에 관한 법률」에 따른 손실보상의 대상이 되는지, 만일 된다면 어느 범위에서 보상이 이루어져야 하는지 설명하시오. [10점]
(2) 甲과 乙이 주거이전비 지급대상자에 포함되는지 여부를 지급요건에 따라서 각각 설명하시오. [20점]

03

> 甲은 C시 전(田) 700m²(이하 '이 사건 토지'라고 한다)의 소유자로서, 여관 신축을 위하여 부지를 조성하였는데, 진입로 개설비용 3억원, 옹벽공사비용 9천만원, 토목설계비용 2천만원, 토지형질변경비용 1천만원을 각각 지출하였다. 그런데 건축허가를 받기 전에 국토교통부장관이 시행하는 고속도로건설공사에 대한 사업인정이 2014년 7월 15일 고시되어 이 사건 토지 중 500m²(이하 '이 사건 수용대상토지'라고 한다)가 공익사업시행지구에 편입되었고, 2015년 7월 17일 관할토지수용위원회에서 수용재결이 있었다. 그 결과 이 사건 토지에서 이 사건 수용대상토지를 제외한 나머지 200m²(이하 '이 사건 나머지 토지'라고 한다)는 더 이상 여관 신축의 용도로는 사용할 수 없게 되어 그 부지조성비용은 이 사건 나머지 토지의 정상적인 용도에 비추어 보았을 때에는 쓸모없는 지출이 되고 말았다. 이에 甲은 이 사건 나머지 토지에 들인 부지조성비용에 관하여 손실보상의 지급을 청구하고자 한다.
> 다음 물음에 답하시오. [20점]

(1) 위 청구원의 법적 근거에 관하여 설명하시오. [10점]

(2) 甲은 다른 절차를 거치지 않고 바로 국가를 상대로 손실보상을 청구하는 소송을 제기할 수 있는가? [10점]

04

감정평가사 甲은 토지소유자 乙로부터 그 소유의 토지(이하 '이 사건 토지'라고 한다)를 물류단지로 조성한 후에 형성될 이 사건 토지에 대한 추정시가를 평가하여 달라는 감정평가를 의뢰받아 1천억원으로 평가하였다(이하 '이 사건 감정평가'라고 한다). 甲은 그 근거로 단순히 인근 공업단지 시세를 들며 공업용지 평당 3백만원 이상이라고만 감정평가서에 기재하였다. 그러나 얼마 후 이 사건 토지에 대한 경매절차에서 법원의 의뢰를 받은 감정평가사 丙은 이 사건 토지의 가격을 1백억원으로 평가하였다. 평가금액 간에 10배에 이르는 현저한 차이가 발생하자 사회적으로 문제가 되었다. 이에 국토교통부장관은 적법한 절차를 거쳐 甲에게 "부동산의 적정한 가격을 산정하기 위해서는 정확한 자료를 검토하고 이를 기반으로 가격형성요인을 분석하여야 함에도 그리하지 않은 잘못이 있다."라는 이유로 징계를 통보하였다. 이에 대해 甲은 이 사건 감정평가는 미래가격 감정평가로서 비교표준지를 설정할 수 없어 부득이하게 인근 공업단지의 시세를 토대로 평가하였던 것이고, 미래가격 감정평가에는 구체적인 기준이 따로 없으므로 일반적인 평가방법을 따르지 않았다고 해서 자신이 잘못한 것은 아니라고 주장한다. 甲의 주장은 타당한가? [10점]

2014 제25회 기출문제

01 S시의 시장 A는 K구의 D지역(주거지역)을 「도시 및 주거환경정비법」(이하 '도정법'이라 함)상 정비구역으로 지정·고시하였다. 그러자 이 지역의 주민들은 조합을 설립하여 주택재개발사업을 추진하기 위해 도정법에서 정한 절차에 따라 조합설립추진위원회를 구성하였고, 동 추진위원회는 도정법 제16조의 규정에 의거하여 D지역의 일정한 토지 등 소유자의 동의, 정관, 공사비 등 정비사업에 드는 비용과 관련된 자료 등을 첨부하여 A로부터 X조합설립인가를 받아 등기하였다. X조합은 조합총회를 개최하고 법 소정의 소유자 동의 등을 얻어 지정개발자로서 Y를 사업시행자로 지정하였다.
다음 물음에 답하시오. [40점]

(1) D지역의 토지소유자 중 甲이 "추진위원회가 주민의 동의를 얻어 X조합을 설립하는 과정에서 '건설되는 건축물의 설계의 개요' 등에 관한 항목 내용의 기재가 누락되었음에도 이를 유효한 동의로 처리하여 조합설립행위에 하자가 있다."라고 주장하며 행정소송으로 다투려고 한다. 이 경우 조합설립인가의 법적성질을 검토한 다음, 이에 기초하여 쟁송의 형태에 대해 설명하시오. [20점]

(2) Y는 정비사업을 실시함에 있어 이 사업에 반대하는 토지 등 소유자 乙 등의 토지와 주택을 취득하기 위하여 「공익사업을 위한 토지 등의 취득 및 보상에 관한 법률」에 의거한 乙 등과 협의가 성립되지 않아 지방토지수용위원회의 수용재결을 거쳤는데, 이 수용재결에 불복하여 Y가 중앙토지수용위원회에 이의재결을 신청하여 인용재결을 받았다. 이 경우 乙 등이 이 재결에 대해 항고소송을 제기한다면 소송의 대상은 무엇인가? [20점]

02 甲은 A시의 시외로 나가는 일반도로에 접한 자신 소유의 X토지에 교통로를 개설하고 대형음식점을 운영하고 있다. A시에서는 X토지와 이에 접하여 연결된 Y·W토지의 소유권을 취득하여 혼잡한 교통량을 분산할 목적으로 「국토의 계획 및 이용에 관한 법률」에 의거하여 우회도로를 설치한다는 방침을 결정하고, A시의 시장은 X·Y·W토지의 개별공시지가 및 이 개별공시지가 산정의 기초가 된 P토지의 표준지공시지가와 도매물가상승률 등을 반영하여 산정한 보상기준가격을 내부적으로 결정하고 예산확보를 위해 중앙부처와 협의 중이다.
다음 물음에 답하시오. [30점]

(1) 甲은 보상이 있을 것을 예상하여 더 많은 보상금을 받기 위해 「부동산 가격공시에 관한 법률」에 의거하여 감정평가사를 통해 산정된 P토지의 표준지공시지가에 불복하여 취소소송을 제기하려고 한다. 이 경우 甲에게 법률상 이익이 있는지 여부를 검토하시오. [15점]

(2) 위 취소소송에 P토지의 소유자인 丙이 소송에 참가할 수 있는지 여부와 甲이 확정인용판결을 받았다면 이 판결의 효력은 Y·W토지의 소유자인 乙에게도 미치는지에 대하여 설명하시오. [15점]

03 법원으로부터 근저당권에 근거한 경매를 위한 감정평가를 의뢰받은 감정평가사 乙이 감정평가 대상토지의 착오로 실제 대상토지의 가치보다 지나치게 낮게 감정평가액을 산정하였다. 토지소유자인 甲이 이에 대해 이의를 제기하였음에도 경매담당 법관 K는 乙의 감정평가액을 최저입찰가격으로 정하여 경매절차를 진행하였으며, 대상토지는 원래의 가치보다 결국 낮게 丙에게 낙찰되어 甲은 손해를 입게 되었다. 甲이 법관의 과실을 이유로 국가배상을 청구할 경우 이 청구의 인용가능성을 검토하시오. [20점]

04 「공익사업을 위한 토지 등의 취득 및 보상에 관한 법률」상 사업인정 전 협의와 사업인정 후 협의의 차이점에 대하여 설명하시오. [10점]

2013 제24회 기출문제

01 甲은 S시에 600m²의 토지를 소유하고 있다. S시장 乙은 2002년 5월 「국토의 계획 및 이용에 관한 법률」에 의거하여 수립한 도시관리계획으로 甲의 토지가 포함된 일대에 대하여 공원구역으로 지정하였다가 2006년 5월 민원에 따라 甲의 토지를 주거지역으로 변경지정하였다. 乙은 2010년 3월 정부의 녹색도시조성 시책에 부응하여 도시근린공원을 조성하고자 甲의 토지에 대하여 녹지지역으로 재지정하였다.
다음 물음에 답하시오. [40점]

(1) 甲은 乙이 2010년 3월 그의 토지에 대하여 녹지지역으로 재지정한 것은 신뢰보호의 원칙에 위배될 뿐만 아니라 해당 토지 일대의 이용상황을 고려하지 아니한 결정이었다고 주장하며, 녹지지역 지정을 해제할 것을 요구하고자 한다. 甲의 주장이 법적으로 관철될 수 있는가에 대하여 논하시오. [20점]

(2) 乙은 공원조성사업을 추진하기 위하여 甲의 토지를 수용하였는데, 보상금산정 시 녹지지역을 기준으로 감정평가한 금액을 적용하였다. 그 적법성 여부를 논하시오. [20점]

02

> 甲은 S시에 임야 30,000m²를 소유하고 있다. S시장은 甲 소유의 토지에 대하여 토지의 이용상황을 실제 이용되고 있는 '자연림'으로 하여 개별공시지가를 산정한 다음 A감정평가법인에 검증을 의뢰하였는데, A감정평가법인이 그 토지의 이용상황을 '공업용'으로 잘못 정정하여 검증지가를 산정하고, 시 부동산가격공시 위원회가 검증지가를 심의하면서 그 잘못을 발견하지 못하였다. 이에 따라 甲 소유 토지의 개별공시지가가 적정가격보다 훨씬 높은 가격으로 결정·공시되었다. B은행은 S시의 공시지가를 신뢰하고, 甲에게 70억원을 대출하였는데, 甲이 파산함에 따라 채권회수에 실패하였다.
> 다음 물음에 답하시오. [30점]

(1) B은행은 S시를 대상으로 국가배상을 청구하였다. S시의 개별공시지가 결정행위가 국가배상법 제2조상의 위법행위에 해당하는가에 관하여 논하시오. [20점]

(2) S시장은 개별공시지가제도의 입법목적을 이유로 S시 담당공무원들의 개별공시지가 산정에 관한 직무상 행위와 B은행의 손해 사이에 상당인과관계가 없다고 항변한다. S시장의 항변의 타당성에 관하여 논하시오. [10점]

03

국토교통부장관 乙은 감정평가사 甲이 감정평가업무를 행하면서 고의로 잘못된 평가를 하였다는 것을 이유로, 「감정평가 및 감정평가사에 관한 법률」 제32조 제1항 제11호 및 동법 시행령 제29조 [별표 3]에 따라 6개월의 업무정지처분을 하였고, 乙은 이에 불복하여 취소소송을 제기하였다. 소송의 계속 중에 6개월의 업무정지기간이 만료하였다. 甲은 위 취소소송을 계속할 이익이 인정되는가? [20점]

04

「공익사업을 위한 토지 등의 취득 및 보상에 관한 법률」상 보상금증액청구소송을 하면서 해당 재결에 대한 선행처분으로서 수용대상토지 가격산정의 기초가 된 표준지공시가격결정이 위법함을 독립한 사유로 다툴 수 있는가에 관하여 논하시오. [10점]

2012 제23회 기출문제

01 A도는 2008년 5월경 국토교통부장관으로부터 관계법령에 따라 甲의 농지 4,000m²를 포함한 B시와 C시에 걸쳐있는 토지 131,000m²에 '2009 세계엑스포행사'를 위한 문화시설을 설치할 수 있도록 하는 공공시설입지승인을 받았다. 그 후 A도는 편입토지의 소유자들에게 보상협의를 요청하여 甲으로부터 2008년 12월 5일 「공익사업을 위한 토지 등의 취득 및 보상에 관한 법률」에 의하여 위 甲의 농지를 협의취득하였다. A도는 취득한 甲의 토지 중 1,600m²를 2009년 5월 31일부터 2011년 4월 30일까지 위 세계엑스포행사 및 기타 행사를 위한 임시주차장으로 이용하다가 2012년 3월 31일 농지로 원상복구 하였다. 그 후 위 1,600m²의 토지는 인근에서 청소년수련원을 운영하는 제3자에게 임대되어 청소년들을 위한 영농체험 경작지로 이용되고 있다.
다음 물음에 답하시오. [40점]

(1) 甲은 농지로 원상복구된 토지 1,600m2에 대한 환매권을 행사하려고 한다. 甲의 권리구제 방법에 대하여 설명하시오. [25점]

(2) A도는 환매권 행사 대상토지의 가격이 현저히 상승된 것을 이유로 증액된 환매대금과 보상금 상당액의 차액을 선이행하거나 동시이행할 것을 주장하려 한다. 환매대금 증액을 이유로 한 A도의 대응수단에 대하여 설명하시오. [15점]

02 한국수자원공사는 「한국수자원공사법」 제9조 및 제10조에 근거하여 수도권 광역상수도사업 실시계획을 수립하여 국토교통부장관의 승인을 얻은 후, 1필지인 甲의 토지 8,000m² 중 6,530m²를 협의취득하였다. 협의취득 후 甲의 잔여지는 A지역 495m², B지역 490m², 그리고 C지역 485m²로 산재하고 있다.
다음 물음에 답하시오. [30점]

(1) 甲은 위 잔여지의 토지가격의 감소를 이유로 손실보상을 청구하려고 한다. 이 경우 잔여지의 가격감소에 대한 甲의 권리구제방법을 설명하시오. [15점]

(2) 호텔을 건립하기 위해 부지를 조성하고 있던 甲은 자신의 잔여지를 더 이상 종래의 사용목적 대로 사용할 수 없게 되자 사업시행자와 매수에 관한 협의를 하였으나, 협의가 성립되지 아니 하였다. 이에 甲은 관할 토지수용위원회에 잔여지의 수용을 청구하였지만, 관할 토지수용 위원회는 이를 받아들이지 않았다. 이 경우 잔여지수용청구의 요건과 甲이 제기할 수 있는 행정소송의 형식을 설명하시오. [15점]

03 20년 이상 감정평가업에 종사하고 있는 감정평가사 甲은 2년 전에 국토교통부장관 乙의 인가를 받아 50명 이상의 종업원을 고용하는 감정평가법인을 설립하였다. 그 후 乙은 甲이 정관을 거짓으로 작성하는 등 부정한 방법으로 감정평가법인의 설립인가를 받았다는 이유로, 「감정평가 및 감정평가사에 관한 법률」 제32조 제1항 제13호에 따라 설립인가를 취소하였다. 甲은 乙의 인가 취소가 잘못된 사실관계에 기초한 위법한 처분이라는 이유로 취소소송을 제기하면서 집행정지 신청을 하였다. 甲의 집행정지신청의 인용여부를 논하시오. [20점]

04 「공익사업을 위한 토지 등의 취득 및 보상에 관한 법률」상 사업인정고시의 효과에 대하여 설명하시오. [10점]

2011 제22회 기출문제

01 A군에 사는 甲은 「국토의 계획 및 이용에 관한 법률」에 따라 지정된 개발제한구역 내에 과수원을 경영하고 있다. 甲은 영농의 편의를 위해 동 과수원 토지 내에 작은 소로를 개설하고, 종중 이웃주민의 통행에도 제공해 왔다. A군은 甲의 과수원부지가 속한 일단의 토지에 폐기물처리장을 건설하고자 하는 乙을 「폐기물관리법」에 따라 폐기물처리장 건설사업자로 지정하면서 동 처리장 건설사업실시계획을 승인하였다. 甲과 乙 간에 甲토지에 대한 협의매수가 성립되지 않아 乙은 甲토지에 대한 수용재결을 신청하고, 관할 지방토지수용위원회의 수용재결을 받았다. 동 수용재결에서는 "사실상 사도의 부지는 인근 토지에 대한 평가액의 3분의 1 이내로 평가한다."라고 규정하고 있는 토지 등의 취득 및 보상에 관한 법률 시행규칙(이하 '토지보상법 시행규칙'이라고 한다) 제26조 제1항 제2호의 규정에 따라, 甲의 토지를 인근 토지가에 비하여 3분의 1의 가격으로 평가하였다. 이 수용재결에 대하여 이의가 있는 甲은 적절한 권리구제수단을 강구하고자 한다.
다음의 물음에 답하시오. [50점]

(1) 토지보상액에 대해 불복하고자 하는 甲의 행정쟁송상 권리구제수단을 설명하시오. [20점]

(2) 甲이 제기한 쟁송에서 피고 측은 甲의 토지에 대한 보상액이 낮게 평가된 것은 토지보상법 시행규칙 제26조 제1항 제2호의 규정에 의한 것으로서 적법하다고 주장한다. 피고의 주장에 대해 법적으로 판단하시오. [15점]

(3) 甲은 토지보상법 시행규칙 제26조 제1항 제2호의 규정은 헌법 제23조상의 재산권 보장 및 정당보상 원칙을 위배하여 위헌적인 것이라고 주장한다. 甲의 주장을 관철할 수 있는 법적 수단을 설명하시오. [15점]

02

다음 각각의 사례에 대하여 답하시오. [30점]

(1) 국토교통부장관은 감정평가법인등 甲에 대하여 법령상 의무위반을 이유로 6개월의 업무정지처분을 하였다. 甲은 업무정지처분취소소송을 제기하였으나 기각되었고 동 기각판결은 확정되었다. 이에 甲은 위 처분의 위법을 계속 주장하면서 이로 인한 재산상 손해에 대해 국가배상청구소송을 제기하였다. 이 경우 업무정지처분취소소송의 위법성 판단과 국가배상청구소송의 위법성 판단의 관계를 설명하시오. [20점]

(2) 감정평가법인등 乙은 국토교통부장관에게 감정평가사 갱신등록을 신청하였으나 거부당하였다. 그런데 乙은 갱신등록거부처분에 앞서 거부사유와 법적 근거, 의견제출의 가능성 등을 통지받지 못하였다. 위 갱신등록거부처분의 위법성 여부를 검토하시오. [10점]

03

A시는 시가지 철도이설사업을 시행하기 위하여 「공익사업을 위한 토지 등의 취득 및 보상에 관한 법률」 제16조에 따라 주택용지를 협의취득하면서 그에 따른 일체의 보상금을 B에게 지급하였고, B는 해당주택을 자진철거하겠다고 약정하였다. B가 자진철거를 하지 않을 경우 B의 주택에 대하여 대집행을 할 수 있는지를 판단하시오. [20점]

2010 제21회 기출문제

01

국토교통부장관은 전국을 철도로 90분 이내에 연결하기 위한 기본계획을 수립하였다. 이 계획에 기초하여 C공단 C이사장은 A지역과 B지역을 연결하는 철도연결사업에 대하여 「공익사업을 위한 토지 등의 취득 및 보상에 관한 법률」(이하 '토지보상법'이라 함) 제20조에 따른 국토교통부장관의 사업인정을 받았다. P는 B-3공구지역에 임야 3,000제곱미터를 소유하고 장뇌삼을 경작하고 있으며, 터널은 P소유 임야의 한 가운데를 통과한다. C공단의 C이사장은 국토교통부장관이 제정한 K지침에 따라 P에 대하여 "구분지상권"에 해당하는 보상으로 900만원(제곱미터당 3,000원 기준)의 보상금을 책정하고 협의를 요구하였다. P는 장뇌삼 경작임야에 터널이 건설되고 기차가 지나다닐 경우 농사가 불가능하다고 판단하여 C이사장의 협의를 거부하였다.
다음의 물음에 답하시오. [40점]

(1) P는 본인 소유 토지의 전체를 C이사장이 수용하여야 한다고 주장한다. 보상에 관한 C이사장의 결정과 P의 주장 내용의 정당성을 판단하시오. [20점]

(2) 토지보상법상 P가 주장할 수 있는 권리와 이를 관철시키기 위한 토지보상법상의 권리구제수단에 관하여 논술하시오. [20점]

02 뉴타운 개발이 한창인 A지역 인근에 주택을 소유한 P는 자신의 주택에 대하여 전년도 대비 현저히 상승한 개별공시지가를 확인하고 향후 부과될 관련 세금의 상승 등을 우려하여 「부동산 가격공시에 관한 법률」 제11조에 따른 이의신청을 하였으나 기각되었다. 이에 P는 확정된 개별공시지가에 대하여 다시 행정심판을 제기하였으나 행정심판위원회는 그 청구를 받아들이지 않았으며, 그 후 P는 자신이 소유한 주택에 대하여 전년도보다 높은 재산세/(부동산보유세)를 부과받게 되었다.
다음의 물음에 답하시오. [30점]

(1) P가 이의신청과 행정심판을 모두 제기한 것은 적법한지에 대하여 설명하시오. [10점]
(2) P가 소유한 주택에 대하여 확정된 개별공시지가가 위법함을 이유로, 그 개별공시지가를 기초로 부과된 재산세에 대한 취소청구소송을 제기할 수 있는지에 대하여 논술하시오. [20점]

03 감정평가법인등 P와 건설업자 Q는 평소에 친밀한 관계를 유지하고 있다. P는 Q의 토지를 평가함에 있어 친분관계를 고려하여 Q에게 유리하게 평가하였다. 국토교통부장관은 P의 행위가 「감정평가 및 감정평가사에 관한 법률」을 위반하였다고 판단하여 과징금, 벌금 또는 과태료의 부과를 검토하고 있다.
다음의 물음에 답하시오. [30점]

(1) 과징금, 벌금, 과태료의 법적 성질을 비교하여 설명하시오. [20점]
(2) 국토교통부장관은 과징금과 벌금을 중복하여 부과하고자 한다. 중복부과처분의 적법성에 관하여 판단하시오. [10점]

2009 제20회 기출문제

01

A시는 도시개발사업을 하면서 주거를 상실하는 거주자에 대한 이주대책을 수립하였다. 이주대책의 주요내용은 다음과 같다. 이를 근거로 다음 물음에 답하시오. [45점]

- 기준일 이전부터 사업구역 내 자기 토지상 주택을 소유하고 협의계약 체결일까지 해당 주택에 계속 거주한 자가 보상에 합의하고 자진 이주한 경우 사업구역 내 분양아파트를 공급한다.
- 분양아파트를 공급받지 않은 이주자에게는 이주정착금을 지급한다.
- 무허가건축물대장에 등록된 건축물 소유자는 이주대책에서 제외한다.

(1) 이주대책의 이론적 근거 및 헌법적 근거를 설명하시오. [5점]
(2) 주택소유자 甲이 보상에 합의하고 자진 이주하지 아니한 경우에도 이주대책에 의한 분양아파트의 공급 혹은 이주정착금의 지급을 요구할 수 있는지의 여부를 검토하시오. [20점]
(3) 무허가건축물대장에 등록되지 않은 건축물 소유자 乙이 해당 건축물이 무허가건축물이라는 이유로 이주대책에서 제외된 경우에 권리구제를 위하여 다툴 수 있는 근거와 소송방법에 관하여 검토하시오. [20점]

02

甲은 하천부지에 임시창고를 설치하기 위하여 관할청에 하천점용허가를 신청하였다. 이에 관할청은 허가기간 만료 시에 위 창고건물을 철거하여 원상복구할 것을 조건으로 이를 허가하였다.
다음 물음에 답하시오. [30점]

(1) 甲은 위 조건에 대하여 취소소송으로 다툴 수 있는지 검토하시오. [20점]
(2) 甲은 창고건물 철거에 따른 손실보상을 청구할 수 있는지 검토하시오. [10점]

03 「감정평가 및 감정평가사에 관한 법률 시행령」 제29조 [별표 3](감정평가법인등의 설립인가의 취소와 업무의 정지에 관한 기준)은 재판규범성이 인정되는지의 여부를 설명하시오. [25점]

2008 제19회 기출문제

01 서울특별시장은 도시관리계획결정에서 정해진 바에 따라 근린공원을 조성하기 위하여 그 사업에 필요한 토지들을 「공익사업을 위한 토지 등의 취득 및 보상에 관한 법률」의 규정에 의거하여 협의를 거쳐 취득하고자 하였으나 협의가 성립되지 않아 중앙토지수용위원회에 재결을 신청하였다. 중앙토지수용위원회의 수용재결(수용의 개시일 : 2005.6.30.)에 따라 서울특별시장은 보상금을 지급하고 필요한 토지를 취득한 후, 6개월간의 공사 끝에 공원을 조성하였다. 공원조성공사가 완료된 후 2년이 지난 뒤 위 토지를 포함한 일대의 토지들이 택지개발예정지구로 지정되었다(고시일 : 2008.6.30.). 국토교통부장관에 의하여 택지개발사업의 시행자로 지정된 한국토지주택공사는 택지개발사업실시계획의 승인을 얻어 공원시설을 철거하고, 그 지상에 임대주택을 건설하는 공사를 시행하고 있다. 이에 공원조성사업을 위해 수용된 토지의 소유자 甲은 2008.8.30. 서울특별시에 환매의 의사표시를 하였으나, 서울특별시는 甲에게 환매권이 없다고 하여 수용된 토지를 되돌려 주지 않았다. 이러한 경우에 甲이 소유권 회복을 위해 제기할 수 있는 소송수단 및 그 인용가능성에 대하여 검토하시오. [40점]

02 토지에 대한 개별공시지가 결정을 다투려고 하는 경우 다음 각각의 사안에 대하여 논술하시오. [40점]

(1) 甲은 A시장이 자신의 소유토지에 대한 개별공시지가를 결정함에 있어서 「부동산 가격공시에 관한 법률」 제10조 제4항에 의하여 국토교통부장관이 작성한 토지가격비준표를 고려하지 않았다고 주장한다. 이에 A시장은 토지가격비준표를 고려하지 않은 것은 사실이나, 같은 법 제10조 제5항의 규정에 따른 산정지가 검증이 적정하게 행해졌으므로, 甲 소유의 토지에 대한 개별공시지가 결정은 적법하다고 주장한다. A시장 주장의 타당성을 검토하시오. [20점]

(2) 乙은 A시장이 자신의 소유토지에 대한 개별공시지가를 결정함에 있어서 「부동산 가격공시에 관한 법률」 제10조 제5항에 의하여 받아야 하는 산정지가 검증을 거치지 않았다는 이유로 개별공시지가 결정이 위법하다고 주장하였다. A시장은 乙의 주장이 있자 산정지가 검증을 보완하였다. 乙이 검증절차의 위법을 이유로 개별공시지가 결정을 다투는 소송을 제기하려는 경우 그 방법 및 인용가능성은? [20점]

03 사적 공용수용의 의의 및 요건에 대하여 설명하시오. [20점]

2007 제18회 기출문제

01 甲은 A도의 일정지역에서 20년 이상 제조업을 운영하여 왔다. A도지사는 「(가칭) 청정자연보호구역의 지정 및 관리에 관한 법률」을 근거로 甲의 공장이 포함되는 B지역 일대를 청정자연보호구역으로 지정하였다. 그 결과 B지역 내의 모든 제조업자들은 법령상 강화된 폐수배출허용기준을 준수하여야 한다. 이에 대하여 甲은 변경된 기준을 준수하는 것이 기술적으로 어려울 뿐만 아니라 수질정화시설을 갖추는 데 과도한 비용이 소요되므로 이는 재산권의 수용에 해당하는 것으로 손실보상이 주어져야 한다고 주장한다.
다음 물음에 답하시오. [40점]

(1) 사례와 같은 甲 재산권의 규제에 대한 보상규정이 위 법률에 결여되어 있는 경우 甲 주장의 타당성을 검토하시오. [20점]

(2) 사례와 같은 재산권 침해 논란을 입법적으로 해결할 필요가 있는 경우 도입할 수 있는 '현금보상이나 채권보상 이외의 보상방법' 및 '기타 손실을 완화할 수 있는 제도'에 관하여 검토하시오. [20점]

02 감정평가법인등의 성실의무와 그 의무이행확보수단을 기술한 후 이들 각 수단의 법적 성질을 비교·검토하시오. [30점]

03 공부상 지목이 과수원으로 되어 있는 토지의 소유자 甲은 토지상에 식재되어 있던 사과나무가 이미 폐목이 되어 과수농사를 할 수 없는 상태에서 사과나무를 베어내고 인삼밭으로 사용하여 왔다. 또한 甲은 건물을 건축하고, 영업허가 등의 절차 없이 식당을 운영하고 있다.
다음 물음에 답하시오. [30점]

(1) 2007년 5월 25일 甲의 토지를 대상으로 하는 공익사업이 인정되어 사업시행자가 甲에게 토지의 협의매수를 요청하였지만 甲은 식당영업에 대한 손실보상을 추가로 요구하면서 이를 거부하고 있다. 甲의 식당영업손실보상에 관한 주장이 타당한 지에 대하여 논하시오. [15점]

(2) 위 토지 및 지장물에 대한 보상평가기준에 대하여 설명하시오. [15점]

2006 제17회 기출문제

01 甲은 세계풍물 야외전시장을 포함하는 미술품 전시시설을 건립하고자 한다. 甲은 자신이 계획하고 있는 시설이 「공익사업을 위한 토지 등의 취득 및 보상에 관한 법률」(이하 "토지보상법"이라 한다) 제4조 제4호의 "미술관"에 해당하는지에 관하여 국토교통부장관에게 서면으로 질의하였다. 이에 대하여 국토교통부장관은 甲의 시설이 토지보상법 제4조 제4호에 열거된 "미술관"에 속한다고 서면으로 통보하였다. 그 후 甲은 국토교통부장관에게 사업인정을 신청하였다.
다음 물음에 답하시오. [40점]

(1) 이 경우 국토교통부장관은 사업인정을 해주어야 하는가? [20점]

(2) 국토교통부장관은 甲에게 사업인정을 해준 후 2006년 2월 1일 사업시행지 내의 토지소유자인 乙 등에게 이를 통지하고 고시하였다. 이후 甲은 乙 등과 협의가 되지 않자 관할 토지수용위원회에 수용재결을 신청하였고, 2006년 8월 1일 관할 토지수용위원회는 乙 등 소유의 토지를 수용한다는 내용의 수용재결을 하였다. 관할 토지수용위원회의 재결서를 받은 乙은 상기 미술관의 건립으로 인하여 문화재적 가치가 있는 乙 등 조상 산소의 석물·사당의 상실이 예견됨에도 불구하고 이러한 고려가 전혀 없이 이루어진 위법한 사업인정이라고 주장하면서 위 수용재결에 대한 취소소송을 제기하였다. 乙은 권리구제를 받을 수 있는가? [20점]

02 감정평가법인등 甲은 「감정평가 및 감정평가사에 관한 법률」 제25조의 성실의무 위반을 이유로 같은 법 제32조 제1항 제11호에 의하여 2006년 2월 1일 국토교통부장관으로부터 등록취소처분을 통보받았다. 이에 甲은 국토교통부장관이 등록취소 시 같은 법 제45조에 의한 청문을 실시하지 않은 것을 이유로 2006년 8월 1일 등록취소처분에 대한 무효확인소송을 제기하였다. 甲의 소송은 인용될 수 있는가? [30점]

03 「공익사업을 위한 토지 등의 취득 및 보상에 관한 법률」상 공시지가를 기초로 한 보상액 산정에 있어서 개발이익의 배제 및 포함을 논하시오. [15점]

04 재산권의 가치보장과 존속보장에 관하여 서술하시오. [15점]

2005 제16회 기출문제

01 사업시행자인 甲은 사업인정을 받은 후에 토지소유자 乙과 협의절차를 거쳤으나 협의가 성립되지 아니하여 중앙토지수용위원회에 재결을 신청하였다. 그러나 丙이 乙 명의의 토지에 대한 명의신탁을 이유로 재결신청에 대해 이의를 제기하자, 중앙토지수용위원회는 상당한 기간이 경과한 후에도 재결처분을 하지 않았다. 甲이 취할 수 있는 행정쟁송수단에 대해 설명하시오. [40점]

02 감정평가사 甲은 감정평가를 함에 있어 감정평가준칙을 준수하지 아니하였음을 이유로 국토교통부장관으로부터 2개월의 업무정지처분을 받았다. 이에 甲은 처분의 효력발생일로부터 2개월이 경과한 후 제소기간 내에 국토교통부장관을 상대로 업무정지처분취소소송을 제기하였다. 甲에게 소의 이익이 있는지의 여부를 판례의 태도에 비추어 설명하시오(감정평가 및 감정평가사에 관한 법률 시행령 제29조 [별표 3]은 업무정지처분을 받은 감정평가사가 1년 이내에 다시 업무정지의 사유에 해당하는 위반행위를 한 때에는 가중하여 제재처분을 할 수 있도록 규정하고 있다). [30점]

03 토지·물건의 인도·이전의무에 대한 실효성 확보수단에 대해 설명하시오. [20점]

04 휴업보상에 대해 약술하시오. [10점]

2004 제15회 기출문제

01 공익사업시행자 X는 A시 지역에 공익사업을 시행하기 위하여 사업인정을 신청하였고, 이에 국토교통부장관으로부터 사업인정을 받았다. 한편, 이 공익사업의 시행에 부정적이었던 토지소유자 Y는 국토교통부장관이 사업인정 시 「공익사업을 위한 토지 등의 취득 및 보상에 관한 법률」 제21조에 의거 관계 도지사와 협의를 거쳐야 함에도 이를 거치지 않은 사실을 알게 되었다. Y는 이러한 협의를 결한 사업인정의 위법성을 이유로 관할 법원에 사업인정의 취소소송을 제기하였다. Y의 주장은 인용가능한가? [40점]

02 국토교통부장관이 「감정평가 및 감정평가사에 관한 법률」(이하 '감정평가법')을 위반한 감정평가법인에게 업무정지 3개월의 처분을 행하였다. 이에 대응하여 해당 법인은 위 처분에는 이유가 제시되어 있지 않아 위법하다고 하면서 업무정지처분취소소송을 제기하였다. 그러나 국토교통부장관은 (1) 감정평가법에 청문규정만 있을 뿐 이유제시에 관한 규정이 없고, (2) 취소소송 심리 도중에 이유를 제시한 바 있으므로 그 흠은 치유 내지 보완되었다고 주장한다. 이 경우 국토교통부장관의 주장에 관하여 검토하시오. [30점]

03 생활보상에 관하여 약술하시오. [20점]

04 「공익사업을 위한 토지 등의 취득 및 보상에 관한 법률」에 규정되어 있는 손실보상의 원칙을 약술하시오. [10점]

2003 제14회 기출문제

01 서울시는 甲과 乙이 소유하고 있는 토지가 속한 동작구 일대에 공원을 조성하기 위하여 甲과 乙의 토지를 수용하려고 한다. 한편 乙의 토지가 표준지로 선정되어 표준지공시지가가 공시되었는데, 乙의 토지 인근에 토지를 보유하고 있는 甲은 乙의 토지의 표준지공시지가 산정이 국토교통부훈령인 「표준지의 선정 및 관리지침」에 위배되었다는 것을 알게 되었다. 이를 이유로 甲이 법적으로 다툴 수 있는지 논하시오. [40점]

02 손실보상에 있어서 사회적 제약과 특별한 희생의 구별기준에 관하여 경계이론과 분리이론의 입장을 설명하시오. [20점]

03 공익사업으로 인한 소음·진동·먼지 등에 의한 간접침해의 구제수단을 설명하시오. [20점]

04 감정평가사 A가 그 자격증을 자격이 없는 사람에게 양도 또는 대여한 것에 대하여 국토교통부장관은 「감정평가 및 감정평가사에 관한 법률」 제27조를 위반한 이유로 그 자격을 취소하였다. 그에 대하여 구제받을 수 있는지 설명하시오. [20점]

2002 제13회 기출문제

01 택지조성사업을 하고자 하는 사업시행자 甲은 국토교통부장관에게 사업인정을 신청하였다. 甲의 사업인정 신청에 대해 국토교통부장관은 택지조성사업 면적의 50%를 택지 이외의 다른 목적을 가진 공익사업용지로 조성하여 기부채납할 것을 조건으로 사업인정을 하였다. 甲은 해당 부관의 내용이 너무 과다하여 수익성을 도저히 맞출 수 없다고 판단하고 취소소송을 제기하려 한다. 어떠한 해결가능성이 존재하는지 검토하시오. [40점]

02 「공익사업을 위한 토지 등의 취득 및 보상에 관한 법률」상 환매권의 목적물과 그 행사요건을 설명하시오. [20점]

03 甲시장은 개별공시지가를 乙에게 개별통지하였으나, 乙은 행정소송제기기간이 경과하도록 이를 다투지 않았다. 후속 행정행위를 발령받은 후에 개별공시지가의 위법성을 이유로 후속 행정행위를 다투고자 하는 경우, 이미 다툴 수 있다고 인정한 바 있는 대법원 1994.1.25. 93누8542 판결과 대비하여 그 가능성 여부를 설명하시오. [20점]

04 공익사업 시행 시 잔여지 및 잔여건물 보상에 관하여 설명하시오. [20점]

2001 제12회 기출문제

01 「공익사업을 위한 토지 등의 취득 및 보상에 관한 법률」(이하 '토지보상법') 제67조 및 동법 제70조는 다음과 같이 규정하고 있다. 이 규정과 관련하여 아래의 물음에 답하시오. [30점]

> **공익사업을 위한 토지 등의 취득 및 보상에 관한 법률**
>
> 제67조(보상액의 가격시점 등)
> ① 보상액의 산정은 협의에 의한 경우에는 협의 성립 당시의 가격을, 재결에 의한 경우에는 수용 또는 사용의 재결 당시의 가격을 기준으로 한다.
> ② 보상액을 산정할 경우에 해당 공익사업으로 인하여 토지 등의 가격이 변동되었을 때에는 이를 고려하지 아니한다.

제70조(취득하는 토지의 보상)
① 협의나 재결에 의하여 취득하는 토지에 대하여는 「부동산 가격공시에 관한 법률」에 따른 공시지가를 기준으로 하여 보상하되, 그 공시기준일부터 가격시점까지의 관계 법령에 따른 그 토지의 이용계획, 해당 공익사업으로 인한 지가의 영향을 받지 아니하는 지역의 대통령령으로 정하는 지가변동률, 생산자물가상승률(「한국은행법」 제86조에 따라 한국은행이 조사·발표하는 생산자물가지수에 따라 산정된 비율을 말한다)과 그 밖에 그 토지의 위치·형상·환경·이용상황 등을 고려하여 평가한 적정가격으로 보상하여야 한다.
② 토지에 대한 보상액은 가격시점에서의 현실적인 이용상황과 일반적인 이용방법에 의한 객관적 상황을 고려하여 산정하되, 일시적인 이용상황과 토지소유자나 관계인이 갖는 주관적 가치 및 특별한 용도에 사용할 것을 전제로 한 경우 등은 고려하지 아니한다.
③ 사업인정 전 협의에 의한 취득의 경우에 제1항에 따른 공시지가는 해당 토지의 가격시점 당시 공시된 공시지가 중 가격시점과 가장 가까운 시점에 공시된 공시지가로 한다.
④ 사업인정 후의 취득의 경우에 제1항에 따른 공시지가는 사업인정고시일 전의 시점을 공시기준일로 하는 공시지가로서, 해당 토지에 관한 협의의 성립 또는 재결 당시 공시된 공시지가 중 그 사업인정고시일과 가장 가까운 시점에 공시된 공시지가로 한다.
⑤ 제3항 및 제4항에도 불구하고 공익사업의 계획 또는 시행이 공고되거나 고시됨으로 인하여 취득하여야 할 토지의 가격이 변동되었다고 인정되는 경우에는 제1항에 따른 공시지가는 해당 공고일 또는 고시일 전의 시점을 공시기준일로 하는 공시지가로서 그 토지의 가격시점 당시 공시된 공시지가 중 그 공익사업의 공고일 또는 고시일과 가장 가까운 시점에 공시된 공시지가로 한다.
⑥ 취득하는 토지와 이에 관한 소유권 외의 권리에 대한 구체적인 보상액 산정 및 평가방법은 투자비용, 예상수익 및 거래가격 등을 고려하여 국토교통부령으로 정한다.

(1) 토지보상법 제70조 제1항 및 동조 제3항과 제4항의 입법취지에 대하여 설명하시오. [10점]
(2) 토지보상법 제70조 제1항이나 「부동산 가격공시에 관한 법률」 등에 의하여 손실보상액을 산정함에 있어, 보상선례를 참작할 수 있는가에 대하여 설명하시오. [10점]
(3) 토지보상법 제67조 및 동법 제70조에서 규정하는 산정방법에 의하여 보상액을 산정하는 것이 정당보상에 합치되는지 논하시오. [10점]

02 사업시행자 甲이 산업단지를 조성하기 위해 매립·간척사업을 시행하게 됨에 따라 해당 지역에서 「수산업법」 제44조의 규정에 의한 신고를 하고 어업에 종사해 온 乙은 더 이상 신고한 어업에 종사하지 못하게 되었다. 그러나 甲은 乙에게 「수산업법」 제81조 제1항 제1호의 규정에 의한 손실보상을 하지 아니하고 공유수면매립사업을 시행하였다. 이 경우 乙의 권리구제방법은? [30점]

03 「공익사업을 위한 토지 등의 취득 및 보상에 관한 법률」상 사업인정의 법적 성질과 권리구제에 대하여 논하시오. [30점]

04 「감정평가 및 감정평가사에 관한 법률」 제28조 규정에 의한 감정평가법인등의 손해배상책임에 대하여 설명하시오. [10점]

2000 제11회 기출문제

01 토지소유자인 甲은 중앙토지수용위원회의 수용재결에 불복하여 이의신청을 제기하였으나 기각되었다. 이에 따라 甲은 행정소송으로서 취소소송을 제기하고자 한다.
다음 물음에 답하시오. [40점]

(1) 이때 甲은 무엇을 대상으로 행정소송을 제기할 수 있는가와 관련하여 판례의 태도를 설명하고 이를 논평하시오. [30점]
(2) 甲이 행정소송을 제기하는 경우에 이것이 토지에 대한 수용효력에 영향을 미치는가를 설명하시오. [10점]

02 감정의뢰인 甲은 감정평가사 乙이 고의로 자신의 토지를 잘못 평가하였음을 주장하여 국토교통부장관에게 乙에 대한 제재조치를 요구하였다. 이에 따라 국토교통부장관은 「감정평가 및 감정평가사에 관한 법률」상의 권한을 행사하여 일정한 제재조치를 취하고자 한다. 이 경우에 국토교통부장관이 취할 수 있는 절차와 구체적인 제재조치 내용을 설명하시오. [30점]

03 공익사업의 시행으로 인하여 공익사업시행지구 밖에서 발생한 피해에 대한 보상의 이론적 근거, 실제유형과 보상의 한계에 대하여 논술하시오. [20점]

04 공익사업 시행 시 사업인정을 받은 토지상의 지상권자가 지상권의 손실보상을 청구하는 경우 그 지상권의 소멸절차를 설명하시오. [10점]

1999 제10회 기출문제

01 식량자원화시대에 즈음하여, A회사는 비료공장을 건설하고자 공장부지를 매입하려고 하였으나, 여의치 않아 국토교통부장관에게 신청하여 사업인정을 받았다. 그 후 「공익사업을 위한 토지 등의 취득 및 보상에 관한 법률」상의 협의가 성립되지 못하였고, 중앙토지수용위원회의 재결에 의하여 수용이 행하여졌다. 피수용자인 甲은 사기업을 위한 해당 토지의 수용은 위법하다고 주장하고, 비록 적법하다고 하더라도 보상금이 충분하지 못하다는 이유로 이의신청을 하였지만, 중앙토지수용위원회는 기각재결을 하였다. 이에 甲은 행정소송을 제기하고자 한다.
다음 물음에 답하시오. [40점]

(1) 사기업인 A회사의 비료공장건설사업에 대한 사업인정의 적법 여부 및 위법하다고 인정되는 경우의 권익구제방법을 논술하시오. [10점]

(2) 甲이 보상금 증액을 청구하는 소송을 제기하는 경우, 그 소송의 형태와 성질 등의 내용을 논술하시오. [30점]

02 토지수용위원회, 부동산가격공시위원회, 보상협의회를 비교·논술하시오. [20점]

03 「공익사업을 위한 토지 등의 취득 및 보상에 관한 법률」상의 확대보상을 설명하고, 확장수용 청구가 거부된 경우 그 불복방법을 논급하시오. [20점]

04 공익사업용지의 취득과 손실보상에 관해 중요한 법으로 (구)토지수용법과 (구)공공용지의 취득 및 손실보상에 관한 특례법이 있다. 이 두 법령의 상호관계를 설명하고, 두 법령의 통합설을 논평하시오. [20점]
(공익사업을 위한 토지의 취득 및 보상에 관한 법률, 2003.1.1. 통합시행됨)

1998 제9회 기출문제

01 택지개발사업이 시행되는 지역에 농지 4,000m²를 소유하고 있던 甲은 보상금으로 사업주변지역에서 같은 면적의 농지를 대토하고자 하였다. 이 지역의 농지가격수준은 사업이 시행되기 이전만 하더라도 주변지역과 같게 형성되고 있었다. 그러나 해당 사업으로 인해 주변지역의 지가가 상승하여 甲은 보상금으로 3,000m²밖에 매입할 수 없었다.
다음 물음에 답하시오. [40점]

(1) 甲이 받은 보상은 정당보상에 해당한다고 볼 수 있는가?
(2) 甲과 사업 주변지역 토지소유자와의 불공평관계에서 나타나는 문제점과 개선대책은?

02 「공익사업을 위한 토지 등의 취득 및 보상에 관한 법률 시행규칙」 제23조는 용도지역, 지구의 지정과 같은 공법상 제한을 받는 토지를 평가할 때에는, 제한받는 상태대로 평가하도록 규정하고 있다. 이와 같은 기준에 의거하여 토지를 평가하도록 하는 이론적 근거에 대하여 설명하시오. [20점]

03 토지소유자 A는 감정평가법인 B에게 소유부동산의 감정평가를 의뢰하고, B는 이를 접수하여 소속 감정평가사인 C로 하여금 감정평가업무에 착수하게 하였다. 이 경우 다음 사항을 설명하시오. [20점]

(1) A와 B의 법률관계의 성질 및 내용은?
(2) A가 국토교통부장관이고 C의 업무 내용이 표준지공시지가의 조사·평가라면 A와 B의 법률관계와 C의 법적 지위는?

04 「감정평가 및 감정평가사에 관한 법률」상의 감정평가행위와 「부동산 가격공시에 관한 법률」상의 지가산정행위의 같은 점과 다른 점을 약술하시오. [20점]

1997 제8회 기출문제

01 법률이 공익목적을 위하여 재산권의 수용·사용 또는 제한을 규정하고 있으면서도 그에 따른 보상규정을 두고 있지 않은 경우, 재산권을 침해당한 자가 보상을 청구할 수 있는지 여부가 헌법 제23조 제3항의 정당한 보상과의 관련하에 문제된다. 이 문제에 관한 해결방법을 논하시오. [50점]

02 표준지공시지가와 개별공시지가를 비교하시오. [20점]

03 (구)토지수용법상의 협의와 (구)공공용지의 취득 및 손실보상에 관한 특례법상의 협의를 비교하시오. [20점]
- 개정법 수정 : 「공익사업을 위한 토지 등의 취득 및 보상에 관한 법률」상 사업인정 전 협의와 사업인정 후 협의를 비교하시오.

04 「공익사업을 위한 토지 등의 취득 및 보상에 관한 법률」상의 토지사용기간 만료 시의 법률관계를 설명하시오. [10점]

1996 제7회 기출문제

01 무효인 재결과 취소할 수 있는 재결을 예시하여 설명하고, 양자의 구별실익을 논급하시오. [50점]

02 개별공시지가의 검증에 대하여 설명하시오. [20점]

03 수몰민의 보상에 대하여 논술하시오. [20점]

04 어업에 관련된 영업보상에 대하여 서술하시오. [10점]

1995 제6회 기출문제

01 「공익사업을 위한 토지 등의 취득 및 보상에 관한 법률」 제23조에 의한 사업인정의 실효가 있는 경우 이로 인하여 불이익을 받게 되는 피수용자에게 손실보상청구권이 있는지 여부를 논하시오. [40점]

02 (구)공공용지의 취득 및 손실보상에 관한 특례법에서 보존등기가 되어 있지 아니한 토지에 대한 보상절차와 내용을 설명하시오. [30점]
  – 2007.10.17. 법률개정으로 관련 내용이 삭제됨

03 「부동산 가격공시에 관한 법률」이 규정하고 있는 부동산가격공시위원회의 구성과 권한을 설명하시오. [30점]

1994 제5회 기출문제

01 토지수용의 효과를 논하시오. [50점]

02 개별공시지가 결정절차상의 하자에 대한 불복절차를 설명하시오. [30점]

03 농업보상을 약술하시오. [20점]

1993 제4회 기출문제

01 A시는 도로건설용지로 사용하기 위하여 甲소유 토지 1,000m2를 수용하기 위해 재결을 신청하였다. 이에 관해 지방토지수용위원회는 1993년 8월 20일자로 수용재결을 하려고 한다. 이 경우 토지수용위원회가 재결을 함에 있어서 적용할 현행법상의 보상기준에 대하여 논하고, 그 보상기준과 정당보상과의 관계를 언급하시오. [50점]

02 「부동산 가격공시에 관한 법률」에 근거하여 시장·군수·구청장이 행하는 개별공시지가 결정의 법적 성질에 대하여 설명하시오. [30점]

03 「공익사업을 위한 토지 등의 취득 및 보상에 관한 법률」이 규정하고 있는 생활보상적 성격을 지닌 보상에 관하여 설명하시오. [20점]

1992 제3회 기출문제

01 토지수용의 재결에 대한 불복을 논하시오. [50점]

02 「공익사업을 위한 토지 등의 취득 및 보상에 관한 법률」(이하 '토지보상법')상 개발이익의 배제에 대하여 논하시오. [20점]

03 다음 문제를 약술하시오.

(1) 채권보상 [10점]
(2) 이주대책 [10점]
(3) 공시지가의 적용 [10점]

1991 제2회 기출문제

01 피수용자의 법적 지위에 관하여 설명하시오. [50점]

02 「감정평가 및 감정평가사에 관한 법률」상 감정평가법인등의 의무와 책임을 설명하시오. [30점]

03 다음 문제를 약술하시오.

(1) 보상액의 산정시기 [10점]
(2) 간접보상의 대상사업과 보상기준 [10점]

1990 제1회 기출문제

01 「공익사업을 위한 토지 등의 취득 및 보상에 관한 법률」상의 사업인정을 설명하고 권리구제에 대하여 논급하시오. [50점]

02 공시지가는 어떻게 작성되며 지가의 고시는 어떠한 성질과 효력을 가지는가에 대하여 설명하시오. [30점]

03 환매요건을 약술하시오. [10점]

04 실농보상을 약술하시오. [10점]

02 출제영역분석표

회	공익사업 토지 등의 취득	공익사업 토지 등의 보상	부동산 가격공시(부공법)와 감정평가(감정평가법)
1	• 사업인정 및 권리규제(50) • 환매요건(10)	실농보상(10)	공시지가의 작성과 지가고시의 성질·효력(30)
2	피수용자의 법적 지위(50)	• 보상액의 산정시기(10) • 간접보상의 대상사업과 보상기준(10)	감정평가법인등의 의무와 책임(30)
3	재결의 불복(50)	• 개발이익배제(20) • 채권보상(10) • 이주대책(10)	공시지가의 적용(10)
4	–	• 현행법상 보상기준 및 정당보상의 관계사례(50) • 생활보상적 성격의 보상(20)	개별공시지가 결정의 법적 성질(30)
5	공용수용의 효과(50)	농업보상(20)	개별공시지가 산정의 절차상 하자에 대한 불복방법(30)
6	보존등기가 되어 있지 아니한 토지에 대한 보상절차와 내용(30)	사업인정 실효 시 손실보상청구권 인정 여부(40)	부동산가격공시위원회의 구성과 권한(30)
7	무효인 재결과 취소할 수 있는 재결예시와 양자의 구별실익(50)	• 수몰민에 대한 보상(20) • 어업에 관련된 영업보상(20)	개별공시지가의 검증(20)
8	• 토지수용법과 공특법의 협의비교(20) • 토지사용기간 만료 시 법률관계(10)	헌법 제23조 제3항의 효력 논의(50)	표준지공시지가와 개별공시지가를 비교(20)
9	–	• 개발이익 배제의 정당보상 및 개발이익 환수와의 관계사례(40) • 사회적 제약과 특별한 희생(20)	• 감정평가법률관계의 성질, 내용, 법적 지위(20) • 감정평가행위와 지가산정행위의 이동(20)
10	• 사업시행자의 사업인정 가능성(10) • 보상금증감청구소송의 형태, 성질(30) • 확장수용(20) • 토지수용법과 공특법 상호관계, 통합설(20)	토지수용위원회, 부동산가격공시위원회, 보상협의회를 비교 논술(20)	–
11	• 원처분 및 재결주의(30) • 집행정지(10) • 지상권 소멸절차(10)	간접보상의 이론적 근거, 실제 유형과 보상의 한계(20)	감정평가사의 고의에 의한 평가에 국토교통부장관이 취할 수 있는 절차와 내용(30)
12	• 토지수용법 제46조(30) • 사업인정의 법적 성질과 권리규제(30)	손실보상 없이 공유수면매립사업을 시행 시 권리구제(30)	감정평가법인등의 손해배상책임(10)
13	• 사업인정과 부관(40) • 환매권의 목적물과 행사요건(20)	잔여지 및 잔여건물의 보상방법(20)	개별공시지가의 하자승계 여부(20)

회	공익사업 토지 등의 취득	공익사업 토지 등의 보상	부동산 가격공시(부공법)와 감정평가(감정평가법)
14	–	• 경계, 분리이론에서 특별한 희생의 구별기준(20) • 간접침해에 대한 구제수단(20)	• 인근 토지소유자가 훈령에 위배된 표준지공시지가를 다툴 수 있는지(40) • 자격이 취소된 감정평가사의 권리구제(20)
15	협의를 결한 사업인정의 절차상 하자(사례 40)	• 생활보상(20) • 손실보상원칙(20)	이유제시의 절차하자와 치유(30)
16	• 재결의 부작위 시 행정쟁송방법(40) • 토지 물건인도 거부 시 실효성 확보수단(20)	휴업보상(10)	가중처벌위험을 규정한 시행령 별표의 법적 성질과 협의의 소익(30)
17	사업인정에 대한 사전결정, 사업인정과 재결의 하자승계(40)	• 존속보상과 가치보장(15) • 개발이익의 배제(15)	감정평가법인등의 등록취소처분 – 무효와 취소의 구별과 청문절차의 하자(30)
18	–	• 보상규정 결여(20) • 현금, 채권보상 이외 기타 손실보상, 완화제도(20) • 영업보상(30)	감정평가법인등의 성실의무와 의무이행 확보수단 비교(30)
19	• 환매권의 소송수단 및 인용가능성(40) • 사적 공용수용(20)	–	• 개공결정 시 토지가격비준표(20) • 개공결정 시 산정지가검증(20)
20	–	• 이주대책의 사례(45) • 임시창고건물 철거조건 취소소송과 임시창고건물 철거에 따른 손실보상(30)	감정평가법인등의 인가취소 등 감정평가법 시행령 제29조 [별표 3]의 재판규범성(25)
21	토지보상법상 사업인정 이후의 피수용자의 권리 및 권리구제수단(20)	토지보상법상 보상평가액 책정과 피수용자의 수용주장 정당성(20)	• 개별공시지가 결정의 이의신청과 하자의 승계(30) • 성실의무 위반에 따른 과징금, 벌금, 과태료의 법적 성질과 중복부과의 적법성(30)
22	철도이설사업을 위한 협의취득에 따른 대집행 가능성(20)	사실상 사도 토지보상액 불복과 정당보상에 위배되는지 여부에 대한 법적 주장 관철수단(50)	• 업무정지처분취소소송의 위법성 판단과 국가배상청구소송에서 위법성 판단관계(20) • 갱신등록거부처분의 절차하자 위법성(10)
23	• 환매권 행사 권리구제방법 및 환매대금 증액 대응수단(40) • 사업인정고시의 효과(10)	잔여지 가격감소에 대한 권리구제방법과 잔여지 수용청구의 요건 및 행정소송의 형식(30)	감정평가법인 설립인가취소처분 취소소송에서 집행정지신청 인용 여부(20)
24	도시관리계획의 위법성과 신뢰보호와 원칙(20)	특별한 희생에 대한 판단(20)	개별공시지가의 위법성과 손해배상책임(30)
25	• 조합설립인가의 법적 성질 및 하자의 정도, 쟁송의 형태(20) • 사업인정 전후의 협의의 차이(10)	수용재결 및 이의재결에 대한 소송대상의 문제(20)	• 표준지공시지가의 법률상 이익과 판결의 효력 등(30) • 경매평가에서 국가배상의 요건(20)
26	• 보상금증감청구소송의 의의 및 특수성(20) • 잔여지 감가보상(20)	• 무허가건축물의 보상대상 여부(10) • 주거이전비의 지급 가능성(20)	• 감정평가실무기준의 법적 성질(20) • 감정평가기준(10)

회	공익사업 토지 등의 취득	공익사업 토지 등의 보상	부동산 가격공시(부공법)와 감정평가(감정평가법)
27	• 사업인정과 수용재결의 하자의 승계(20) • 토지보상법 제72조 완전수용에 대한 불복으로 이의신청 및 보증소(30)	• 이주대책 거부처분의 사전통지 및 이유제시(20) • 이주대책 거부사유 소송도중 처분사유의 추가·변경(20)	감정평가법 시행령 제29조 [별표 3]의 법적 성질 및 협의의 소익(10)
28	토지보상법 제21조 개정취지, 절차의 하자, 하자의 승계, 사업인정의 의제 및 사업인정의 요건, 수용권 남용	• 보상금증감청구소송, 공법상 제한받는 토지의 평가, 이주민지원규정의 법적 성질, 이주대책의 강행규정, 이주대책의 행정쟁송방법 • 사실상 사도에 대하여 도정법상 매도청구권 행사에 의한 평가와 토지보상법상 수용재결 평가의 차이, 해당 사업과 무관한 개발이익의 반영 여부	–
29	토지보상법 시행규칙 제54조 제2항 주거이전비 규정의 강행 규정 여부(30)	공익사업시행지구 밖 영업손실의 간접손실보상(10)	• 자격증 명의대여 또는 자격증 부당행사 감정평가법령상 징계절차(20) • 징계처분취소소송 계속 중 처분사유 추가·변경(10) • 개별공시지가 검증과 토지가격비준표 적용의 위법성(20) • 중앙부동산가격공시위원회 설명(10)
30	협의의 수용재결 신청 전 필요적 절차인지 여부와 협의성립 확인의 법적 효과(10)	• 골프장 잔여시설에 대한 대체시설의 설치비용 보상 여부(10) • 골프장 잔여시설의 지가 및 건물가격 하락분에 대한 보상청구의 소송방법(20) • 수산업협동조합의 간접손실보상 가능성과 보상규정 결여(20)	• 개별공시지가 정정처분의 취소소송의 적법성(15) • 이의신청 도과 시에도 개별공시지가 정정 가능한지 여부(10) • 개별공시지가에 기초한 부담금부과 시 내용상 하자의 치유가능성(15)
31	「공익사업을 위한 토지 등의 취득 및 보상에 관한 법률」에 따라 제기할 수 있는 소송의 의의와 그 특수성(15)	• 시립공원 지정·고시 이전을 기준으로 해야 한다는 주장의 타당성 여부(10) • 조성사업의 시행을 위하여 수용할 수 있는지 여부(15)	• 개별공시지가의 정정사유(5) • 소의 대상과 제소기간의 기산일(10) • 개별공시지가제도의 입법목적(15) • 감정평가업자의 업무에 해당하는지 여부(20) • 감정평가의 기준 및 감정평가 타당성 조사(10)
32	재결신청을 하지 않는 경우의 불복방법(15)	• 농업손실보상을 청구할 수 있는지 여부(10) • 잔여지 수용청구권의 법적 성질과 잔여지수용청구가 인정될 수 있는지 여부(15)	• 취소소송의 제소기간(10) • 개별공시지가결정의 위법(20) • 과징금부과처분의 취소를 구하는 소(10) • 감정평가법인등의 '성실의무 등'의 내용(10)

회	공익사업 토지 등의 취득	공익사업 토지 등의 보상	부동산 가격공시(부공법)와 감정평가(감정평가법)
33	수용재결에 대한 취소소송(10)	• 사실상의 사도로 인정되는 경우와 그렇지 않은 경우에 보상기준(10) • 주거이전비에 대한 토지보상(20)	• 표준지공시지가 조사·평가 기준의 법적 성질에 비추어 甲 주장의 타당성 여부(20) • 개별공시지가에 대한 이의를 신청하였으나 기각되었을 때 기각결정에 불복하여 행정심판법 상의 행정심판을 제기(10) • 감정평가관리·징계위원회의 의결에 따라 사전통지를 거쳐 감정평가사 자격취소처분(20) • 감정평가법인등의 손해배상책임의 성립요건(10)
34	사업인정과 사업인정고시의 법적성질(10)	• 취소소송의 대상적격과 피고적격(10) • 적합한 소송형태(10)	• 취소심판 제기 가능성 등(15) • 하자승계(15) • 집행정지(20) • 사무소 개설 등(10)
35	환매권(40)	취소소송(15)	• 개별공시지가 정정(15) • 징계처분(10) • 성실의무내용(10) • 행정상 제재(10)
36	• 취소소송을 제기하는 경우 대상이 되는 처분(10) • 업무정지처분에 갈음한 과징금 부과 및 불이행 시 조치(10) • 취소소송의 제소기간 준수 여부(10)	• 토지보상법상 법적 성격(10) • 사업인정 수용의 대상 및 수용권한(20) • 영업손실에 대한 보상요건(10)	• 표준지공시지가결정의 위법 주장 인용 가능성(20) • 감정평가법인의 설립행위와 인가행위의 관계(10)

03 주관식 답안 작성 참고 자료

1. 약술형 문제풀이에 관하여

(1) 사전에 치밀한 답안 구성을 할 것
우수한 2차 시험 답안은 시험위원에게 일목요연하게 정리되어 있음을 보여주는 답안입니다.

(2) 일반적 법리 전개의 중요성
각 문제를 풀어가는 전단계로서 일반 법리에 대한 내용 설명이 필수적입니다. 채점위원들의 평가기준표상 이 부분에 관한 배점은 매우 높습니다. 하지만 상당수의 답안이 이 점을 간과하고 있습니다. 수험생들은 그 내용을 너무 잘 알고 있어서 굳이 언급할 필요성이 없다고 생각하였는지도 모릅니다. 그러나 큰 문제라고 하더라도 수험생들의 일반 법리에 대한 이해를 묻는 것을 전제로 합니다. 특정 서적의 내용을 이해하고 암기하되, 아울러 각자의 지식으로 만들었음을 보여주려는 노력이 필요합니다.

(3) 학설내용에 대한 정확한 이해
학설을 소개하면서 그 내용에 대한 정확한 이해가 필요합니다.

(4) 용어에 대한 정확한 이해
답안을 구성할 때 무엇보다도 중요한 것은 정확한 용어의 사용입니다.

2. 논술형(사례문제) 문제풀이에 관하여

(1) 논술형(사례문제)의 접근에 있어서 가장 필요한 것은 논리적이고 체계적인 사고입니다.
출제된 사례문제가 과연 해당 과목의 어느 부분에 해당하는지를 특정할 줄 알아야 합니다. 여러 부분의 논점에 걸리는 문제라면 정연한 논리로써 결국 답을 이끌어 내야 하며, 관련 부분에 대한 설명을 통하여 합리적인 결과를 도출해 낼 수 있어야 합니다. 제시된 사례가 어느 법리의 요건사실을 충족하는지 차분히 검토하고, 동 요건을 검토하면서 논리적으로 정연하게 이론을 도출시켜 자신이 선택한 요건에 상응하는 효과를 부여하고, 그에 따른 결론을 내야 합니다. 이와 관련하여 연습 없이 막 바로 답안을 구성하기에는 약간의 무리가 있으며, 평상시에 관련 답안의 작성 연습을 통하여 사례문제를 풀어나가는 요령을 몸에 익히는 것이 필요합니다. 사례문제에서는 정답이 있다기보다는 (소수설에 따르더라도) 합리적이며 논리적인 이론 전개 및 결론 도출이 관건이라고 봅니다. 설사 채점관이 원하는 답과 다른 논리로 다른 결론에 도달하였다 하더라도 그것이 논리에 오류가 없다면 심한 감점은 없다는 것이 정설입니다.

(2) 사례형 문제의 해결에 있어서 그 출발점이 되는 것이 바로 "사실관계의 확정"입니다.
자칫 잘못 읽어 사실을 오해하거나, 추측적인 사실 구성 내지 제시된 설문을 넘는 사안 구성을 통하여 이른바 '삼천포'로 빠지는 답안을 구성하는 분들이 의외로 많습니다. 따라서 사안을 접하면 사실관계를 명확히 특정하고 나서(주어진 사실에 부가적으로 창작하여 '사실은 그럴 것이다.'라고 오해하여서는 안 됩니다) 그 사실로부터 발생하는 법률요건을 검토하고 그 요건의 심사를 통하여 해당 효과를 도출해 내면 됩니다. 물론 그 논리전개과정에서 학설이나 판례 등이 언급되어야 합니다.

04 6개년 기출문제 예시답안

논술형 문제의 특성상 다양한 논리와 논술방향이 있을 수 있습니다. 다음 내용은 출제위원의 답안이 아닌 예시답안에 불과하므로 참고와 보충의 목적으로 학습하시길 바랍니다.

2025 제36회 기출문제 예시답안

[문제1]

> 주식회사 甲은 30년 넘게 서울특별시 A구에서 콘크리트 제조 공장을 허가 받아 적법하게 운영하고 있다. 甲이 창고로 사용하고 있는 부지(이하 '이 사건 부지'라 함)는 백제 한성기의 왕성 유적으로 알려진 국가지정문화유산 B유적지의 보호구역에 있다. 학계 등은 B유적지의 완전한 복원을 위해서는 이 사건 부지의 수용 필요성을 오래전부터 제기해 왔고, 이 사건 부지에 있는 창고의 증축과정에서 백제 토성의 유물이 발견되기도 하였다. 한편, 관련 법령에 따라 B유적지를 관리하는 A구청장 乙은 B유적지의 정비 및 복원을 위하여 이 사건 부지에 대한 공익사업을 계획하고 국토교통부장관에게 사업인정 신청을 하였다. 국토교통부장관은 「공익사업을 위한 토지 등의 취득 및 보상에 관한 법률」(이하 '토지보상법'이라 함)에 따라 사업인정(이하 '이 사건 사업인정'이라 함)을 하고 이를 고시하였다.
> 甲은 다음과 같은 이유로 이 사건 사업인정 및 고시가 위법하다고 주장한다.
> 1. 이 사건 부지가 수용되면 공장 운영의 차질 및 콘크리트 공급 감소로 인한 건설 현장의 대혼란을 야기할 수 있으므로 문화유산 보호의 이유로는 수용될 수 없다.
> 2. 乙은 국가지정문화유산을 관리하는 행정청이지 수용 권한이 있는 것은 아니다.
> 다음 물음에 답하시오. [40점]

(물음 1) 토지보상법상 다음의 법적 성격을 설명하시오. [10점]
       1. 사업인정 전과 후의 '보상에 관한 협의'
       2. 사업인정 후 '협의취득'

(물음 2) 甲 주장(1. 및 2.)의 타당성 여부를 검토하시오. [20점]

(물음 3) 이 사건 부지에 대한 수용이 진행될 경우, 甲의 영업손실에 대한 보상 요건을 설명하시오. [10점]

[참고 조문]

공익사업을 위한 토지 등의 취득 및 보상에 관한 법률

제16조(협의)
사업시행자는 토지등에 대한 보상에 관하여 토지소유자 및 관계인과 성실하게 협의하여야 하며, 협의의 절차 및 방법 등 협의에 필요한 사항은 대통령령으로 정한다.

제20조(사업인정)
① 사업시행자는 제19조에 따라 토지등을 수용하거나 사용하려면 대통령령으로 정하는 바에 따라 국토교통부장관의 사업인정을 받아야 한다.

공익사업을 위한 토지 등의 취득 및 보상에 관한 법률 [별표]

법 제20조에 따라 사업인정을 받아야 하는 공익사업
 (1) 「공간정보의 구축 및 관리 등에 관한 법률」에 따른 기본측량의 실시
 (2) 「공공토지의 비축에 관한 법률」에 따라 한국토지주택공사가 공공개발용 토지의 비축사업계획을 승인받은 공공개발용 토지의 취득
 (3) 「국립대학법인 서울대학교 설립·운영에 관한 법률」에 따른 국립대학법인 서울대학교의 학교 용지 확보
 (4) 「국립대학법인 인천대학교 설립·운영에 관한 법률」에 따른 국립대학법인 인천대학교의 학교 용지 확보
 (5) 「규제자유특구 및 지역특화발전특구에 관한 규제특례법」에 따른 특화사업
 (6) 「농어업재해대책법」에 따른 응급조치
 (7) 「대기환경보전법」 제4조에 따라 고시된 측정망설치계획에 따른 환경부장관 또는 시·도지사의 측정망 설치
 (8) 「문화유산의 보존 및 활용에 관한 법률」, 「자연유산의 보존 및 활용에 관한 법률」에 따른 문화유산과 자연유산의 보존·관리

공익사업을 위한 토지 등의 취득 및 보상에 관한 법률 시행규칙

제45조(영업손실의 보상대상인 영업)
법 제77조 제1항에 따라 영업손실을 보상하여야 하는 영업은 다음 각 호 모두에 해당하는 영업으로 한다.
 1. 사업인정고시일등 전부터 적법한 장소(무허가건축물등, 불법형질변경토지, 그 밖에 다른 법령에서 물건을 쌓아놓는 행위가 금지되는 장소가 아닌 곳을 말한다)에서 인적·물적시설을 갖추고 계속적으로 행하고 있는 영업. 다만, 무허가건축물등에서 임차인이 영업하는 경우에는 그 임차인이 사업인정고시일등 1년 이전부터 「부가가치세법」 제8조에 따른 사업자등록을 하고 행하고 있는 영업을 말한다.
 2. 영업을 행함에 있어서 관계법령에 의한 허가등을 필요로 하는 경우에는 사업인정고시일등 전에 허가등을 받아 그 내용대로 행하고 있는 영업

문화유산의 보존 및 활용에 관한 법률

제83조(토지의 수용 또는 사용)
① 국가유산청장이나 지방자치단체의 장은 문화유산의 보존·관리를 위하여 필요하면 지정문화유산이나 그 보호구역에 있는 토지, 건물, 나무, 대나무, 그 밖의 공작물을 「공익사업을 위한 토지 등의 취득 및 보상에 관한 법률」에 따라 수용(收用)하거나 사용할 수 있다.

목차잡기

I. (물음 1) 토지보상법상 법적 성격 [10점]
1. 사업인정 전과 후의 '보상에 관한 협의'
2. 사업인정 후 '협의취득'

II. (물음 2) 甲 주장(1. 및 2.)의 타당성 여부 검토 [20점]
1. 甲 주장 1의 타당성
2. 甲 주장 2의 타당성

III. (물음 3) 甲의 영업손실에 대한 보상 요건 [10점]
1. 서
2. 요 건
   (1) 적법한 영업
   (2) 계속성
   (3) 영업의 폐지 또는 휴업
   (4) 폐 지
   (5) 휴 업

답하기

I. (물음 1) 토지보상법상 법적 성격 [10점]

1. **사업인정 전과 후의 '보상에 관한 협의'**
   사업인정 전의 협의는 「토지보상법」상 사업인정의 전제 요건으로, 그 법적 성격은 민사법상 사법(私法)상 계약이다. 협의가 이루어지지 않더라도 사업인정의 효력에는 영향을 주지 않는다. 반면, 사업인정 후의 협의는 이미 공법상 효과가 발생한 상태에서 이루어지는 것으로, 협의 불성립 시 수용 절차로 즉시 이행될 수 있다. 그럼에도 그 법적 성격은 여전히 사법(私法)상 계약이다.

2. **사업인정 후 '협의취득'**
   사업인정 후의 협의를 통해 토지 등을 취득하는 것을 협의취득이라고 한다. 이는 사업시행자와 토지소유자 간의 사법(私法)상 계약이며, 행정처분이 아니다. 따라서 협의 내용에 불만이 있을 경우, 행정소송의 대상이 되지 않고 민사소송으로 다투어야 한다.

Ⅱ. (물음 2) 甲 주장(1. 및 2.)의 타당성 여부 검토 [20점]

1. 甲 주장 1의 타당성

甲은 공장 운영 차질로 인한 건설 현장의 혼란을 이유로 수용이 위법하다고 주장한다. 그러나 「토지보상법」에 따르면, 문화유산의 보존 및 복원 사업은 공익사업의 한 종류에 해당한다. 이 사건의 경우, 백제 한성기 왕성 유적 보호라는 공익과 甲의 공장 운영 차질이라는 사익이 충돌한다. 일반적으로 문화유산의 보존이라는 공익이 특정 기업의 생산활동 차질이라는 사익보다 우월하다고 판단되므로, 甲의 주장은 법적으로 타당하지 않다.

2. 甲 주장 2의 타당성

甲은 A구청장 乙에게 수용 권한이 없으므로 이 사건 사업인정이 위법하다고 주장한다. 「토지보상법」상 사업인정 권한은 국토교통부장관에게 있다. A구청장 乙은 이 사건 공익사업의 사업시행자로서 국토교통부장관에게 사업인정을 신청한 것이며, 실제 사업인정은 국토교통부장관이 한 것이다. 따라서 甲의 주장은 법적 사실관계를 오해한 것으로 타당성이 없다.

Ⅲ. (물음 3) 甲의 영업손실에 대한 보상 요건 [10점]

1. 서

「토지보상법 시행규칙」 제45조에 따라, 甲이 영업손실에 대한 보상을 받으려면 다음의 요건을 충족해야 한다.

2. 요건

(1) 적법한 영업

이 사건 부지에서 적법한 허가·면허·신고 등을 받고 영업을 하고 있어야 한다.

(2) 계속성

사업인정고시일 이전부터 계속하여 영업을 하고 있었어야 한다.

(3) 영업의 폐지 또는 휴업

공익사업의 시행으로 인해 영업을 폐지하거나 휴업할 수밖에 없어야 한다.

(4) 폐지

다른 장소에서 동일한 영업을 계속하는 것이 불가능한 경우이다.

(5) 휴업

영업이 일시적으로 중단된 후 재개할 수 있는 경우이다.

[문제2] 국토교통부장관은 X도 Y시 소재의 공부상 지목이 대(垈)인 A토지를 표준지로 선정하여 2024.1.1. 기준 표준지공시지가를 1m²당 550만원으로 2024.1.25. 결정·공시하였다. 이에 따라 X도 Y시장은 Y시 부동산가격공시위원회의 심의를 거쳐 2024.5.31. 공부상 지목이 답(畓)인 甲 소유의 토지(이하 '이 사건 토지'라 함)의 개별공시지가를 1m²당 85만원으로 결정·공시하고, 2024.6.3. 甲에게 이를 통지하였다. 다음 물음에 답하시오. [30점]

(물음 1) 이 사건 토지는 「국토의 계획 및 이용에 관한 법률」에 따른 도시계획시설인 공원 부지로 토지수용의 대상이 되었다. 2024.11.15. 이 사건 토지에 대하여 관할 토지수용위원회의 수용재결이 이루어졌다. 이에 甲은 2024.12.2. 수용보상금증액청구소송을 제기하면서 표준지공시지가결정의 위법을 주장하고 있다. 甲의 주장이 인용될 수 있는지를 검토하시오. [20점]

(물음 2) 甲은 2024.6.14. 이 사건 토지의 개별공시지가결정에 대하여 「부동산 가격공시에 관한 법률」에 따라 이의신청을 하였으나 2024.6.28. 기각결정의 통지를 받았다. 甲은 2024.7.30. 개별공시지가결정에 대하여 「행정심판법」에 따른 행정심판을 제기하였으나, 2024.8.30. 기각재결을 받았고, 재결서 정본은 2024.9.10. 甲에게 송달되었다. 甲은 2024.9.20. 개별공시지가결정에 대한 취소소송을 제기하였다. 甲이 제기한 취소소송의 제소기간 준수 여부를 검토하시오. [10점]

[참고 조문]

부동산 가격공시에 관한 법률

제11조(개별공시지가에 대한 이의신청)
① 개별공시지가에 이의가 있는 자는 그 결정·공시일부터 30일 이내에 서면으로 시장·군수 또는 구청장에게 이의를 신청할 수 있다.
② 시장·군수 또는 구청장은 제1항에 따라 이의신청 기간이 만료된 날부터 30일 이내에 이의신청을 심사하여 그 결과를 신청인에게 서면으로 통지하여야 한다. 이 경우 시장·군수 또는 구청장은 이의신청의 내용이 타당하다고 인정될 때에는 제10조에 따라 해당 개별공시지가를 조정하여 다시 결정·공시하여야 한다.
③ 제1항 및 제2항에서 규정한 것 외에 이의신청 및 처리절차 등에 필요한 사항은 대통령령으로 정한다.

공익사업을 위한 토지 등의 취득 및 보상에 관한 법률

제85조(행정소송의 제기)
① 사업시행자, 토지소유자 또는 관계인은 제34조에 따른 재결에 불복할 때에는 재결서를 받은 날부터 90일 이내에, 이의신청을 거쳤을 때에는 이의신청에 대한 재결서를 받은 날부터 60일 이내에 각각 행정소송을 제기할 수 있다. 이 경우 사업시행자는 행정소송을 제기하기 전에 제84조에 따라 늘어난 보상금을 공탁하여야 하며, 보상금을 받을 자는 공탁된 보상금을 소송이 종결될 때까지 수령할 수 없다.
② 제1항에 따라 제기하려는 행정소송이 보상금의 증감(增減)에 관한 소송인 경우 그 소송을 제기하는 자가 토지소유자 또는 관계인일 때에는 사업시행자를, 사업시행자일 때에는 토지소유자 또는 관계인을 각각 피고로 한다.

행정소송법

제20조(제소기간)
① 취소소송은 처분 등이 있음을 안 날부터 90일 이내에 제기하여야 한다. 다만, 제18조 제1항 단서에 규정한 경우와 그 밖에 행정심판청구를 할 수 있는 경우 또는 행정청이 행정심판청구를 할 수 있다고 잘못 알린 경우에 행정심판청구가 있은 때의 기간은 재결서의 정본을 송달받은 날부터 기산한다.

📜 목차잡기

Ⅰ. (물음 1) 표준지공시지가결정의 위법 주장 인용 가능성 [20점]
1. 쟁점의 정리
2. 판례의 입장
    (1) 표준지공시지가와 개별공시지가의 관계
    (2) 수용재결의 위법성 판단 범위
    (3) 별도의 행정쟁송 절차
3. 결 어

Ⅱ. (물음 2) 취소소송의 제소기간 준수 여부 [10점]
1. 쟁점의 정리
2. 관련 법령 및 판례
3. 사례 적용
4. 결 어

📜 답하기

Ⅰ. (물음 1) 표준지공시지가결정의 위법 주장 인용 가능성 [20점]

1. 쟁점의 정리
   이 사건의 핵심 쟁점은 수용보상금증액청구소송에서 표준지공시지가결정의 위법성을 주장할 수 있는지, 즉 표준지공시지가결정의 위법성이 수용재결의 위법성을 판단하는 데 영향을 미칠 수 있는지 여부이다.

2. 판례의 입장
   대법원 판례(2003두11822 판결 등)는 수용보상금증액청구소송에서 표준지공시지가결정의 위법성을 주장하는 것을 허용하지 않는다. 그 이유는 다음과 같다.
   (1) 표준지공시지가와 개별공시지가의 관계
       표준지공시지가는 개별공시지가를 산정하는 기준이 되지만, 이는 사실상의 표준에 불과하며 법률상 구속력을 갖지 않는다고 본다.
   (2) 수용재결의 위법성 판단 범위
       수용재결의 위법성을 다투는 수용보상금증액청구소송은 개별공시지가의 위법성을 다투는 것이 아니라, 수용재결의 보상금이 「토지보상법」상 적정하게 산정되었는지를 다투는 것이다. 따라서 표준지공시지가의 위법은 직접적인 다툼의 대상이 될 수 없다고 판단한다.
   (3) 별도의 행정쟁송 절차
       표준지공시지가결정은 「부동산 가격공시에 관한 법률」에 따라 별도의 행정쟁송 절차를 통해 다툴 수 있으므로, 수용보상금증액청구소송에서 그 위법성을 주장하는 것은 소송 절차를 혼란하게 할 우려가 있다고 본다.

3. 결 어
   따라서 甲이 수용보상금증액청구소송에서 표준지공시지가결정의 위법을 주장하는 것은 인용될 수 없다. 甲은 표준지공시지가결정 자체를 다투려면 별도의 행정쟁송을 제기했어야 한다.

Ⅱ. (물음 2) 취소소송의 제소기간 준수 여부 [10점]

1. 쟁점의 정리
이 사건의 쟁점은 행정심판을 거친 경우, 취소소송의 제소기간이 재결서 정본 송달일로부터 90일 이내인지, 아니면 원처분(개별공시지가결정)이 있음을 안 날로부터 90일 이내인지 여부이다.

2. 관련 법령 및 판례
행정심판 전치주의:「행정심판법」에 따라 개별공시지가결정에 대한 행정심판이 청구되었으므로, 행정심판을 거친 경우에는「행정소송법」제20조 제2항에 따라 재결서 정본을 송달받은 날부터 90일 이내에 취소소송을 제기해야 한다.

3. 사례 적용
(1) 개별공시지가결정(원처분) 통지일: 2024.6.3.
(2) 행정심판 재결 통지일: 2024.8.30.
(3) 재결서 정본 송달일: 2024.9.10.
(4) 취소소송 제기일: 2024.9.20.
(5) 제소기간의 기산점: 행정심판을 거쳤으므로 제소기간은 재결서 정본을 송달받은 날인 2024.9.10.부터 기산된다.
(6) 제소기간의 만료일: 제소기간은 90일이므로, 2024.9.10.부터 90일 이내인 2024.12.9.까지 소를 제기하면 된다.

4. 결 어
甲은 2024.9.20.에 취소소송을 제기하였으므로, 이는 재결서 정본 송달일(2024.9.10.)로부터 90일 이내에 해당하여 제소기간을 준수한 것으로 판단된다.

[문제3] 국토교통부장관은「감정평가 및 감정평가사에 관한 법률」제6조(감정평가서)에 반하는 감정평가서를 작성·발급하였다는 이유로 감정평가사 甲에게 3월의 업무정지처분을 하였다. 甲은 위 처분에 대하여 행정심판을 청구하였고, 행정심판위원회는 "국토교통부장관은 甲에게 한 3월의 업무정지처분을 2월의 업무정지처분으로 변경하라"는 재결을 하였다. 국토교통부장관은 위 재결취지에 따라 "3월의 업무정지처분을 2월의 업무정지처분으로 변경한다"는 후속 변경처분을 하였다. 다음 물음에 답하시오. [20점]

(물음 1) 甲이 후속 변경처분을 받은 후에 취소소송을 제기하는 경우 어떠한 처분을 대상으로 하는지 검토하시오. [10점]

(물음 2) 위 행정쟁송이 있기 전, 국토교통부장관은「감정평가 및 감정평가사에 관한 법률」상 업무정지처분을 갈음하여 과징금을 부과할 수 있는지, 그리고 甲이 과징금 납부의무를 불이행한 경우 국토교통부장관은 어떠한 조치를 할 수 있는지 검토하시오.
[10점]

📜 목차잡기

Ⅰ. (물음 1) 甲이 취소소송을 제기하는 경우 대상이 되는 처분 [10점]
1. 쟁점의 정리
2. 판례의 입장
   (1) 본 질
   (2) 소송 대상
3. 결 어

Ⅱ. (물음 2) 업무정지처분에 갈음한 과징금 부과 및 불이행 시 조치 [10점]
1. 업무정지처분을 갈음한 과징금 부과 가능성
   (1) 관련 법령
   (2) 목 적
   (3) 결 어
2. 과징금 납부의무 불이행 시 조치
   (1) 관련 법령
   (2) 조치의 구체적 내용
       ① 독 촉
       ② 가산금 부과
       ③ 재산 압류 및 공매
       ④ 결 어

📜 답하기

Ⅰ. (물음 1) 甲이 취소소송을 제기하는 경우 대상이 되는 처분 [10점]

1. 쟁점의 정리

   이 문제는 행정심판의 일부인용 재결에 따른 후속 변경처분이 있을 때, 취소소송의 대상이 되는 처분이 무엇인지에 관한 것이다. 즉, 당초 처분인 '3개월 업무정지처분'인지, 아니면 후속 변경처분인 '2개월 업무정지처분'인지가 쟁점이다.

2. 판례의 입장

   대법원 판례는 이러한 경우를 "감액경정처분"으로 보며, 그 법적 성격을 다음과 같이 정리하고 있다.

   (1) 본 질

   후속 변경처분(감액경정처분)은 당초 처분(3개월 업무정지)의 일부 효력을 소멸시키는 행정행위이다.

   (2) 소송 대상

   소송의 대상은 당초 처분인 '3개월 업무정지처분' 중 변경되고 남은 부분(2개월 업무정지처분)이 된다. 후속 변경처분은 당초 처분의 효력을 변경하는 것일 뿐, 새로운 처분이 아니기 때문이다.

3. 결 어

   甲이 취소소송을 제기하는 경우, 소송의 대상은 "3개월 업무정지처분 중 2개월 업무정지처분으로 변경된 부분"이 된다. 즉, 당초 처분의 효력이 변경된 것이므로 당초 처분을 대상으로 소송을 제기해야 한다.

Ⅱ. (물음 2) 업무정지처분에 갈음한 과징금 부과 및 불이행 시 조치 [10점]

1. 업무정지처분을 갈음한 과징금 부과 가능성

(1) 관련 법령

「감정평가 및 감정평가사에 관한 법률」 제40조에 따르면, 국토교통부장관은 감정평가사에게 업무정지처분을 해야 할 경우, 그 업무정지처분에 갈음하여 과징금을 부과할 수 있다.

(2) 목 적

이는 업무정지로 인해 감정평가사와 의뢰인이 입게 될 불편을 고려하여, 공익을 저해하지 않는 선에서 처분을 유연하게 적용하기 위함이다.

(3) 결 어

국토교통부장관은 甲에게 3개월의 업무정지처분 대신에 과징금을 부과할 수 있다.

2. 과징금 납부의무 불이행 시 조치

(1) 관련 법령

「감정평가 및 감정평가사에 관한 법률」 제40조 제4항에 따르면, 과징금 납부의무를 이행하지 않은 경우 국토교통부장관은 국세 강제징수의 예에 따라 과징금을 징수할 수 있다.

(2) 조치의 구체적 내용

① 독 촉

납부 기한이 지나면 납부를 독촉한다.

② 가산금 부과

납부 기한까지 과징금을 납부하지 않으면 가산금이 부과될 수 있다.

③ 재산 압류 및 공매

독촉에도 불구하고 납부하지 않으면 체납된 재산을 압류하고 공매를 통해 징수할 수 있다.

④ 결 어

甲이 과징금 납부의무를 불이행할 경우, 국토교통부장관은 독촉, 가산금 부과, 재산 압류 등 국세 강제징수의 예에 따른 조치를 취할 수 있다.

[문제4] A 등은 감정평가법인을 설립하여 국토교통부장관의 설립인가를 받았다. 설립인가 자체의 하자는 없지만, 감정평가법인의 사원에 관한 「감정평가 및 감정평가사에 관한 법률」의 요건을 충족하지 못하여 설립행위에 문제가 있음을 확인한 경쟁업체의 감정평가사 甲은 소송을 통하여 이를 다투고자 한다. 이러한 감정평가법인의 설립행위와 인가행위의 관계를 설명하고, 甲은 어떠한 소송에서 어떠한 하자를 다툴 수 있는지 검토하시오. [10점]

목차잡기

1. 문제의 제기
2. 감정평가법인의 설립행위와 인가행위의 관계
3. 甲이 다툴 수 있는 소송 및 주장 가능한 하자
   (1) 소송의 종류
   (2) 주장 가능한 하자
      ① 당초 행위(설립행위)의 하자
      ② 행정행위(인가행위)의 하자
4. 결 어

답하기

1. 문제의 제기
   이 문제는 감정평가법인의 설립행위와 인가행위의 법적 관계, 그리고 경쟁업체인 감정평가사 甲이 다툴 수 있는 소송의 종류와 주장할 수 있는 하자에 대한 것이다.

2. 감정평가법인의 설립행위와 인가행위의 관계
   감정평가법인의 설립행위와 설립인가행위는 법적으로 주된 행위(사인의 행위)와 보충행위(행정청의 행위)의 관계에 있다. 즉, 감정평가법인의 설립행위(사법적 행위)는 그 자체로 법률상의 효력을 발생하지 못하고, 행정청의 설립인가라는 보충행위가 있어야만 비로소 완전한 효력을 갖게 된다. 이러한 법적 관계를 인가(認可)의 법리라고 한다.

3. 甲이 다툴 수 있는 소송 및 주장 가능한 하자
   (1) 소송의 종류
      甲은 경쟁업체의 감정평가사로서 이 감정평가법인의 설립인가로 인해 자신의 법률상 이익이 침해되었다고 주장하며 취소소송을 제기할 수 있다. 「행정소송법」상 취소소송의 원고적격은 "취소소송을 제기할 법률상 이익이 있는 자"에게 인정되는데, 경쟁 관계에 있는 자는 일반적으로 법률상 이익이 있다고 본다.
   (2) 주장 가능한 하자
      ① 당초 행위(설립행위)의 하자
         甲은 감정평가법인의 설립행위 자체에 하자가 있음을 주장할 수 있다. 즉, 감정평가법인 사원에 관한 「감정평가 및 감정평가사에 관한 법률」의 요건을 충족하지 못했기 때문에 당초 설립행위가 위법하고, 따라서 이를 보충하는 설립인가도 위법하다고 주장하는 것이다. 인가행위는 당초 행위가 적법함을 전제로 하므로, 당초 행위의 하자는 곧 인가행위의 하자가 된다.
      ② 행정행위(인가행위)의 하자
         인가행위 자체에 독립된 하자가 있을 경우도 당연히 다툴 수 있다.

4. 결 어
   甲은 감정평가법인에 대한 설립인가처분을 대상으로 취소소송을 제기하여, 설립인가의 근거가 되는 감정평가법인의 설립행위 자체에 법적 요건 미충족이라는 하자가 있음을 주장할 수 있다.

2024 제35회 기출문제 예시답안

[문제 1] A지방자치단체는 도로사업 부지를 취득하기 위하여 甲의 토지를 협의취득하여 공공용지의 협의취득을 원인으로 하는 소유권이전등기를 하였고, 乙의 토지에 대하여는 수용재결에 의하여 소유권을 취득한 후 소유권이전등기를 마쳤다. 그러나 甲과 乙의 토지(이하 '이 사건 토지'라 함)가 관내의 택지개발예정지구에 포함되자 A지방자치단체는 이 사건 토지가 도로사업에 더 이상 제공될 수 없는 상황에서 도로사업의 목적 달성이 불가능하다고 판단하여, 당초 협의취득 및 수용의 목적이 된 해당 도로사업을 폐지하였다. 이에 따라 甲과 乙에게 「공익사업을 위한 토지 등의 취득 및 보상에 관한 법률」에 의한 환매권이 발생하였다. 甲은 협의취득 당시에 수령한 보상금 상당 금액을 공탁한 후, A지방자치단체에게 환매의 의사표시를 하고 소유권이전등기청구소송을 제기하였다. 한편, 乙이 환매권을 행사할 무렵 환매금액에 관한 A지방자치단체와 乙의 협의가 성립되지 아니하여, A지방자치단체는 환매 대상 토지의 현재 가격이 취득일 당시에 비하여 현저히 상승하였음을 들어 환매대금의 증액을 구하는 소송을 제기하였다.
다음 물음에 답하시오. [40점]

(물음 1) 乙의 환매권 및 乙에 대한 환매대금증액청구소송의 법적 성질을 각각 설명하시오. [15점]

(물음 2) 甲의 소유권이전등기청구소송에서, A지방자치단체는 환매 대상 토지 가격의 상승에 따른 환매대금증액청구권을 내세워 증액된 환매대금과 보상금 상당액의 차액을 지급할 것을 선(先)이행 또는 동시이행의 항변으로 주장할 수 있는지에 관하여 설명하시오. [10점]

(물음 3) 만약 乙의 토지에 대한 수용재결에 취소사유에 해당하는 하자가 있어 乙이 환매권 행사 이전에 수용재결의 하자를 이유로 자신의 소유권 회복을 위한 소유권이전등기말소청구소송을 제기한 경우, 그 승소 여부를 검토하시오(단, 수용재결에 불가쟁력이 발생하였음). [15점]

[참고 조문]

공익사업을 위한 토지 등의 취득 및 보상에 관한 법률

제91조(환매권)
① 공익사업의 폐지·변경 또는 그 밖의 사유로 취득한 토지의 전부 또는 일부가 필요 없게 된 경우 토지의 협의취득일 또는 수용의 개시일(이하 이 조에서 "취득일"이라 한다) 당시의 토지소유자 또는 그 포괄승계인(이하 "환매권자"라 한다)은 다음 각 호의 구분에 따른 날부터 10년 이내에 그 토지에 대하여 받은 보상금에 상당하는 금액을 사업시행자에게 지급하고 그 토지를 환매할 수 있다.
  1. 사업의 폐지·변경으로 취득한 토지의 전부 또는 일부가 필요 없게 된 경우: 관계 법률에 따라 사업이 폐지·변경된 날 또는 제24조에 따른 사업의 폐지·변경 고시가 있는 날
  2. 그 밖의 사유로 취득한 토지의 전부 또는 일부가 필요 없게 된 경우: 사업완료일
② ~ ③ 〈생 략〉
④ 토지의 가격이 취득일 당시에 비하여 현저히 변동된 경우 사업시행자와 환매권자는 환매금액에 대하여 서로 협의하되, 협의가 성립되지 아니하면 그 금액의 증감을 법원에 청구할 수 있다.
⑤ 제1항부터 제3항까지의 규정에 따른 환매권은 「부동산등기법」에서 정하는 바에 따라 공익사업에 필요한 토지의 협의취득 또는 수용의 등기가 되었을 때에는 제3자에게 대항할 수 있다.

📜 목차잡기

Ⅰ. (물음 1) 환매권 및 환매대금증액청구소송의 법적 성질　　　　　　　　　　　　[15점]
1. 문제의 제기
2. 환매권의 법적 성질
　　(1) 환매권의 의의와 근거
　　(2) 공권과 사권인지 여부
　　(3) 형성권(채권적효력설)
3. 환매대금증액청구소송
　　(1) 의의와 근거
　　(2) 법적성질

Ⅱ. (물음 2) 선이행 또는 동시이행 항변 가능성　　　　　　　　　　　　　　　　[10점]
1. 문제의 제기
2. A지자체 주장의 근거
3. 관련 판례
4. 선이행 또는 동시이행 주장의 타당성

Ⅲ. (물음 3) 선결문제　　　　　　　　　　　　　　　　　　　　　　　　　　　　[15점]
1. 문제의 제기
2. 행정작용 등의 법적성질
3. 선결문제
　　(1) 의 의
　　(2) 구성요건적 효력과 공정력 구별
　　(3) 행정행위의 효력유무가 선결문제인 경우
4. 사안의 승소여부

답하기

I. (물음 1) 환매권 및 환매대금증액청구소송의 법적 성질 [15점]

1. 문제의 제기

　법적성질은 적용법률, 관할법원 등에 구별 실익이 있으며, 판례 등에 기초하여 설명한다.

2. 환매권의 법적 성질

　(1) 환매권의 의의와 근거

　　환매권이란 공익사업을 위해 취득된 토지가 사업에 필요없게 되거나 이용되지 아니한 경우 토지소유자가 환매대금을 지급하고 토지소유권을 되찾을 수 있는 권리를 말한다. 그 근거로써 ① 감정존중설, ② 공평원칙설, ③ 존속보장설, ④ 입법정책설 등의 이론적 근거가 있으며, 토지보상법 제91조, 제92조 및 동법 시행령 제48조에 실정법의 근거를 두고 있다.

　(2) 공권과 사권인지 여부

　　① 공법적 수단에 의해 상실된 권리를 회복하는 것이며 공익성이 고려되어야 하는 이유로 〈공권설〉의 견해와, ② 환매권자가 자신의 이익을 위해서 환매의사를 표시하는 것이며 공익성의 소멸을 요건으로 하는바 〈사권설〉의 견해가 대립한다. 대법원은 환매권 행사로 인한 매수의 성질은 사법상의 매매와 같다고 볼 것이라고 하여 사권설을 취하고 있는 것으로 판단된다. 생각건대, 매수의 성질상 사법상 매매와 유사하므로, 사권설이 타당하다.

　(3) 형성권(채권적효력설)

　　판례는 환매권을 형성권으로 보며, 채권적 효력설을 전제로 소송의 형태는 소유권이전확인소송이 아니라, 소유권이전등기청구소송으로 본다.

3. 환매대금증액청구소송

　(1) 의의와 근거

　　사업시행자와 환매권자는 환매금액에 대해 협의를 하되, 협의가 성립되지 않은 경우 환매대금증액청구소송을 제기할 수 있다. 이는 토지보상법 제91조 제4항에 근거를 두고 있다.

　(2) 법적성질

　　민사소송인지, 공법상 당사자소송인지 견해의 대립이 있으며, 대법원은 "환매권의 존부에 관한 확인을 구하는 소송 및 구 공익사업법 제91조 제4항에 따라 환매금액의 증감을 구하는 소송 역시 민사소송에 해당한다."고 한다(2010두22368). 생각건대, 사권인 환매권에서 비롯된 문제로 민사소송으로 봄이 타당하다.

II. (물음 2) 선이행 또는 동시이행 항변 가능성 [10점]

1. 문제의 제기

　A지자체가 주장하는 토지가격 상승이, 토지보상법 제91조 제4항 및 동법 시행령 제48조의 "현저히 변동된 경우"에 해당하는지 검토하고, 판례에 기초하여 선이행 또는 동시이행항변 가능성을 설명한다.

2. A지자체 주장의 근거

A지자체 주장의 근거로서 "현저한 상승"의 의미 토지보상법 제91조 제4항은 환매대금증감청구소송의 전제로 "현저히 변동된 경우"를 정하고 있다. 동법 시행령 제48조는 "현저히 변동된 경우"란 "환매권행사 당시의 토지가격이 지급한 보상금에 환매당시까지의 당해사업과 관계없는 인근 유사토지의 지가변동률을 곱한 금액보다 초과되는 경우를 말한다"고 규정하고 있다. 구 토지수용법 제75조의2 제2항에 사업시행자가 환매권자를 상대로 하는 소송은 공법상의 당사자소송으로 사업시행자로서는 환매가격이 환매대상 토지의 취득 당시 지급한 보상금 상당액보다 증액 변경될 것을 전제로 하여 환매권자에게 그 환매가격과 위 보상금 상당액의 차액의 지급을 구할 수 있다(99두3416). 사안의 A지자체가 주장하는 토지가격 상승이 시행령 제48조 요건에 충족하는 것으로 이해된다.

3. 관련 판례

판례는 사업시행자는 소로써 법원에 환매대금의 증액을 청구할 수 있을 뿐 환매권 행사로 인한 소유권이전등기 청구소송에서 환매대금 증액청구권을 내세워 증액된 환매대금과 보상금 상당액의 차액을 지급할 것을 선이행 또는 동시이행의 항변으로 주장할 수 없다고 판시하였다(2006다49277).

4. 선이행 또는 동시이행 주장의 타당성

환매권 행사시기는 토지취득일로부터 시간적인 격차가 크기에, 토지가격의 변동이 흔히 발생할 수 있다. 따라서 보상금 상당액 차액 지급의 항변을 인정하는 경우, 법에서 정하지 않은 환매권의 요건을 창설하는 것이자, 토지소유자의 환매권 행사를 제한하는 것으로 볼 수 있다. 결국, 판례와 같이 선이행 또는 동시이행 항변은 주장할 수 없다고 봄이 타당하다.

Ⅲ. (물음 3) 선결문제 [15점]

1. 문제의 제기

소유권이전등기말소청구소송이란 민사소송의 승소여부를 검토하기 위해서는 수용재결의 효력을 부인할 수 있는지가 문제된다. 선결문제와 관련한 학설, 판례에 기초하여 살펴 승소여부를 검토한다.

2. 행정작용 등의 법적성질

수용재결은 사업인정고시 후 협의불성립·불능의 경우 사업시행자의 재결신청에 의해 관할 토지수용위원회가 행하는 수용 또는 사용결정의 최종적 판단절차로 처분이다. 판례도 같다.

3. 선결문제

(1) 의 의

선결문제란 소송에서 본안판단시 행정행위의 위법여부의 확인 및 효력부인 해결이 필수적 전제가 되는 법적 문제이다. 행정소송법 제11조는 처분 등의 효력유무 또는 존재여부에 대하여 민사법원이 심리 가능함을 규정한다. 사안의 수용재결은 취소사유가 있는바, 하자가 단순 위법인 경우는 명문규정이 없어 검토가 필요하다.

(2) 구성요건적 효력과 공정력 구별

구성요건적 효력이란 흠 있는 행정행위라도 무효가 아닌 한 제3의 국가기관은 그 행정행위의 존재 및 내용을 존중하여 판단기초로 삼아야 하는 구속력이다. 공정력과 구성요건적 효력은 그 내용과 범위 및 이론적·법적 근거를 달리하므로 구별하는 것이 타당한바, 이하 선결문제는 구성요건적 효력의 문제로 논한다.

(3) 행정행위의 효력유무가 선결문제인 경우
① 학 설
㉠ 민사법원에도 구성요건적 효력이 미치므로 민사법원은 행정행위의 효력을 부인할 수 없다는 부정설과, ㉡ 예외적으로 행정행위의 효력을 부인할 수 있어야 한다는 예외적 긍정설이 대립하고 있다.
② 판례 및 검토
판례는 조세 부과처분의 과오납과 관련한 부당이득금 반환청구소송에서 부정설 입장을 취한바 있다. 생각건대, 수용재결에 취소사유가 있는 경우 구성요건적 효력이 발생하여 유효성이 추정되므로, 부정설이 타당하다. 아울러, 토지보상법 제88조는 수용재결의 부정지를 별도 규정하고 있기도 하다.

4. 사안의 승소여부
수용재결에 취소사유가 있는 경우, 소유권이전등기말소청구소송을 담당하는 민사법원은 수용재결의 효력을 부인할 수 없어, 승소하지 못한다(기각판결을 하여야 한다).

[문제 2]
甲은 2023.8.23. 父로부터 A광역시 B구 소재의 토지(이하 '이 사건 토지'라 함)를 증여받았고, 이 사건 토지에 관하여 증여 당시에는 2023.1.1.을 기준일로 하는 개별공시지가가 m²당 2,200,000원으로 결정·고시되어 있었다. 甲은 이를 기초로 하여 산정한 증여세를 납부하고자 하였으나, 개별공시지가에 오류가 있음을 발견하여「부동산 가격공시에 관한 법률」제12조에 따른 개별공시지가 정정결정을 신청하였다. 그런데 B구의 구청장 乙은 甲의 정정결정신청에 대하여 정정불가 결정을 통지하였다. 한편 그 이후 乙은 이 사건 토지에 관하여 토지특성조사의 착오 등 지가산정에 잘못이 있다고 하여 B구 부동산가격공시위원회의 심의를 거쳐 위 개별공시지가를 m²당 3,900,000원으로 정정하여 결정·고시하였다. 이에 관할 세무서장 丙은 이 사건 토지의 가액이 m²당 3,900,000원이라고 보아 이를 기초로 증여재산의 가액을 산정하여 증여세부과처분을 하였다.
다음 물음에 답하시오(단, 각 물음은 상호독립적임). [30점]

(물음 1) 甲이 乙의 정정불가 결정 통지를 대상으로 취소소송을 제기할 수 있는지를 설명하시오. [15점]

(물음 2) 甲은 乙의 개별공시지가 정정결정과 관련하여 i) 정정 사유가 있다고 하더라도 그 사유가 명백하여야만 비로소 정정할 수 있는데, 정정 사유가 명백하지 않음에도 불구하고 乙이 개별공시지가를 정정한 것은 위법하다고 주장하고 있다. 또한 ii) 설령 乙의 개별공시지가 정정결정이 타당하다고 하여도 이 사건 토지에 관하여 증여 당시 고시되어 있던 종전의 개별공시지가를 기초로 하지 아니한 丙의 증여세부과처분은 위법하다고 주장하고 있다. 甲의 주장이 타당한지에 관하여 각각 설명하시오. [15점]

> **[참고 조문]**
>
> **부동산 가격공시에 관한 법률**
>
> 제12조(개별공시지가의 정정)
> 시장·군수 또는 구청장은 개별공시지가에 틀린 계산, 오기, 표준지 선정의 착오, 그 밖에 대통령령으로 정하는 명백한 오류가 있음을 발견한 때에는 지체 없이 이를 정정하여야 한다.
>
> **행정소송법**
>
> 제19조(취소소송의 대상)
> 취소소송은 처분등을 대상으로 한다. 다만 재결취소소송의 경우에는 재결 자체에 고유한 위법이 있음을 이유로 하는 경우에 한한다.

목차잡기

Ⅰ. (물음 1) 정정불가 결정 통지에 대한 취소소송 [15점]

1. 문제의 제기
2. 행정작용의 의의
    (1) 개별공시지가
    (2) 개별공시지가의 정정
3. 정정불가 결정 통지의 처분성 판단
    (1) 행소법 제19조
    (2) 사안 관련 판례(2000두5043판결)
    (3) 처분성 여부
4. 결 어

Ⅱ. (물음 2) 주장의 타당성 [15점]

1. 문제의 제기
2. 첫 번째 주장의 타당성
    (1) 부공법 제12조 규정
    (2) 관련 판례
    (3) 주장의 타당성
3. 두 번째 주장의 타당성
    (1) 정정된 개별공시지가의 소급효
    (2) 주장의 타당성

답하기

Ⅰ. (물음 1) 정정불가 결정 통지에 대한 취소소송 [15점]

1. **문제의 제기**
   정정불가 결정 통지의 처분성에 관한 판례에 기초하여 취소소송을 제기할 수 있는지 설명한다.

2. **행정작용의 의의**
   (1) 개별공시지가
   개별공시지가란 표준지의 공시지가를 기준으로 산정한 개별토지의 가격을 말한다. 행정행위설, 행정규칙설, 사실행위설, 행정계획설 등이 대립하나, 판례는 개발부담금 산정의 기준이 되어 국민의 권리나 의무에 직접 관계되는 것으로 행정처분으로 보았다.
   (2) 개별공시지가의 정정
   시장 등은 개별공시지가의 위산, 오기 등이 있는 경우 정정할 수 있고, 이는 부공법 제12조에 근거를 둔다.

3. **정정불가 결정 통지의 처분성 판단**
   (1) 행소법 제19조
   취소소송의 대상이 되기 위해서는 처분(행정청이 행하는 구체적 사실에 관한 법집행으로써의 공권력의 행사 또는 그 거부와 그 밖에 이에 준하는 행정작용)에 해당하여야 한다.
   (2) 사안 관련 판례(2000두5043판결)
   개별토지가격합동조사지침 제12조의3은 행정청이 개별토지가격결정에 위산·오기 등 명백한 오류가 있음을 발견한 경우 직권으로 이를 경정하도록 한 규정으로서 토지소유자 등 이해관계인이 그 경정결정을 신청할 수 있는 권리를 인정하고 있지 아니하므로, 토지소유자 등의 토지에 대한 개별공시지가 조정신청을 재조사청구가 아닌 경정결정신청으로 본다고 할지라도, 이는 행정청에 대하여 직권발동을 촉구하는 의미밖에 없으므로, 행정청이 위 조정신청에 대하여 정정불가 결정 통지를 한 것은 이른바 관념의 통지에 불과할 뿐 항고소송의 대상이 되는 처분이 아니다.
   (3) 처분성 여부
   정정불가 결정 통지는 개별공시지가의 정정과 구분된다. 부공법에는 토지소유자에게 정정을 신청할 신청권을 부여하고 있지 않고, 거부가 처분이 되기 위한 법률상 조리상 신청권이 있다고 보기 어려운 점을 고려할 때, 정정불가 결정 통지는 관념의 통지에 불과하여 처분에 해당하지 않는다.

4. **결 어**
   甲은 정정불가 결정 통지를 대상으로 취소소송을 제기할 수 없다.

Ⅱ. (물음 2) 주장의 타당성 [15점]

1. **문제의 제기**
   첫 번째 주장의 경우, 부공법 제12조의 내용이 열거규정인지, 예시적 규정인지를 판례를 기초로 검토하고, 두 번째 주장의 경우, 정정의 효력(소급효)을 기준으로 당부를 검토할 수 있다.

2. **첫 번째 주장의 타당성**
   (1) 부공법 제12조 규정
   부공법 제12조는 정정 사유로 '명백한 오류'를 정하고 있다. 틀린 계산, 오기 등 특정 사유만 나열하고 추상적, 포괄적 조항은 두고 있지 않은 점에서 열거규정으로 보인다.

(2) 관련 판례

대법원은 개별토지가격 합동조사지침 제12조의3 규정에서 토지특성조사의 착오 또는 위산, 오기는 지가산정에 명백한 잘못이 있는 경우의 예시로서, 이러한 사유가 있으면 경정 결정할 수 있는 것으로 보아야 하고, 그 착오가 명백하여야 비로소 경정 결정할 수 있다고 해석할 것은 아니라고 판시한 바 있다.

(3) 주장의 타당성

정정은 공시지가의 잘못된 부분을 수정하는 역할을 하는 점에서 이를 제한적으로 엄격하게 해석할 필요는 없다고 사료된다. 따라서 명백하지 않더라도 정정할 수 있다고 봄이 타당하다. 첫 번째 주장은 타당하지 않다.

3. 두 번째 주장의 타당성

(1) 정정된 개별공시지가의 소급효

판례는 정정의 결정공시가 있으면 당초의 결정·공시된 개별공시지가는 그 효력을 상실하고 경정재결된 새로운 공시지가가 공시기준일에 소급하여 그 효력을 발생한다고 한다.

(2) 주장의 타당성

정정된 개별공시지가는 기존 공시기준일에 소급하여 효력을 가지고, 기존 개별공시지가는 효력을 상실하는 점에서 정정결정된 개별공시지가를 기준으로 증여세부과처분은 타당하다. 따라서 두 번째 주장도 타당하지 않다.

[문제 3] A감정평가법인(이하 'A법인'이라 함)은 B민간임대아파트 분양전환대책위원회(이하 'B대책위원회'라 함)와의 용역계약에 따라 해당 아파트의 분양전환 가격산정을 위한 감정평가서를 제출하였다. B대책위원회는 임대사업자 X의 의뢰를 받은 Y감정평가법인의 감정평가 결과와 A법인의 감정평가 결과가 크게 차이가 나자 국토교통부장관에게 각 감정평가에 대한 타당성조사실시를 요청하였고, 국토교통부장관은 한국감정원으로 하여금 타당성조사를 실시하도록 하였다. 한국감정원은 B임대아파트 분양전환 가격산정을 위한 감정평가가 모두 부적정하다는 타당성조사 결과를 국토교통부장관에게 통지하였다. 다음 물음에 답하시오. [20점]

(물음 1) 국토교통부장관은 타당성조사 결과에 근거하여 고의로 잘못된 평가를 한 A법인 소속 감정평가사 甲에 대하여 업무정지 6개월의 징계처분을 하였다. 이에 불복한 甲이 징계처분취소소송을 제기하였는바, 법원은 해당 징계처분을 업무정지 3개월의 징계처분으로 감경하는 판결을 할 수 있는지에 관하여 설명하시오. [10점]

(물음 2) 국토교통부장관은 고의로 잘못된 평가를 한 甲이 소속된 A법인에 대하여 성실의무에 위반하였다는 사유로 과징금부과처분을 하였다. A법인은 자신이 부담하여야 하는 성실의무를 충실히 이행하였다고 주장하며 과징금부과처분에 불복하고자 한다. 이때 A법인이 부담하는 성실의무의 내용을 설명하시오. [10점]

📝 목차잡기

I. (물음 1) 일부취소 판결 등 [10점]

1. 문제의 제기
2. 업무정지처분의 법적성질
3. 행소법 제4조 제1호의 '변경'의 의미
    (1) 학설과 판례
    (2) 사안의 검토
4. 일부취소판결 가능여부
    (1) 허용기준
    (2) 사안의 검토
5. 고의로 잘못 평가한 경우 감경할 수 있는지의 여부
6. 결 어

II. (물음 2) 법인의 성실의무 내용 [10점]

1. 문제의 제기
2. 감정평가법 제25조의 성실의무의 내용과 취지
    (1) 법적 근거
    (2) 취 지
3. 관련 판례(대법원 2020두41689)

📝 답하기

I. (물음 1) 일부취소 판결 등 [10점]

1. 문제의 제기
   행소법 제4조 제1호의 '변경'해석과 관련하여 법원이 재량행위에 대해 일부취소판결을 할 수 있는지, 고의로 잘못 평가한 경우 감경할 수 있는지 여부, 문제될 수 있다.

2. 업무정지처분의 법적성질
   업무정지처분은 감정평가법 제32조 제1항 등에 근거를 둔 처분이다. 법 문언상 2년 이내의 범위에서 업무의 정지를 명할 수 있으므로, 재량행위에 해당한다.

3. 행소법 제4조 제1호의 '변경'의 의미
   (1) 학설과 판례
      권력분립원칙을 보장하고자 이를 일부취소로 보는 소극적 변경설과 새로운 처분을 내용으로 하는 판결이 가능하다는 적극적 변경설이 있다. 판례는 위 변경의 의미를 소극적 변경(일부취소)으로 본다.
   (2) 사안의 검토
      생각건대, 적극적 변경설은 법원이 행정청의 처분권한을 행사하는 것과 같은 결과를 가져오는 점에서 권력분립원칙에 반한다. 따라서 소극적 변경으로서 일부취소를 의미한다고 봄이 타당하다.

4. 일부취소판결 가능여부
   (1) 허용기준
   외형상 하나의 행정처분이라도, 가분성이 있거나 처분대상의 일부가 특정될 수 있다면, 그 일부만의 취소도 가능하다. 다만, 판례는 과징금부과처분, 영업정지처분과 같이 재량행위인 경우 처분의 재량권을 존중하여야 하고, 법원이 직접 처분을 하는 것은 인정되지 않으므로, 전부취소를 하여야 한다고 본다.
   (2) 사안의 검토
   사안의 업무정지처분은 재량행위에 해당한다. 따라서 법원은 일부취소를 할 수 없고 전부취소를 한 다음 처분청으로 하여금 재량권을 행사하여 다시 적정한 처분을 하도록 하여야 한다.
5. 고의로 잘못 평가한 경우 감경할 수 있는지의 여부
   감정평가법 시행령 별표에 따르면, 위반행위가 고의인 경우 처분기준의 1/2 범위에서 감경하는 것이 불가능하다.
6. 결 어
   결국 법원은 3개월의 징계처분으로 감경하는 판결을 할 수 없다.

Ⅱ. (물음 2) 법인의 성실의무 내용 [10점]

1. 문제의 제기
   감정평가법인등이 부담하는 성실의무의 내용을 판례에 기초하여 설명한다.
2. 감정평가법 제25조의 성실의무의 내용과 취지
   (1) 법적 근거
   위 규정에 따르면, 감정평가법인등(소속평가사 포함)은 품위유지, 신의성실, 공의 중대한 과실로 업무를 잘못하여서는 안되고(제1항), 불공정하게 업무수행 우려가 있는 경우 그 업무수행을 해서는 안되며(제2항), 토지매매업은 금지되고(제3항), 수수료와 실비 외 대가를 받거나 감정평가 수주의 대가로 금품 등을 제공하거나 이를 약속해서는 안되고(제4항), 사무직원은 감정평가 유도요구에 응해서는 안 된다(제5항).
   (2) 취 지
   감정평가법인등은 보상평가, 담보평가 등 국민재산권과 국가경제에 영향을 미치는 공공성이 높은 감정평가업무를 수행하고 있는바, 감정평가법은 이를 담보하기 위해 성실의무를 규정하고 있다.
3. 관련 판례(대법원 2020두41689)
   소위 '한남더힐 사건'과 관련하여, 대법원은 감정평가업자가 감정평가법인인 경우에 실질적인 감정평가업무는 소속감정평가사에 의하여 이루어질 수밖에 없으므로, 감정평가법인이 감정평가의 주체로서 부담하는 성실의무란, 소속감정평가사에 대한 관리·감독의무를 포함하여 감정평가서 심사 등을 통해 감정평가 과정을 면밀히 살펴 공정한 감정평가결과가 도출될 수 있도록 노력할 의무를 의미한다.

[문제 4] 「감정평가 및 감정평가사에 관한 법률」 제28조 제1항에 따른 손해배상책임을 보장하기 위하여 감정평가법인등이 하여야 하는 '필요한 조치'의 내용과 '필요한 조치'를 하지 아니한 경우 「감정평가 및 감정평가사에 관한 법률」에 따른 행정상 제재를 설명하시오. [10점]

> [참고 조문]
> **감정평가 및 감정평가사에 관한 법률**
> 제28조(손해배상책임)
> ① 감정평가법인등이 감정평가를 하면서 고의 또는 과실로 감정평가 당시의 적정가격과 현저한 차이가 있게 감정평가를 하거나 감정평가 서류에 거짓을 기록함으로써 감정평가 의뢰인이나 선의의 제3자에게 손해를 발생하게 하였을 때에는 감정평가법인등은 그 손해를 배상할 책임이 있다.

목차잡기

1. 감정평가법 제28조 제1항
   (1) 법적 근거
   (2) 특칙 여부
2. 조치의 내용
   (1) 보험가입 및 공제사업 가입(감정평가법 제28조 제2항)
   (2) 감정평가법 제28조 제3항·제4항
3. 행정상 제재
   (1) 업무정지(감정평가법 제32조 제1항 제12호)
   (2) 과태료(감정평가법 제52조 제2항 제5호)

답하기

1. 감정평가법 제28조 제1항
   (1) 법적 근거
      감정평가법인등이 감정평가를 하면서 고의 또는 과실로 감정평가 당시의 적정가격과 현저한 차이가 있게 감정평가하거나 감정평가서류에 거짓을 기록함으로써 감정평가 의뢰인이나 선의의 제3자에게 손해를 발생하게 하였을 때에는 감정평가법인등은 그 손해를 배상할 책임이 있다.
   (2) 특칙 여부
      위 규정이 민법 제750조의 특칙인지 견해가 대립하나, 감정평가법인등의 부실감정으로 인하여 손해를 입게 된 감정평가의뢰인이나 선의의 제3자는 감정평가법상 손해배상책임과 민법상의 불법행위로 인한 손해배상책임을 함께 물을 수 있다고 하여, 법정책임설을 취한 것으로 보여진다(대법원 97다36293).

2. 조치의 내용
    (1) 보험가입 및 공제사업 가입(감정평가법 제28조 제2항)
        감정평가법인등은 제1항에 따른 손해배상책임을 보장하기 위하여 대통령령으로 정하는 바에 따라 보험에 가입하거나 제33조에 따른 한국감정평가사협회가 운영하는 공제사업에 가입해야 한다. 당해 보험의 보험가입금액은 감정평가사 1인당 1억원 이상으로 해야 한다(감정평가법 시행령 제23조 제3항).
    (2) 감정평가법 제28조 제3항·제4항
        감정평가법인등은 제1항에 따라 감정평가 의뢰인이나 선의의 제3자에게 법원의 확정판결을 통한 손해배상이 결정된 경우에는 국토교통부령으로 정하는 바에 따라 그 사실을 국토교통부장관에게 알려야 한다. 국토교통부장관은 감정평가 의뢰인이나 선의의 제3자를 보호하기 위하여 감정평가법인등이 갖추어야 하는 손해배상능력 등에 대한 기준을 국토교통부령으로 정할 수 있다.
3. 행정상 제재
    (1) 업무정지(감정평가법 제32조 제1항 제12호)
        국토교통부장관은 행정상 제재로 업무정지 처분을 할 수 있다.
    (2) 과태료(감정평가법 제52조 제2항 제5호)
        400만원 이하의 과태료를 부과하게 된다.

2023 제34회 기출문제 예시답안

[문제 1]

A대도시의 시장은 「국토의 계획 및 이용에 관한 법률」에 따른 도시관리계획으로 관할구역 내 ○○동 일대 90,000m² 토지에 공영주차장과 자동차 정류장을 설치하는 도시계획시설사업결정을 한 후 「지방공기업법」에 따른 A대도시 X지방공사(이하 'X공사'라 함)를 도시계획시설사업의 시행자로 지정하고, X공사가 작성한 실시계획에 대해 실시계획인가를 하고 이를 고시하였다. 이에 따라 「공익사업을 위한 토지 등의 취득 및 보상에 관한 법률」(이하 '토지보상법'이라 함)에 의해 사업인정 및 고시가 이루어졌다. 한편, X공사는 사업대상구역 내에 위치한 20,000m² 토지를 소유한 甲과 토지수용을 위한 협의를 진행하였으나 협의가 성립되지 아니하여 관할 지방토지수용위원회에 토지수용의 재결을 신청하였다.
다음 물음에 답하시오(단, 각 물음은 상호독립적임). [40점]

(물음 1) 토지보상법상의 사업인정과 사업인정고시의 법적 성질에 관하여 설명하시오. [10점]

(물음 2) 甲은 수용 자체가 위법이라고 주장하면서 관할 지방토지수용위원회의 수용재결과 중앙토지수용위원회의 이의재결을 거친 후 취소소송을 제기하였다. 취소소송의 대상적격과 피고적격에 관하여 설명하시오. [20점]

(물음 3) 甲은 자신의 토지에 대한 보상금이 적으며, 일부 지장물이 손실보상 대상에서 제외되었다는 이유로 관할 지방토지수용위원회의 수용재결에 불복하여 중앙토지수용위원회에 이의신청을 거쳤으나 기각재결을 받았다. 甲이 이에 대하여 불복하는 경우 적합한 소송 형태를 쓰고 이에 관하여 설명하시오. [10점]

[참고 조문]

국토의 계획 및 이용에 관한 법률

제88조(실시계획의 작성 및 인가 등)
① 도시·군계획시설사업의 시행자는 대통령령으로 정하는 바에 따라 그 도시·군계획시설사업에 관한 실시계획(이하 "실시계획"이라 한다)을 작성하여야 한다.
② 도시·군계획시설사업의 시행자(국토교통부장관, 시·도지사와 대도시 시장은 제외한다. 이하 제3항에서 같다)는 제1항에 따라 실시계획을 작성하면 대통령령으로 정하는 바에 따라 국토교통부장관, 시·도지사 또는 대도시 시장의 인가를 받아야 한다. 다만, 제98조에 따른 준공검사를 받은 후에 해당 도시·군계획시설사업에 대하여 국토교통부령으로 정하는 경미한 사항을 변경하기 위하여 실시계획을 작성하는 경우에는 국토교통부장관, 시·도지사 또는 대도시 시장의 인가를 받지 아니한다.

제96조(「공익사업을 위한 토지 등의 취득 및 보상에 관한 법률」의 준용)
① 제95조에 따른 수용 및 사용에 관하여는 이 법에 특별한 규정이 있는 경우 외에는 「공익사업을 위한 토지 등의 취득 및 보상에 관한 법률」을 준용한다.
② 제1항에 따라 「공익사업을 위한 토지 등의 취득 및 보상에 관한 법률」을 준용할 때에 제91조에 따른 실시계획을 고시한 경우에는 같은 법 제20조 제1항과 제22조에 따른 사업인정 및 그 고시가 있었던 것으로 본다. 다만, 재결 신청은 같은 법 제23조 제1항과 제28조 제1항에도 불구하고 실시계획에서 정한 도시·군계획시설사업의 시행기간에 하여야 한다.

> **공익사업을 위한 토지 등의 취득 및 보상에 관한 법률**
>
> **제28조(재결의 신청)**
> ① 제26조에 따른 협의가 성립되지 아니하거나 협의를 할 수 없을 때(제26조 제2항 단서에 따른 협의 요구가 없을 때를 포함한다)에는 사업시행자는 사업인정고시가 된 날부터 1년 이내에 대통령령으로 정하는 바에 따라 관할 토지수용위원회에 재결을 신청할 수 있다.
>
> **제83조(이의의 신청)**
> ① 중앙토지수용위원회의 제34조에 따른 재결에 이의가 있는 자는 중앙토지수용위원회에 이의를 신청할 수 있다.
> ② 지방토지수용위원회의 제34조에 따른 재결에 이의가 있는 자는 해당 지방토지수용위원회를 거쳐 중앙토지수용위원회에 이의를 신청할 수 있다.
> ③ 제1항 및 제2항에 따른 이의의 신청은 재결서의 정본을 받은 날부터 30일 이내에 하여야 한다.
>
> **제84조(이의신청에 대한 재결)**
> ① 중앙토지수용위원회는 제83조에 따른 이의신청을 받은 경우 제34조에 따른 재결이 위법하거나 부당하다고 인정할 때에는 그 재결의 전부 또는 일부를 취소하거나 보상액을 변경할 수 있다.
> ② 제1항에 따라 보상금이 늘어난 경우 사업시행자는 재결의 취소 또는 변경의 재결서 정본을 받은 날부터 30일 이내에 보상금을 받을 자에게 그 늘어난 보상금을 지급하여야 한다. 다만, 제40조 제2항 제1호·제2호 또는 제4호에 해당할 때에는 그 금액을 공탁할 수 있다.

목차잡기

Ⅰ. (물음 1) 사업인정과 사업인정고시의 법적성질 [10점]

1. 사업인정
   (1) 의 의
   (2) 행정쟁송법상 처분, 특허
   (3) 학설의 검토와 판례
2. 사업인정고시
   (1) 의의 및 효과 등
   (2) 행정행위의 효력발생요건으로서 고시

Ⅱ. (물음 2) 취소소송의 대상적격과 피고적격 [20점]

1. 문제의 소재
2. 관련 행정작용의 법적성질
3. 원처분주의와 재결주의
4. 법적근거와 판례의 태도
5. 대상적격
6. 피고적격
   (1) 피고적격 의의 및 근거
   (2) 사안의 경우

Ⅲ. (물음 3) 적합한 소송형태 [10점]
1. 문제의 소재
2. 적합한 소송형태
   (1) 토지보상법 제85조 제2항 문언
   (2) 관련 판례
   (3) 사안의 적합한 소송형태
3. 보상금증감청구소송
   (1) 의의 및 취지
   (2) 법적성질(형식적 당사자 소송, 확인급부소송)
   (3) 입증책임
   (4) 원처분주의 논의가 적용되는지
   (5) 피고적격
   (6) 보상항목간 유용 및 심판범위

답하기

Ⅰ. (물음 1) 사업인정과 사업인정고시의 법적성질 [10점]
1. 사업인정
   (1) 의 의
   사업인정이란 공익사업을 토지 등을 수용하거나 사용할 사업으로 결정하는 것을 말한다(제2조 제7호).
   (2) 행정쟁송법상 처분, 특허
   사업인정은 행정청이 구체적 사실에 대한 법 집행으로서 외부에 대하여 직접적 법적 효과를 발생시키는 권력적 행위인 공법행위로(판례), 수용권 설정 등의 법적효과를 가져오는 행정쟁송법상 처분이다. 강학상 특허에 해당한다.
   (3) 학설의 검토와 판례
   설권적 형성행위, 재량행위 및 제3자효 행정행위 설권적 형성행위인지에 대한 견해가 대립하나, 판례는 토지수용을 위한 사업인정은 단순한 확인행위가 아니라 형성행위라고 보았다. 또한 판례는 그 사업이 공용수용을 할 만한 공익성이 있는지의 여부를 모든 사정을 참작하여 구체적으로 판단하여야 하는 것이므로 사업인정의 여부는 행정청의 재량에 속한다고 하였다. 사업시행자에게는 수용권을 설정하는 반면, 사업구역 내 토지소유자에게는 수용이라는 침익적인 효과를 가져오게 되므로, 제3자효 행정행위에 해당한다.

2. 사업인정고시

(1) 의의 및 효과 등
사업인정고시란 사업인정 효과가 미치는 범위를 누구에게나 확인할 수 있도록 나타내는 절차이다. 사업시행자의 성명, 수용하는 토지의 세목 등이 고시의 내용이고, 사업인정은 고시한 날부터 그 효력이 발생한다. 사업인정고시로써 수용목적물의 확정, 토지 등의 보전의무(제25조), 토지물건조사권 등의 효과가 발생한다.

(2) 행정행위의 효력발생요건으로서 고시
사업인정고시는 국토교통부장관 등이 일정한 사항을 불특정 다수인에게 통지하는 방법이고, 효력발생요건으로서의 성질을 가진다고 볼 수 있다. 다만, 사업인정의 효력발생요건과 구분하여 별도의 '준법률행위적행정행위'에 해당한다고 보는 견해도 있다.

Ⅱ. (물음 2) 취소소송의 대상적격과 피고적격 [20점]

1. 문제의 소재
이의재결이 특별법상 행정심판의 성질을 가지는바, 이를 거친 경우 취소소송의 대상이 무엇인지 문제된다. 토지보상법 제85조 제1항이 원처분주의를 취하는지 및 판례 태도를 검토하여 대상적격과 피고적격을 설명한다.

2. 관련 행정작용의 법적성질
재결은 사업인정고시 후 협의불성립·불능의 경우 사업시행자의 재결신청에 의해 관할 토지수용위원회가 행하는 수용 또는 사용결정의 최종적 판단절차이다(제34조, 제50조). 재결은 처분이며, 형성적 행정행위에 해당하며, 형식적 요건이 미비되지 않는 한 재결을 해야 하는 점에서 기속행위의 성질을 가진다고 볼 수 있다. 판례도 수용재결의 처분성을 인정한다. 이의재결은 수용재결의 위법, 부당을 이유로 그 시정을 구하는 절차이며, 판례는 특별법상 행정심판의 성격을 가진다고 보았다.

3. 원처분주의와 재결주의
원처분주의란 원처분과 재결을 모두 소송대상으로 하되, 원칙적으로 원처분에 대해서만 소송을 제기할 수 있고, 재결은 재결 자체에 고유한 위법이 있는 경우에 한해 소송을 제기할 수 있는 주의를 말하며, 이에 반해 재결주의란 재결에 대해서만 취소소송을 제기할 수 있도록 한 주의를 말한다. 이를 선택하는 것은 입법의 문제이다. 우리 행정소송법 제19조는 원처분주의를 취한다.

4. 법적근거와 판례의 태도
토지보상법 제85조 제1항이 원처분주의를 취하는지 여부는 토지보상법 제85조 제1항에서 "제34조에 따른 재결(수용재결)에 불복할 때"라고 하여 취소소송의 대상을 수용재결로 분명히 하였다. 대법원 또한 원처분주의를 취한다고 보았다(대법원 2008두1504 판결).

5. 대상적격
이의재결을 거쳐 취소소송을 제기한 점에서, 이의재결은 기각재결로 보이고(이의재결이 인용재결이라면 취소소송을 할 이유가 없음), 판결에 따르면 기각재결은 재결에 고유한 위법이 없으므로, 토지보상법 제85조 제1항에 의거, 원처분인 수용재결이 취소소송의 대상이 된다. 만약 이의재결에 고유한 위법이 있다면, 이의재결은 취소소송 대상이 될 수 있다.

6. 피고적격
   (1) 피고적격 의의 및 근거
      피고적격은 구체적인 소송에서 피고로서 소송을 수행하여 본안판결을 받을 수 있는 자격을 의미한다. 행정소송법 제13조에 근거를 두고 있다. 이에 따르면 취소소송은 처분등을 행한 행정청을 피고로 한다.
   (2) 사안의 경우
      취소소송의 대상인 수용재결을 행한 관할 지방토지수용위원회가 피고적격을 가진다. 만약 이의재결에 고유한 위법이 있는 경우라면 중앙토지수용위원회가 피고적격을 가질 수 있다.

Ⅲ. (물음 3) 적합한 소송형태 [10점]

1. 문제의 소재
   토지보상법 제85조 제2항의 문언, 판례 태도에 비추어 사안의 적합한 소송이 보상금증감청구소송임을 설명한 후 위 소송의 법적성질 등을 검토한다.
2. 적합한 소송형태
   (1) 토지보상법 제85조 제2항 문언
      행정소송이 보상금의 증감에 관한 소송은 취소소송이 아니라 보상금증감청구소송에 의해야 한다.
   (2) 관련 판례
      대법원은 어떤 보상항목이 토지보상법령상 손실보상대상에 해당함에도 관할 토지수용위원회가 사실을 오인하거나 법리를 오해함으로써 손실보상대상에 해당하지 않는다고 잘못된 내용의 재결을 한 경우 보상금증감청구소송으로 다투어야 한다고 판시하였다(대법원 2015두4044 등 참조).
   (3) 사안의 적합한 소송형태
      甲은 토지의 보상금이 과소하다고 주장하고, 일부 지장물에 대해 손실보상대상이 된다고 주장하였는데, 이에 대해 토지수용위원회가 기각결정을 하였다. 따라서 위 규정 및 판례에 따를 때, 적합한 소송형태는 보상금증감청구소송이 된다.
3. 보상금증감청구소송
   (1) 의의 및 취지
      보증소는 토지보상법 제85조에 근거하여 재결에서 결정된 손실보상금의 증감을 구하는 행정소송을 의미한다. 권리구제의 신속성, 일회적 해결 등에 취지가 있다.
   (2) 법적성질(형식적 당사자 소송, 확인급부소송)
      판례는 손실보상금의 지급을 구하는 소송을 공권설로 보며, 강제수용이라는 공법적 원인과 효과에 관한 것으로 공권으로 보는 것이 타당하다. 보상금증감청구소송은 행정청의 처분, 재결 등이 원인이 되어 형성된 법률관계에 다툼이 있는 경우 그 원인이 되는 재결의 효력을 직접 다투지 않고 법률관계의 한쪽 당사자를 피고로 하여 제기하는 형식적 당사자 소송에 해당한다. 보상금증감청구소송을 기존 재결을 취소하고 보상금을 새로이 결정하는 형성소송으로 이해하는 견해가 있으나, 당사자소송에서 재결청은 소송의 당사자가 아닌 점 등을 고려할 때 확인소송으로 봄이 타당하다.

(3) 입증책임

토지보상법에 명문의 규정이 없어 견해가 대립하나, 민사소송법상 법률요건분배설에 따르는 것이 타당하다. 판례는 보상금증감청구소송에 있어서 재결에서 정한 보상금액보다 정당한 손실보상액이 많다는 점에 대한 입증책임은 원고에게 있다고 판시한다. 단, 불법형질변경토지의 경우 불법형질변경에 대한 입증책임은 피고에게 있다.

(4) 원처분주의 논의가 적용되는지

이의재결을 거친 경우 소송의 대상에 대해 견해가 대립하나, 보상금에 관한 법률관계를 그 소송의 대상으로 보아 원처분주의 재결주의로 해석하는 것은 타당하지 않다.

(5) 피고적격

토지소유자는 법률관계인 직접 상대방인 사업시행자를 피고로 하여야 한다. 보상금감액소송은 그 반대가 된다.

(6) 보상항목간 유용 및 심판범위

판례는 보상항목간 유용을 허용한다. 정당보상액을 확인하여 재결금액과의 차액에 해당하는 부분만의 취소로 봄이 타당한다. 재결신청청구(제30조)에 따른 지연가산금도 심리 범위 대상이며, 판례는 잔여지수용청구에 대한 기간도 형성권인 점을 감안하여 보상금증감청구소송으로 다투어야 한다고 본다.

[문제 2] 지적공부상 지목이 전(田)인 甲소유의 토지('이 사건 토지'라 함)는 면적이 2,000m²이고, 이 중 330m² 토지에 주택이 건축되어 있고 나머지 부분은 밭으로 사용되고 있다. 그럼에도 불구하고 A도 B시의 시장(이하 'B시장'이라 함)은 지목이 대(垈)인 1개의 표준지의 공시지가를 기준으로 토지가격비준표를 사용하여 2022.5.31. 이 사건 토지에 대하여 개별공시지가를 결정·공시하였다. B시장은 이 사건 토지에 대한 개별공시지가와 이의신청절차를 甲에게 통지하였다.
다음 물음에 답하시오(단, 각 물음은 상호독립적임). [30점]

(물음 1) 甲이 B시장의 개별공시지가결정이 위법·부당하다는 이유로 부동산 가격공시에 관한 법령에 따른 이의신청을 거치지 않고「행정심판법」에 따른 취소심판을 제기할 수 있는지 여부와 이 사건 토지에 대한 개별공시지가결정의 위법성에 관하여 설명하시오. [15점]

(물음 2) 甲은 개별공시지가결정에 대하여 부동산 가격공시에 관한 법령에 따른 이의신청이나「행정심판법」에 따른 행정심판과「행정소송법」에 따른 행정소송을 제기하지 않았다. 그 후 B시장은 2022.9.15. 이 사건 토지에 대한 개별공시지가를 시가표준액으로 하여 재산세를 부과·처분하였다. 이에 甲은 2022.12.5. 이 사건 토지에 대한 개별공시지가결정의 하자를 이유로 재산세부과처분에 대하여 취소소송을 제기하였다. 甲의 청구가 인용될 수 있는지 여부에 관하여 설명하시오. [15점]

[참고 조문]

부동산 가격공시에 관한 법률

제10조(개별공시지가의 결정·공시 등)
① 시장·군수 또는 구청장은 국세·지방세 등 각종 세금의 부과, 그 밖의 다른 법령에서 정하는 목적을 위한 지가산정에 사용되도록 하기 위하여 제25조에 따른 시·군·구 부동산가격공시위원회의 심의를 거쳐 매년 공시지가의 공시기준일 현재 관할 구역 안의 개별토지의 단위면적당 가격(이하 "개별공시지가"라 한다)을 결정·공시하고, 이를 관계 행정기관 등에 제공하여야 한다.
② 제1항에도 불구하고 표준지로 선정된 토지, 조세 또는 부담금 등의 부과대상이 아닌 토지, 그 밖에 대통령령으로 정하는 토지에 대하여는 개별공시지가를 결정·공시하지 아니할 수 있다. 이 경우 표준지로 선정된 토지에 대하여는 해당 토지의 표준지공시지가를 개별공시지가로 본다.
〈생 략〉
④ 시장·군수 또는 구청장이 개별공시지가를 결정·공시하는 경우에는 해당 토지와 유사한 이용가치를 지닌다고 인정되는 하나 또는 둘 이상의 표준지의 공시지가를 기준으로 토지가격비준표를 사용하여 지가를 산정하되, 해당 토지의 가격과 표준지공시지가가 균형을 유지하도록 하여야 한다.
⑤ 시장·군수 또는 구청장은 개별공시지가를 결정·공시하기 위하여 개별토지의 가격을 산정할 때에는 그 타당성에 대하여 감정평가법인등의 검증을 받고 토지소유자, 그 밖의 이해관계인의 의견을 들어야 한다. 다만, 시장·군수 또는 구청장은 감정평가법인등의 검증이 필요 없다고 인정되는 때에는 지가의 변동상황 등 대통령령으로 정하는 사항을 고려하여 감정평가법인등의 검증을 생략할 수 있다.

제11조(개별공시지가에 대한 이의신청)
① 개별공시지가에 이의가 있는 자는 그 결정·공시일부터 30일 이내에 서면으로 시장·군수 또는 구청장에게 이의를 신청할 수 있다.
② 시장·군수 또는 구청장은 제1항에 따라 이의신청 기간이 만료된 날부터 30일 이내에 이의신청을 심사하여 그 결과를 신청인에게 서면으로 통지하여야 한다. 이 경우 시장·군수 또는 구청장은 이의신청의 내용이 타당하다고 인정될 때에는 제10조에 따라 해당 개별공시지가를 조정하여 다시 결정·공시하여야 한다.
③ 제1항 및 제2항에서 규정한 것 외에 이의신청 및 처리절차 등에 필요한 사항은 대통령령으로 정한다.

부동산 가격공시에 관한 법률 시행령

제21조(개별공시지가의 결정 및 공시)
① 시장·군수 또는 구청장은 매년 5월 31일까지 개별공시지가를 결정·공시하여야 한다. 다만, 제16조 제2항 제1호의 경우에는 그해 10월 31일까지, 같은 항 제2호의 경우에는 다음 해 5월 31일까지 결정·공시하여야 한다.
② 시장·군수 또는 구청장은 제1항에 따라 개별공시지가를 공시할 때에는 다음 각 호의 사항을 해당 시·군 또는 구의 게시판 또는 인터넷 홈페이지에 게시하여야 한다.
 1. 조사기준일, 공시필지의 수 및 개별공시지가의 열람방법 등 개별공시지가의 결정에 관한 사항
 2. 이의신청의 기간·절차 및 방법
③ 개별공시지가 및 이의신청기간 등의 통지에 관하여는 제4조 제2항 및 제3항을 준용한다.

제22조(개별공시지가에 대한 이의신청)
① 법 제11조 제1항에 따라 개별공시지가에 대하여 이의신청을 하려는 자는 이의신청서에 이의신청 사유를 증명하는 서류를 첨부하여 해당 시장·군수 또는 구청장에게 제출하여야 한다.
② 시장·군수 또는 구청장은 제1항에 따라 제출된 이의신청을 심사하기 위하여 필요할 때에는 감정평가법인등에게 검증을 의뢰할 수 있다.

목차잡기

[문제 2] 대법원 1994.1.25. 선고 93누8542 판결

Ⅰ. (물음 1) 취소심판 제기 가능성 등 [15점]

1. 문제의 소재
2. 개별공시지가(부동산공시법 제10조)
3. 이의신청(제11조)
4. 사안 관련 판례(대법원 2008두19987)
5. 취소심판 제기 가능성
6. 개별공시지가의 위법성
   (1) 관련 규정(부동산공시법 제10조 제4항)
   (2) 관련 판례(대법원 97누11577)
   (3) 사안의 경우(하자의 정도 포함)

Ⅱ. (물음 2) 하자승계 [15점]

1. 문제의 소재
2. 소의 적법성
3. 하자승계의 개념
4. 하자승계 논의의 전제 조건
5. 하자승계의 인정범위
   (1) 학 설
   (2) 판 례
   (3) 검 토
6. 사례 해결

답하기

Ⅰ. (물음 1) 취소심판 제기 가능성 등 [15점]

1. **문제의 소재**
   개별공시지가와 이의신청의 법적성질, 판례태도 등을 검토하여 사안을 해결한다.

2. **개별공시지가(부동산공시법 제10조)**
   시장 등이 개발부담금의 부과 그 밖에 다른 법령이 정하는 목적을 위한 지가 산정에 사용되도록 하기 위하여 매년 공시기준일 현재를 기준으로 결정, 공시한 개별토지의 단위면적당 가격을 의미한다. 법적 성질에 대해 행정행위설, 행정규칙설, 사실행위설, 행정계획설 등의 학설이 대립하나, 판례는 행정소송의 대상이 되는 행정처분으로 본다. 생각건대, 개별공시지가는 물적 행정행위이자 세금 등 국민의 권리의무에 직접 영향을 미치는 점에서 처분으로 봄이 타당하다.

3. 이의신청(제11조)

개별공시지가에 대하여 이의가 있는 자가 시장·군수, 구청장에게 이의를 신청하고 시장·군수, 구청장이 이를 심사하는 제도이다(부동산공시법 제11조). 지가로서의 객관성을 확보하고, 공시지가의 공신력을 높이기 위한 제도이다. ① 이의신청 실질적 내용에 비추어 특별행정심판 성격을 갖는다고 보는 견해, ② 이의신청은 공시지가가 처분임을 전제하는 것은 아니므로 국민의 권리구제 확립을 위해 강학상 이의신청으로 보는 견해가 있다. 판례는 강학상 이의신청으로 보며, 생각건대, 행정심판과는 다른 실질을 가지므로, 이의신청으로 봄이 타당하다.

4. 사안 관련 판례(대법원 2008두19987)

판례는 부동산공시법, 행정심판법 제3조 제1항 규정 내용 및 취지와 아울러 부동산공시법에 행정심판의 제기를 배제하는 명시적인 규정이 없고 이의신청과 행정심판은 그 절차 및 담당 기관에 차이가 있는 점을 이유로, 부동산공시법이 이의신청에 관하여 규정하고 있다고 하여 이를 행정심판법 제3조 제1항에서 행정심판의 제기를 배제하는 '다른 법률에 특별한 규정이 있는 경우'에 해당한다고 볼 수 없으므로, 개별공시지가에 대하여 이의가 있는 자는 곧바로 행정소송을 제기하거나 이의신청과 행정심판법에 따른 행정심판청구 중 어느 하나만을 거쳐 행정소송을 제기할 수 있을 뿐 아니라, 이의신청을 하여 그 결과 통지를 받은 후 다시 행정심판을 거쳐 행정소송을 제기할 수도 있다고 보았다.

5. 취소심판 제기 가능성

개별공시지가는 처분이고 부동산공시법에는 이의신청전치주의 규정이 없는 점 등을 고려할 때, 이의신청을 거치지 않고 신청기간 내 행정심판을 제기할 수 있다.

6. 개별공시지가의 위법성

(1) 관련 규정(부동산공시법 제10조 제4항)

개별공시지가는 해당 토지와 유사한 이용가치를 지닌다고 인정되는 표준지공시지가를 기준으로 토지가격비준표를 사용하여 지가를 산정하되, 해당 토지의 가격과 표준지공시지가가 균형을 유지하도록 하여야 한다.

(2) 관련 판례(대법원 97누11577)

판례는 1필지의 토지가 여러 용도로 혼재되어 이용되고 있는 경우 용도별 면적과 가치를 고려하여 주용도를 판단하고 구별하기 어려운 경우 지가가 더 높게 형성되는 용도를 주용도로 구분하여 그 특성에 따라 1필지 전체의 가격을 산정해야 한다고 보았다.

(3) 사안의 경우(하자의 정도 포함)

사안은 용도별 면적 구분이 가능한데, 주택이 건축되어 있는 면적은 2,000m^2 중 330m^2에 불과하므로, 이를 기준으로 대인 표준지를 사용한 것은 위법하고 가격균형도 맞지 않을 것으로 보인다. 하자의 정도는, 통설 판례인 중대명백설에 비추어보면, 내용상 중대하나 외견상 명백하지 않으므로 취소사유의 위법이 있다.

Ⅱ. (물음 2) 하자승계 [15점]

1. 문제의 소재

개별공시지가의 위법을 후행행위인 재산세부과처분 취소소송에서 주장할 수 있는지, 즉 하자승계가 가능한지를 검토한다.

2. 소의 적법성

제소기간 등 소송 요건은 갖춘 것으로 보이며, 본안에서는 하자승계가 문제된다.

3. 하자승계의 개념

하자승계는 불가쟁력이 발생하여 직접 다툴 수 없는 선행행위의 위법을 후행행위를 다투는 쟁송단계에서 주장하려는 논의이며, 법적안정성과 국민의 권리구제라는 가치의 충돌 내지 조화의 문제이다.

4. 하자승계 논의의 전제 조건

선행행위에 불가쟁력이 발생하려면 선행행위는 처분이어야 하며, 취소사유에 해당하는 하자가 존재하며, 쟁송제기기간을 경과하여야 한다. 후행행위는 처분이어야 하고 별다른 위법사유가 없어야 한다. 사안의 경우 개별공시지가와 재산세부과처분은 모두 처분이고, 2022.12.5. 기준 개별공시지가는 통지받은 2022.12.5. 기준 개별공시지가는 통지받은 2022.6.경으로부터 90일이 지났으므로, 불가쟁력이 발생하였다. 선행행위에는 취소사유의 위법이 있고 재산세부과처분에는 위법사유가 없으므로, 전제조건은 충족한다.

5. 하자승계의 인정범위

(1) 학 설

① 하자승계론은 선행행위와 후행행위가 결합하여 하나의 효과를 완성하는 경우에는 선행행위의 하자가 후행행위에 승계된다고 본다. ② 선행행위에 형식적 존속력이 발생되면 상대방, 이해관계인 및 행정청에 대한 포괄적인 구속력이 후행행위에 발생하여 선행행위의 규율내용과 모순되는 결정을 내려서도 안 되며, 후행행위의 불법을 다툴 때에도 선행행위의 내용을 다투어서는 안 되지만, 이렇게 선행행위의 위법을 주장할 수 없는 것이 당사자에게 수인한도를 넘는 가혹함을 가져오며, 그 결과가 당사자에게 예측가능한 것이 아닌 경우에는 국민의 권리구제차원에서 예외적으로 후행행위를 다투면서 선행행위의 위법을 주장할 수 있다고 본다.

(2) 판 례

원칙적으로 통설과 같이 선·후의 행위가 결합하여 하나의 법률효과를 목적으로 하는지, 독립하여 별개의 법률효과를 목적으로 하는지에 따라 판단한다. 그러나 개별공시지가 결정과 과세처분, 표준공시지가결정과 보상금산정에 관한 수용재결의 경우에는 비록 별개의 법률효과를 목적으로 하는 경우이지만 예외적으로 예측가능성과 수인한도의 법리를 고려하여 하자의 승계를 긍정한 바 있다.

(3) 검 토

구속력이론은 행정행위와 판결이 구조적인 차이가 있음에도 불구하고 행정행위에 기판력과 유사한 효력을 인정한다는 점에서 문제가 있다. 따라서 원칙적으로 하자승계론을 기준으로 하여 하자승계 여부를 결정하되, 선행행위와 후행행위가 서로 독립하여 별개의 효과를 목적으로 하는 경우에도 선행처분의 구속력이 그로 인하여 불이익을 입게 되는 자에게 수인한도를 넘는 가혹함을 가져오며, 그 결과가 당사자에게 예측가능한 것이 아닌 경우에는 국민의 권리구제차원에서 예외적으로 후행행위를 다투면서 선행행위의 위법을 주장할 수 있다고 보아야 할 것이다.

6. 사례 해결

법률전문가가 아닌 甲으로서는 개별공시지가를 기준으로 재산세가 부과된다는 사실을 알았다고 보기 어렵고, 개별공시지가의 위법성이 인정되는 이상, 이를 다툴 기회를 부여하는 것이 타당하며, 다투지 못하게 하는 것은 국민에게 부당히 높은 주의의무를 지우는 것이자 수인한도를 넘는 가혹한 결과인 점을 고려할 때, 甲의 청구는 인용가능하다.

[문제 3] A감정평가법인(이하 'A법인'이라 함)에 근무하는 B감정평가사(이하 'B'라 함)는 2020.4.경 甲소유의 토지(이하 '甲토지'라 함)를 감정평가하면서 甲토지와 이용가치가 비슷하다고 인정되는 「부동산 가격공시에 관한 법률」에 따른 표준지공시지가를 기준으로 감정평가를 하지도 않았고 적정한 실거래가보다 3배 이상 차이가 나는 금액으로 甲토지를 감정평가하였다. 그러나 그 사실은 3년여가 지난 후 발견되었고 이에 따라 국토교통부장관은 감정평가관리·징계위원회(이하 '위원회'라 함)에 징계의결을 요구하였으며 위원회는 3개월의 업무정지를 의결하였고, 국토교통부장관은 위원회의 의결에 따라 2023.7.10. B에 대해서 3개월의 업무정지처분(2023.8.1.부터)을 결정하였으며 A법인과 B에게 2023.7.10. 위 징계사실을 통보하였다. 이에 B는 위 징계가 위법하다는 이유로 2023.7.14. 취소소송을 제기하면서 집행정지를 신청하였다. 집행정지의 인용가능성과 본안에서 B의 청구가 기각되는 경우 징계의 효력과 국토교통부장관이 취해야 할 조치에 관하여 설명하시오. [20점]

[참고 조문]

감정평가 및 감정평가사에 관한 법률

제39조(징계)
① 국토교통부장관은 감정평가사가 다음 각 호의 어느 하나에 해당하는 경우에는 제40조에 따른 감정평가관리·징계위원회의 의결에 따라 제2항 각 호의 어느 하나에 해당하는 징계를 할 수 있다. 다만, 제2항 제1호에 따른 징계는 제11호, 제12호를 위반한 경우 및 제27조를 위반하여 다른 사람에게 자격증·등록증 또는 인가증을 양도 또는 대여한 경우에만 할 수 있다.
 1. 제3조 제1항을 위반하여 감정평가를 한 경우
 2. 제3조 제3항에 따른 원칙과 기준을 위반하여 감정평가를 한 경우
 〈생 략〉
⑦ 제1항에 따른 징계의결은 국토교통부장관의 요구에 따라 하며, 징계의결의 요구는 위반사유가 발생한 날부터 5년이 지나면 할 수 없다.

제39조의2(징계의 공고)
① 국토교통부장관은 제39조 제1항 및 제2항에 따라 징계를 한 때에는 지체없이 그 구체적인 사유를 해당 감정평가사, 감정평가법인등 및 협회에 각각 알리고, 그 내용을 대통령령으로 정하는 바에 따라 관보 또는 인터넷 홈페이지 등에 게시 또는 공고하여야 한다.

제40조(감정평가관리·징계위원회)
① 다음 각 호의 사항을 심의 또는 의결하기 위하여 국토교통부에 감정평가관리·징계위원회(이하 "위원회"라 한다)를 둔다.
 〈생 략〉
 4. 제39조에 따른 징계에 관한 사항

감정평가 및 감정평가사에 관한 법률 시행령

제29조(인가취소 등의 기준) 법 제32조 제1항에 따른 감정평가업자의 설립인가 취소와 업무정지의 기준은 [별표 3]과 같다.

[별표 3] 감정평가업자의 설립인가 취소와 업무정지의 기준(제29조 관련)

1. 일반기준
   가. 위반행위의 횟수에 따른 행정처분의 기준은 최근 1년간(제2호 하목의 경우에는 최근 3년간을 말한다) 같은 위반행위(근거 법조문 내에서 위반행위가 구분되어 있는 경우에는 그 구분된 위반행위를 말한다)로 행정처분을 받은 경우에 적용한다. 이 경우 위반횟수는 같은 위반행위에 대하여 행정처분을 받은 날과 그 처분 후에 다시 같은 위반행위를 하여 적발된 날을 각각 기준으로 하여 계산한다.
   〈생 략〉
   다. 국토교통부장관은 위반행위의 동기·내용 및 위반의 정도 등을 고려하여 처분기준의 2분의 1 범위에서 그 기간을 늘릴 수 있다. 다만, 늘리는 경우에도 총 업무정지기간은 2년을 넘을 수 없다.
2. 개별기준

위반행위	근거 법조문	행정처분기준		
		1차 위반	2차 위반	3차 이상 위반
라. 법 제3조 제1항을 위반하여 감정평가를 한 경우	법 제32조 제1항 제4호	업무정지 1개월	업무정지 3개월	업무정지 6개월
마. 법 제3조 제3항에 따른 원칙과 기준을 위반하여 감정평가를 한 경우	법 제32조 제1항 제5호	업무정지 1개월	업무정지 2개월	업무정지 4개월

목차잡기

[문제 3] 집행정지

Ⅰ. 문제의 소재

Ⅱ. 행정소송법상 집행정지의 의의 및 요건

1. 의의 및 취지
2. 적극적 요건
   (1) 적극적 요건 : 신청인이 소명
      ① 적법한 본안소송의 계속과 처분등의 존재
      ② 회복하기 어려운 손해예방의 필요
      ③ 긴급한 필요의 존재
   (2) 소극적 요건 : 행정청이 소명
      ① 공공복리에 중대한 영향을 미칠 우려가 없을 것
      ② 본안 청구가 이유없음이 명백하지 않을 것
3. 집행정지신청의 요건충족여부
   (1) 회복하기 어려운 손해발생의 우려와 긴급한 필요가 존재하는지 여부
   (2) 소 결

Ⅲ. 본안판결 기각시 징계처분의 효력이 발생하는지
1. 집행정지 기간 및 집행정지 결정의 장래효
2. 징계처분의 효력

Ⅳ. 국토교통부장관이 취해야 하는 조치
1. 사안 관련 판례(대법원 2020두34070 판결)
2. 사안의 경우(업무정지기간 통지 및 징계의 공고)

답하기

Ⅰ. 문제의 소재
행정소송법 제23조 제1항의 "집행부정지 원칙"의 예외로써 집행정지 요건을 검토하고 본안판결 기각시 집행정지 대상인 징계처분의 효력이 발생하는지, 이 경우 국토교통부장관이 취해야 하는 조치가 무엇인지 설명한다.

Ⅱ. 행정소송법상 집행정지의 의의 및 요건
1. 의의 및 취지
집행정지란 취소소송이 제기된 경우에 법원이 당사자의 신청 등에 의하여 처분등의 효력이나 그 집행 또는 절차의 속행 전부 또는 일부를 정지시키는 가구제 제도이다. 이는 본안판결의 실효성을 확보하여 권리구제를 도모하기 위하여 인정되는 제도이다.

2. 적극적 요건
 (1) 적극적 요건 : 신청인이 소명
  ① 적법한 본안소송의 계속과 처분등의 존재
   적법한 본안소송이 '계속'되어 있어야 한다. 이 점에서 본안소송 제기 전에 신청이 가능한 민사소송에 있어서의 가처분과 차이가 있다.
  ② 회복하기 어려운 손해예방의 필요
   판례에 따르면 '회복하기 어려운 손해'라 함은 금전으로 보상할 수 없는 손해를 말하는바, 이는 금전보상이 불가능한 경우뿐만 아니라 금전보상으로는 사회관념상 행정처분을 받은 당사자가 수인할 수 없거나 수인하는 것이 현저히 곤란한 유형·무형의 손해를 의미한다. 그리고 기업의 경우 중대한 경영상의 위기등의 사정도 여기에 해당한다고 본다.
  ③ 긴급한 필요의 존재
   '긴급한 필요'는 회복하기 곤란한 손해의 발생이 시간적으로 절박하였거나 이미 시작됨으로 인하여 판결을 기다릴 여유가 없는 경우를 말한다.

(2) 소극적 요건 : 행정청이 소명
① 공공복리에 중대한 영향을 미칠 우려가 없을 것
집행정지는 적극적 요건이 충족된다고 하더라도 공공복리에 중대한 영향을 미칠 우려가 있는 경우에는 허용되지 않는다(법 제23조 제3항). 집행정지가 공공복리에 미치는 영향과 처분의 집행 부정지를 통하여 신청인이 입는 손해를 비교형량하여 요건충족 여부를 판단한다.
② 본안 청구가 이유없음이 명백하지 않을 것
본안소송에서 승소가능성이 전혀 없음에도 불구하고 집행정지신청을 인용하는 것은 집행정지의 남용에 해당하므로, 본안청구가 이유 없음이 명백한 경우에는 집행정지를 명할 수 없다고 보는 것이 판례와 다수견해의 입장이다.

3. 집행정지신청의 요건충족여부
(1) 회복하기 어려운 손해발생의 우려와 긴급한 필요가 존재하는지 여부
업무정지처분이 집행될 경우 B가 업무에 종사하면서 맺었던 거래관계의 단절과 신용의 손상 등으로 회복하기 어려운 손해발생의 우려가 있다고 보이며, 단시간 내에 업무를 처리해야 하는 감정평가의 특수성에 비추어 볼 때 이러한 손해를 본안 판결을 기다릴 여유가 없다고 보인다.
(2) 소 결
적극적 요건 관련하여 업무정지 처분성이 인정되고, 소극적 요건과 관련하여 3개월의 업무정지 처분은 법규성이 있는 감정평가법 시행령 별표에서 정한 기준(1개월)에 위반되므로, 본안청구가 이유 없다고 단정하기도 어렵다. 집행정지신청은 요건충족하여 인용가능하며 업무정지처분기간 (23.8.1.) 이전에 인용될 것으로 보인다.

Ⅲ. 본안판결 기각시 징계처분의 효력이 발생하는지

1. 집행정지 기간 및 집행정지 결정의 장래효
판례는, 집행정지결정의 효력은 결정 주문에서 정한 기간까지 존속하다가 그 기간이 만료되면 장래에 향하여 소멸하고(대법원 2013두25498), 본안소송에서 패소확정판결을 받았다고 하더라도 집행정지 결정의 효력이 소급하여 소멸하지 않는다고 보았다(대법원 2020두34070).

2. 징계처분의 효력
집행정지의 종기는 심급별 판결 선고시(또는 선고후 며칠까지로 지정)가 되므로, B의 청구기각판결이 되면, 집행정지 기간이 도과함으로써 업무정지처분의 효력이 발생한다.

Ⅳ. 국토교통부장관이 취해야 하는 조치

1. 사안 관련 판례(대법원 2020두34070)
제재처분에 대한 행정쟁송절차에서 처분에 대해 집행정지결정이 이루어졌더라도 본안에서 해당 처분이 최종적으로 적법한 것으로 확정되어 집행정지결정이 실효되고 제재처분을 다시 집행할 수 있게 되면 처분청으로서는 당초 집행정지결정이 없었던 경우와 동등한 수준으로 해당 제재처분이 집행되도록 필요한 조치를 취하여야 한다.

2. 사안의 경우(업무정지기간 통지 및 징계의 공고)

국토교통부는, 업무정지처분의 기간(2023.8.1.부터)에 대한 오해의 소지가 없도록, 업무정지처분 기간을 정확히 계산하여 B에게 통지하여야 하고, 감정평가법 제39조의2에 따라 징계의 공고를 하여야 한다. 아울러 이는 재처분이 아니다.

[문제 4] 「감정평가 및 감정평가사에 관한 법률」 제21조에 따른 '사무소 개설 등'에 관하여 설명하시오. [10점]

목차잡기

[문제 4] 사무소 개설 등

1. 감정평가법인등
2. 사무소개설을 할 수 있는 자, 의무 등(제1항·제4항·제5항)
3. 사무소 개설 결격 사유(제2항)
4. 합동사무소 개설(제3항)
5. 보론(신고규정 개정)

답하기

1. 감정평가법인등

    감정평가법 제21조에 따라 사무소를 개설한 감정평가사와 제29조에 따라 인가를 받은 감정평가법인을 감정평가법인등이라고 하며, 이는 감정평가업을 영위하는 주체로서 의의가 있다.

2. 사무소개설을 할 수 있는 자, 의무 등(제1항·제4항·제5항)

    등록을 한 감정평가사가 사무소 개설을 할 수 있고, 1개의 사무소만 개설할 수 있으며, 소속감정평가사를 둘 수 있다.

3. 사무소 개설 결격 사유(제2항)

    실무수습 또는 교육연수를 받지 아니한 경우, 등록이 취소된 후 3년이 지나지 아니한 경우, 업무정지기간이 도과하지 않은 경우 등에는 사무소 개설을 할 수 없다.

4. 합동사무소 개설(제3항)

    업무를 효율적으로 수행하고 공신력을 높이기 위하여 합동사무소를 설치할 수 있다.

5. 보론(신고규정 개정)

    과거 감정평가법 제21조는 사무소 개설신고 규정을 두었으나, 불필요한 규제 개선을 취지로 신고 규정은 삭제되었고(2021년 7월 20일 법률 제18309호로 개정), 현재 위 신고 업무는 협회가 담당하고 있다.

2022 제33회 기출문제 예시답안

[문제 1]

> X는「도시 및 주거환경정비법」(이하 '도시정비법'이라 함)에 따른 재개발 정비사업조합이고, 甲은 X의 조합원으로서, 해당 정비사업구역 내에 있는 A토지와 B토지의 소유자이다. A토지와 B토지는 연접하고 있고 그 지목이 모두 대(垈)에 해당하지만, A토지는「사도법」에 따른 사도가 아닌데도 불특정 다수인의 통행에 장기간 제공되어왔고, B토지는 甲이 소유한 건축물의 부지로서 그 건축물의 일부에 임차인 乙이 거주하고 있다. X는 도시정비법 제72조 제1항에 따라 분양신청기간을 공고하였으나 甲은 그 기간 내에 분양신청을 하지 않았다. 이에 따라 X는 甲을 분양대상자에서 제외하고 관리처분계획을 수립하여 인가를 받았고, 그에 불복하는 행정심판이나 행정소송은 없었다. X는 도시정비법 제73조 제1항에 따른 甲과의 보상협의가 이루어지지 않자 A토지와 B토지에 관하여 관할 토지수용위원회에 수용재결을 신청하였고, 관할 토지수용위원회는 A토지와 B토지를 수용한다는 내용의 수용재결을 하였다.
> 다음 물음에 답하시오. [40점]

(물음 1) 甲이 수용재결에 대한 취소소송을 제기하면서, 'X가 도시정비법 제72조 제1항에 따라 분양신청기간과 그 기간 내에 분양신청을 할 수 있다는 취지를 명백히 표시하여 통지하여야 하는데도 이러한 절차를 제대로 거치지 않았다'고 주장할 경우에, 甲의 주장이 사실이라면 법원은 그것을 이유로 수용재결을 취소할 수 있는지 설명하시오(단, 사실심 변론종결 전에 도시정비법에 따른 이전고시가 효력을 발생한 경우와 그렇지 않은 경우를 구분하여 설명할 것). [10점]

(물음 2) 「공익사업을 위한 토지 등의 취득 및 보상에 관한 법률 시행규칙」(이하 '토지보상법 시행규칙'이라 함) 제26조 제1항에 따른 '사실상의 사도'의 요건을 설명하고, 이에 따라 A토지가 사실상의 사도로 인정되는 경우와 그렇지 않은 경우에 보상기준이 어떻게 달라지는지 설명하시오. [10점]

(물음 3) 주거이전비에 관하여 甲은 토지보상법 시행규칙 제54조 제1항에 따른 요건을 갖추고 있고, 乙은 같은 조 제2항에 따른 요건을 갖추고 있다. 관할토지수용위원회는 수용재결을 하면서 甲의 주거이전비에 관하여는 재결을 하였으나 乙의 주거이전비에 관하여는 재결을 하지 않았다. 甲은 주거이전비의 증액을 청구하고자 하고, 乙은 주거이전비의 지급을 청구하고자 한다. 甲과 乙의 권리구제에 적합한 소송을 설명하시오. [20점]

> **[참고 조문]**
>
> **도시 및 주거환경정비법**
>
> **제72조(분양공고 및 분양신청)**
> ① 사업시행자는 제50조 제9항에 따른 사업시행계획인가의 고시가 있은 날(사업시행계획인가 이후 시공자를 선정한 경우에는 시공자와 계약을 체결한 날)부터 120일 이내에 다음 각 호의 사항을 토지등소유자에게 통지하고, 분양의 대상이 되는 대지 또는 건축물의 내역 등 대통령령으로 정하는 사항을 해당 지역에서 발간되는 일간신문에 공고하여야 한다. 다만, 토지등소유자 1인이 시행하는 재개발사업의 경우에는 그러하지 아니하다.
> 1. ~ 2. 〈생 략〉
> 3. 분양신청기간
> 4. 〈생 략〉
> ③ 대지 또는 건축물에 대한 분양을 받으려는 토지등소유자는 제2항에 따른 분양신청기간에 대통령령으로 정하는 방법 및 절차에 따라 사업시행자에게 대지 또는 건축물에 대한 분양신청을 하여야 한다.

> **제73조(분양신청을 하지 아니한 자 등에 대한 조치)**
> ① 사업시행자는 관리처분계획이 인가·고시된 다음 날부터 90일 이내에 다음 각 호에서 정하는 자와 토지, 건축물 또는 그 밖의 권리의 손실보상에 관한 협의를 하여야 한다. 다만, 사업시행자는 분양신청기간 종료일의 다음 날부터 협의를 시작할 수 있다.
>   1. 분양신청을 하지 아니한 자
>   2. ~ 4. 〈생 략〉
> ② 사업시행자는 제1항에 따른 협의가 성립되지 아니하면 그 기간의 만료일 다음 날부터 60일 이내에 수용재결을 신청하거나 매도청구소송을 제기하여야 한다.
>
> **공익사업을 위한 토지 등의 취득 및 보상에 관한 법률 시행규칙**
> 제54조(주거이전비의 보상)
> ① 공익사업시행지구에 편입되는 주거용 건축물의 소유자에 대하여는 해당 건축물에 대한 보상을 하는 때에 가구원수에 따라 2개월분의 주거이전비를 보상하여야 한다.
> 〈단서 생략〉
> ② 공익사업의 시행으로 인하여 이주하게 되는 주거용 건축물의 세입자(무상으로 사용하는 거주자를 포함하되, 법 제78조 제1항에 따른 이주대책대상인 세입자는 제외한다)로서 사업인정고시일 등 당시 또는 공익사업을 위한 관계 법령에 따른 고시 등이 있은 당시 해당 공익사업시행지구 안에서 3개월 이상 거주한 자에 대해서는 가구원수에 따라 4개월분의 주거이전비를 보상해야 한다.
> 〈단서 생략〉

목차잡기

Ⅰ. (물음 1) [10점]
1. 논점의 정리
2. 관련행정작용의 개관
   (1) 관리처분계획
   (2) 이전고시 및 이전고시의 효력
3. 이전고시가 효력을 발생한 경우
4. 이전고시의 효력이 발생하지 않은 경우
5. 사례의 해결

Ⅱ. (물음 2) [10점]
1. 논점의 정리
2. 사실상의 사도로 인정되는 경우
3. 보상기준
   (1) A토지가 사실상의 사도로 인정되는 경우
4. 사례의 해결

Ⅲ. (물음 3) [20점]

1. 논점의 정리
2. 주거이전비의 법적성질
3. 甲과 乙의 권리구제
   (1) 甲의 경우(재결을 거친 후)
      ① 관련판례
      ② 소송방법(보상금증액청구소송)
   (2) 乙의 경우(재결을 거치기 전)
4. 사례의 해결

답하기

Ⅰ. (물음 1) [10점]

1. 논점의 정리

   정비사업은 정비계획의 수립과 정비구역의 지정 등 추진위원회구성 및 승인, 조합설립 및 인가, 사업시행계획인가, 관리처분계획 및 인가, 이전고시 그리고 청산금 부과 등으로 이뤄진다. (물음 1)은 이전고시의 효력 발생 전·후로 묻고 있는바, 단계를 구분하여 검토하기로 한다.

2. 관련행정작용의 개관

   (1) 관리처분계획

   관리처분계획이란 토지나 건물의 소유자 등이 가지는 종전의 토지 및 건물에 대한 권리를 정비사업으로 새로 조성되는 토지 및 건물에 대한 권리로 변환시켜 배분하는 계획을 말한다.

   (2) 이전고시 및 이전고시의 효력

   이전고시는 준공인가의 고시로 사업시행이 완료한 이후에 관리처분계획에서 정한 바에 따라 종전의 토지 또는 건축물에 대하여 정비사업으로 조성된 대지 또는 건축물의 위치 및 범위 등을 정하여 소유권을 분양받은 자에게 이전하고 가격의 차액에 상당하는 금액을 청산하거나 대지 또는 건축물을 정하지 않고 금전적으로 청산하는 공법상 처분이다.

3. 이전고시가 효력을 발생한 경우

   판례는 이전고시의 효력이 발생한 이후에는 조합원 등이 해당 정비사업을 위하여 이루어진 수용재결이나 이의재결의 취소 또는 무효확인을 구할 법률상 이익이 없다고 해석함이 타당하다고 판시한 바 있다.

4. 이전고시의 효력이 발생하지 않은 경우

   판례는 이전고시 전 관리처분계획은 분양처분이 이루어지기 전까지는 변경될 수도 있다고 본다. 따라서 甲이 수용재결을 취소할 법률상 이익이 인정된다.

5. 사례의 해결

   이전고시 효력이 발생한 경우에는 법원은 수용재결을 취소할 수 없으나, 이전고시 효력이 발생하지 않은 경우에는 관리처분계획 등을 변경할 수 있는 법률상 이익이 있어 수용재결 취소가 가능하다.

II. (물음 2) [10점]

1. 논점의 정리
토지보상법 시행규칙 제26조 규정의 취지는 도로부지의 감정평가방법에 대해 규정함으로써 손실보상을 위한 감정평가의 공정성과 신뢰성을 제고하는 데 있다. 도로부지들을 낮게 평가하는 취지는 인근 토지로의 가치가 내재되었다고 볼 수 있기 때문이다. 이하 사실상 사도와 관련하여 후술한다.

2. 사실상의 사도로 인정되는 경우
토지보상법 시행규칙 제26조 제2항에 규정된 사실상의 사도란 「사도법」에 의한 사도 외의 도로로서 ① 도로개설 당시의 토지소유자가 자기 토지의 편익을 위하여 스스로 설치한 도로, ② 토지소유자가 그 의사에 의하여 타인의 통행을 제한할 수 없는 도로, ③ 「건축법」 규정에 의하여 건축허가권자가 그 위치를 지정·공고한 도로, ④ 도로개설 당시의 토지소유자가 대지 또는 공장용지 등을 조성하기 위하여 설치한 도로 중 어느 하나에 해당하는 도로를 말한다.

3. 보상기준
(1) A토지가 사실상의 사도로 인정되는 경우

토지보상법 시행규칙 제26조 제1항 제2호에 의하여 인근 토지평가액의 3분의 1 이내로 평가한다. 여기서 인근 토지라 함은 그 부지가 도로로 이용되지 아니하였을 경우에 예상되는 인근지역에 있는 표준적인 이용상황의 토지로서 지리적으로 가까운 것을 말한다. 또한 사실상의 사도부지에 대한 감정평가는 인근 토지에 대한 감정평가액의 3분의 1 이내로 하므로, 3분의 1을 적용할 경우의 단가사정은 반올림하지 않고 절사한다.

4. 사례의 해결
A 토지가 사실상의 사도로 인정되는 경우 인근 토지평가액의 3분의 1로 평가되며, 사실상의 사도로 인정되지 않는 경우에는 일반 토지평가기준에 의해 평가된다.

III. (물음 3) [20점]

1. 논점의 정리
주거이전비는 공익사업의 시행으로 주거지를 이전하여야 하는 자에게 지급되는 보상으로, 대상자는 주거용 건축물의 소유자 및 그 세입자로서 실제로 이주하는 자이다. 사안의 甲과 乙은 각각 토지보상법 시행규칙 제54조 제1항 및 제2항에 따른 소유자와 세입자의 지급요건을 갖추고 있는바, 주거이전비와 관련된 소송을 설명하기로 한다.

2. 주거이전비의 법적성질
판례는 주거이전비는 당해 공익사업 시행지구 안에 거주하는 세입자들의 조기이주를 장려하여 원활한 사업추진이라는 정책적 목적과 주거이전으로 인하여 특별한 어려움을 겪게 될 세입자들을 대상으로 하는 사회보장 차원에서 지급되는 금원의 성격을 가지므로, 적법하게 시행된 공익사업으로 인하여 이주하게 된 주거용 건축을 세입자의 주거이전비 보상청구권은 공법상의 권리라고 판시한바 있다.

3. 甲과 乙의 권리구제
    (1) 甲의 경우(재결을 거친 후)
        ① 관련판례
            판례는 주거이전비 보상에 관하여 재결이 이루어진 다음 보상금의 증감부분을 다투는 경우에는 토지보상법 제85조 제2항 규정된 보상금증감청구소송에 따라, 보상금 증감 이외의 부분은 같은 조 제1항에 규정된 항고소송에 따라 권리구제를 받을 수 있다고 한다.
        ② 소송방법(보상금증액청구소송)
            재결을 거쳤으므로 토지보상법 제85조에 따른 소송을 제기하면 된다. 甲은 주거이전비의 증액을 청구하고자 하므로 동법 동조 제2항에 따라 보상금증감 청구소송을 제기하면 된다.
            ㉠ 보상금증감청구소송은 수용재결 중 보상금에 대해서만 이의가 있는 경우에 보상액의 증액 또는 감액을 청구하는 소송으로서 사안의 경우는 보상금증액청구소송이 된다.
            ㉡ 소송의 형태와 관련하여, 종전에는 형식적 당사자소송의 성질을 갖는지에 대해 견해대립이 있었으나, 현행 토지보상법 제85조는 재결정을 공동피고에서 제외하여 형식적 당사자소송임을 규정하고 있다.
            ㉢ 소송의 성질과 관련하여 판례는 당해 소송을 이의재결에서 정한 보상금이 증액·변경될 것을 전제로 하여 사업시행자를 상대로 보상금의 지급을 구하는 확인급부소송으로 보고 있다.
    (2) 乙의 경우(재결을 거치기 전)
        판례는 세입자의 주거이전비 보상청구권은 그 요건을 충족하는 경우에 당연히 발생하는 것이므로, 주거이전비 보상청구소송은 행정소송법 제3조 제2호에 규정된 당사자소송에 의하여야 한다고 판시한 바 있다. 당사자소송이란 행정청의 처분 등을 원인으로 하는 법률관계에 관한 소송 그 밖에 공법상 법률관계에 관한 소송 그 밖에 공법상 법률관계에 관한 소송으로서 그 법률관계의 한쪽 당사자를 피고로 하는 소송을 말한다.
4. 사례의 해결
    甲의 경우 토지보상법 제85조 제2항의 보상금증액청구소송을, 乙의 경우 행정소송법 제3조 제2호의 당사자소송을 제기하면 된다.

[문제 2] 국토교통부장관은 표준지로 선정된 A토지의 2022.1.1. 기준 공시지가를 1m²당 1,000만원으로 결정·공시하였다. 국토교통부장관은 A토지의 표준지공시지가를 산정함에 있어 「부동산 가격공시에 관한 법률」 및 같은 법 시행령이 정하는 '토지의 일반적인 조사사항' 이외에 국토교통부 훈령인 「표준지공시지가 조사·평가 기준」상 상업·업무용지 평가의 고려사항인 '배후지의 상태 및 고객의 질과 양', '영업의 종류 및 경쟁의 상태' 등을 추가적으로 고려하여 평가하였다. 甲은 X시에 상업용지인 B토지를 소유하고 있다. X시장은 A토지를 비교표준지로 선정하여 B토지에 대한 개별공시지가를 1m²당 1,541만원으로 결정·공시 후 이를 甲에게 통지하였다. 甲은 국토교통부장관이 A토지의 표준지공시지가를 단순히 행정청 내부에서만 효력을 가지는 국토교통부 훈령 형식의 「표준지공시지가조사·평가 기준」이 정하는 바에 따라 평가함으로써 결과적으로 부동산 가격공시에 관한 법령이 직접 규정하지 않는 사항을 표준지공시지가 평가의 고려사항으로 삼은 것은 위법하다고 주장하고 있다.
다음 물음에 답하시오. [30점]

(물음 1) 「표준지공시지가 조사·평가 기준」의 법적 성질에 비추어 甲주장의 타당성 여부를 설명하시오. [20점]

(물음 2) 甲은 「부동산 가격공시에 관한 법률」 제11조에 따라 X시장에게 B토지의 개별공시지가에 대한 이의를 신청하였으나 기각되었다. 이 경우 甲이 기각결정에 불복하여 「행정심판법」상의 행정심판을 제기할 수 있는지 설명하시오. [10점]

[참고 조문]

부동산 가격공시에 관한 법률

제11조(개별공시지가에 대한 이의신청)
① 개별공시지가에 이의가 있는 자는 그 결정·공시일부터 30일 이내에 서면으로 시장·군수 또는 구청장에게 이의를 신청할 수 있다.

부동산 가격공시에 관한 법률 시행령

제6조(표준지공시지가 조사·평가의 기준)
① 법 제3조 제4항에 따라 국토교통부장관이 표준지공시지가를 조사·평가하는 경우 참작하여야 하는 사항의 기준은 다음 각 호와 같다.
  〈각 호 생략〉
② 표준지에 건물 또는 그 밖의 정착물이 있거나 지상권 또는 그 밖의 토지의 사용·수익을 제한하는 권리가 설정되어 있을 때에는 그 정착물 또는 권리가 존재하지 아니하는 것으로 보고 표준지공시지가를 평가하여야 한다.
③ 제1항 및 제2항에서 규정한 사항 외에 표준지공시지가의 조사·평가에 필요한 세부기준은 국토교통부장관이 정한다.

> **표준지공시지가 조사·평가 기준**
>
> 제23조(상업·업무용지)
> 상업·업무용지(공공용지를 제외한다)는 토지의 일반적인 조사사항 이외에 다음 각 호의 사항 등을 고려하여 평가하되, 인근지역 또는 동일수급권 안의 유사지역에 있는 토지의 거래사례 등 가격자료를 활용하여 거래사례비교법으로 평가한다.
> 〈단서 생략〉
>   1. 배후지의 상태 및 고객의 질과 양
>   2. 영업의 종류 및 경쟁의 상태
>   3. ~ 6. 〈생 략〉

목차잡기

Ⅰ. (물음 1) [20점]
1. 논점의 정리
2. 인정여부
3. 법적 성질
   (1) 학 설
   (2) 판례 및 검토
   (3) 사안의 경우
4. 甲주장의 타당성

Ⅱ. (물음 2) [10점]
1. 의견제출
2. 이의신청
3. 행정심판 및 행정소송
4. 결 어

답하기

Ⅰ. (물음 1) [20점]

1. 논점의 정리

법령보충적 행정규칙이란 행정규칙의 형식으로 제정되었지만, 그 내용의 실질에 있어서 법규적 성질을 갖는 경우를 말한다. 「표준지공시지가 조사·평가 기준」은 부동산공시법의 위임을 받아 국토교통부훈령의 행정규칙 형식을 취하고 있어 헌법 제75조 및 제95조와의 관계에서 상기 훈령의 법적 성질이 문제된다.

2. 인정여부

행정규칙형식의 법규명령에 대해 견해대립은 있으나 대법원 및 헌법재판소는 법령보충적 행정규칙을 인정하고 있다. 생각건대, 헌법상 법규명령형식은 예시적이며, 현실적 필요성 등 종합 고려할 때 긍정함이 타당하다고 본다.

3. 법적 성질

(1) 학 설
① 형식설은 형식을 중시하여 행정규칙으로 보며, 법규명령은 엄격한 절차·형식으로 제정한다고 보는 견해이다.
② 규범구체화 행정규칙설은 전문기술영역에서 시원적 입법권을 가진다는 논거로 통상 행정규칙과 달리 상위규범을 구체화하는 규범구체화 행정규칙으로 보자는 견해이다.
③ 법규명령 성질을 갖는 행정규칙설은 상위법령과 결합하며 대외적구속력을 인정한다.
④ 실질설은 실질을 중시하여 법규명령으로 보며, 법령이 구체적 개별적 위임이 있고 그 내용도 법규적 사항이라는 점을 논거로 한다.

(2) 판례 및 검토
① 판례는 토지가격비준표는 집행명령인 개별토지가격 합동조사지침과 더불어 법령보충적인 구실을 하는 법규적 성질을 가지고 있는 것으로 보아야 한다고 판시하여 법규성이 있다고 본다.
② 생각건대, 상위법령과 결합하여 대외적 구속력이 인정되는 점, 행정 현실상 필요가 있다고 점에서 법규명령성질을 갖는 행정규칙설이 타당하다.

(3) 사안의 경우
사안의 표준지공시지가 조사·평가기준은 부동산공시법의 내용을 보충하고 그와 결합하여 대외적 구속력이 발생한다고 보이므로, 법규명령으로 봄이 타당하다.

4. 甲주장의 타당성

상기 검토에 따라 법규성을 인정하면 대외적으로 국민과 법원을 구속하게 된다. 또한 부동산공시법 시행령 제6조 제3항은 표준지공시지가의 조사·평가에 필요한 세부기준은 국토교통부장관이 정한다고 규정하고 있으며, 표준지공시지가의 조사·평가기준은 상위법 위반 등이 없는 바, 본 기준에 따라 평가한 것은 적법한 것으로 보인다. 따라서 甲의 주장은 타당하지 않다.

Ⅱ. (물음 2) [10점]

1. 논점의 정리
절차적 하자가 있는지 없는지가 논점의 문제가 될 수 있다.

2. 의견제출과 이의신청

개별공시지가 중에서 이의신청 및 행정심판에 관한 내용이다. 개별공시지가 열람공고가 있은 후에 소유자는 의견 제출을 할 수 있는데, 이때에도 마찬가지로 단순 민원 형식이 아닌 법리적 전개와 주장이 필요하다. 개별공시지가에 대해 이의가 있는 토지 소유자 등은 개별공시지가가 결정된 날로부터 30일 이내에 토지소재지 시장, 군수 또는 구청장 등에게 이의신청을 할 수 있다. 각 시, 군, 구 민원실에 있는 개별공시지가 이의신청서를 양식에 맞게 작성하여 제출하면 된다. 그러나, 이의신청서에는 단순히 얼마를 올려 달라 하거나 내려 달라는 식의 단순 민원식으로 제출하면 안 되고, 행정심판이나 행정소송을 하는 것과 같이 근거와 법리, 증거에 따라 작성해야 한다.

3. 행정심판 또는 행정소송

이의신청서는 이의신청기간이 만료된 날부터 30일 이내에 시, 군, 구 부동산평가 위원회의 심의를 거쳐 시장, 군수, 구청장이 그 처리결과를 이의 신청인에게 통지하고 이의신청 결과에 불복하는 경우에는 행정심판 또는 행정소송을 제기할 수 있음을 통보한다. 이의신청 결정이 나오면 이의신청 반영 여부에 따라 행정심판을 하면 된다.

4. 결 어

절차적 하자가 없다면 이의신청 결과에 불복하는 경우 행정심판 또는 행정소송을 제기할 수 있다. 행정심판을 하기 위해서는 감정평가적 지식이 필요하다.

[문제 3] 감정평가사 甲은 A감정평가법인(이하 'A법인'이라 함)에 형식적으로만 적을 두었을 뿐 A법인에서 감정평가사 본연의 업무를 전혀 수행하지 않았고 그 법인의 운영에도 관여하지 않았다. 이에 대해 국토교통부장관은 감정평가관리·징계위원회의 의결에 따라 사전통지를 거쳐 감정평가사 자격취소처분을 하였다. 처분사유는 '甲이 A법인에 소속만 유지할 뿐 실질적으로 감정평가업무에 관여하지 아니하는 방법으로 감정평가사의 자격증을 대여하였다'는 것이었고, 그 법적 근거로「감정평가 및 감정평가사에 관한 법률」(이하 '감정평가법'이라 함) 제27조 제1항, 제39조 제1항 단서 및 제2항 제1호가 제시되었다. 甲은 사전통지서에 기재된 의견제출기한 내에 청문을 신청하였으나 국토교통부장관은 '감정평가법 제13조 제1항 제1호에 따라 감정평가사 자격취소를 하려면 청문을 실시하여야 한다는 규정이 있지만, 명의대여를 이유로 하는 감정평가사 자격취소의 경우에는 청문을 실시하여야 한다는 규정이 없을 뿐 아니라 청문을 실시할 필요도 없다'는 이유로 청문을 실시하지 않았다. 甲에 대한 감정평가사 자격취소처분이 적법한지 설명하시오. [20점]

> **[참고 조문]**
>
> **감정평가 및 감정평가사에 관한 법률**
>
> 제13조(자격의 취소)
> ① 국토교통부장관은 감정평가사가 다음 각 호의 어느 하나에 해당하는 경우에는 그 자격을 취소하여야 한다.
>   1. 부정한 방법으로 감정평가사의 자격을 받은 경우
>   2. 제39조 제2항 제1호에 해당하는 징계를 받은 경우
>
> 제27조(명의대여 등의 금지)
> ① 감정평가사 또는 감정평가법인등은 다른 사람에게 자기의 성명 또는 상호를 사용하여 제10조에 따른 업무를 수행하게 하거나 자격증·등록증 또는 인가증을 양도·대여하거나 이를 부당하게 행사하여서는 아니 된다.

> **제39조(징계)**
> ① 국토교통부장관은 감정평가사가 다음 각 호의 어느 하나에 해당하는 경우에는 제40조에 따른 감정평가관리·징계위원회의 의결에 따라 제2항 각 호의 어느 하나에 해당하는 징계를 할 수 있다. 다만, 제2항 제1호에 따른 징계는 제11호, 제12호를 위반한 경우 및 제27조를 위반하여 다른 사람에게 자격증·등록증 또는 인가증을 양도 또는 대여한 경우에만 할 수 있다.
>   9. 제25조, 제26조 또는 제27조를 위반한 경우
> ② 감정평가사에 대한 징계의 종류는 다음과 같다.
>   1. 자격의 취소
>   2. 등록의 취소
>   3. 2년 이하의 업무정지
>   4. 견 책
>
> **제45조(청문)**
> 국토교통부장관은 다음 각 호의 어느 하나에 해당하는 처분을 하려는 경우에는 청문을 실시하여야 한다.
>   1. 제13조 제1항 제1호에 따른 감정평가사 자격의 취소
>   2. 제32조 제1항에 따른 감정평가법인의 설립인가 취소

목차잡기

Ⅰ. 문제의 소재

Ⅱ. 관련행정작용의 성질

Ⅲ. 청문을 실시하지 않은 것이 위법한지 여부
1. 감정평가법령 검토
2. 행정절차법 검토
    (1) 필수적 절차여부
    (2) 청문절차의 예외적 사유로서 생략 사유
    (3) 사안의 경우

Ⅳ. 절차적 하자의 독자적 위법성 인정여부

Ⅴ. 사례의 해결

답하기

Ⅰ. 문제의 소재

청문이라 함은 당사자 등의 의견을 들을 뿐만 아니라 증거를 조사하는 등 재판에 준하는 절차를 거쳐 행하는 의견전술절차를 말한다. 사안의 경우 감정평가법에 따른 명문규정이 없다는 이유로 청문을 실시하지 않고 자격취소를 한 경우로서, 이하 자격취소처분이 적법한지 논하기로 한다.

Ⅱ. 관련행정작용의 성질

사안의 자격취소는 甲이 감정평가사 자격증을 취득 후, 명의대여 등의 이유로 후발적 사유로 취소되었는바 철회의 성격을 지닌다. 철회는 특별한 규정이 없는 한 일반 행정행위와 같은 절차에 따른다. 수익적 행정행위의 철회는 권리를 제한하는 처분이므로 사전통지절차, 의견제출절차 등 행정절차법상의 절차에 따라 행해져야 한다. 개별법에 따른 절차가 있으면 그에 따른다. 따라서 사안의 경우는 감정평가법에 따른 자격취소로써, 개별법인 감정평가법에 있는 절차 등을 따라야 한다.

Ⅲ. 청문을 실시하지 않은 것이 위법한지 여부

1. 감정평가법령 검토

감정평가법 제39조 제1항 단서에는 제27조를 위반한 경우 자격의 취소를 내릴 수 있다고 규정하고 있고, 동법 제45조의 청문의 경우, 제1호에서 동법 제13조 제1항 제1호에 따른 감정평가사 자격의 취소를 하고자 하는 경우 청문을 실시해야 한다고 규정하고 있다. 그러나 개별법인 감정평가법에 규정되지 않은 사항들은 행정절차법을 따라야 하는바, 이하 행정절차법을 살펴보기로 한다.

2. 행정절차법 검토

(1) 필수적 절차 여부

행정절차법 제22조 제1항에서는 행정청이 처분을 할 때 ① 다른 법령 등에서 청문을 하도록 규정하고 있는 경우, ② 행정청이 필요하다고 인정하는 경우, ③ 인허가 등의 취소, 신분자격의 박탈, 법인이나 조합 등의 설립허가의 취소의 처분 시 청문을 한다. 사안의 경우 감정평가사 자격박탈로서 신분자격의 박탈에 해당하고, 甲의 경우 사전통지서에 기재된 의견제출기한 내에 청문을 신청하였다. 따라서 청문을 실시하여야 하나, 아래의 생략사유에 해당하는지 검토하기로 한다.

(2) 청문절차의 예외적 사유로서 생략 사유

행정절차법 제22조 제4항에서는 청문을 필수적으로 실시해야 하는 경우에도 불구하고 ① 공공의 안전 또는 복리를 위하여 긴급히 처분을 할 필요가 있는 경우, ② 법령 등에서 요구된 자격이 없거나 없어지게 되면 반드시 일정한 처분을 하여야 하는 경우에 그 자격이 없거나 없어지게 된 사실이 법원의 재판 등에 의하여 객관적으로 증명된 경우, ③ 해당 처분의 성질상 의견청취가 현저히 곤란하거나 명백히 불필요하다고 인정될 만한 상당한 이유가 있는 경우 중 어느 하나에 해당하는 경우와 당사자가 의견진술의 기회를 포기한다는 뜻의 의사를 명백히 표시한 경우에는 의견청취를 하지 아니할 수 있다.

(3) 사안의 경우

감정평가법 시행령 제41조에서는 당사자는 감정평가 관리·징계위원회에 출석하여 구술 또는 서면으로 자기에게 유리한 사실을 진술하거나 필요한 증거를 제출할 수 있다고 규정하고 있으나, 사안의 경우 당사자가 출석하여 제출한다는 등의 사정은 보이지 않으므로 청문생략사유에 해당하지 않는다. 따라서 자격취소에 대한 청문을 거치지 않아 절차적 하자에 해당한다.

Ⅳ. 절차적 하자의 독자적 위법성 인정여부

사안은 청문을 거치지 않은 절차적 하자만 존재하는바, 절차적 하자만으로 처분의 독자적 위법성이 인정되는지가 문제된다. 판례는 기속행위인 과세처분에서 이유부기 하자를, 재량행위인 영업정지처분의 청문절차 결여의 하자를 이유로 취소한 바 있어 적극성을 취하고 있다. 생각건대, 적법절차 관점 등을 고려하여 절차적 하자만으로 처분의 독자적 위법성을 인정하여야 한다.

Ⅴ. 사례의 해결

사안은 청문을 실시하여야 함에도 이를 하지 않았으므로 감정평가사 자격취소 처분은 위법하다.

[문제 4] 「감정평가 및 감정평가사에 관한 법률」상 감정평가법인등의 손해배상책임의 성립요건에 관하여 설명하시오. [10점]

목차잡기

Ⅰ. 개 설

Ⅱ. 감정평가법인등의 손해배상책임성립요건
1. 감정평가 및 고의 또는 과실이 있을 것
2. 손해 및 상당인과관계가 있을 것
3. 위법성이 필요한지 여부

답하기

I. 개설

감정평가법 제28조에 규정되어 있는 감정평가법인등의 손해배상책임은 의뢰인 및 제3자의 보호 도모의 취지가 인정된다. 또한 감정평가 법률관계에 대해 판례와 다수설은 사법상 특수한 위임계약으로 본다. 동법 규정의 성질에 대해 견해대립이 있으나 대법원은 감정평가법 제28조 상의 손해배상책임과 민법 제750조 상의 손해배상책임은 함께 물을 수 있다고 하여 특칙이 아니라는 견해이다. 생각건대, 적정가격을 현실적으로 찾기 어려운 점 등을 고려하며 특칙으로 보는 견해가 타당하다 여겨진다.

II. 감정평가법인등의 손해배상책임성립요건

1. 감정평가 및 고의 또는 과실이 있을 것
   (1) 대법원은 적정가격과 현저한 차이여부는 부당감정에 이르게 된 감정평가법인등의 귀책사유가 무엇인가 하는 점을 고려하여 사회통념에 따라 탄력적으로 판단하여야 한다고 판시하였다.
   (2) 거짓의 기재는 감정평가서 상의 기재사항에 대한 물건의 내용 등을 고의 또는 과실로 거짓기재하는 것을 말한다.

2. 손해 및 상당인과관계가 있을 것
   의뢰인이나 선의의 제3자에게 손해가 발생할 것을 요하며, 부당한 감정평가행위와 손해발생 사이에 상당한 인과관계가 있어야 한다.

3. 위법성이 필요한지 여부
   이에 대한 견해대립은 있으나, 부당한 감정평가의 개념 속에는 위법성요건이 포함되는 것으로 보는 것이 타당하다.

2021 제32회 기출문제 예시답안

[문제 1]

국토교통부장관은 2013.11.18. 사업시행자를 'A공사'로, 사업시행지를 'X시 일대 8,958,000m²'로, 사업시행기간을 '2013.11.부터 2017.12.까지'로 하는 '◇◇공구사업'에 대해서 「공익사업을 위한 토지 등의 취득 및 보상에 관한 법률」에 따른 사업인정을 고시하였고, 사업시행기간은 이후 '2020.12.까지'로 연장되었다. 甲은 (가)토지 78,373m²와 (나)토지 2,334m²를 소유하고 있는데, (가)토지의 전부와 (나)토지의 일부가 사업시행지에 포함되어 있다. 종래 甲은 (가)토지에서 하우스 딸기농사를 지어 왔고, (나)토지에서는 농작물직거래판매장을 운영하여 왔다. 甲과 A공사는 사업시행지 내의 토지에 대해 「공익사업을 위한 토지 등의 취득 및 보상에 관한 법률」에 따른 협의매수를 하기 위한 협의를 시작하였다.
다음 물음에 답하시오(아래의 물음은 각각 별개의 상황임). [40점]

(물음 1) 협의 과정에서 일부 지장물에 관하여 협의가 이루어지지 않아 甲이 A공사에게 재결신청을 청구했으나 A공사가 재결신청을 하지 않는 경우, 甲의 불복 방법에 관하여 검토하시오. [15점]

(물음 2) (가)토지에 대하여 협의가 성립되지 않았고, A공사의 수용재결신청에 의하여 (가)토지가 수용되었다. 甲은 (가)토지가 수용되었음을 이유로 A공사를 상대로 「공익사업을 위한 토지 등의 취득 및 보상에 관한 법률」에 따른 재결절차를 거치지 않은 채 곧바로 농업손실보상을 청구할 수 있는지를 검토하시오. [10점]

(물음 3) 협의가 성립되지 않아 사업시행지 내의 (나)토지가 수용되었다. 그 후 甲은 (나)토지의 잔여지에 대해서 2020.11.12. 잔여지수용청구를 하였다. 잔여지수용청구권의 법적 성질과 甲의 잔여지수용청구가 인정될 수 있는지를 검토하시오. [15점]

[참고 조문]

공익사업을 위한 토지 등의 취득 및 보상에 관한 법률

제28조(재결의 신청)
① 제26조에 따른 협의가 성립되지 아니하거나 협의를 할 수 없을 때(제26조 제2항 단서에 따른 협의 요구가 없을 때를 포함한다)에는 사업시행자는 사업인정고시가 된 날부터 1년 이내에 대통령령으로 정하는 바에 따라 관할 토지수용위원회에 재결을 신청할 수 있다.
〈이하 생략〉

제30조(재결 신청의 청구)
① 사업인정고시가 된 후 협의가 성립되지 아니하였을 때에는 토지소유자와 관계인은 대통령령으로 정하는 바에 따라 서면으로 사업시행자에게 재결을 신청할 것을 청구할 수 있다.
〈이하 생략〉

제77조(영업의 손실 등에 대한 보상)
① 영업을 폐업하거나 휴업함에 따른 영업손실에 대하여는 영업이익과 시설의 이전비용 등을 고려하여 보상하여야 한다.
② 농업의 손실에 대하여는 농지의 단위면적당 소득 등을 고려하여 실제 경작자에게 보상하여야 한다. 다만, 농지소유자가 해당 지역에 거주하는 농민인 경우에는 농지소유자와 실제 경작자가 협의하는 바에 따라 보상할 수 있다.
〈이하 생략〉

목차잡기

I. (물음 1) 부작위에 대한 甲의 불복 방법 [15점]

1. 문제의 제기
2. A공사의 부작위
   (1) 부작위의 의의 및 성립요건(행정소송법 제2조 제1항 제2호)
   (2) 사안의 경우
      ① A공사가 재결신청할 법률상 의무가 있는지 : 甲의 재결신청 청구의 적법성
      ② 甲의 법규상 조리상 신청권
      ③ 소 결
3. 부작위위법확인소송(행정소송법 제38조 제2항 등)
4. 의무이행심판(행정심판법 제5조 제3호)
5. 의무이행소송 등

II. (물음 2) 재결전치주의 관련 [10점]

1. 문제의 제기
2. 재결전치주의
3. 관련 판례(2018두57865)의 검토
4. 사안의 해결

III. (물음 3) 잔여지수용청구권 등 [15점]

1. 잔여지수용청구권의 법적성질
   (1) 의의 및 근거
   (2) 법적성질
      ① 형성권
      ② 공 권
2. 甲의 잔여지수용청구가 인정될 수 있는지의 여부
   (1) 수용청구의 요건
   (2) 甲의 잔여지수용청구 인정 여부 및 불복 방법

I. (물음 1) 부작위에 대한 甲의 불복 방법 [15점]

1. 문제의 제기
A공사가 재결신청을 하지 않은 것이 부작위에 해당하는지 검토한 후, 불복 방법으로 의무이행심판, 부작위위법확인소송, 의무이행소송 등을 검토한다.

2. A공사의 부작위

(1) 부작위의 의의 및 성립요건(행정소송법 제2조 제1항 제2호)

부작위는 행정청이 당사자의 신청에 대해 상당한 기간 내 일정한 처분을 해야 할 법률상 의무가 있음에도 이를 하지 않는 것을 의미한다. 당사자의 신청, 상당한 기간, 법률상 의무, 무응답의 존재가 필요하다.

(2) 사안의 경우

① A공사가 재결신청할 법률상 의무가 있는지 : 甲의 재결신청 청구의 적법성

판례에 따르면, 협의기간 중이라도 협의성립 가능성이 없음이 명백한 경우 피수용자는 재결신청 청구를 할 수 있고, 사업기간 내(재결신청 기간) 사업시행자는 재결신청 청구를 받은 날로부터 60일 내에 재결신청을 할 의무가 있다(토지보상법 제30조). 甲의 재결신청 청구는 토지보상법령 및 판례에 부합하는 적법한 청구에 해당하므로, A공사는 재결신청할 법률상 의무가 있다.

② 甲의 법규상 조리상 신청권

위 신청권 요부에 대해 견해가 대립하지만, 판례는 일반적·추상적 응답신청권으로 보아 필요하다고 본다. 판례의 태도가 타당하며, 甲에게는 토지보상법 제30조 제1항의 신청권이 있다.

③ 소 결

나머지 당사자의 신청, 상당한 기간, 무응답의 존재는 충족되므로, 사안 속 A공사의 부작위는 행정소송법 제2조 제1항 제2호에 해당한다.

3. 부작위위법확인소송(행정소송법 제38조 제2항 등)

부작위위법확인소송은 행정청의 부작위가 위법하다는 것을 확인하는 소송으로, 행정청이 신청에 따른 일정 처분을 하여야 함에도 아무런 응답을 하지 않는 것이 위법하다는 확인을 구하는 소송이다. 대상적격 및 원고적격 등 소송요건을 갖춘 것으로 보이며, 소송의 심리범위에 관하여 판례는 그 부작위가 위법하다는 것을 확인함으로써 행정청의 응답을 신속하게 하여 부작위 또는 무응답이라는 소극적인 위법상태를 제거하는 것을 목적으로 한다고 하여 절차적 심리설을 취하므로, 甲은 부작위위법확인소송으로 권리구제가 가능하다.

4. 의무이행심판(행정심판법 제5조 제3호)

의무이행심판이란 당사자의 신청에 대한 행정청의 위법 또는 부당한 거부처분이나 부작위에 대해 일정한 처분을 하도록 하는 행정심판을 의미한다. A공사는 재결신청할 법률상 의무가 있으므로, 甲은 의무이행심판을 불복방법으로 고려할 수 있다.

5. 의무이행소송 등

법원의 판결에 의해 행정청으로부터 그 거부나 방치된 행정행위를 하여 줄 것을 구하는 내용의 행정소송으로 인정여부에 대해 부정설, 긍정설, 제한적 긍정설이 대립한다. 판례는 검사에게 압수물 환부를 이행하라는 청구는 행정소송법상 허용되지 아니한다고 하여 부정설의 입장을 취한다. 현행 행정소송법 규정 하에서는 의무이행소송은 인정된다고 보기 어려우므로 현실적인 불복방법으로 보기 어렵고, 장기적으로 입법으로 해결할 필요가 있다고 생각된다. 판례는 민사상 가처분 제도를 행정소송에 준용하지 않으므로, 이 제도 역시 현실적인 불복방법으로 보기 어렵다.

Ⅱ. (물음 2) 재결전치주의 관련   [10점]

1. 문제의 제기

토지와 농업손실보상은 별개의 보상항목이므로, 토지에 대한 수용재결만으로 곧바로 농업손실보상에 대한 손실보상청구가 가능한지 문제된다.

2. 재결전치주의

행정소송을 제기하기에 앞서 토지수용위원회의 재결을 거쳐야 하는 것을 의미하며, 이는 행정감독의 효과를 도모하고, 사건을 전문적·기술적으로 처리함으로써 전체적으로 국민의 권리구제를 도모함에 그 취지가 있다(94누1410판결 참조).

3. 관련 판례(2018두57865)의 검토

토지보상법 제30조, 제83조 내지 제85조의 규정 내용 및 입법 취지 등을 종합해 보면, 공익사업으로 농업의 손실을 입게 된 자가 사업시행자로부터 토지보상법 제77조 제2항에 따라 농업손실에 대한 보상을 받기 위해서는 토지보상법 제34조, 제50조 등에 규정된 재결절차를 거친 다음 그 재결에 대하여 불복이 있는 때에 비로소 토지보상법 제83조 내지 제85조에 따라 권리구제를 받을 수 있을 뿐, 이러한 재결절차를 거치지 않은 채 곧바로 사업시행자를 상대로 손실보상을 청구하는 것은 허용되지 않는다.

4. 사안의 해결

토지보상법은 수용재결전치주의를 취하고 있으며, 토지와 농업손실보상은 별개의 보상항목에 해당하므로, 판례에 따를 때 토지에 대한 수용재결이 있다고 하여 곧바로 해당 토지의 농업손실보상청구를 할 수는 없다.

Ⅲ. (물음 3) 잔여지수용청구권 등   [15점]

1. 잔여지수용청구권의 법적성질

(1) 의의 및 근거

잔여지수용청구권이란, 동일한 토지소유자에게 속하는 수용 목적물인 일단의 토지 일부가 수용됨으로 인하여 잔여지를 종래 목적에 사용하는 것이 현저히 곤란할 때, 사업인정 이후 토지소유자가 관할 토지수용위원회에 수용을 청구할 수 있는 권리를 말한다. 사업시행자에게 하는 잔여지매수청구권과 구별되며, 토지보상법 제74조에 근거를 둔다.

(2) 법적성질
　① 형성권
　　판례는 잔여지수용청구권이 그 요건을 구비한 때에는 토지수용위원회의 특별한 조치를 기다릴 것 없이 청구에 의하여 수용의 효과가 발생하므로, 이는 형성권적 성질을 가진다고 판시하여 공용수용설 입장을 취한다고 할 수 있다.
　② 공 권
　　잔여지수용은 피수용자에 대한 권리구제의 보충적 필요에 그 의의가 있으므로 본래의 수용개념과는 구별되나, 피수용자의 청구를 요건으로 한 사업시행자의 권리취득행위이므로 공권으로 봄이 타당하다.

2. 甲의 잔여지수용청구가 인정될 수 있는지의 여부
(1) 수용청구의 요건
　일단의 토지 일부가 수용됨으로 인하여 잔여지를 종래의 목적에 사용하는 것이 현저히 곤란할 때이다(제74조 제1항). 판례는 '종래의 목적'은 수용재결 당시에 해당 잔여지가 현실적으로 사용되고 있는 구체적 용도를, '사용하는 것이 현저히 곤란할 때'는 물리적으로 사용하는 것이 곤란하게 된 경우는 물론 사회적·경제적으로 사용하는 것이 곤란하게 된 경우도 포함한다고 본다.
　토지보상법 시행령 제39조 제1항은 이를 구체화하였는데, 대지로서 면적이 너무 작거나 부정형 등의 사유로 건축물을 건축할 수 없거나 건축물의 건축이 현저히 곤란한 경우, 농지로서 농기계의 진입과 회전이 곤란할 정도로 폭이 좁고 길게 남거나 부정형 등의 사유로 영농이 현저히 곤란한 경우 등을 규정하고 있다. 잔여지를 판단할 때에는 (i) 잔여지의 위치·형상·이용상황 및 용도지역, (ii) 공익사업 편입토지 면적 및 잔여지 면적을 종합적으로 고려하여야 한다(영 제39조 제2항).

(2) 甲의 잔여지수용청구 인정 여부 및 불복 방법
　사안의 경우 ㈏토지의 편입면적, 잔여지 비율 등을 확인할 수 없으나, 농작물직거래판매장이라는 종래 목적대로 사용하지 못하는 경우 잔여지수용청구가 인정될 것이다. 아울러 판례에 따르면, 위 청구가 인정되지 않을 경우 적법한 소송수단은 취소소송이 아니라 보상금증액청구소송이 되어야 한다.

[문제 2] 甲은 A시에 토지를 소유하고 있다. A시장은 甲의 토지 등의 비교표준지로 A시 소재 일정 토지(2020.1.1. 기준공시지가는 1m²당 1,000만원이다)를 선정하고, 甲의 토지 등과 비교표준지의 토지가격비준표상 총 가격배율을 1.00으로 조사함에 따라 甲의 토지의 가격을 1m²당 1,000만원으로 산정하였다. A시장으로부터 산정된 가격의 검증을 의뢰받은 감정평가사 乙은 甲의 토지가 비교표준지와 비교하여 환경조건, 획지조건 및 기타조건에서 열세에 있고, 특히 기타조건과 관련하여 비교표준지는 개발을 위한 거래가 이어지고 있으나 甲의 토지 등은 개발 움직임이 없다는 점을 '장래의 동향'으로 반영하여 91%의 비율로 열세에 있다고 보아, 비교표준지의 공시지가를 약 83.9%의 비율로 감액한 1m²당 839만원을 개별공시지가로 정함이 적정하다고 검증의견을 제시하였다. A시장은 A시 부동산가격공시위원회의 심의를 거쳐 이 검증의견을 그대로 받아들여 2020.5.20. 甲의 토지의 개별공시지가를 1m² 839만원으로 결정·공시하고, 甲에게 개별 통지하였다. 甲은 토지가격비준표에 제시된 토지특성에 기초한 가격배율을 무시하고 乙이 감정평가방식에 따라 독자적으로 지가를 산정하여 제시한 검증의견을 그대로 반영하여 개별공시지가를 결정한 것은 위법하다고 보아, 「부동산 가격공시에 관한 법률」 제11조에 따라 2020.6.15. 이의신청을 제기하였고, 2020.7.10. 이의를 기각하는 내용의 이의신청결과가 甲에게 통지되었다.

다음 물음에 답하시오(아래의 물음은 각 별개의 상황임). [30점]

(물음 1) 甲은 2020.9.10. 개별공시지가결정에 대해 취소소송을 제기하였다. 甲이 제기한 취소소송은 제소기간을 준수하였는가? [10점]

(물음 2) 甲이 개별공시지가결정에 대해 다투지 않은 채 제소기간이 도과하였고, 이후 甲의 토지에 대해 수용재결이 있었다. 甲이 보상금의 증액을 구하는 소송에서 개별공시지가결정의 위법을 주장하는 경우, 甲의 주장은 인용될 수 있는가? [20점]

[참조 조문]

부동산 가격공시에 관한 법률

제11조(개별공시지가에 대한 이의신청)
① 개별공시지가에 이의가 있는 자는 그 결정·공시일부터 30일 이내에 서면으로 시장·군수 또는 구청장에게 이의를 신청할 수 있다.
② 시장·군수 또는 구청장은 제1항에 따라 이의신청 기간이 만료된 날부터 30일 이내에 이의신청을 심사하여 그 결과를 신청인에게 서면으로 통지하여야 한다. 이 경우 시장·군수 또는 구청장은 이의신청의 내용이 타당하다고 인정될 때에는 제10조에 따라 해당 개별공시지가를 조정하여 다시 결정·공시하여야 한다.

부동산 가격공시에 관한 법률 시행령

제18조(개별공시지가의 검증)
① 〈생략〉
② 법 제10조 제5항 본문에 따라 검증을 의뢰받은 감정평가법인등은 다음 각 호의 사항을 검토·확인하고 의견을 제시해야 한다.
  1. 비교표준지 선정의 적정성의 관한 사항
  2. 개별토지 가격 산정의 적정성에 관한 사항
  3. 산정한 개별토지가격과 표준지공시지가의 균형 유지에 관한 사항

4. 산정한 개별토지가격과 인근 토지의 지가와의 균형 유지에 관한 사항
5. 표준주택가격, 개별주택가격, 비주거용 표준부동산가격 및 비주거용 개별부동산가격 산정 시 고려된 토지 특성과 일치하는지 여부
6. 개별토지가격 산정 시 적용된 용도지역, 토지이용상황 등 주요 특성이 공부와 일치하는지 여부
7. 그 밖에 시장·군수 또는 구청장이 검토를 의뢰한 사항

행정심판법

제3조(행정심판의 대상)
① 행정청의 처분 또는 부작위에 대하여 다른 법률에 특별한 규정이 있는 경우를 제외하고는 이 법에 의하여 행정심판을 제기할 수 있다.

목차잡기

Ⅰ. (물음 1) 제소기간 [10점]

1. 문제의 제기
2. 개별공시지가에 대한 이의신청
   (1) 의의 및 근거
   (2) 이의신청의 법적 성질(2008두19987)
      ① 학설
      ② 판례 및 검토
3. 제소기간 기산점에 대한 판례
4. 사안의 해결

Ⅱ. (물음 2) 하자승계 등 [20점]

1. 문제의 제기
2. 하자승계의 전제요건 및 인정범위
   (1) 의의
   (2) 선행행위의 요건
      ① 행정처분에 해당할 것
      ② 취소사유의 위법이 존재할 것(2012두15364)
      ③ 불가쟁력의 발생
   (3) 후행행위의 요건
   (4) 하자의 승계의 인정범위
   (5) 사안 관련 판례의 검토
3. 사안의 해결

답하기

Ⅰ. (물음 1) 제소기간 [10점]

1. 문제의 제기

행정소송법 제20조 제1항에 따르면, 취소소송을 처분 등이 있음을 안 날부터 90일 이내에 제기하여야 하고, 이의신청에 대한 판례 등을 검토하여 제소기간 준수여부를 판단한다.

2. 개별공시지가에 대한 이의신청

(1) 의의 및 근거

시장 등은 이의신청 기간 만료일부터 30일 내 이의신청을 심사하여 그 결과를 신청인에게 서면으로 통지해야 한다. 이의신청은 부동산공시법 제11조에 근거를 둔다.

(2) 이의신청의 법적 성질(2008두19987)

① 학 설

(i) 이의신청의 실질적 내용에 비추어 특별행정심판의 성격을 갖는다고 보는 견해와, (ii) 이의신청은 표준지공시지가가 처분임을 전제한 권리구제가 아니고, 국민의 권리구제 확립을 위해 강학상 이의신청으로 보는 견해가 있다.

② 판례 및 검토

판례는 이의신청 규정을 두고 행정심판법 제3조 제1항에서 행정심판의 제기를 배제하는 '다른 법률에 특별한 규정이 있는 경우'에 해당한다고 볼 수 없기 때문에 강학상 이의신청으로 본다. 이의신청은 신청인에게 변론의 기회가 주어지지 않아 준사법절차로 보기 어려운 점을 생각해 보면, 행정심판이 아니라 강학상 이의신청으로 보는 것이 타당하다.

3. 제소기간 기산점에 대한 판례

개별공시지가에 대하여 이의가 있는 자는 곧바로 행정소송을 제기하거나 부동산 가격공시 및 감정평가에 관한 법률에 따른 이의신청과 행정심판법에 따른 행정심판청구 중 어느 하나만을 거쳐 행정소송을 제기할 수 있을 뿐 아니라, 이의신청을 하여 그 결과 통지를 받은 후 다시 행정심판을 거쳐 행정소송을 제기할 수도 있다고 보아야 한다. 이 경우 행정소송의 제소기간은 그 행정심판 재결서 정본을 송달받은 날부터 기산한다고 보았다.

4. 사안의 해결

만일 토지소유자 등이 법에 따른 이의신청절차를 거치고 또 다시 행정심판을 거쳐 소를 제기한 경우에 이의신청결과를 통보받은 때로부터 90일의 제소기간이 경과되었다는 이유로 소를 부적법하다고 한다면, 행정심판법상의 행정심판제도와 법상의 이의신청제도의 관계 등에 관하여 애매하게 규정된 관련 법령의 내용을 잘못 해석·적용함으로 인한 불이익을 국민에게 전가하는 것이 되어 부당한 점, 행정기본법 제36조 제4항은 이의신청에 대한 결과를 통지받은 후 행정심판 또는 행정소송을 제기하려는 자는 그 결과를 통지받은 날부터 90일 이내에 행정심판 또는 행정소송을 제기할 수 있다고 규정하는 점 등을 고려할 때, 제소기간의 기산점은 "이의신청결과 통지일인 2020.7.10."로 보아야 하고, 이 날로부터 90일 이내이므로, 제소기간을 준수하였다고 볼 수 있다.

Ⅱ. (물음 2) 하자승계 등 [20점]

1. 문제의 제기
하자승계와 관련하여, 보상금증액청구소송에서 개별공시지가의 위법을 주장할 수 있는지 검토한다.

2. 하자승계의 전제요건 및 인정범위

(1) 의 의

하자승계는 둘 이상의 행정행위가 연속적으로 이루어지는 경우, 선행행위에 불가쟁력이 생겨 다툴 수 없는 경우에 후행행위를 다투면서 선행행위의 위법을 주장할 수 있는지 문제이다. 행정행위의 하자 또는 효력은 행정행위별로 판단해야 하므로 후행 행정행위를 다투면서 선행 행정행위의 위법사유를 주장할 수는 없는 것이 원칙이지만, 국민의 권리를 보호하기 위하여 일정한 범위 내에서 하자의 승계를 인정할 필요가 있다.

(2) 선행행위의 요건

① 행정처분에 해당할 것

개별공시지가 시장 등이 개발부담금의 부과 등을 목적으로 매년 공시기준일 현재를 기준으로 결정, 공시한 관할구역 안 개별토지의 단위면적당 가격을 의무화한다. 행정행위설, 행정규칙설, 사실행위설, 행정계획설 등의 견해대립이 있으나 판례는 처분으로 본다. 생각건대, 후행 개별부담금 및 조세 부과 등에 직접적 구속력을 미치는바, 국민의 재산권에 직접 영향을 미치는 물적 행정행위로서 행정쟁송법상 처분으로 보는 것이 타당하다.

② 취소사유의 위법이 존재할 것(2012두15364)

판례는 당해 토지에 대하여 표준지공시지가와 균형을 유지한 개별공시지가를 결정할 수 있고, 균형을 유지하지 못할 정도로 현저히 불합리하다는 등의 특별한 사정이 없는 한 결과적으로 토지가격비준표를 사용하여 산정한 지가와 달리 결정되었거나 감정평가사의 검증의견에 따라 결정되었다는 이유만으로 개별공시지가 결정이 위법하다고 볼 수 없다고 판시하고 있다. 판례에 따를 때, 취소사유의 위법이 있다고 보기는 어렵다.

③ 불가쟁력의 발생

불가쟁력이 발생하였으나, 위 요건을 불충족한다.

(3) 후행행위의 요건

후행행위인 수용재결은 처분에 해당하여야 하고, 고유한 하자가 없어야 한다. 수용재결은 수용의 범위 및 보상액을 결정하여 사업시행자의 보상금 지급의무 이행이 있으면 수용이 예정되므로 피수용자의 권익에 직접적인 영향을 미치는 처분에 해당하며, 판례도 처분성을 인정한다.

(4) 하자의 승계의 인정범위

이에 대하여 (i) 단계적 일련의 행정행위가 하나의 법률효과를 예정하는 경우 하자승계가 인정된다는 '하자승계론'과 (ii) 선행행위의 불가쟁력이 후행행위에 구속력으로 작용하고 구속력이 인정되지 않는 경우 하자의 승계가 인정된다는 '구속력론'이 대립한다. 대법원은 원칙적으로 (i)의 입장을 취하면서 예측가능성과 수인가능성을 추가적인 판단자료로 활용하여 (ii)의 견해를 감안하는 것으로 판단된다. 원칙적으로 하자승계론을 기준으로 하여 하자승계여부를 결정하되, 선행행위와 후행행위가 서로 독립하여 별개의 효과를 목적으로 하는 경우에도 선행처분의 구속력이 그로 인하여 불이익을 입게 되는 자에게 수인한도를 넘는 가혹함을 가져오며, 그 결과가 당사자에게 예측 가능한 것이 아닌 경우, 국민의 권리구제차원에서 예외적으로 후행행위를 다투면서 선행행위의 위법을 주장할 수 없다고 보아야 할 것으로 생각된다.

(5) 사안 관련 판례의 검토

판례는 표준지공시지가결정과 손실보상금에 대한 수용재결 사이의 하자승계를 인정한 바 있다.

3. 사안의 해결

사안은 선행행위에 취소사유의 위법이 없어 하자승계 주장을 할 수 없으므로, 甲의 주장은 인용될 수 없다. 만약 취소사유의 위법이 있다고 하더라도, 甲은 개별공시지가결정을 통지받고서도 이를 다투지 않은 점을 감안할 때, 수인가능성이 없었다고 단정할 수 없기 때문에 하자승계 주장은 할 수 없고, 甲의 주장은 인용될 수 없다.

[문제 3]

> 감정평가사 甲과 乙은 「감정평가 및 감정평가사에 관한 법률」에 따른 감정평가준칙을 위반하여 감정평가를 하였음을 이유로 업무정지처분을 받게 되었으나, 국토교통부장관은 그 업무정지처분이 「부동산 가격공시에 관한 법률」에 따른 표준지공시지가 공시 등의 업무를 정상적으로 수행하는 데에 지장을 초래할 우려가 있음을 들어, 2021.4.1. 甲과 乙에게 업무정지처분을 갈음하여 각 3천만원의 과징금을 부과하였다.
> 다음 물음에 답하시오. [20점]

(물음 1) 甲은 부과된 과징금이 지나치게 과중하다는 이유로 국토교통부장관에게 이의신청을 하였고, 이에 대해서 국토교통부장관은 2021.4.30. 甲에 대하여 과징금을 2천만원으로 감액하는 결정을 하였다. 甲은 감액된 2천만원의 과징금도 과중하다고 생각하여 과징금부과처분의 취소를 구하는 소를 제기하고자 한다. 이 경우 甲이 취소를 구하여야 하는 대상은 무엇인지 검토하시오. [10점]

(물음 2) 乙은 2021.6.1. 자신에 대한 3천만원의 과징금부과처분의 취소를 구하는 소를 제기하였다. 이에 대한 심리 결과 법원이 적정한 과징금의 액수는 1천 5백만원이라고 판단하였을 때, 법원이 내릴 수 있는 판결의 내용에 관하여 검토하시오. [10점]

목차잡기

I. (물음 1) 취소소송의 대상 [10점]
1. 문제의 제기
2. 과징금처분 및 이의신청
3. 감액처분 시 취소소송의 대상
   (1) 학 설
   (2) 판례 및 검토
4. 사안의 해결

II. (물음 2) 행정소송법 제4조 제1호의 '변경' 해석 관련 [10점]
1. 문제의 제기
2. 행정소송법 제4조 제1호의 '변경'의 의미
   (1) 학설 및 판례
   (2) 검 토
3. 일부취소판결 가능여부
   (1) 허용기준
   (2) 사안의 경우
4. 기타관련 사안

답하기

I. (물음 1) 취소소송의 대상 [10점]

1. 문제의 제기

사안에서는 이의신청에 따른 처분이 있는 경우 원처분과 감액처분 중 어느 것이 취소소송의 대상이 되는지가 문제된다.

2. 과징금처분 및 이의신청

과징금은 행정법상 의무위반 행위로 얻은 경제적 이익을 박탈하기 위한 금전상 제재금을 말하는데, 사안은 업무정지에 갈음하는 변경된 과징금이다(감정평가법 제41조). 급부하명으로 행정소송법 제2조의 처분에 해당한다. 감정평가법에 따르면, 과징금 부과에 이의가 있는 자는 이를 통보받은 날부터 30일 내 이의를 신청할 수 있고, 국토부장관이 한 결정에 대해 이의가 있는 자는 행정심판법에 따라 행정심판을 청구할 수 있다(제42조 제3항).

3. 감액처분 시 취소소송의 대상

(1) 학 설

당초 처분과 경정처분은 독립된 처분으로서 각각 소송의 대상이 된다는 병존설, 당초 처분은 경정처분에 흡수되어 소멸되므로 경정처분만이 소송의 대상이 된다는 흡수설, 당초처분은 그대로 존속하지만 경정처분만이 소의 대상이 된다는 병존적 흡수설, 경정처분으로 수정된 당초처분이 소의 대상이 된다는 역흡수 병존설 등이 대립한다.

(2) 판례 및 검토

판례는 감액처분인 경우에는 감액되고 남은 원처분을 소의 대상으로 하고, 증액처분은 증액처분만이 소의 대상이라고 판시한다. 만약 감액처분이 취소되면 당초 처분이 되살아나 국민에게 더 불리하게 되고, 증액처분인 경우 증액된 부분은 당초 처분에 포함되지 않았다는 점에서 판례의 태도가 타당하다. 따라서 사안에서는 감액되고 남은 원처분이 소의 대상이다.

4. 사안의 해결

따라서 甲이 취소를 구하여야 할 대상은 감액되고 남은 "2021.4.1.자 2,000만원 과징금 부과처분"이다.

Ⅱ. (물음 2) 행정소송법 제4조 제1호의 '변경' 해석 관련 [10점]

1. 문제의 제기

행정소송법 제4조 제1호의 '변경'의 해석과 관련하여 법원이 일부취소판결을 할 수 있는지, 어떤 판결을 하여야 하는지 검토한다.

2. 행정소송법 제4조 제1호의 '변경'의 의미

(1) 학설 및 판례

권력분립원칙을 보장하고자 이를 일부취소로 보는 소극적 변경설과 새로운 처분을 내용으로 하는 판결이 가능하다는 적극적 변경설이 있다. 판례는 위 변경의 의미를 소극적 변경(일부취소)으로 본다.

(2) 검토

적극적 변경설은 법원이 행정청의 처분권한을 행사하는 것과 같은 결과를 가져오는 점에서 권력분립원칙에 반하므로, 소극적 변경으로서 일부취소를 의미한다고 봄이 타당하다.

3. 일부취소판결 가능여부

(1) 허용기준

외형상 하나의 행정처분이라도, 가분성이 있거나 처분대상의 일부가 특정될 수 있다면 그 일부만의 취소도 가능하다. 다만 판례는 과징금부과처분, 영업정지처분과 같이 재량행위인 경우 처분의 재량권을 존중하여야 하고, 법원이 직접 처분을 하는 것은 인정되지 않으므로, 전부취소를 하여야 한다고 본다.

(2) 사안의 경우

사안의 과징금부과처분은 가중감경할 수 있다는 점에서 재량행위에 해당한다. 따라서 법원은 일부취소를 할 수 없고 전부취소를 한 다음 처분청으로 하여금 재량권을 행사하여 다시 적정한 처분을 하도록 하여야 한다.

4. 기타관련 사안

법원이 전부취소판결을 해야 하는 점은, 행정심판위원회가 일부취소결정을 할 수 있는 점과는 차이가 있다.

[문제 4] 「감정평가 및 감정평가사에 관한 법률」 제25조에 따른 감정평가법인등의 '성실의무 등'의 내용을 서술하시오. [10점]

목차잡기

1. 의 의
2. 성실의무의 내용
   (1) 품위유지의무
   (2) 불공정한 감정평가 금지
   (3) 토지 등의 매매업 금지
   (4) 금품 등 제공 금지
   (5) 중복소속 금지
3. 위반 시 손해배상책임 등

답하기

1. 의 의

   감정평가법인등은 보상평가, 담보평가 등 국민 재산권과 국가경제에 영향을 미치는 공공성이 높은 감정평가업무를 수행하고 있는바, 감정평가법은 이를 담보하기 위해 성실의무를 규정하고 있다.

2. 성실의무의 내용

   (1) 품위유지의무

   감정평가법인등은 감정평가법 제10조에 따른 업무를 하는 경우 품위를 유지하여야 하고, 신의와 성실로써 공정하게 감정평가를 하여야 하며, 고의 또는 중대한 과실로 잘못된 평가를 하여서는 아니 된다.

   (2) 불공정한 감정평가 금지

   감정평가법인등은 자기 또는 친족 소유, 그 밖에 불공정한 감정평가를 할 우려가 있다고 인정되는 토지 등에 대해서는 이를 감정평가하여서는 아니 된다.

   (3) 토지 등의 매매업 금지

   감정평가법인등은 토지 등의 매매업을 직접 하여서는 아니 된다.

   (4) 금품 등 제공 금지

   감정평가법인등이나 그 사무직원은 제23조에 따른 수수료와 실비 외에는 어떠한 명목으로도 그 업무와 관련된 대가를 받아서는 아니 되며, 감정평가 수주의 대가로 금품 또는 재산상의 이익을 제공하거나 제공하기로 약속하여서는 아니 된다.

   (5) 중복소속 금지

   감정평가사는 둘 이상의 감정평가법인 또는 감정평가사사무소에 소속될 수 없다.

3. 위반 시 손해배상책임 등

   위 규정 위반 시 감정평가법인등은 손해배상책임, 징계처분 등을 부담할 수 있다.

2020 제31회 기출문제 예시답안

[문제 1]

A시 시장 甲은 1990년에 「자연공원법」에 의하여 A시 내 산지 일대 5km²를 'X시립공원'으로 지정·고시한 다음, 1992년에 X시립공원 구역을 구분하여 용도지구를 지정하는 내용의 'X시립공원 기본계획'을 결정·공고하였다. 甲은 2017년 X시립공원 구역 내 10,000m² 부분에 다목적광장 및 휴양관(이하 '이 사건 시설'이라 한다)을 설치하는 내용의 'X시립공원 공원계획'을 결정·고시한 다음, 2018년에 甲이 사업시행자가 되어 이 사건 시설에 잔디광장, 휴양관, 도로, 주차장을 설치하는 내용의 'X시립공원 공원사업'(이하 '이 사건 시설 조성사업'이라 한다) 시행계획을 결정·고시하였다. 甲은 이 사건 시설 조성사업의 시행을 위하여 그 사업구역 내에 위치한 토지(이하 '이 사건 B토지'라 한다)를 소유한 乙과 손실보상에 관한 협의를 진행하였으나 협의가 성립하지 않자 수용재결을 신청하였다. 관할 지방토지수용위원회의 수용재결 및 중앙토지수용위원회의 이의재결에서 모두 이 사건 B토지의 손실보상금은 1990년의 X시립공원 지정 및 1992년의 X시립공원 용도지구 지정에 따른 계획제한을 받는 상태대로 감정평가한 금액을 기초로 산정되었다. 다음 물음에 답하시오. [40점]

(물음 1) 乙은 위 중앙토지수용위원회의 이의재결이 감정평가에 관한 법리를 오해함으로써 잘못된 내용의 재결을 한 경우에 해당한다고 판단하고 있다. 乙이 「공익사업을 위한 토지 등의 취득 및 보상에 관한 법률」에 따라 제기할 수 있는 소송의 의의와 그 특수성을 설명하시오. [15점]

(물음 2) 乙이 (1)에서 제기한 소송에서 이 사건 B토지에 대한 보상평가는 1990년의 X시립공원 지정·고시 이전을 기준으로 하여야 한다고 주장한다. 乙의 주장은 타당한가? [10점]

(물음 3) 한편, 丙이 소유하고 있는 토지(이하 '이 사건 C토지'라 한다)는 「문화재보호법」상 보호구역으로 지정된 토지로서 이 사건 시설 조성사업의 시행을 위한 사업구역 내에 위치하고 있다. 甲은 공물인 이 사건 C토지를 이 사건시설 조성사업의 시행을 위하여 수용할 수 있는가? [15점]

[참조 조문]

공익사업을 위한 토지 등의 취득 및 보상에 관한 법률

제19조(토지 등의 수용 또는 사용)
① 〈생 략〉
② 공익사업에 수용되거나 사용되고 있는 토지 등은 특별히 필요한 경우가 아니면 다른 공익사업을 위하여 수용하거나 사용할 수 없다.

공익사업을 위한 토지 등의 취득 및 보상에 관한 법률 시행규칙

제23조(공법상 제한을 받는 토지의 평가)
① 공법상 제한을 받는 토지에 대하여는 제한받는 상태대로 평가한다. 다만, 그 공법상 제한이 당해 공익사업의 시행을 직접 목적으로 하여 가하여진 경우에는 제한이 없는 상태를 상정하여 평가한다.
② 당해 공익사업의 시행을 직접 목적으로 하여 용도지역 또는 용도지구 등이 변경된 토지에 대하여는 변경되기 전의 용도지역 또는 용도지구 등을 기준으로 평가한다.

자연공원법

제19조(공원사업의 시행 및 공원시설의 관리)
① 〈생 략〉
② 공원관리청은 공원사업을 하려는 경우에는 환경부령으로 정하는 기준에 따라 공원사업 시행계획을 결정하고 고시하여야 한다.

제22조(토지 등의 수용)
① 공원관리청은 공원사업을 하기 위하여 필요한 경우에는 공원사업에 포함되는 토지와 그 토지에 정착된 물건에 대한 소유권 또는 그 밖의 권리를 수용하거나 사용할 수 있다.
② 제19조 제2항에 따라 공원사업 시행계획을 결정·고시한 때에는 「공익사업을 위한 토지 등의 취득 및 보상에 관한 법률」 제20조 제1항 및 제22조에 따른 사업인정 및 사업인정의 고시를 한 것으로 보며, 재결신청은 같은 법 제23조 제1항 및 제28조 제1항에도 불구하고 공원사업 시행계획에서 정하는 사업기간 내에 할 수 있다.
③ 〈생 략〉
④ 제1항에 따른 수용 또는 사용에 관하여는 이 법에 특별한 규정이 있는 경우를 제외하고는 「공익사업을 위한 토지 등의 취득 및 보상에 관한 법률」을 준용한다.

문화재보호법

제83조(토지의 수용 또는 사용)
① 문화재청장이나 지방자치단체의 장은 문화재의 보존·관리를 위하여 필요하면 지정문화재나 그 보호구역에 있는 토지, 건물, 나무, 대나무, 그 밖의 공작물을 「공익사업을 위한 토지 등의 취득 및 보상에 관한 법률」에 따라 수용하거나 사용할 수 있다.

목차잡기

Ⅰ. (물음 1) 보증소의 특수성 등 [15점]
1. 문제의 제기
2. 보상금증감청구소송의 의의, 취지 및 근거
3. 보상금증감청구소송의 특수성
   (1) 법적성질
   (2) 원처분주의 논의가 적용되는지
   (3) 피고적격
   (4) 입증책임
   (5) 보상항목 간 유용 및 심판범위
   (6) 심리범위

Ⅱ. (물음 2) 乙 주장의 타당성 [10점]
1. 문제의 제기
2. 공법상 제한을 받는 토지의 평가(토지보상법 시행규칙 제23조)
3. 판례(2019두34982)
4. 乙 주장의 타당성

Ⅲ. (물음 3) 공물의 수용가능성 [15점]
1. 문제점
2. 공물의 수용가능성
    (1) 의 의
    (2) 토지보상법 제19조 제2항
    (3) 공물의 수용가능성
        ① 학 설
        ② 판례의 태도(2018두51904, 2000헌바32)
        ③ 검 토
    (4) 특별한 필요 여부
3. 사안의 해결

답하기

> 대법원 2019.9.25. 선고 2019두34982 판결 등을 기초로 만든 문제로 보입니다.
> 보증소의 의의 및 특수성(물음 1, 제85조 제1항의 취소소송도 기술은 가능하지만 주된 쟁점은 보증소로 보입니다), 자연공원 지정 및 공원용도지구계획에 따른 용도지구 지정이 원칙적으로 일반적 제한에 해당하는지(물음 2), 공물의 수용가능성(물음 3) 등을 쟁점으로 생각할 수 있습니다.

Ⅰ. (물음 1) 보증소의 특수성 등 [15점]
1. 문제의 제기
    토지보상법 제85조 제2항의 보상금증감청구소송의 의의와 특수성을 설명한다.
2. 보상금증감청구소송의 의의, 취지 및 근거
    보증소는 토지보상법 제85조에 근거하여 재결에서 결정된 손실보상금의 증감을 구하는 행정소송을 의미하고 권리구제의 신속성, 일회적 해결 등에 그 취지가 있다.

3. 보상금증감청구소송의 특수성
   (1) 법적성질
   판례는 손실보상금의 지급을 구하는 소송을 공권설로 바라보며, 강제수용이라는 공법적 원인과 효과에 관한 것이므로 공권으로 보는 것이 타당하다. 보상금증감청구소송은 행정청의 처분, 재결 등이 원인이 되어 형성된 법률관계에 다툼이 있는 경우 그 원인이 되는 재결의 효력을 직접 다투지 않고 법률관계의 한쪽 당사자를 피고로 하여 제기하는 형식적 당사자 소송에 해당한다. 보상금증감청구소송은 형성소송으로 이해하는 견해가 있으나, 당사자 소송에서 재결청은 소송의 당사자가 아닌 점 등을 고려할 때 확인소송을 보는 것이 타당하다.
   (2) 원처분주의 논의가 적용되는지
   이의재결을 거친 경우 소송의 대상에 대해 견해가 대립하나, 보상금에 관한 법률관계를 그 소송의 대상으로 보아 원처분주의 재결주의로 해석하는 것은 타당하지 않다.
   (3) 피고적격
   토지소유자, 관계인은 법률관계에 있는 직접 상대방인 사업시행자를 피고로 하여야 한다. 보상금 감액소송은 그 반대가 된다.
   (4) 입증책임
   민사소송법상 입증책임 분배에 따라 나뉘며, 정당한 손실보상금이 재결금액보다 많다는 점에 대한 입증책임은 원고에게 있다. 단, 불법형질변경토지의 경우 불법형질변경에 대한 입증책임은 피고에게 있다.
   (5) 보상항목 간 유용 및 심판범위
   판례는 보상항목 간 유용을 허용하므로 정당보상액을 확인하여 재결금액과의 차액에 해당하는 부분만의 취소로 보는 것이 타당하다.
   (6) 심리범위
   재결신청청구(토지보상법 제30조)에 따른 지연가산금도 심리범위 대상이며, 판례는 잔여지수용청구에 대한 기각도 형성권인 점을 감안하여 보상금증감청구소송으로 다투어야 한다고 보고 있다.

II. (물음 2) 乙 주장의 타당성 [10점]

1. 문제의 제기
   공법상 제한에 관해 토지보상법 시행규칙 제23조 등을 검토한다.
2. 공법상 제한을 받는 토지의 평가(토지보상법 시행규칙 제23조)
   공법상 제한을 받는 토지에 대하여는 제한받는 상태대로 평가하되, 그 공법상 제한이 당해 공익사업의 시행을 직접 목적으로 하여 가하여진 경우에는 제한이 없는 상태를 상정하여 평가하며, 당해 공익사업의 시행을 직접 목적으로 하여 용도지역 또는 용도지구 등이 변경된 토지에 대하여는 변경되기 전의 용도지역 또는 용도지구 등을 기준으로 평가하여야 한다.
3. 판례(2019두34982)
   자연공원법에 의한 자연공원 지정 및 공원용도지구계획에 따른 용도지구 지정은 그와 동시에 구체적인 공원시설을 설치·조성하는 내용의 '공원시설계획'이 이루어졌다는 특별한 사정이 없는 한, 그 이후에 별도의 '공원시설계획'에 의하여 시행 여부가 결정되는 구체적인 공원사업의 시행을 직접 목적으로 한 것이 아니므로 공익사업을 위한 토지 등의 취득 및 보상에 관한 법률 시행규칙 제23조 제1항 본문에서 정한 '일반적 계획제한'에 해당한다고 판결하였다.

4. 乙 주장의 타당성

1990년경 있었던 X시립공원 지정·고시에는, 그와 동시에 구체적인 공원시설을 설치·조성하는 내용의 공원시설계획이 이루어지지 않았으므로, 사안의 공법상 제한은 일반적 계획제한으로 보는 것이 타당하다. 따라서 X시립공원 지정·고시 이전(반영해서는 안 된다)을 기준으로 해야 한다는 乙의 주장은 타당하지 않다.

Ⅲ. (물음 3) 공물의 수용가능성 [15점]

1. 문제점
토지보상법 제19조 제2항의 해석 및 공물의 수용가능성에 대한 학설, 판례를 검토한다.

2. 공물의 수용가능성

(1) 의 의

공물이란 국가, 지방자치단체 등의 행정주체에 의해 직접 행정목적에 공용된 개개의 유체물을 의미한다. C토지는 공물에 해당한다.

(2) 토지보상법 제19조 제2항

위 규정은 공익사업에 수용·사용되고 있는 토지 등은 특별히 필요한 경우가 아니면 다른 공익사업에 수용·사용할 수 없다고 규정하고 있으므로, 여기에서 특별히 필요한 경우는 공익성이 더 큰 경우 등으로 이해된다.

(3) 공물의 수용가능성

① 학 설

부정설은 공물이 공적으로 이용되고 있는 한도 내에서는 그 성질상 공용수용의 목적물이 될 수 없다고 하여 공용폐지가 선행되지 않는 한 수용은 불가하다고 본다. 긍정설은 공익성이 더 큰 공익사업에 제공될 필요가 있는 경우에는 공물도 수용할 수 있다고 하여 공용폐지 없이 수용할 수 있다고 본다.

② 판례의 태도(2018두51904, 2000헌바32)

대법원은 (i) 국가소유 토지도 공익사업을 위해 필요한 경우에는 이를 수용할 수 있다고 판시하였으나, (ii) 보전국유림, 준보전국유림과 관련하여서는 국유림법에서 정하는 절차와 방법에 따라 소유권, 사용권을 취득하는 조치를 우선적으로 취해야 하고, 위 규정을 회피하여 토지보상법상 재결을 통해 그 사용권을 취득할 수 없다고 판단하였다. (iii) 헌법재판소는 공익 또는 수용권의 충돌문제를 해결하기 위한 규정으로 보다 더 중요한 공익사업을 위하여 특별한 필요가 있는 경우에 한하여 예외적으로 수용의 목적물이 될 수 있다고 판시하였다.

③ 검 토

공물의 수용가능성을 일률적으로 부정하는 것은 토지보상법 제19조 제2항 해석상 타당하지 않으며, 특별한 필요 및 명문의 규정이 없는 이상 공물의 수용은 불가하다고 보는 것이 타당하다.

(4) 특별한 필요 여부

공원사업으로 달성하고자 하는 공익이 문화재보호구역으로서의 이익보다 크다고 보이며, 특별한 필요가 있다고 보인다.

3. 사안의 해결
결국, 甲은 특별한 필요가 있기에 수용이 가능하다.

[문제 2] A시의 시장 甲은 2018.5.31. 乙·丙 공동소유의 토지 5,729m²(이하 '이 사건 토지'라고 한다)에 대하여 2018.1.1. 기준 개별공시지가를 m²당 2,780,000원로 결정·고시하였다. 乙은 2018.6.19. 甲에게 「부동산 가격공시에 관한 법률」 제11조에 따라 이 사건 토지의 개별공시지가를 m²당 1,126,850원으로 하향 조정해 줄 것을 내용으로 하는 이의신청을 하였다. 이에 대하여 甲은 이 사건 토지의 개별공시지가 결정 시 표준지 선정에 문제가 있음을 발견하고, A시 부동산가격공시위원회의 심의를 거쳐 2018.7.1. 위 개별공시지가를 m²당 2,380,000원으로 정정하여 결정·고시하였고, 동 결정서는 당일 乙에게 송달되었다. 丙은 2018.6.20. 위 이의신청과는 별개로 이 사건 토지의 개별공시지가를 m²당 1,790,316원으로 수정해 달라는 취지의 행정심판을 청구하였고, B행정심판위원회는 2018.8.27. 이 사건 토지의 개별공시지가를 m²당 2,000,000원으로 하는 변경재결을 하였고, 동 재결서 정본은 2018.8.30. 丙에게 송달되었다.
다음 물음에 답하시오. [30점]

(물음 1) 부동산 가격공시에 관한 법령상 개별공시지가의 정정사유에 관하여 설명하시오. [5점]

(물음 2) 위 사례에서 乙과 丙이 취소소송을 제기하려고 할 때, 소의 대상과 제소기간의 기산일에 관하여 각각 설명하시오. [10점]

(물음 3) 한편, 丁은 A시의 개별공시지가 산정업무를 담당하고 있는 공무원이다. 丁은 개발예정지구인 C지역의 개별공시지가를 산정함에 있어 토지의 이용상황을 잘못 파악하여 지가를 적정가격보다 훨씬 높은 가격으로 산정하였다. 이를 신뢰한 乙은 C지역의 담보가치가 충분하다고 믿고 그 토지에 근저당설정등기를 마치고 수백억원의 투자를 하였지만, 결국 수십억원에 해당하는 큰 손해를 보았다. 이에 乙은 丁의 위법한 개별공시지가 산정으로 인하여 위 손해를 입었다고 주장하며, 국가배상소송을 제기하고자 한다. 동 소송에서 乙은 丁의 직무상 행위와 자신의 손해 사이의 인과관계를 주장한다. 乙의 주장의 타당성에 관하여 개별공시지가제도의 입법목적으로 중심으로 설명하시오. [15점]

[참조 조문]

부동산 가격공시에 관한 법률

제12조(개별공시지가의 정정)
시장·군수 또는 구청장은 개별공시지가에 틀린 계산, 오기, 표준지 선정의 착오, 그 밖에 대통령령으로 정하는 명백한 오류가 있음을 발견한 때에는 지체 없이 이를 정정하여야 한다.

행정소송법

제19조(취소소송의 대상)
취소소송은 처분 등을 대상으로 한다. 다만, 재결취소소송의 경우에는 재결 자체에 고유한 위법이 있음을 이유로 하는 경우에 한한다.

제20조(제소기간)
① 취소소송은 처분 등이 있음을 안 날부터 90일 이내에 제기하여야 한다. 다만, 제18조 제1항 단서에 규정한 경우와 그 밖에 행정심판청구를 할 수 있는 경우 또는 행정청이 행정심판청구를 할 수 있다고 잘못 알린 경우에 행정심판청구가 있은 때의 기간은 재결서의 정본을 송달받은 날부터 기산한다.
〈이하 생략〉

목차잡기

Ⅰ. (물음 1) 개별공시지가 정정 [5점]
1. 개별공시지가의 정정 의의 및 근거
2. 정정사유

Ⅱ. (물음 2) 소의 대상과 제소기간 [10점]
1. 문제점
2. 소의 대상(행정소송법 제19조)
   (1) 甲의 변경처분(개별공시지가 정정)
   (2) B행정심판위원회의 변경재결(원처분주의와 재결주의)
   (3) 결 어
3. 제소기간의 기산일(행정소송법 제20조)

Ⅲ. (물음 3) 乙 주장의 타당성 [15점]
1. 문제의 제기
2. 국가배상청구의 요건
3. 개별공시지가제도의 입법목적
4. 관련 판례(2010다13527)
5. 乙 주장의 타당성

답하기

> 대법원 2010.7.22. 선고 2010다13527 판결 등을 기초로 만든 문제로 판단됩니다.
> 대상적격, 제소기간(원처분, 변경처분, 재결)에 대한 문제가 출제되었습니다. 관련 근거 조문 등을 중심으로 사안을 충분히 포섭하는 것이 중요할 것으로 생각됩니다.

Ⅰ. (물음 1) 개별공시지가 정정 [5점]

1. 개별공시지가의 정정 의의 및 근거

개별공시지가 정정이란 시장·군수 또는 구청장이 개별공시지가에 틀린 계산, 오기, 표준지 선정의 착오 등 명백한 오류가 있는 경우 개별공시지가를 변경하는 것을 의미하며, 부동산공시법 제12조에 근거를 둔다.

2. 정정사유

틀린 계산, 오기 및 토지가격비준표의 적용에 오류가 있는 경우 등이며, 정정을 하려는 경우에는 시·군·구 부동산가격공시위원회의 심의를 거쳐 정정사항을 결정·공시하여야 하고, 틀린 계산 또는 오기는 심의를 생략할 수 있다(부동산공시법 시행령 제23조).

Ⅱ. (물음 2) 소의 대상과 제소기간 [10점]

1. 문제점
甲의 변경처분 또는 B행정심판위원회의 변경재결이 있는 경우 소의 대상과 제소기간의 기산일을 검토한다.

2. 소의 대상(행정소송법 제19조)
(1) 甲의 변경처분(개별공시지가 정정)

개별공시지가를 감액 정정한 경우 그 효력은 공시기준일에 소급한다. 이 경우 소송의 대상에 대해 모두 소송의 대상이 된다는 견해, 취소되어도 남은 원처분이 소송의 대상이 된다는 견해 등이 있다. 원처분 중 일부취소에만 법적효과가 미치는 것이며 원처분과 별개의 독립된 처분이 아니므로, 소송의 대상은 취소되지 않고 남은 원처분이라고 하는 판례의 태도가 타당하다.

(2) B행정심판위원회의 변경재결(원처분주의와 재결주의)

행정소송법은 원처분주의를 취하고 있다. 원처분주의는 원처분의 위법은 원처분에 대한 항고소송에서 주장할 수 있다는 것을 의미하며, 재결에 대한 항고소송은 재결의 주체, 절차 등에 고유한 하자가 있는 것을 의미한다.

일부인용된 경우, 내용상 하자는 재결의 고유한 위법이 아닌바 원처분주의의 원칙상 재결은 소송의 대상이 되지 못하고 재결에 의해 일부 취소되고 남은 원처분이나 변경된 원처분이 소송의 대상이 됨이 원칙이라는 견해와 재결만이 대상이 된다는 견해 등이 대립한다. 판례는 1개월의 감봉처분을 견책처분으로 변경한 소청결정에 대한 취소소송에서 징계권자를 항고소송의 피고로 하여 소청결정에 의해 변경되고 남은 원처분인 견책처분을 대상으로 소송을 제기해야 한다고 보았다. 일부인용재결의 내용상 하자는 재결의 고유한 위법이 아니므로, 일부인용이 되고 남은 원처분이 대상이 된다고 보는 판례가 타당하다고 생각된다.

(3) 결 어

(ⅰ) 乙의 경우 甲이 2018.7.1. 2,380,000원/m^2로 정정하여 결정·고시한 2018.1.1.자 2,780,000원/m^2 개별공시지가 처분이, (ⅱ) 丙의 경우 B행정심판위원회가 2018.8.27. 2,000,000원/m^2로 변경재결한 2018.1.1.자 2,780,000원/m^2 개별공시지가 처분이 소송의 대상이 된다.

3. 제소기간의 기산일(행정소송법 제20조)
(ⅰ) 乙의 경우 변경된 원처분인 개별공시지가 부과처분을 현실적으로 안 것으로 판단되는 2018.6.19.이 제소기간의 기산일이 될 것이고, (ⅱ) 丙은 재결서를 송달 받은 2018.8.30.이 제소기간의 기산일이 될 것이다.

Ⅲ. (물음 3) 乙 주장의 타당성 [15점]

1. 문제의 제기
국가배상요건 중 위법행위와 손해 사이의 인과관계가 있는지 문제된다.

2. 국가배상청구의 요건
공무원의 가해행위, 가해행위의 직무집행성, 고의 또는 과실에 기한 가해행위, 가해행위의 위법성(법령에 위반하여), 타인에 대한 손해의 발생, 공무원의 가해행위와 손해발생 간의 인과관계 등이 충족되어야 한다.

3. 개별공시지가제도의 입법목적

개별공시지가는 개발부담금의 부과, 토지 관련 조세 부과 등 다른 법령이 정하는 목적을 위해 지가를 산정하는 경우에 산정 기준이 되는 데 그 목적이 있다.

4. 관련 판례(2010다13527)

개별공시지가는 그 산정 목적인 개발부담금의 부과, 토지 관련 조세 부과 등 다른 법령이 정하는 목적을 위해 지가를 산정하는 경우에 그 산정 기준이 되는 범위 내에서는 납세자인 국민 등의 재산상 권리·의무에 직접적인 영향을 미칠 수 있지만, 더 나아가 개별공시지가가 당해 토지의 거래 또는 담보제공을 받음에 있어 그 실제 거래가액 또는 담보가치를 보장한다거나 어떠한 구속력을 미친다고 할 수는 없다. 그럼에도 개개의 토지에 관한 개별공시지가를 기준으로 거래하거나 담보제공을 받았다가 당해 토지의 실제 거래가액 또는 담보가치가 개별공시지가에 미치지 못함으로 인해 발생할 수 있는 손해에 대해서까지 그 개별공시지가를 결정·공시하는 지방자치단체에 손해배상책임을 부담시키게 된다면, 개개의 거래당사자들 사이에 이루어지는 다양한 거래관계와 관련하여 발생한 손해에 대하여 무차별적으로 책임을 추궁 당하게 되고, 그 거래관계를 둘러싼 분쟁에서 많은 노력과 비용을 지출하게 되는 결과가 초래된다. 이는 결과 발생에 대한 예견가능성의 범위를 넘어서는 것은 물론이고, 행정기관이 사용하는 지가를 일원화하여 일정한 행정목적을 위한 기준으로 삼음으로써 국토의 효율적인 이용과 국민경제의 발전에 기여하려는 구 부동산 가격공시 및 감정평가에 관한 법률(2008.2.29. 법률 제8852호로 개정되기 전의 것)의 목적과 기능, 그 보호법익의 보호범위를 넘어서는 것이다.

5. 乙 주장의 타당성

개별공시지가제도는 담보가치 적부 여부에 그 목적이 있는 것이 아니므로, 설령 이용상황을 잘못 판단한 것이 직무상 의무를 위반한 것으로 불법행위에 해당한다고 하더라도 인과관계는 인정될 수 없으므로, 국가배상요건은 갖추지 못한 것이다. 결국 인과관계가 있다는 乙의 주장은 타당하지 않다.

[문제 3] 甲과 乙은 감정평가사 자격이 없는 공인회계사로서, 甲은 A주식회사의 부사장 겸 본부장이고 乙은 A주식회사의 상무의 직에 있는 자이다. 甲과 乙은 A주식회사 대표 B로부터 서울 소재의 A주식회사 소유 빌딩의 부지를 비롯한 지방에 있는 같은 전 사업장 물류센터 등 부지에 대한 자산재평가를 의뢰받고, 회사의 회계처리를 목적으로 부지에 대한 감정평가 등 자산재평가를 실시하여 그 결과 평가대상토지(기존의 장부상 가액 3천억원)의 경제적 가치를 7천억원의 가액으로 표시하고, 그 대가로 1억 5,400만원을 받았다. 이러한 甲과 乙의 행위가 「감정평가 및 감정평가사에 관한 법률」상의 감정평가업자의 업무에 해당하는지 여부에 관하여 논하시오. [20점]

📜 **목차잡기**

1. 문제의 제기
2. 甲과 乙의 행위(감정평가업에 해당)
3. 판례(2014도191)의 태도
4. 결 어

답하기

1. **문제의 제기**

   감정평가법인등이 아닌 자로서 감정평가업을 하면 3년 이하의 징역 또는 3천만원 이하의 벌금에 처한다(감정평가법 제49조 제2호). 사안의 甲, 乙이 감정평가법인등에 해당하지 않음은 명백하므로, 그 행위가 감정평가업에 해당하는지가 문제된다.

2. **甲과 乙의 행위(감정평가업에 해당)**

   감정평가업은 타인의 의뢰에 따라 일정한 보수를 받고 토지 등의 감정평가를 업으로 행하는 것을 의미한다. 甲과 乙의 행위는 유형자산에 대한 공정가치 평가도 결국 평가시점의 시장가치 내지 교환가치로 평가하기 때문에 감정평가법상 감정평가와 실질적으로 동일하다. 또한, 감정평가법 형사처벌규정에는 토지 등의 경제적 가치를 판정하는 목적에 따라 감정평가에 해당하는지 여부를 구분짓지 않고 있기도 하다.

3. **판례(2014도191)의 태도**

   공인회계사법의 입법 취지와 목적, 회계정보의 정확성과 적정성을 담보하기 위해 공인회계사의 직무범위를 정하고 있는 공인회계사법 제2조의 취지와 내용 등에 비추어 볼 때, 위 규정이 정한 '회계에 관한 감정'이란 기업이 작성한 재무상태표, 손익계산서 등 회계서류에 대한 전문적 회계지식과 경험에 기초한 분석과 판단을 보고하는 업무를 의미하고, 여기에는 기업의 경제활동을 측정하여 기록한 회계서류가 회계처리기준에 따라 정확하고 적정하게 작성되었는지에 대한 판정뿐만 아니라 자산의 장부가액이 신뢰할 수 있는 자료에 근거한 것인지에 대한 의견제시 등도 포함된다. 그러나 타인의 의뢰를 받아 감정평가법이 정한 토지에 대한 감정평가를 행하는 것은 회계서류에 대한 전문적 지식이나 경험과는 관계가 없어 '회계에 관한 감정' 또는 '그에 부대되는 업무'에 해당한다고 볼 수 없고, 그 밖에 공인회계사가 행하는 다른 직무의 범위에 포함된다고 볼 수도 없다. 따라서 감정평가업자가 아닌 공인회계사가 타인의 의뢰에 의하여 일정한 보수를 받고 감정평가법이 정한 토지에 대한 감정평가를 업으로 행하는 것은 감정평가법 제50조 제2호에 의하여 처벌되는 행위에 해당하고, 특별한 사정이 없는 한 형법 제20조가 정한 '법령에 의한 행위'로서 정당행위에 해당한다고 볼 수는 없다.

4. **결 어**

   甲과 乙의 행위는 감정평가업자의 업무에 해당한다. 감정평가법에 위반된다.

[문제 4] 「감정평가 및 감정평가사에 관한 법률」에 따른 감정평가의 기준 및 감정평가 타당성 조사에 관하여 각각 설명하시오. [10점]

목차잡기

1. 감정평가의 기준(감정평가법 제3조)
2. 감정평가 타당성조사(감정평가법 제8조)
   (1) 의 의
   (2) 의견진술기회부여
   (3) 절차와 통지

답하기

> 감정평가법의 규정 내용을 묻는 문제로, 이론에서도 공부하는 내용입니다.

1. **감정평가의 기준(감정평가법 제3조)**

   감정평가법인등이 토지를 감정평가하는 경우에는 그 토지와 이용가치가 비슷하다고 인정되는 「부동산 가격공시에 관한 법률」에 따른 표준지공시지가를 기준으로 하여야 한다. 다만, 적정한 실거래가가 있는 경우에는 이를 기준으로 할 수 있다. 주식회사 등의 외부감사에 관한 법률에 따른 재무제표 작성 등 기업의 재무제표 작성에 필요한 감정평가와 담보권의 설정·경매 등 대통령령으로 정하는 감정평가를 할 때에는 해당 토지의 임대료, 조성비용 등을 고려하여 감정평가를 할 수 있다.

2. **감정평가 타당성조사(감정평가법 제8조)**

   (1) 의 의

   국토교통부장관은 감정평가서가 발급된 후 해당 감정평가가 감정평가법 등의 절차와 방법 등에 따라 타당하게 이루어졌는지를 직권으로 또는 관계기관 등의 요청에 따라 조사할 수 있다. 이를 타당성조사라고 한다.

   (2) 의견진술기회부여

   타당성조사를 할 경우에는 해당 감정평가법인등 이해관계인에게 의견진술기회를 주어야 한다.

   (3) 절차와 통지

   관계기관, 이해관계인이 조사를 요청하는 경우에는 타당성조사를 할 수 있으며, 재판 또는 수사 중인 경우에는 타당성조사를 하지 않을 수 있다. 국토교통부장관은 타당성조사에 착수한 경우 10일 내 감정평가업자 등에게 타당성조사의 사유 등을 알려야 하고, 감정평가업자 등은 이를 통지받고 10일 내 의견을 제출할 수 있으며, 국토교통부장관은 타당성조사를 완료한 경우 지체 없이 그 결과를 통지해야 한다.

참고문헌

- 구갑성, 『감정평가관계법규』, 시대고시, 2024
- 김철용, 『행정법』, 고시계사, 2024
- 홍정선, 『기본행정법』, 박영사, 2024
- 강정훈, 『감평행정법』, 박문각, 2025
- 강정훈·박혜준, 『감정평가 및 보상법규 서브노트』, 박문각, 2022
- 강정훈·박혜준, 『감정평가 및 보상법규 판례정리분석』, 박문각, 2023
- 강정훈·박혜준, 『감정평가 및 보상법규 기본강의』, 박문각, 2020
- 「한국토지보상법연구회 발표집 토지보상연구 제20집」(한국토지보상법연구회/2020년)
- 국가법령정보센터(2025년)
- 대법원종합법률정보서비스(2025년)
- 국토교통부 누리집(2025년)
- 박균성, 『행정법 강의』, 박영사, 2025
- 강정훈, 『감정평가 및 보상법규 종합문제』, 박문각, 2025
- 강정훈, 『감정평가 및 보상법규 기출문제분석』, 박문각, 2025
- 『감정평가 및 보상법전』, 리북스, 2022
- 「한국토지보상법연구회 발표집 토지보상연구 제19집」(한국토지보상법연구회/2019년)
- 「한국토지보상법연구회 발표집 토지보상연구 제18집」(한국토지보상법연구회/2018년)
- 「한국토지보상법연구회 발표집 토지보상연구 제17집」(한국토지보상법연구회/2017년)
- 「감정평가 관련 판례 및 질의회신 I, II」(한국감정평가사협회/2016년)
- 구갑성, 『민법』, 교연, 2016
- 구갑성, 『행정실무법』, 에듀나인, 2014
- 구갑성, 『행정절차법』, 베리타스, 2013
- 구갑성, 『행정법』, 에듀픽스, 2013
- 홍정선, 『행정법 특강』, 박영사, 2024
- 김성수·이정희, 『행정법연구』, 법우사, 2013
- 강구철·강정훈, 『新 감정평가 및 보상법규』, 2013
- 류해웅, 『토지법제론』, 부연사, 2012
- 류해웅, 『신수용보상법론』, 부연사, 2012
- 박균성, 『신경향행정법연습』, 삼조사, 2015
- 박정훈, 『행정법사례연습』, 법문사, 2012

- 김연태, 『행정법사례연습』, 홍문사, 2012
- 홍정선, 『행정법연습』, 신조사, 2011
- 박균성, 『행정법 강의』, 박영사, 2011
- 홍정선, 『행정법 특강』, 박영사, 2011
- 국토연구원, 『국토연구 논문집(국토연구원 연구전집)』, 2011
- 강정훈, 『감정평가 및 보상법규 강의』, 리북스, 2010
- 강정훈, 『감정평가 및 보상법규 판례정리』, 리북스, 2010
- 한국토지공법학회, 『토지공법연구(제51집)』, 2010
- 김동희, 『행정법(Ⅰ)(Ⅱ)』, 박영사, 2019
- 강구철·강정훈, 『감정평가사를 위한 쟁점행정법』, 부연사, 2009
- 류해웅, 신수용, 『보상법론』, 부연사, 2009
- 한국감정평가협회, 『감정평가 관련 판례 및 질의회신(제1, 2집)』, 2009
- 류지태, 『행정법신론』, 신영사, 2008
- 박균성, 『행정법론(상)』, 박영사, 2025
- 홍정선, 『행정법원론(상)』, 박영사, 2024
- 노병철, 『감정평가 및 보상법규』, 회경사, 2013
- 한국토지공법학회, 『토지공법연구 제40집(한국학술진흥재단등재)』, 2008.5
- 한국토지보상법 연구회, 『토지보상법연구 제8집』, 2008.2
- 김남진·김연태, 『행정법Ⅰ』, 법문사, 2024
- 월간감정평가사 편집부, 『감정평가사 기출문제』, 부연사, 2007
- 임호정·강교식, 『부동산가격공시 및 감정평가』, 부연사, 2007
- 가람동국평가연구원, 『감정평가 및 보상판례요지』, 부연사, 2007
- 임호정, 『보상법전』, 부연사, 2007
- 강구철, 『국토계획법』, 국민대 출판부, 2006
- 강구철, 『도시정비법』, 국민대 출판부, 2006
- 김성, 『일반행정법』, 법문사, 2005
- 김철용, 『행정법Ⅰ』, 박영사, 2004
- 박윤흔, 『최신행정법강의(상)』, 박영사, 2004
- 정하중, 『행정법총론』, 법문사, 2004

행운이란 100%의 노력 뒤에 남는 것이다.

- 랭스턴 콜먼 -

| 시대에듀 | 교시(과목) |

(20   )년도 (   )시험 답안지

| 과 목 명 | |

| 수험자 확인사항 | 1. 답안지 인적사항 기재란 외에 수험번호 및 성명 등 특정인임을 암시하는 표시가 없음을 확인하였습니다. 확인 □
2. 연필류, 유색필기구 및 지워지는 펜 등을 사용하지 않았습니다. 확인 □
3. 답안지 작성 시 유의사항을 읽고 확인하였습니다. 확인 □ |

답안지 작성 시 유의사항

가. 답안지는 **표지, 연습지, 답안내지(20쪽)**로 구성되어 있으며, 교부받는 즉시 쪽 번호 등 정상 여부를 확인하고 연습지를 포함하여 1매라도 분리하거나 훼손해서는 안 됩니다.

나. 답안지 표지 앞면 빈칸에는 시행년도 · 자격시험명 · 과목명을 정확하게 기재하여야 합니다.

| 다. 채점 사항 | 1. 답안지 작성은 반드시 **검은색 필기구만 사용**하여야 합니다(그 외 연필류, 유색필기구 및 지워지는 펜 등을 사용한 **답항은 채점하지 않으며 0점 처리**됩니다).
2. 수험번호 및 성명은 반드시 연습지 첫 장 좌측 인적사항 기재란에만 작성하여야 하며, **답안지의 인적사항 기재란 외의 부분에 특정인임을 암시하거나** 답안과 관련 없는 특수한 묘시를 하는 경우 **답안지 전체를 채점하지 않으며 0점 처리**합니다.
3. 계산문제는 반드시 계산과정, 답, 단위를 정확히 기재하여야 합니다.
4. 요구한 가지(문제) 수 이상을 답란에 표기한 경우, 답란기재 순으로 요구한 가지(문제) 수만 채점합니다.
5. 답안 정정 시에는 두 줄(=)을 긋고 다시 기재 또는 수정테이프 사용이 가능하며, 수정액을 사용할 경우 채점상의 불이익을 받을 수 있으므로 사용하지 마시기 바랍니다.
6. 기 작성한 문항 전체를 삭제하고자 할 경우 반드시 해당 문항의 답안 전체에 명확하게 X표시하시기 바랍니다(×표시한 답안은 채점대상에서 제외).
7. 채점기준 및 모범답안은 「공공기관의 정보공개에 관한 법률」 제19조 제1항 제15호에 의거 공개하지 않습니다. |
| 라. 일반 사항 | 1. 답안 작성 시 문제번호 순서에 관계없이 답안을 작성하여도 되나, 문제번호 및 문제를 기재(긴 경우 요약기재 가능)하고 해당 답안을 기재하여야 합니다.
2. 각 문제의 답안작성이 끝나면 바로 옆에 **"끝"**이라고 쓰고, 최종 답안작성이 끝나면 줄을 바꾸어 중앙에 **"이하여백"**이라고 써야 합니다.
3. 수험자는 시험시간이 종료되면 즉시 답안작성을 멈춰야 하며, 종료시간 이후 계속 답안을 작성하거나 감독위원의 답안지 **제출지시에 불응할 때에는 당회 시험을 무효처리**합니다.
4. 답안지가 부족할 경우 추가 지급하며, 이 경우 먼저 작성한 답안지의 20쪽 우측 하단 [   ]란에 **"계속"**이라고 쓰고, 답안지 표지의 우측 상단(총 권 중 번째)에는 답안지 **총 권수, 현재 권수**를 기재하여야 합니다(예시 : 총 2권 중 1번째). |

[연 습 지]

※ 연습지에 성명 및 수험번호를 기재하지 마십시오(기재할 경우, 0점 처리됩니다).
※ 연습지에 기재한 사항은 채점하지 않으나, 분리하거나 훼손하면 안 됩니다.

번호	

※ 실제시험은 20쪽입니다.

번호

번호

번호

번호	

번호	

번호

2026 시대에듀 감정평가사 2차 감정평가 및 보상법규 한권으로 끝내기

개정4판1쇄 발행	2025년 12월 05일(인쇄 2025년 10월 29일)
초 판 발 행	2021년 11월 26일(인쇄 2021년 10월 21일)
발 행 인	박영일
책 임 편 집	이해욱
저 자	구갑성
편 집 진 행	심정은
표지디자인	박종우
편집디자인	손설이 · 임창규
발 행 처	(주)시대고시기획
출 판 등 록	제10-1521호
주 소	서울시 마포구 큰우물로 75 [도화동 538 성지 B/D] 9F
전 화	1600-3600
팩 스	02-701-8823
홈 페 이 지	www.sdedu.co.kr
I S B N	979-11-434-0195-3(13320)
정 가	35,000원

※ 이 책은 저작권법의 보호를 받는 저작물이므로 동영상 제작 및 무단전재와 배포를 금합니다.
※ 잘못된 책은 구입하신 서점에서 바꾸어 드립니다.

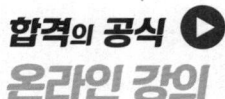
혼자 공부하기 힘드시다면 방법이 있습니다.
시대에듀의 동영상 강의를 이용하시면 됩니다.
www.sdedu.co.kr → 회원가입(로그인) → 강의 살펴보기